U0496357

清华大学史料选编

第 六 卷

（第六分册）

清华大学校史研究室 编

清华大学出版社
北 京

图书在版编目（CIP）数据

清华大学史料选编. 第六卷. 第六分册/清华大学校史研究室编. —北京：清华大学出版社，2023.4

ISBN 978-7-302-62152-2

Ⅰ.①清… Ⅱ.①清… Ⅲ.①清华大学－校史－史料 Ⅳ.①G649.281

中国版本图书馆 CIP 数据核字（2022）第 204611 号

责任编辑：纪海虹
封面设计：傅瑞学
责任校对：王凤芝
责任印制：丛怀宇

出版发行：清华大学出版社
　　　　网　　　址：http://www.tup.com.cn，http://www.wqbook.com
　　　　地　　　址：北京清华大学学研大厦 A 座　　邮　　编：100084
　　　　社　总　机：010-83470000　　　　　　　　邮　　购：010-62786544
　　　　投稿与读者服务：010-62776969，c-service@tup.tsinghua.edu.cn
　　　　质量反馈：010-62772015，zhiliang@tup.tsinghua.edu.cn
印 装 者：三河市东方印刷有限公司
经　　销：全国新华书店
开　　本：140mm×203mm　　**印　张**：19.5　　**字　数**：470 千字
版　　次：2023 年 4 月第 1 版　　**印　次**：2023 年 4 月第 1 次印刷
定　　价：98.00 元

产品编号：094404-01

建设多科性工业大学时期
（1952 年 10 月至 1966 年 6 月）

清华大学校史编辑委员会

清华大学校史研究室

《清华大学史料选编》第六卷（第六分册）编审人员

执 行 主 编　贺崇铃　冯　茵

执行副主编　金富军　刘惠莉　王向田　李　珍

主　　　审　方惠坚　张再兴

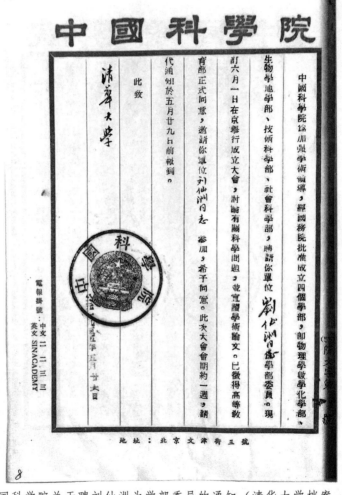

中國科學院

中國科學院為加強學術領導，經國務院批准成立四個學部，即物理學數學化學部、

生物學地學部、技術科學部、社會科學部，特請你單位劉仙洲為學部委員。現

訂六月一日在京舉行成立大會，討論有關科學問題，並宣讀學術論文。已徵得高等教

育部正式同意，邀請你單位劉仙洲同志參加，希予同意。此次大會會期約一週，請

代通知於五月廿九日前報到。

此致

清華大學

電報掛號：中文 11·11·11 英文 SINACADEMY

地址：北京文津街三號

8

中国科学院关于聘刘仙洲为学部委员的通知（清华大学档案，全宗号 2，目录号 干部科定期，案卷号 55008）

中國科學院

中國科學院為加強學術領導，經國務院批准成立四個學部，即物理學數學化學部、生物學地學部、技術科學部、社會科學部，聘請你單位 孟昭英 章名濤同志為學部委員。現訂六月一日在京舉行成立大會，討論有關科學問題，並宣讀學術論文。已徵得高等教育部正式同意，邀請你單位 孟昭英 章名濤同志參加，希予同意。此次大會會期約一週，請代通知於五月廿九日前報到。

此致

清華大學

公元一九五五年五月廿六日

電報掛號：中文 11 11 11
英文 SINACADEMY

地址：北京文津街三號

中国科学院关于聘孟昭英、章名涛为学部委员的通知（清华大学档案，全宗号 2，目录号 干部科定期，案卷号 55008）

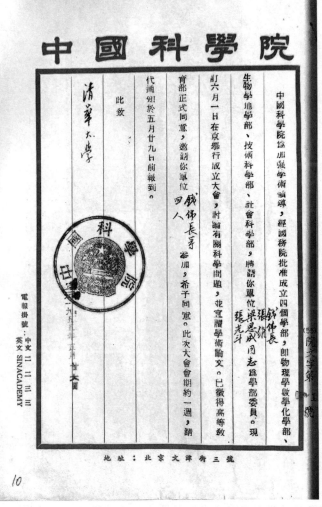

中国科学院关于聘钱伟长、张维、梁思成、张光斗为学部委员的通知（清华大学档案，全宗号 2，目录号 干部科定期，案卷号 55008）

蒋南翔校长在讲哲学课（《清华大学一览 1959》）

在北京市文教群英会上我校被评为先进集体，全校召开迎红旗大会（《清华大学一览 1959》）

1960 年，老教授在贯彻"高校六十条"座谈会上畅所欲言，对教学改革和学校工作提出意见。左一陈士骅 左二陈祖东 左四施嘉炀 左五李丕济（清华大学档案馆藏）

八届一次工代会上张子高教授在领奖（《清华大学一览 1959》）

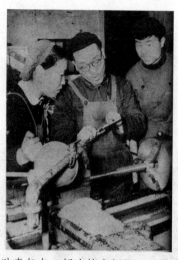

老师傅王亥臣在帮助青年车工解决技术问题（《清华大学一览 1959》）

钟士模教授参加铅球比赛（《清华大学一览 1959》）

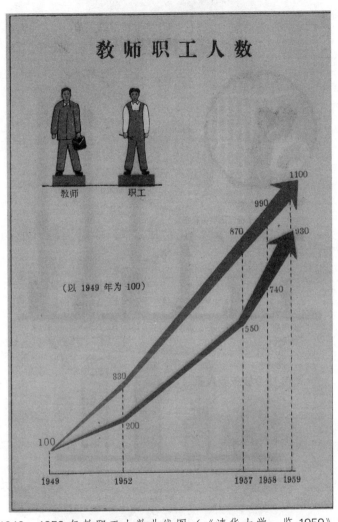

1949—1959 年教职工人数曲线图（《清华大学一览 1959》）

1954 年建成的第二教学楼（清华大学校史研究室藏）

1954 年建成的学生宿舍 1～4 号楼（清华大学校史研究室藏）

1956 年建成的新水利馆（清华大学校史研究室藏）

1958 年建成的工程物理馆（清华大学校史研究室藏）

1956 年开始建设，1966 年建成的清华大学主楼（清华大学校史研究室藏）

闻亭是纪念闻一多先生的建筑物。1950 年代闻亭钟声是上下课的信号（清华大学校史研究室藏）

1958 年的清华园火车站，当时师生进城多乘火车（清华大学校史研究室藏）

流动借书库（《清华大学一览 1959》）

书库（《清华大学一览1959》）

附中同学在设备工厂木工车间上劳动课（《清华大学一览1959》）

1957 年清华幼儿园庆"六一"（清华大学档案馆藏）

1958 年 7 月清华工农速成中学 1954 级四班毕业生合影（清华大学校史研究室藏）

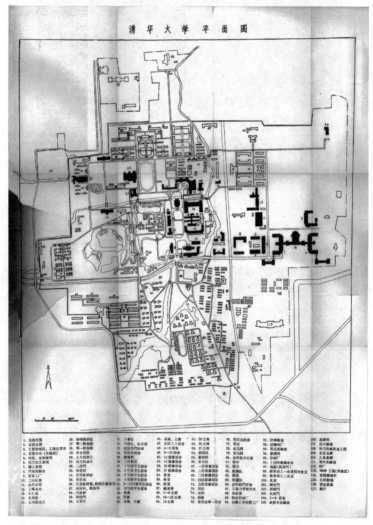

1964 年校园图（清华大学校史研究室藏）

前　言

　　1991 年，为纪念清华大学建校八十周年，在清华大学校史编辑委员会组织指导下，校史研究室选辑并陆续出版了《清华大学史料选编》计四卷六册，即清华大学建校至中华人民共和国成立前各个历史时期的有关校史资料。这段时间的史料，按清华大学经历的四个时期各辑一卷，其中：清华学校时期（1911—1928）一卷一册，国立清华大学时期（1928—1937）一卷两册，抗日战争时期的清华大学（1937—1946）一卷两册，解放战争时期的清华大学（1946—1948）一卷一册。《清华大学史料选编》受到高校校史研究同行、广大校友和关心清华的各界人士的关注，被认为"为了解清华、研究清华，提供了切实可信的史料"。

　　在百余年历史进程中，清华大学与国家的命运紧密相连，由一所留美预备学校发展为如今举世闻名的中国高等学府。她的历史，反映了中国近代教育发展的进程，记录了我国高等教育走向独立、走向成熟的历程，为世人瞩目。

　　要了解、研究一个学校的历史，必须查阅、掌握切实的历史记载，言有所据，论有所依，方成信史。"没有史料，便无史学"。清华大学校史编辑委员会决定继续辑录出版《清华大学史料选编》，并议定了本书的选编方针原则。力求编选的相关档案和史料，能反映清华大学的历史面貌，能对研究清华大学校史和中国近现代教育史提供依据与参考。特别是，适逢清华大学为实现中华民族的伟大复兴而创建世界一流大学之际，《清华大学史料选编》的出版更具重要意义。

中华人民共和国成立后，清华大学又经历了如下几个历史阶段：解放接管与院系调整时期（1948 年 12 月—1952 年 10 月）；建设多科性工业大学时期（1952 年 10 月—1966 年 6 月）；"文化大革命"与拨乱反正时期（1966 年 6 月—1978 年 6 月）；建设世界一流大学时期（1978 年 6 月至今）。清华大学九十周年校庆后，启动了中华人民共和国成立后各个历史时期《清华大学史料选编》的编辑工作。按计划，先选编出版前两个时期的史料，即《清华大学史料选编》第五卷解放接管与院系调整时期（1948 年 12 月—1952 年 10 月）和第六卷建设多科性工业大学时期（1952 年 10 月—1966 年 6 月）。其中，第五卷分上下两册，于 2005 年 11 月出版发行。

《清华大学史料选编》第六卷的编辑工作于 2002 年启动，前期工作由校史研究室主任叶宏开和副主任徐振明主持；2004 年 5 月后，由校史研究室主任田芊和副主任徐振明继续主持，第六卷的一至三分册分别于 2007 年、2008 年、2009 年出版。此后因筹备清华大学百年校庆，史料选编工作暂停。2011 年百年校庆后，该项工作由校史研究室主任顾良飞和副主任金富军主持，本卷的编辑工作继续进行。2015 年起，由校史研究室主任范宝龙和副主任金富军主持，第六卷第四分册于 2018 年出版，第六卷第五分册于 2022 年 11 月出版。

《清华大学史料选编》第六卷第六分册的主要内容为教职工，图书、档案和文物调拨，校园建设和总务行政，工农速成中学和附属学校等四部分。史料主要选自清华大学档案、《清华大学一览》《清华公报》《新清华》以及学校各部门汇编的资料文献等。

陈秉中、徐心坦、刘文渊、孙敦恒、田彩凤、薛建团、孟然、冯翠红、朱俊鹏、沙俊平、代红、薛四新、张利、贾磊、李延召、韦珊等也参与了本分册的相关选编工作。校史研究室历任领导叶宏开、田芊、徐振明、顾良飞在主持本分册的前期编辑工作中花费了许多心血。

编者水平有限，疏漏和错误之处在所难免，请读者不吝赐教。

清华大学校史研究室

2022 年 6 月

第六卷编辑凡例

一、本书以辩证唯物主义与历史唯物主义为指导，实事求是，尊重史实，力求客观、全面、真切，保持史料原貌，以达"存史、资政"之目的。

二、本书是《清华大学史料选编》的第六卷。所收文献，选自 1952 年 10 月至 1966 年 6 月的各类文件和档案。主要内容涵盖如下专题：综述，领导体制与行政管理，院系设置，办学思想与教育方针，共产党组织，民主党派与群众组织，教学工作，科学研究，研究生教育，实验室建设，生产工作，进修人员培养，对外交流与合作，学生工作，教职工，图书、档案、文物调拨，校园建设和总务行政，工农速成中学、附属学校。

由于第六卷所收文献的时间跨度较大，内容较多，因此将按专题编辑成分册，每个专题按时间先后为序编排，分册出版。

三、本书是历史文献资料汇编，由于当时的书写习惯，文献中一些词语、称谓、使用单位、文章格式等，与目前不尽相同，本书基本上保持原貌。其中，关于数字和时间的表示，依据 1956 年 10 月国务院颁布《关于国家机关的公文、电报和机关刊物横排横写以后采用阿拉伯数码的通知》的基本精神，凡 1957 年前的文献中涉及之处，均保持原貌；此后文献中涉及之处，尽可能按上述通知要求处理。

四、文献中出现的异体字、不规范字，依据国家颁布的简化字表，全部改为通行字；原文字迹模糊难以辨识的，用 □ 号表示；正式公文中的错字、漏字、衍字，分别在 〈 〉号、［ ］号和〔 〕号内校正。文献中其他的错别字，则直接改正，不再一一注明。

五、原文无标点的，由选编者重新加注标点。原文已有标点的，基本遵照原有标点，若有错误，则加以改正。为了清楚表达文意，文中的标点符号有的按现时用法做了改动和增加，如书名号、引号、顿号等。

六、本书收录的文献，原来部分系直排繁体、部分系横排简体，本书一律统一为横排简体。

七、原文中的层次序号与标题，一律未改，不作全书格式统一。

八、本书文章的标题，已在报刊公开发表的文章以及会议报告和演讲，多采纳原始标题。部分文献，或无标题，或标题的主题、指谓不明，选编者均依据文意重新拟订标题，标题上有※号者为编者修改或新加之标题。编者补充了文献形成（或发表）的时间，补充的时间在括号内用阿拉伯数字表示。

九、本书所收文献，依文献档案收录情况，尽可能涵盖学校各个时期的重要工作内容。

十、本书所收文献，部分因篇幅、主题或其他原因作了删节，删节处均以（编者略）或省略号标出。节选的文献，均在标题或脚注注明。

文中部分人名未实录，以×××、××表示。

十一、在各种代表大会"届"与"次"的使用上，原始文献存在混用现象，编者未做全书统一。

十二、部分表格中统计数字的分项之和与总和（或总计）不一致，编者在脚注中予以指出，未做数字订正。

十三、为便于读者阅读和理解，对部分文献加了编者注。如为文献中的原注，编者则在文章中加以说明。

十四、本书收录文献，主要选自清华大学档案（其中包括学校领导在学校工作会议上讲话的记录稿等）、《清华公报》《清华大学一览》《新清华》以及学校各部门汇编的资料文献等。在文末注明了文献出处，以便读者查阅。其中，本卷收录的部分会议决议、工作报告等文献，因档案中所存只有草稿或草案，故以草稿或草案形式收录。

编　者

2022 年 1 月

目　录

一、教　职　工

1. 综述

2. 人事管理

3. 队伍建设

4. 学部委员、荣誉院士、国家级称号及校外兼职

(6) 部分表彰名单

二、图书、档案和文物调拨

1. 图书资料

三、校园建设和总务行政

1. 房地产

4. 总务行政

四、工农速成中学和附属学校

1. 工农速成中学

2. 附属中学、附属小学

3. 附属技工学校

一、教 职 工

1. 综述

团结全体教师※①

(1953 年 3 月 2 日)

蒋南翔

原来想来清华就和大家谈一次话，但因为工作摸不上手，就拖下来了。

来到清华，没有新的感觉，倒有一个老的感觉，这就是：清华是有基础的。几年来主要是党、团在担负着清华的工作；党委会、团委会的工作，是有成绩的，而且成绩是主要的。这虽是老生常谈，但这是需要说明的。关于这点，我曾和市委彭真同志、刘仁同志谈过，他们也同意。在我来说，工作没摸上手，但在过去已有成绩的基础上是可以前进的。毛主席说，革命者没有这样的本领把中国的缺点在一个早晨改掉，但我们可以逐步地搞好。这个公式，也是适合于我们清华的。我们相信，清华三年五年是会搞好的。

来清华后，觉得有些工作要做，现在看法虽不成熟，但在党、团内部是可以谈一下的。

---

① 编者注：本文节选自清华大学档案《向清华全体教师党员的讲话》，全文参见《清华大学史料选编》第六卷第一分册第 3 页《向清华大学全体教师党、团员的讲话》。

一、学校前进的基本点在哪里

……

（二）团结全体教师

学校要办好，教师是很重要的。我们培养出来的人，要有高度的业务水平和政治觉悟。对现在教师来说，马列主义的世界观、人生观，是与他们相矛盾的。但，现在我们离开这些教师又不行，党、团员教师大都是助教，有四个教授，还有一个是讲马列主义的。我们必须在这个基础上工作，必须与他们合作。这种情况决定了我们的统战工作。但是，我们一定要改变这种情况，而且也不能完全按着他们的世界观、人生观——他们的面貌教育学生。一方面离不开他们，还要团结；另一方面，我们也不能按照他们的面貌进行教育，这要斗争。放弃了斗争，即离开了党的路线。这是领导的问题。没有团结的地方，就没有统战工作；没有领导的地方，也没有统战工作。我们需要团结、领导他们，也可能团结、领导他们。

旧中国是一个半殖民地国家，知识分子是受压迫的。他们与苏联革命初期的知识分子，有很大区别。苏联革命初期的知识分子，是反对苏维埃政权的。中国的知识分子则不然，他们既受外国压迫，在中国又没有地位，……革命胜利以后，使得他们的才能得以发挥，生活有了保证，中国共产党和毛主席的威信，在他们之中树立起来了。因而是可能团结、领导他们的。清华现在一方面有专家帮助，另一方面有中央人民政府的领导和党、团的协助，团结教师的工作是可以做好的。

要做好团结教师的工作，我们要注意下面几点：

第一，团结教师，这是出发点，要在这个基础上，进行工作。我们团结他们，并不是利用他们的一种手段，而是真诚的。一方面，可能团结他们，另一方面，也需要团结他们。这对国家、社会，都是有帮助的，对公私都是有益处的。

第二，团结教师，不是李恩元同志①一个人的责任，是清华党的基本政策。与党外人士合作，是我们大家的事。方针是：从团结出发（不是调和、迁就）、依着党的原则，引导他们与我们走上一致的道路。

第三，工作方式与组织形式。形式，一种是有形的，我们与他们合作，在直接接触中影响他们。另外一种：党团员不与他们直接接触，以自己的模范行为——工作得好、学习得好、生活得好——影响他们，这是精神上的政治影响。如果我们业务很差，生活吊儿郎当，不仅不能影响人家，人家反而要自然地离开我们。其次，要有一定的组织力量，组织是物质的基础，要团结得好，领导核心就要坚强，通过这种力量团结他们，影响他们。将来可以考虑成立党的同情小组，吸收教师和超龄团员参加。

总之，要团结教师，直接接触、精神影响、加强组织，以巩固团结。

……

清华大学档案，全宗号 2，目录号 党 1，案卷号 53028

要有计划地解决师资问题※②

（1953 年 3 月 31 日）

蒋南翔

仲勋同志、秀峰同志、中宣部、北京市委并报中央：

我到清华大学已两个多月，现当本学期结束之际（清华大学

---

①　李恩元，时任清华大学党委常委、统战部长等职。

②　编者注：本文节选自蒋南翔向习仲勋、杨秀峰、中宣部、北京市委并报中央的报告，全文参见《清华大学史料选编》第六卷第一分册第 15 页。

于三月二十日始放寒假），特将我所初步了解的学校情况及尚待解决的一些问题，报告如下：

……

为了使清华大学能够更有效地担负起培养工程师及高等工业学校师资的任务，需要采取以下几项比较重要的措施。

……

四、有计划地解决师资的困难。

在高等学校院系调整时，清华大学工科方面的教师没有得到增加，相反是受到相当大的削弱（如机械零件的教授，六个被抽了五个；全校教授和讲师共抽走了四十二人）。因而在院系调整以后，清华一方面是学生突然增多，另方面是教师大为减少，缺乏师资的问题非常尖锐。

清华大学的师资，不但是数量太少，而且质量也差。首先是一般教师的思想政治水平不高，甚至至今还有少数教授对学习苏联的问题有抗拒情绪；另外是业务水平不高，现在清华大学各系所设的专业课程，有许多是教授们自己也没有学过的，因此他们只能"现炒现卖"。清华教师还有一个比较突出的缺点，是他们普遍缺乏实际的生产经验。……

今后清华大学要解决师资的困难，必须正确解决两个问题：一是团结改造清华原有的教师，一是有计划地大胆放手地培养新的师资。

团结改造原有的教师，主要的问题是要帮助教师克服"旧水平"和"新任务"之间的矛盾。新的任务——培养新中国的高级的科学技术人员——对教师有着很高的要求，但清华现有教师一般的思想水平和业务水平不足，实际的生产经验不足，这是一个必须克服的矛盾。今后必须采取适当措施，加强教师的业务学习及科学研究工作，加强教师的政治理论学习，加强教师和各有关业务部门及生产单位的联系，来逐渐提高他们的政治水平和业务水平。对于原有教师应该采取团结为主的方针，但是对于教师中的比较严重的落后思想也不能过于迁就，必须进行必要的适当的斗争，斗争是为了达到更巩固的团结。

培养新的师资，对于解决今后师资的困难是有更重大的意义。培养新师资的核心问题，是要动员并组织教师和学生中的全体党员团员，以身作则，学好业务，把提高业务作为一个政治任务来完成。因为清华大学负有为国家培养德才兼备的工业建设干部的严重责任，我们必须逐渐做到使所有的教师都能以马列主义和毛泽东思想的精神来教育学生，来培养新中国的高级科学技术人员，因此在今后教师的成分中必须努力增加党员的比重。现在清华教师中有党团员二百一十人（党员七十人，团员一百四十人），其中有一百九十三人为助教，现在他们都还不能正式开课，如果他们能努力在两三年内把自己的业务提高到一般讲师、副教授的水平（这是完全可能的），这就在师资方面增加了新的血液。现在清华学生中有团员两千人，党员一百余人，如果党团员的成绩都是最优秀的，就可带动群众的学习，并为优秀的师资后备力量准备了条件。当然，要完全克服清华大学的师资的困难，单靠学校本身的努力还是不够的。第一、还必须增聘苏联专家。根据清华现在的师资情况看来，只有各系专业均能请到苏联专家来校直接指导和帮助，才有可能把清华大学各系的教学业务水平及清华大学现有的师资，在三五年内提高到应有的高度。第二、必须根据将来学校各专业发展的需要，从今年起即有计划地从清华优秀的助教、研究生、毕业生中分批派遣留苏学生前往苏联学习。除了我们自己努力进行培养师资的工作以外，假如还能在五六年内得到必要数量的留苏回国的干部作为各系师资中的新的骨干，那么，到我国第二个五年计划时期，清华大学就有更大可能不依赖苏联专家而独立地担负起为祖国培养优秀工程师的任务了。

……

以上所列各项是否可行，请指示。

蒋南翔

本件已另抄凯丰同志、钱俊瑞同志、李乐光同志、胡耀邦同志。

清华大学档案，全宗号 2，目录号 党 1，案卷号 53028

关于培养师资问题向习仲勋、
杨秀峰并中央的报告^{※①}

（1953 年 5 月 31 日）

蒋南翔

仲勋同志、秀峰同志请转中央：

兹将清华大学这学期来的简单情况和当前急需请求中央批示解决的两个重要问题，一并报告如下。

（一）这学期来的简单情况

……

现在工作中存在着的比较严重的问题，是教师和学生的负担较重（教师每周工作一般超过六十小时；学生每周的学时一般超过五十四小时）。根据仲勋同志的当面指示，我们拟结合最近学期中的工作检查，及早地坚决地设法克服这一缺点。

关于培养师资的问题，由于教师奇缺是目前全国各高等工业学校的普遍现象，我们深知不能希望从外面取得很多补充，因

---

① 编者注：节选自《向习仲勋、杨秀峰同志请转中央的报告》。

此，决定主要采取"自力更生"的方针，大力推动教师的进修工作，预先考虑到并开列出今后将要开设而目前尚不能开设的各种课程，早一学期、一年、甚至两年就向适当的年轻助教实行"加工订货"，让他们从现在起就有目的地按照学校向他们提出的"订货计划"而进行进修工作。这样，教师奇缺的问题，虽不能立即完全解决，但却可以逐步地得到解决。在目前的情况下，我们认为这是现实地解决师资问题的最主要的方式。但要顺利实现这种计划，还需请领导上保障两点：（1）允许学校保留必要数量的助教。"巧妇难为无米炊"，要培养师资，不能没有师资后备的来源；（2）使学校能在比较稳定的条件下得以按部就班地完成自己经常的培养师资的计划。希望不要继续抽调清华本身已经深感不足的教师。按一九五四年课程标准计算，今明两年清华尚缺教员一六九人，其中工科教员缺一一二人，政治教员及理科教员缺五十七人。我们认为"打烂平分""挖肉补疮"的办法不能正确解决各校师资普遍缺乏的问题，相反，可能造成"两败俱伤"的结果，使整个干部培养的工作蒙受不利的影响。

（二）急需请求中央批准解决的两个问题

（1）请求把清华大学的学制从今年起即改为五年制。（编者略）

（2）请求中央批准清华大学从今年起即停止招收专科学生。（编者略）

因为暑假快到，今年的招生工作和今年暑假后的教育计划，急迫地需要进行，上述二项请示，希望及早得到中央的正式批示，以利工作之进行。

此致

敬礼！

蒋南翔

一九五三年五月卅一日

清华大学档案，全宗号 2，目录号 党 1，案卷号 53029

教学工作和行政工作是推进
学校工作的两个车轮※①

（1954 年 9 月 4 日）

在杨秀峰副部长讲话后，蒋校长在工会代表大会上也讲了话。

他首先代表全校感谢杨副部长的报告和指示，接着指出高教部对清华工作的决定将鼓舞我们更努力工作，更加强了我们的责任。过去的工作如果说是有些成绩的话，那主要是由于中央的正确领导，各方面的支持。我们的成绩是不足道的，距离高教部对我们的要求还很远，不能有丝毫自满。今后在工作中要努力克服缺点，加强团结，在高教部的领导下，为国家培养合乎社会主义建设要求的工业建设干部，以不辜负党和政府的期望。

另外，对全校的工作提出以下几点意见：

第一就是团结问题：过去清华的师生员工的团结是正常的，但还有需要改进的地方。在这里所以强调提出团结问题，是因为只有依靠全校师生员工的团结一致，发扬集体主义精神，充分发挥我校每个同志的积极性，才能克服缺点，推动工作。团结过去是，今后也是，做好学校工作的重要关键。我们的团结是有原则的，不是一团和气，我们团结的基础是为共同的事业，为国家培养社会主义工业化的干部而努力工作。这次工会代表大会有两千余件提案就说明全校的团结和关心集体的精神，这种精神是值得提倡的。我们要遵循毛主席的教导，"坚持真理，修正错误"，只有这样，我们的团结才是在统一的思想基础上的团结。

---

① 编者注：本文节选自《新清华》刊载的《在工会第六届代表大会上蒋南翔校长的讲话》一文。

第二是教学工作方面：（编者略）

第三职工工作方面：过去的职工工作是有成绩的，现在教师实行工作量制度，行政工作也要相应地提高工作效率。教学工作和行政工作是推进学校工作的两个车轮，必须互相配合，协同工作。希望工会协助行政加强劳动纪律的教育，树立自觉的劳动态度，健全行政工作制度。职工工作要明确为三方面服务：一是为学校的教学工作服务，二是为学校的发展服务，三是为全校师生员工的生活需要服务。要把我校先进工作者和优良工作者的工作经验总结和发扬，以便推动全体职工更好地前进。希望在第二届评选时将涌现更多的优良工作者和先进工作者，大家一齐推动学校工作更快地前进。

《新清华》第 57 期，1954 年 9 月 15 日

高等教育部检查组关于清华大学
培养与提高师资工作的报告※①

（1954 年 12 月 9 日）

我们于一九五四年十一月八日至三十日研究了清华大学提供的《清华大学工作检查汇报》，并就贯彻执行教学计划、科学研究、培养与提高师资、学生工作及学校行政领导等重点问题进行了调查。现将所了解的情况、问题及我们的意见报告如下：

……

---

① 编者注：本文节选自高等教育部检查组《检查清华大学工作的报告》，全文参见《清华大学史料选编》第六卷第一分册第 95 页。

培养与提高师资

两年来清华大学在培养与提高本校师资及培养研究生、进修教师方面都进行了不少工作。该校教师中已有一百零七位助教开始讲课，一百八十九位教师指导课程设计，一百五十二位教师准备指导毕业设计。研究生中已结业的有十人，在校的一百九十九人。进修教师结业回校的有六十人，在校的一百四十三人（来自三十九校）。在这项工作中的主要经验及问题是：

甲、培养新师资与提高老教师并重：培养新师资采取"放手提拔、积极培养"的原则，以迅速生长大批新生力量，担负日益繁重的教学任务。对老教师积极帮助提高，要求"各按步伐、共同前进"，通过向苏联专家学习及教学活动，不断提高业务水平。其次，贯彻了政治与业务结合，理论与实际相结合的原则。通过政治理论学习、工会组织活动、参加生产实习及帮助业务部门审查设计，建造本校的水力枢纽及露天试验场，建筑校舍等等工作，提高教师们的政治及业务水平。又次，是根据教学计划的需要，制订个人的进修计划，使进修具有明确的目标及要求，各级教学组织负责督促进修工作的进行。

清华目前助教人数占全体教师的百分之七十三，其中三年提前毕业、二年专修科毕业和本科二年抽调者占百分之七十，这种情况不能不认为是严重的问题，因此学校不能不用很大的力量来加强师资培养工作。因此，我们建议，我部在分配新教师时应予以照顾。

乙、目前清华大学根据我部培养研究生的要求（能胜任高等学校一定课程的教师），具体规定培养期限一般为三年（部分为二年半、个别为二年）。先用一二年补足苏联大学毕业生的课程，再用其余的时间进行一定的专业阅读和毕业设计，毕业设计的要求略高于一般大学毕业。这一规定与我部要求是符合的。

在培养师资方面存在的问题：首先是研究生质量不高。如因病及身体上的缺陷而不能参加学习者十九人，占总人数百分之九点五，业务基础太差无法培养者七人，占总人数的百分之三点五，还有少数不愿作教师因而学习不安心者。此外，对研究生的关怀和重视也还不够，政治思想教育亦较差，以致某些研究生中存在的混乱思想长期未获解决。这些都是今后应该注意改进的。本学期学校领导已注意了这项工作，召开了有关教研组主任会议，研究了研究生学习中的问题，设立了科学研究科专管研究生的工作，因而目前的情况已有改善。但仍有少数教研组的指导教师对研究生的培养重视不够。因此学校尚需进一步予以重视，建立必要的制度，提高教研组的责任，并注意政治思想教育和总结交流经验，以不断提高研究生的质量。我们建议，我部今后招收研究生应进一步注意质量，入学前应经过严格的选拔审查和考试，并对目前确实无法培养的研究生分别予以处理。

其次是现有的研究生绝大部分是与苏联专家同一年到校的。研究生在第一学年基本上是学俄文补课，无须苏联专家指导。而当研究生开始深入专业学习时，苏联专家又将回国（一般聘期为两年），因而影响了对研究生的有力的指导。在这种情况下，只有从充分发挥中国教师的作用入手来克服困难，尽力培养。

丙、该校两年来在培养进修教师的工作上基本上是按照我部《高等学校教师进修暂行办法》的规定进行的，并已取得两条较好的经验：一是以主修课程为主，把进修教师组织起来，发挥他们的独立工作能力及集体互助的精神，有组织地解决他们生活及学习上的问题。这样就减轻了教研组的困难，使一般的教研组可以顺利地担负起培养进修教师的任务。另一是适当地组织进修教师参加教学（一般每人每周约四小时）和教学法活动。这样做，一方面帮助了进修教师更深入地研究，巩固成果，并获得教学过程的具体经验；另一方面也有助于为该校解决师资力量不足的困难。这些经验是值得进一步研究总结的。但还有下列的问题应研究解决：

第一，学校领导目前对进修教师的工作已注意改进，但有的教研组还未引起应有的重视，对进修教师要求不够严格，在学习上缺乏检查和及时指导。今后学校应进一步加强对进修教师的管理，教研组应分别不同情况，采取不同措施，改进对进修教师学习的指导和检查，克服任何方面的放任自流现象。

第二，有的保送校对进修教师的选拔不尽合适，个别进修教师学习目标不够明确，有的要求过高，这就增加了清华大学工作上的困难。今后该校根据我部的规定，对不合格者可以要求原校另行调换，对要求过高者，进行必要的解释。为帮助其他学校克服教学上的困难，我们建议清华大学考虑：在一九五五—五六年度，根据可能条件指导一部分进修教师试做毕业设计。

第三，进修教师的经费未列入事业计划，使学校和进修教师都感到困难，本部应加以解决。

学生工作

（编者略）

高等教育部检查组

一九五四年十二月九日

清华大学档案，全宗号 2，目录号 校 1，案卷号 55002

共产党是先进科学家的光荣归宿

（1955 年 11 月 7 日）

蒋南翔

这是十一月七日在清华大学教务处党支部大会上讨论刘仙洲同志入党问题时候的发言，现在整理发表。——作者。

刘仙洲同志申请入党，经过党支部慎重考察，接受他的申请；现在按照党章规定，提请清华大学教务处的党支部大会讨论决定。请允许我对刘仙洲同志的入党问题发表一些意见。

我赞成接收刘仙洲同志入党，因为他现在基本上具备了入党的条件。他虽然长时期在旧中国的教育界服务，在解放以前也没有参加过革命活动，但是他的历史、政治情况是完全清楚的。他一生没有参加过反革命的组织，也没有进行过反革命的活动。更主要的是他在解放以后，积极参加党所领导的思想改造运动和教育改革工作，参加社会活动，认真学习马克思列宁主义的理论和党的政策，在实际行动中表现出他对党的信任和拥护，表现出他在政治上的迅速进步。

刘仙洲同志在解放以前，如像他自己所说，一直是埋头业务，不问政治。他曾经抱过"教育救国""科学救国"的理想，这种理想当然无法实现。后来他只是想"再教十年书，再写五本书，就算尽到自己一生的责任"。在蒋介石国民党的反动统治下，旧中国的科学家和教育工作者也实在不可能有更远大的抱负。但是在解放以后，如像他自己所说，在新中国革命光辉的照耀下，他获得了建设新生活的新的动力。他热情地参加校内外的各种工作，他变得年轻了。他亲身体验到共产党的伟大和正确，认识到社会发展的客观规律和工人阶级的伟大历史使命，衷心向往社会主义和共产主义，所以就正式申请参加中国共产党，决心作一名共产主义的新战士。从刘仙洲同志的为人和他具体的思想发展情况来考察，可以看到他的申请入党，是他解放以来思想发展的自然结果。

当然，按照对共产党员的严格要求来说，刘仙洲同志的政治锻炼还不够，在思想上还有某些旧民主主义的影响，但是这并不妨碍他参加共产党。因为共产党党章对于新党员入党的要求，是承认党纲党章，参加党的工作，服从党的决议，志愿为共产主义事业积极奋斗；并不是要求在入党以前就成为精通马克思列宁主义的政治家。任何共产党员在入党以后，他还必须继续进行思想上的自我教育和自我改造；马克思列宁主义的理论学习和实际斗争的锻炼，是入党以后长期的事情。对于从事脑力劳动的高级知识分子，只要他的历史政治面貌是完全清楚的，同时他又承认和接受党纲党章，具有真诚的入党的要求，不但在口头上而且在实际行动上拥护党的路线，执行党的政策，那么我们就应当认为他已经具有相当的政治觉悟，应当批准他的入党申请。吸收共产党员是严肃的工作，不能降低入党标准，破坏党的严肃性，但是也不能把新党员入党条件同对于共产党员的最高要求混为一谈，以致把有些政治上合乎入党条件和应该吸收入党的人关在门外。根据我国情况，积极而又慎重地吸收那些忠于党和共产主义事业的先进的高级知识分子入党，这是完全符合党章的要求和党的知识分子政策的。像刘仙洲同志这样一位老科学家，在思想上、政治上还会存在一些旧的影响，这是完全可以理解的。正像我们今天到会的其他共产党员，虽然入党较早，接受党的教育较久，而我们在思想上和政治上的锻炼也都还很差。但是可以相信，在实际斗争的锻炼和党的教育下，在自觉的努力和同志们的帮助下，我们共产党员是能够不断克服自己的各种缺点，逐渐地把自己锻炼得更坚强一些的。人们能够而且必须在改造客观世界的斗争过程中，改造自己的主观世界，这是马克思主义的一个根本原理。

刘仙洲同志参加共产党，这就使他可以在党的直接领导下，作为一个有组织的战斗成员，在我国社会主义和共产主义的建设事业中，贡献更大的力量；同时也使他能够在积极参加党所领导的建设新中国的伟大斗争中，更进一步地改造和提高自己的思想，使自己成为更健全的马克思主义的战士。

在一九二八年，苏联杰出的土壤学家威廉斯以六十五岁的高龄参加苏联共产党，在第二次世界大战期间，法国著名物理学家郎之万以七十二岁的高龄参加法国共产党，都曾经产生热烈的反响。现在我国教育界和工程科学界的老战士刘仙洲同志也以六十五岁的高龄参加中国共产党，我们相信这件事情也将会在中国知识分子群众中间产生比较广泛的影响。刘仙洲同志同威廉斯、郎之万相比，当然他们各有自己不同的研究领域和不同的科学成就，但是他们有一个共同点，就是他们原来都是不问政治的科学家，在社会上孤独地奋斗和摸索了大半生，直到六七十岁的高龄终于找到了共产党。他们参加共产党的事实说明一个真理，即使是在旧社会中埋头不问政治的科学家，只要他真正忠于人民，拥护真理，最后也会通过自己曲折的道路走向共产主义。从资本主义到社会主义和共产主义，这是历史的必由之路，刘仙洲同志在解放以后所走的道路，也正是出身旧中国的广大爱国知识分子所要走的道路。

新中国成立以来，由于全国社会主义建设和社会主义改造运动的广泛影响，由于知识分子思想改造运动的直接推动，我国知识分子的思想面貌已经发生了巨大变化。绝大多数的人都是爱国的，愿意走社会主义的道路，这是今天中国知识分子最主要的一面。但是同时还应该承认，现在还有一小部分上层知识分子，特别是一小部分高级的科学技术人员，他们对于自己必须坚定地走社会主义和共产主义的道路这一点，认识是模糊的，甚至在思想上还有不少抵触情绪。他们直到现在还没有能够完全扫除过去在欧美资产阶级教育之下形成的某些殖民地心理和民族自卑感，自觉或不自觉地过高估计美国式的文明，过低地估计新中国的伟大的成就和进步。他们希望按照他们心目中的"美国规矩"来安排新中国的科学研究工作或其他某些工作，不承认中国人民可以逸出美国或英国的"常轨"而独立探索和开辟新的道路，甚至采用贵族式态度来斥责和嘲讽社会主义新生活中由于开创时期经验不足而不免会产生的某些缺点或错误；而对于中国人民伟大的创造力和创造潜能，对于马克思列宁主义在我国社会主义建设事业和科学研究工作中的指导意义，对于党的领导作用，总是表示怀疑和不信任。这样，尽管他们也可能在口头上谈论爱国主义，谈论新中国的建设，但是他们头脑中的"理想王国"显然不会是新中国的社会主义建设，而只能是美国式的文明的翻版或改装。因为他们心目中只有孤立的超政治的"专家"和"技术"，没有群众观点和马克思列宁主义。脱离群众，脱离马克思列宁主义和共产党的领导，所谓社会主义的建设就只能是缘木求鱼。

当然，科学技术对于社会主义建设的作用是极为重要的，任何轻视科学技术的观点是错误的；但是科学技术同政治应当而且必须建立正确的关系。科学技术必须同政治结合，必须接受马克思列宁主义的思想领导，然后科学技术才能更好地为社会主义建设服务，为人民服务。

刘仙洲同志在解放以来的迅速进步，正是表现在他能克服自己长期存在着的单纯业务观点，接受马克思列宁主义理论和共产党的领导，以至毅然申请入党，决心把自己的希望和命运同党的事业联系在一起。这表明刘仙洲同志虽然年迈，但是富于政治敏感，善于在复杂的现实生活中探索和掌握真理，接受新鲜事物。

他的入党再一次表明，为人民创造幸福生活、为青年开辟远大前程的伟大的共产党是先进的爱国的科学家在政治上的光荣归宿。

在马克思列宁主义指导下，科学技术将会更快地进步；在共产党的领导下，科学家将会对祖国和人民作出更大的贡献；我们深信，这一真理将会得到越来越多和越来越有力的证明。

《新清华》第 116 期，1955 年 12 月 12 日

执行中央知识分子政策
有计划地提高全体师资※①

（1956 年 2 月 8 日）

蒋南翔

为了适应我国社会主义工业建设的需要，根据中共中央和人民政府的指示，清华大学在 1952 年改为多科性的工业大学，担负起为国家培养工业建设干部的光荣任务。从英美资产阶级式的旧型大学改造为社会主义的新型的多科性工业大学，这不能不经过一系列的变革和复杂的斗争。清华大学教学改革的过程，也就是根本改造学校的工作以适应社会主义建设需要的过程。三年多来，我们的学校已经踏着坚定的步伐，沿着社会主义的道路走了一段路程。在全国进入社会主义高潮的今天，我们很有必要来总结一下我们学校三年多来的教学改革的经验，检查一下我们过去工作中的成绩和缺点，规划一下今后的工作和努力方向，以便我

---

① 编者注：本文节选自蒋南翔在清华大学第十次教学研究会上的报告《清华大学三年来教学改革的基本总结和今后的任务》，全文参见《清华大学史料选编》第六卷第一分册第 117 页。

们在已有的工作基础上，巩固成绩，克服缺点，满怀信心地继续前进。

一

在过去三年多以来，我们做了哪些主要工作呢？

……

（三）培养了大批青年师资，提高了全校教师的业务水平和政治水平

在三年来教学改革的过程中，跟着学校规模的逐年发展，教师的队伍也逐年扩大。在 1953 年初全校有教师 425 人，其中教授副教授 98 人，讲师助教 327 人；到 1956 年 1 月共有教师 833 人，其中教授副教授 103 人，讲师 202 人，助教 528 人。讲师增长了约三倍，助教增长了两倍多。助教和讲师共占现有教师人数的 87% 强。助教中开课的有 275 人，占全体开课教师的 60% 强；指导课程设计的有 113 人，占全体指导课程设计教师的 59.8%；指导毕业设计的 86 人，占全体指导毕业设计教师的 56.6%。从以上数字可以看到，青年教师在我们学校的教学工作中，已经占着多么重要的地位。当然，青年助教上堂讲课，甚至要指导课程设计和毕业设计，我们不难想到他们要在工作过程中克服多么巨大的困难。就是较有经验的老教师，因为他们有些担任完全新的专业课，有的担任的课程虽然同过去课程的名称相同，但所讲的内容却相差很大，有的由于过去生产经验不足，因而他们同样也要为新的教学任务而进行许多准备工作，付出巨大的劳动。但是工作任务虽然繁重，我校全体新老教师，都能发挥高度的积极性，克服了重重困难，完成了任务。我们学校的教师，就是在这种"现炒现卖"，边学边教的过程中，学会了本领，提高了水平。我们去年暑假已有 11 个专业"过了河"，已把苏联高等学校全部

的教学过程——讲课、辅导、习题课、家庭作业、实验、考试、生产实习、课程设计、毕业实习、毕业设计等等系统地从头至尾做过了一遍，这就为我们今后进一步提高教学质量，打下了巩固的基础。另外，我校教师从事科学研究工作的人数和科学研究的题目，也逐年在增加。1954—1955 年度我校从事科学研究的教师有 151 人，科学研究的项目有 39 个；1955—1956 年度，参加科学研究的教师增加到 250 余人，项目增加到 106 个（其中 43 个是与企业部门合作的）。科学研究工作的日益开展，对于提高我校教师的科学水平，当然是一个极有力的因素。

三年来我校招收了以培养高等学校师资为目的的研究生 206 名，已毕业 78 人，他们基本上都能胜任一门课程的教学工作，为高等学校提供了新的师资。

另外，在中共北京市委领导下，全校教师还在自愿的基础上，积极地进行了业余的政治学习；这种学习，对于提高他们的政治水平起了显著的作用。

大批年青教师的迅速成长及老教师的改造和提高，这是我们三年来工作中的最重要的收获，也是我们开展今后工作的有力保证。

（四）进行了巨大的基本建设工作，全校工作人员的社会主义觉悟有了相当的提高。

（编者略）

二

总结我们学校三年来的教学改革，有些什么经验呢？最主要的有以下几点：

······

（二）执行中央的知识分子政策。

我们认为：我们学校中最宝贵的财富，是富有科学知识和教学经验的教师。我们对于团结和尊重学校中一切有经验的教师，认真执行党的知识分子政策，在思想上一直是明确的。关于团结教师的问题，我们的理解不仅是要团结"多数"，而且是要团结"全体"。因为我们学校中的教师，除了可能有极个别的暗藏着的反革命分子和破坏分子外，一般都是爱国的、愿意为人民服务的，因而应该争取和全体教师团结起来，共同前进。

我们重视教师的团结，绝不是一种表面的客气或是虚伪的敷衍，而是出于对教师作用的正确估价和工作上的实际需要。因为我们学校的教师，特别是较有经验的老教师，他们是全校教学工作的领导骨干，依靠和信任他们，充分发挥他们在工作中的积极作用，这是我们学校能够顺利地完成教学工作的重要关键之一。我们不但依靠有经验的教师有成效地领导各系、各教研组的工作和完成了各项最重要的教学任务，而且我们还依靠他们培养了青年的师资。三年来我校老教师花了很多时间去帮助青年教师进行教学工作和业务学习，如听青年教师的试讲，为他们点习题，指导他们做实验、做设计，为他们开课等等。我校青年师资的迅速成长，是和老教师的带领分不开的。今后我们学校要开展科学研究工作，鼓励青年教师有系统地进修和准备学位考试，就更须进一步依靠有经验的业务水平较高的老教师。我们学校有经验的老教师，三年多来在准备新的专业上，在培养青年师资的工作上，在提高我校科学水平上，在完成学校中一切最重要的教学任务上，都发挥了很大作用。他们是有贡献的，他们应当受到大家的尊重和信任。

当然，我们看到老教师的可贵，决不能因而就轻视和放松培养新生力量。根据历史发展的规律，新生力量总是要愈来愈显示出自己的重要作用，并且最后要成为老一辈的接班人。而老一辈的值得尊敬，也正在于他们善于正确地带领青年一代更好地成长，善于披荆斩棘，更好地为后来者开辟道路。

新老合作，团结互助，这是我们过去所努力执行的方针，也是我们今后应当继续遵循的道路。当然，我们的团结是原则的团结，我们的团结，必须正确地建立在马克思列宁主义的思想基础上，绝不是市侩式的拉拉扯扯，庸俗的一团和气。加强政治学习，加强马克思列宁主义的原则性，开展批评和自我批评，克服个人主义和各种形式的资产阶级思想，这是加强我们团结的唯一正确的道路。

新老合作、团结互助的原则，这不仅适用于全校教师，同样也适用于全校职工。

这里值得我们特别提到清华教育工会的工作经验。三年以来，清华大学教育工会把全校的教师及职工组织起来，定期进行政治学习，并在小组生活中，适当进行批评与自我批评，在思想政治上互相帮助。在共产党员、青年团员及民主党派成员的积极参加和支持下，我们学校的工会组织，是在一定程度上发挥了共产主义的学校的作用，提高了大家的政治觉悟和工作热情，增强了在马克思列宁主义基础上的团结。这一经验，在实践中证明是有益的。

（三）执行培养学生全面发展的方针。

（编者略）

三

近半年来，中国农业、手工业、私营工商业的社会主义改造工作突飞猛进地发展，推动社会主义工业化的加速进行。为了适应社会主义建设的需要，中共中央号召我们争取在三个至五个五年计划内，把我国科学文化提高到世界的先进水平。我们过去工作虽有一点成绩，但远不能满足今天党和国家的要求。因此，我们就必须在现有的基础上把工作大大提高一步；我们应当根据国家需要结合本校条件，对今后的工作做出全面的规划，然后动员和组织一切力量贯彻执行。

……

（四）有计划地提高全体师资，争取在十二年内每个教研组都有一定数量的科学指导力量，并大力培养教学辅助人员和提高行政人员的水平。

三年来，全校教师有极大进步，但是我们还要继续努力提高。根据现有的师资情况，在业务的提高上，大致可以采取四种不同的方式：第一，教授和副教授，大力开展科学研究工作，其中有一部分人可以按国家规定进行博士和副博士论文工作；第二，讲师和部分已胜任教学任务的助教，参加科学研究，并进行学位论文工作；第三，本科提前毕业和专修科毕业的助教，按照计划进行补课和结业工作；第四，准备新专业课的教师，有目的地备课、试做设计或论文和适当地补习基础课。

为了帮助各青年教师的业务进修，有关的教研组应考虑为他们开出补习和提高性质的课程，如应用数学、物理、化学、俄文、第二外国语等。各教学和行政组织要经常检查进修计划完成情况，并尽可能指定指导教师。

为了帮助教师提高政治和理论水平，可以在党委领导下采取夜大学的形式，陆续开出政治经济学、哲学等课程，并加强辅导。

在可能条件下最快地生长科学力量，教研组应根据提高教学质量和开展科学研究的要求，做出全面规划，合理安排，使全体教师都有进修的条件。首先要挤出一些政治水平和业务水平较高的教师给以较充足的条件，使他们做出学位论文，然后再依靠他们带领青年教师，争取在十二年内每个教研组都有一定数量的副博士以上的教师。

要大力培养教学辅助人员，提高行政工作人员的政治和业务水平。教学辅助人员是教师从事教学与科学研究工作的重要助手。他们的工作直接影响我们工厂、实验室的发展、师资的提高以及科学研究工作的开展。我们必须对他们有目标、有计划、大力加以培养，并定出升级奖励制度，以鼓励他们前进。首先要使已具有中技或高中毕业程度的实验员与练习生，在最近一年内，学会全套教学实验工作，并逐步将他们培养成为教师科学研究工作的助手；对具有初中毕业的练习生，应在现有的基础上，提高到试验员、技师、绘图员等工作水平。无论以上哪一类辅助人员，都要加强政治思想教育工作与一般业余学习。

（五）做好基本建设和实验室的建立工作。

（编者略）

清华大学档案，全宗号 2，目录号 党 1，案卷号 56011

清华大学师资工作的调查报告（节选）

（1961 年 5 月 31 日）
国务院文教办公室调查组

我们于三月二日至二十五日对清华大学几年来师资培养提高、团结改造的情况进行了调查。了解的主要对象是机械制造系、工程物理系和普通物理教研组，和这些单位的同志进行了座谈，访问了部分老教师，并找了两个班的同学谈话。

现将了解的情况、学校取得的经验和我们的意见报告如下。

一、教师队伍的基本情况

清华大学从 1952 年院系调整以来，有了很大的发展。目前，

• 23 •

全校有 12 个系，38 个专业，14 000 多名学生，1 899 名教师。如与 1952 年比较，教师人数增长了 360％；学生人数增长了 370％；专业数增长了 110％。同时，学校增设了大量的新科学技术的专业；一般较老的系，如机械制造系、动力系等，也都进行了专业翻新。

全校 1 899 名教师中，有教授、副教授 109 人（不包括最近学校将报教育部审批提升为教授的 16 人和提升为副教授的 90 人），占教师总数的 5.8％；讲师 505 人，占教师总数的 26.6％；助教 1 285 人，占教师总数的 67.6％。

目前，清华大学的教师队伍在政治上和业务水平上均具有相当的质量。同时，在教学和科学研究中基本上已形成一支又红又专的骨干力量。全校教师中共产党员占 36.6％，团员占 41.9％，两者合计占教师总数的 78.5％；在 109 名教授、副教授中有共产党员 21 人，占 19.3％。机械制造系 261 名教师中，共产党员和共青团员共占 83.2％；有五年以上教龄的教师占 61.3％……工程物理系教师中，党员和团员占的比例更高，全系 103 名教师中，只有群众 2 人；教师中除少数几个人外，基本上能完成教学、生产和科学研究的任务，其中约有半数教师能较好地完成任务。

清华大学在师资工作中，除了发挥老教师的作用外，很重视新生力量的培养和提高。1899 名教师中，近 80％是 1952 年以后补充和培养的新教师，这些教师一般都是在院系调整、实行专业教育制度后毕业或提前毕业的学生，在所学业务知识方面，比以前的"通才"教育前进了一大步，同时，由于这部分人比较年轻，十年来在党的领导和教育下，经过历次政治运动和各项实际工作的锻炼，特别是经过 1958 年以来三年"大跃进"中教学、生产和科学研究的实践，他们有了迅速的成长和提高。1952 至

1954年期间补充的二年制专科毕业生和三年提前毕业的学生，几年来结合工作的需要，基本上也补齐了大学本科的课程和主要的教学环节。这一批新讲师（300多人）和老助教的主要特点是政治思想好，组织能力强，理论联系实际，解决实际问题能力强，目前已是教学、生产、科研等工作的主要力量。如以机械制造系为例，1952年院系调整以后毕业参加工作的教师约占全系教师总数的90％，96名讲师中有80人是院系调整以后毕业的学生。工程物理系的教师中1952年以后毕业或提前毕业参加工作的占95.2％，其中1957年以后参加工作的占82.6％。该系核物理教研组电子学小组共10人（党员4人，团员6人），负责领导这个小组的讲师是1953年无线电系三年提前毕业的学生，其余助教都是1956年以后从无线电系四年级提前抽调的学生。目前，核物理电子学小组不但担任了工程物理系有关专业的电子学课程，还以自己制造的电子仪器，装备了全校有关的实验室。

全校老教师中，有教授、副教授109人，和1952年以前大学毕业现担任讲师职务的200多人。这一部分教师，从总的方面看，政治上还是要求进步的，在业务知识上多数人还是有所专长并具有一定的教学经验……

200多名老讲师中，家庭出身、政治思想和学术观点方面，一定程度上和教授、副教授相似，他们一般较教授年轻一些，都是国内大学毕业，留在学校担任教学工作的。多数人是解放前后毕业，年龄在30～40岁之间。这部分教师经过历次政治运动，也有了明显的分化，其中相当一部分人政治上、业务上均提高得较快，已成为学校工作中的骨干力量，他们担任着系、教研组的领导工作，有的还担负起新科学技术专业的建设任务……

学校师资力量的部署上看，无论从政治上和业务上比较，机要性质的新科学技术专业的师资均比较好，如工程物理系的教师，几乎全是共产党员和青年团员，几年来教师在业务上成长也快，基本上担负起了全系教学、生产和科学研究的任务……师资力量比较有基础的机械制造系，也同样存在着技术基础课教研组比专业课教研组的师资力量薄弱的问题，如专业课的冷加工教研组教师 34 人中，有共产党员 15 人，占 44.1%……但是，技术基础课的机械设计教研组教师 27 人中，只有共产党员 6 人，占 22.2%，骨干教师只占 59.3%。新技术专业比一般专业，专业课比理论基础课、技术基础课的师资力量强，这是由于几年来开设专业课、筹办新专业，从理论基础课、技术基础课教师中调走了不少骨干力量，新增教师中质量较好的，也首先补充了新专业和专业课教研组，这在学校发展到一定阶段是难免的。今后学校的发展，基本上稳定下来了，基础课程的教师力量亦应进一步调整和加强。

清华大学几年以来，特别是大跃进的三年中，在师资的培养提高和团结改造方面，取得了显著的成绩，经验也是极为丰富的。

二、师资队伍培养提高的过程和主要经验

师资队伍的培养和提高过程，大体上可分为两个阶段：第一个阶段是 1952 年到 1957 年，第二个阶段是 1958 年到现在。

在第一个阶段中，学校坚决地贯彻了结合中国实际学习苏联先进经验的方针。1952 年以前的教师，多数是旧社会"通才"教育培养出来的，一般说知识比较陈旧，并脱离实际。1952 年院系调整后，设置了专业和教研组，参照苏联的经验，制定了教学计划、教学大纲和教材。不少教师一边向苏联专家学习，一边开课。在学习苏联的过程中，使教师得到了很大的提高，掌握了比较先进的教学内容和一套比较完整的教学环节，并且通过生产实习、毕业设计等环节，开始注意了理论与实际的联系。这个阶段的主要特点是：学习苏联，边学边教，使教学"过了关"。但是，脱离政治、脱离生产实际的问题，并没有真正得到解决，不少环节仍然是"假刀假枪，纸人纸马"。

……

第二个阶段是从 1958 年大跃进开始的。经过整风反右、双反、科学和教学大辩论，绝大多数教师基本上都解决了党的领导和走社会主义道路的问题。在觉悟大提高的基础上，从 1958 年起开始贯彻了党的教育方针，先后开展了大搞生产、大办工厂、大搞科学研究、技术革新、技术革命、学术批判、学习主席著作等群众性的运动，把生产引进了教学，实行了以教学为主的教学、生产劳动、科学研究三结合，教师、学生与能者三结合，进行了教育革命。如机械系，扩建了包括铸、锻、焊、冷加工、热处理等生产车间的综合工厂。机械设计教研组当时还开了设计公司，接受了不少本校和校外的设计任务。冷加工教研组研究和制出了各种程序控制机床。压力加工教研组设计和制造成功 100 吨的钢筋混凝土水压机，部分教师还参加了人民大会堂和国家大剧院的设计工作。通过这些实践，建立和充实了实验室，建立了三联合基地，开出了不少新课，翻新了专业。更重要的是教师队伍有了很大的成长和提高。到现在为止，绝大多数教师，包括老助教在内，对各个教学环节都普遍摸了一遍，半数以上的教师都能够独立开课，有相当一部分教师可以独立进行科学研究和指导研究生。如冷加工教研组 30 个教师，已有 22 个教师都能够而且已经开过一至二门课，并能独立地进行科学研究工作。又如工程物理系 1958 年以前只开 4 门课，而近三年之中，建立了 18 个实验室，开出了 30 多门新课。该系绝大部分师资都是在这个期间培养出来。

这个阶段的主要特点是：政治挂帅，教育与生产劳动相结合，大搞群众运动，真刀真枪，大兵团作战，在战斗中成长，在集体中成长。在三年的锻炼中，绝大多数教师都比较正确地处理了"红和专""理论和实践""专家和群众"的关系问题。因而，在这个期间提高的也就特别快。既提高了思想觉悟，又提高了解决实际问题的能力和理论水平。真正为培养一支又红又专的师资队伍，找到了一条多快好省的道路。

从教师的成长过程来看，主要的经验是：

（一）师资队伍的迅速成长，是坚决贯彻党的教育方针的结果。

学校在师资的培养和提高工作中，贯彻党的教育方针是坚决的。首先是要求教师政治挂帅，又红又专，以红带专。其次是使教师参加生产实际，把理论和实践结合起来。另外，是把大批教师放到群众运动中去锻炼，要求他们在教学、生产、科学研究工作中，既要放下架子，深入群众，听取群众意见，向群众学习；又要起教师和专家的指导作用。要求他们过好三关，即"红与专""理论和实践""专家与群众"的关。根据我们调查中所接触到的许多实例来看，凡是政治思想好、接触实际多、在群众中锻炼多的，业务上进步也就快；相反，凡是思想落后、接触实际少、在群众中锻炼不够的，业务也就进步慢……

（二）战斗中成长是培养和提高师资多快好省的途径。

所谓战斗中成长，就是在教学、生产、科研等实际工作中边干边提高，真刀真枪，集体成长。如工程物理系核物理电子学小组，1956年刚建立时，条件很差，什么也没有，只有三个青年教师，都是从无线电系的学生中提前抽调的。他们采取自己动手，边学边问的办法，花了两个月的时间，制出8套实验仪器，开出了这门课和实验。教学过了关之后，又逐步开展了生产和科学研究工作。几年来，边学边干，从无到有，开了课，编了教材，建立了实验室，培养了师资（现在全组已有十名教师），使整个教学小组在战斗中有了很大的成长。

战斗中成长的好处是：（1）用这种办法培养出来的教师，思想红，组织能力强。在真刀真枪、集体作战中，不仅要求教师传授知识，还要求教师实行全面领导。既要教书，又要管好人的思想，领导好群众运动，并在教学、生产、科研工作中，贯彻好党的各项方针政策。这样，就容易促使他们又红又专。（2）用这种办法培养出来的人，理论联系实际，解决实际问题能力强，学到的东西牢固、扎实。（3）这种办法，培养人才又多、又快。而且还可以促使实验室、教材和教师一起成长，一成长就是一套。从教师到实验员，人才的成长，也是一套。

当然，其他形式，如派到国外留学，到外系和外校短期脱产进修，学术出差，补修某些课程，定期举办学术讨论会等等，也都是有效而且不可缺少的形式。但是，就我国高等学校大量的、普遍的现实情况来看，战斗中成长的办法，还应该是主要形式。

为了使教师得到全面的提高，根据几年的经验来看，在战斗成长的过程中，除了上边所说的过好"红与专""理论与实践""专家与群众"的三关之外，还必须解决好以下几个问题：

（1）战斗中成长与提高理论的问题。战斗中成长的特点之一，是真刀真枪，在实际工作中锻炼，但是，必须和提高理论结合起来。要结合工作，进行一些理论学习；对于研究成果，要进行理论分析，加以总结提高；要加强基础知识的学习，以免在进一步提高中，遇到困难。

（2）集体成长与个人提高的问题。战斗中成长的好处是容易促进集体成长和提高。但是，也有少数人容易对自己要求不严，不肯刻苦努力，跟着大家跑，吃大锅饭。认为只要参加进来，就会自然成长，结果，往往是集体成长了，而某些个人提高不多。因此，在集体成长中，还必须照顾到每个成员的提高，把提高落实到每个人的头上。要按照每个人的不同情况加以具体安排。过去基础差的，应该注意补补基础，专业差的补补专业；过去担任科研工作多而教学少的，应该多安排些教学工作。相反，过去担任教学工作多，而生产、科研搞得少的，则应该多搞些生产和科研。使每个成员都能得到全面的锻炼和提高。

（3）教学与科学研究的问题。在战斗成长中，有的教师先从教学入手，有的先从科学研究入手。一般说，比较有基础的学科，应该先从辅导、实验以至讲课等教学工作做起，以便使教师首先树立起以教学为主和培养人的观点，较快地担当起教学任务和掌握本门学科的全面知识，然后逐步开展科学研究工作，以便进一步提高，最后再把科学研究的成果，加以总结，反映到教学中来。这样，既可提高教学质量，又可以提高师资水平。但是，某些尖端学科，由于学科本身还没有完全形成，缺乏教材和资料，又不得不先从科学研究开始。科学研究的过程，就是准备教学的过程。看来，教学与科学研究，究竟从哪里开始为好，要看具体条件。但是，两者密切结合，并以教学为主，则是提高师资水平和提高教学质量的必然规律。

（4）方向的相对稳定问题。为了使教师提高得更好更快，在学校的任务、规模、专业设置固定下来之后，每个教师的方向都应该相对地稳定下来，以便于教师在固定的方向上钻研提高，积累知识和经验。物理教研组助教×××，从1958年起搞光电测验仪，然后讲应用光学课。现在又正在进行光学方面的科学研究，下半年准备开普通物理光学部分的课。由于一直没有离开光学这个方向，所以进步较快。机械系零件教研组助教×××政治、业务都很好，就是工作变化太多。去年"五一"搞超声波，不久后调去搞高速磨头，然后又调去搞强度，由强度转轴承，现在又由轴承转为振荡平衡。她说："只要方向定，时间有保证，一定可以提高更快。"

在方向固定下来之后，在本领域的各个部分之间，在教学、生产、科研之间，又要注意适当轮换，以便于既有固定的方向得以钻深钻透，又能在本领域之内把本领学齐学全。

（三）师资的培养提高，必须在发挥老教师作用的同时，以培养新生力量为主，并且贯彻自力更生的原则。

在发挥老教师作用的同时，以培养新生力量为主的指导思想，在学校的培养师资工作中，是明确的。从工作的安排上看，无论是派人出国和去校外进修，或是参加重大科学项目的研究，以及开新课，领导毕业设计，领导生产实习，参加专业会议等等，都是在发挥老教师作用的同时，着重注意了新生力量的培养。每个关键部分都配备有政治上强、有培养前途的党团员，使他们有更多学习和锻炼的机会。到现在为止，全校已经有 500 多名讲师，加上一批能独立开课的老助教，已经形成了一批相当强大的骨干力量。这批人大多数是解放后我们自己培养出来的。现在教学、科学研究中的主要担子由他们担，这就使我们的学校工作有了一支稳固的可靠的力量。

培养师资，除了依靠新生力量之外，还必须贯彻自力更生的原则。如工程物理系，全系共有 103 名教师，有百分之七八十是在国内并由本校培养的。全系目前共开专业课 39 门，除有 12 门是由苏联专家帮助开的以外，其他全部是自己开出来的。从今后的情况来看，特别是新技术专业，贯彻自力更生的原则，更为重要。

（四）关于老教师的团结与改造。

几年来，学校党委根据团结改造的方针，对老教师进行了不少工作，他们提出来的口号是"各按步伐，共同前进"。看来学校在贯彻团结改造的方针方面是比较稳的。在工作中也取得了不少经验，主要是：

（1）在老教师中开展建党工作，为老教师的进步，树立榜样，指出方向。早在 1955 年就吸收刘仙洲入了党，后来又陆续吸收张维、梁思成、张光斗、李酉山、金希武等人入党。这些人的入党对其他人的进步起了重大的推动作用。

（2）通过各种政治运动，对某些老教师的资产阶级思想和立场进行了批判，促进了他们的改造。每一次运动，对老教师都有具体要求，运动过去之后，教师的政治思想便有很大提高。特别是整风反右、双反、教育革命、学术批判等运动，影响较大，触动较深。看来，为了促使老教师的自觉革命，实现思想和立场上的改造，各种群众运动的推动还是不可少的。

（3）充分发挥老教师的作用，"拖他们下水"，参加实践。从行政安排上看，绝大多数老教师都担任着校一级、系一级和教研组的领导工作。凡是有条件的都给了不同的参加实际工作的机会，并在工作中给他们以帮助。这样，既可以调动他们的积极性，又可以帮助他们克服脱离政治、脱离生产、脱离群众的毛病，促进思想进一步改造和业务的提高……

（4）团结改造的任务是长期的。老教师经过各种运动，已有很大进步。但是，每逢遇到国际国内情况发生一些变化的时候，总还有些人摇摇摆摆，如最近通过神仙会有些人放出不少错误言论。这说明他们有赞成社会主义，服从共产党领导的一面，也有动摇的一面。因而，对他们团结改造的任务也将是长期的、艰巨的，还要做很多的细致工作。

三、几个问题和意见

（一）清华大学在新师资培养提高和对老教师的团结改造方面，都取得了显著的成绩，积累了丰富的经验。

为了促使清华大学的师资队伍更加迅速地成长，同时也对全国其他高等学校的师资工作有所帮助，学校应该对几年来师资工作的经验进行全面系统的总结，并在总结的基础上，制定今后师资培养提高的规划。

（二）继续提高教师的政治觉悟和理论水平，更有计划地组织教师参加生产实践和社会阶级斗争的实践。

……有些讲师参加生产实践和社会阶级斗争的实践较少。今后，为了从政治上进一步改造和提高这支队伍，除了在补充新师资时应该注意增加工农成分外，对现有教师应该继续组织他们系统地学习政治理论，并使他们有更多的参加生产实践和社会阶级斗争实践的机会。

（三）加强教师的基础理论学习和提高外文水平。

目前，在教师中，尤其是青年教师，基础理论底子较薄，相关的业务知识面较窄，外文的基础差，阅读外文资料不够熟练，这些方面都影响教师的进一步提高。因此，应结合制定师资培养提高规划，调查摸清每个教师的情况，针对不同特点，采取有效措施，帮助教师填平补齐，继续提高，以适应科学技术的发展和不断提高教学质量的要求。在教师业务知识的提高方面，除了继续贯彻理论联系实际，深入生产实际外，应在理论知识方面加强系统学习和提高。同时，要有计划地组织教师学习和掌握更多语种的外国语，提高阅读水平。

（四）继续调动教师的积极性。

我们认为，要在现有的基础上进一步调动教师的积极性，除了继续帮助教师在政治上的改造、提高和业务工作上的适当安排外，还须注意以下几方面的工作：第一，加强对青年教师和学生的思想教育，贯彻党的知识分子政策，使青年在党的领导下，根据老教师的具体特点，采取不同的方式在政治上帮助老教师；同时，也必须看到多数老教师在业务知识上是有专长的，教学经验也是比较丰富的，青年应该虚心向老教师学习这些有用的知识，正确处理新教师和老教师之间的关系。教师和学生之间真正树立起新型的、教学相长的师生关系。第二，加强行政领导的作用，建立和健全必要的规章制度。这样既有利于在政治思想、方针原则等重大问题上加强党的领导，也有利于教师积极性的进一步发挥。第三，对部分老讲师和教师中的超龄团员，要加强对他们政治上的关心和帮助，促进他们在教学和科学研究上发挥更大的作用。

（五）进一步发挥重点学校的作用，有计划地抽调少量师资支援其他高等学校。

清华大学几年来新生力量成长的很快，目前，在建立比较早的老系、老专业中，同一课程一般均有两套教师可担任教学工作，有不少的老助教也可以担任更多的新任务。为了在更大程度上发挥重点学校的作用，同时也有利于清华大学新生力量的不断成长和提高，清华大学今后应更有计划地定期向全国其他新建高等学校和边疆地区的高等学校输送少量有关专业的师资，帮助这些高等学校的建设和提高教学质量。

考虑到清华大学要担负为外校输送教师的任务，同时对清华大学教学、生产和科学研究的质量，在现有的基础上提出更高的要求，以及适应逐年增加培养研究生的任务，关于师资的配备问题，我们认为，除了继续贯彻合理使用人力的精神外，教师编制定额上可以适当放宽些。

国务院文教办公室调查组

1961 年 5 月 31 日

北京市档案馆档案，全宗号 1，目录号 22，案卷号 653

清华大学教授、副教授安排
使用情况（草稿）

（1961 年 8 月 15 日）

清华大学科学技术方面的教授、副教授共 100 人，目前对他们的安排使用情况如下：

担任教研组正、副主任以上职务的共 72 人，其中担任正、副校长及各处处长、馆长的 5 人；担任正、副系主任或者基础课委员会正、副主任的 29 人；担任教研组正、副主任的 38 人（系主任中兼任教研组主任者未计入）。

在业务方面 1960—1961 年度的安排使用情况如下：

担任教学任务的共 81 人（81％）；担任科学研究工作的共 75 人（75％）；担任指导研究生任务的共 50 人（50％）；上述三项任务都担任的共 42 人（42％）；

在上述的业务方面安排使用情况中，有的人因为行政工作较多、社会活动多或年老有病，主要担任科学研究工作或指导研究生及青年教师，没有担任教学任务。有的人因为教学任务重（如基础课的一部分教师）或年老有病而只担任了一部分教学工作。

全部教学、科学研究和指导研究生任务都不担任的，只有 2 人（×××、×××），目前正卧病全休。

清华大学档案，全宗号 2，目录号 党 4，案卷号 44

重教重职　团结一致 ^{※①}

（1962 年 1 月 19 日）

……

两个队伍　两个肩膀

第二，两个队伍，两个肩膀。蒋校长说，要办好学校，自然就要联系到队伍的问题。首先是师资队伍，这是办好学校的关键。几年来，我们学校师资队伍的成长是比较快的，最近全校提升了一批教授和副教授，几年来还提升了许多讲师，使得全校师资队伍的结构发生了变化。1952 年院系调整的时候，全校教授、讲师不过二百人左右，现在翻了一番。当然我们不只是重视数量，教师们的政治思想和业务水平都有了提高，今后还要继续提高。蒋校长强调提出：我们要建立两支队伍。一支是又红又专的教师队伍，一支是又红又专的职工队伍。他说，过去的旧大学，都是重教轻职。我们认为重教是应该的，但是不要轻职，职工的劳动虽然平凡，对办好学校却很重要。我们提倡重教重职，两个车轮相辅而行，缺一不可。这也是我们共产党领导的社会主义大学和过去资产阶级大学不同的地方。

蒋校长接着说，无论教师或职工，都要有政治、业务两方面的要求，都要学会政治业务两个肩膀挑担子。过去对党的干部和教师提了这种要求，今天对职工也这样要求。全校无论是行政人员、技术工人、教学辅助人员、生活服务人员等，都不仅要在业务上能够胜任工作，在政治上也要能够担当责任。

---

① 编者注：本文节选自蒋南翔在 1962 年 1 月 19 日清华大学第八届工代会第四次会议上的讲话；《新清华》上原题为《发愤图强 办好学校》。

团结一致 民主集中

第三，团结一致，民主集中。蒋校长说，教师职工两支队伍建立起来，要能同心同德，互相合作，如果两支队伍互相打架，学校还是办不好。所以教师职工之间要很好地团结。教师与教师之间，职工与职工之间，也要很好地团结。

蒋校长说，加强全校的团结，在工作中要注意贯彻民主集中的精神。一方面全校各项工作、各个部门要很好地配合，互相支援，加强全校的集中统一领导；另一方面，要发扬民主，过好民主生活。蒋校长说，过去我们对学校的民主生活是重视的，也做了不少工作，但有的系和部门做得好些，有的做得差些，全校还要很好地注意。他说，加强全校团结不能靠下命令，人是活的，两条腿要走路，耳朵会听，眼睛会看，头脑里就要有各种思想，做到团结一致，就需要有个民主生活。这不仅是指党内团内要过好民主生活，全体工会会员、整个学校，都要过好民主生活。只有充分发扬了民主，团结统一才有巩固基础。

......

《新清华》第 622 期，1962 年 1 月 25 日

清华大学一、二级教授政治、学术及健康方面的一些情况（节选）

（1963 年 1 月 9 日）

人事处

我校共有一、二级教授 23 人（兼职教授除外），其中党员 10 人，最近我们对 23 人的情况进行了一些了解，他们几方面的

情况如下：

（一）社会兼职多、会议负担重问题：

解放以来，党和政府对知名教授在政治上都做了适当安排，调动了他们的积极性，对他们的思想改造起了推动作用。目前的问题是有些人社会兼职安排过多，各种会议活动过多，已严重地影响了他们的正常学术工作时间和精力。

在23人中，担任了全国、省、北京市几级社会职务及学会职务的共21人，其中有不少人担任了全国和北京市两级的职务（兼职情况见附件1①）。会议很多，全年用于集中开校外各种会议的时间一般都在两个月以上，少数人还要多。

……

（二）老教师政治理论学习的领导问题：

历来，党对知识分子的政治理论学习和思想改造是十分重视的，特别是1960年中央统战部召开了"神仙会"以后，对推动他们的学习起了显著的作用。根据我校组织他们学习的情况看，老知识分子对党的政策的认识要经过一个比一般人更长的过程，系统的、反复深入的理论学习很起作用。他们学习的一般特点是喜欢多看一些文件，不仅限于主要的经典文章；喜欢多听一些负责同志的报告或传达，如过去听过周总理、陈毅副总理和李维汉同志的报告，反映都很好；社会参观实践也很起作用，1962年暑假市委组织老教师参观工厂和人民公社，反映很好，收获不少。总之，他们希望学习中能比一般人多看一些、多听一些，早看一些、早听一些。过去两年中，我们针对他们这些特点做了若干安排，收到了一定效果。今后如果上级领导部门对他们的学习和思想改造工作能更进一步加强具体指导，经常总结经验，效果可以

---

① 编者注：附件1、2均略。

更好一些。

（三）教授休假安排问题：

我校刘仙洲、张子高和施嘉炀三教授已由教育部批准，自1962 年暑假开始休假一年。从他们的情况看，采用休假的方式，对于一些有多年学术工作成果要求加以整理的老教授，是符合他们的愿望的，也是保证出一些有价值的学术成果的一个好方式。目前，我校尚有一批知名教授同样有系统整理学术著作的打算，如章名涛、赵访熊、张光斗等，需要及早对他们的休假加以安排。校内一般教授对休假问题也都很关心，希望部里能制订出明确的条例或规定。

另外，对已休假的教授如何从时间上加以保证，须请部里研究解决，如果休假期间校外开会活动过多，他们在休假期间应该搞出的成果仍然不能到手。……有些单位邀请休假教授参加会议，学校有的可以适当加以控制，有的则难于控制，需请部里研究解决。

（四）对知名教授配备助手问题：

从对我校一、二级教授的业务安排使用情况看（见附件 2），少部分老教授以整理多年研究成果和著书为主，大部分教授目前仍在领导教学及学校主要科学研究工作，担负着培养青年教师和研究生的任务。对于这两类人，配备助手的情况亦有所不同。目前我校对 10 个一、二级教授所配备的助手中，绝大部分是在帮助整理科研成果及写书，一般反映是好的。

对于正在教研组学术集体中进行科学研究工作的教授，主要学术成果应在学术集体中做出，对他们可配备一般助手，协助做一些整理材料工作。这方面经验还比较少，有待于今后进一步积累和总结。

（五）关于知名教授的休、疗养条件问题：

我校一、二级教授平均年龄为 55.4 岁，体弱多病的占三分之一以上，将近一半不能坚持全时工作，今后，随着年龄的增长，健康状况也不会有多大好转。目前医疗及副食品营养方面已基本上解决了，希望能进一步对他们去外地休养、疗养条件加以解决，以保证在暑假中能有一段时间得到充分休息……

清华大学人事处

1963 年 1 月 9 日

清华大学档案，全宗号 2，目录号 党 4，案卷号 046

教师应该成为工程师的工程师※①

（1963 年 2 月 17 日）

蒋南翔

我们学校已经经历了三个阶段，现在又进入了一个新的阶段，要求我们创造新的经验。

……

为了创造新经验，首先就对教师提出了更高的要求。斯大林称呼作家是"人类灵魂的工程师"。高等工业学校的任务是培养工程师，所以高等工业学校的教师应该成为工程师的工程师。学校是培养人才的工厂，学生是加工的对象，教师就是对产品加工的工程师。工程师设计产品，不能只满足于能够设计，还要对产品负责，要设计得好，适用、经济、耐久。同样，教师也要发挥主导作用，对教学效果负责，对毕业生的质量负责，使他们在业务上、政治上、健康上能够适应社会主义建设的需要，在培养工

---

① 编者注：本文节选自蒋南翔校长在 1963 年 2 月 17 日第十四次教学研究会上的讲话摘要；《新清华》上原题为《进入新阶段 创造新经验》，并删除了"蒋校长说"等过渡语。

作中做到多快好省。这就要求教师不能做一个教书匠，只管教，不管学。教师不仅要通晓本门学科的业务，还要通晓对学生加工的艺术。加工的过程就是要善于架桥，要为学生架起从未知到已知的桥梁，把学生从缺乏知识的彼岸引渡到掌握知识的此岸。为此，在教学中首先要做到有的放矢，明确目的性。要根据哪个专业培养什么人才，然后决定给他们什么样的知识。其次要对症下药。目前同学学习中比较普遍的一个问题就是消化不良症，教得过多，消化不了。"少而精"的原则不是越少越好，随便砍掉一点，而是有目的地提炼出最精华的东西，从积极方面来说，使学生精通精华，从消极方面来说，可以医治消化不良症。贯彻"少而精"的原则，要求教师具有提炼精华的业务能力，要求调查研究学生的认识规律，这就不仅需要精通业务，还要使思想水平与业务能力并肩前进，做到又红又专。

党政配合是一件大事。我们学校各系的党政关系一般来说是比较好的，但做得还不够。党政能否更好地配合，这是我们今后能否更出色地完成工作任务和创造新经验的另一个关键。因为从学校的性质来说，我们是社会主义工业大学，将来要建设共产主义大学，必须坚持党的领导，必须党组织和行政组织密切配合。从学校工作来说，党团员是学校中比较积极的力量，假如党的工作做不好，学校的工作就做不好；同时，如果教育工作离开教师，行政系统的作用发挥不够，学校的工作也不可能搞好，所以必须发挥行政作用，必须党政配合。从业务工作来说，党政配合也要求每个教师必须具有一定的思想能力，如果只搞业务，是个书呆子，政治思想水平很低，就不会成为一个出色的教师。党政配合是学校工作中的一个难点，解决得好，就能成为促进工作的积极因素，并且更有力地显示出我们社会主义教育制度的优越性。它需要大家有共同的愿望，有共同的经验，有共同的思想基础，此外，还要有共同的语言。不能认为党的工作就是发展党员，就是开会，业务工作就是关门念书，看见开会就皱眉头。党员干部对业务范围内的工作要有所了解，教师也要关心政治，大家互相靠拢，互相关心，互相学习，在又红又专的道路上共同成长。在这方面，党员应主动起带头作用。

在新阶段中，希望全体教师都能努力要求自己成为工程师的工程师，都能努力搞好党政配合。做到了这两点，我们学校的工作就能在今后取得更大的进展。目前，在教学中贯彻"少而精"的原则仅是一个开始，今后还有很多工作要做。希望我们学校在这次会议的基础上创造更多的新经验。

《新清华》第 659 期，1963 年 3 月 5 日

关于进一步发挥教师作用的规定

（第六次稿）^①

（1963 年 3 月 15 日）

根据《教育部直属高等学校暂行工作条例（草案）》，为了进一步发挥教师在教学中的主导作用及在科学研究和生产中的指导作用，以继续提高教学质量，并努力培养又红又专的教师队伍，特作如下规定：

一、教师的根本任务是担任教学工作

凡教师（除少数年长教师，只担任培养青年教师工作以外）都应担任一定的教学工作（包括指导研究生和编写教材等）。少

---

① 编者注：本文为 1963 年 3 月 15 日 1962—1963 年度校务委员会第八次会议记录之附件，原件手写标注"修正定稿"字样。

数专门从事科学研究或生产工作的教师，一定期限以后也应担任教学工作。

讲课及指导毕业设计等主要教学工作应尽量安排较有经验的教师担任，并适当安排青年教师担任这些工作以利成长。

二、充分尊重教师职权

教师职权应得到充分尊重，师生在政治上是平等的，在业务上学生应受教师的指导，学生在虚心学习的基础上可以实事求是地和教师讨论学术问题，但学生应按教师的规定完成学习任务。

科学研究的方案计划和结论由指导教师审核。

学生应尊敬教师，教师要循循善诱严格地要求学生。学生可以对有关教师的工作反映情况和意见，但对教师业务上或思想作风上的批评应通过教研组或系。

三、严格保证教师的业务工作时间

严格执行中央关于保证知识分子至少有六分之五的工作日用在业务上的决定。

教师的政治理论学习，应该根据自愿原则，学习时间不作硬性规定。

党团工会的会议和社会活动，在通常情况下，控制在六分之一的工作日以内。

大力精简会议，改进工作方法，提高工作效率。每次会议时间，一般不应超过三小时。

尽量减少教师的兼职，兼任行政职务的教师，必须保证必要的业务工作时间。

实行合理的教师工作量制度（具体办法另订之）。

坚持劳逸结合制度，以保证教师健康。

各系应在可能条件下为教研组配备行政人员，以减轻教研组主任和科学秘书的经常事务工作。

四、为教师业务提高制造良好条件

师资提高方式，大多数应以在工作中成长为主。

充分发挥老教师的作用，鼓励他们在学术上做出成绩，并为他们创造一定的必要条件。对一部分学术上造诣较深的教授，配备研究工作的助手，不轻易调动其工作。

建立教授、副教授和讲师轮流休假制度，使他们能集中时间从事进修、编写教材或其他科学研究与生产实践（具体办法另订之）。

有计划地培养和提高青年教师，对那些工作积极、表现出较大成绩的讲师和助教，采取重点培养办法，如选拔脱产研究生或在职研究生及脱产进修等，帮助他们迅速成长。

青年教师要尊敬老教师，虚心向老教师学习，老教师要把自己的学术专长和教学经验，传授给青年教师，彼此取长补短，共同提高。

五、合理安排教师的工作，并保持相对稳定

教师的任务教研组应按学校规定及工作的需要并尽量结合教师专长予以分配。为了便于教师发挥专长，尽快提高业务水平，教师的业务领域，应使其保持稳定，在相当的时间内，尽可能不加以变动，使他们能在一定的业务领域内全面从事教学、科学研究和生产实践，积累经验，迅速提高。

六、教研组应发挥集体力量帮助教师做好工作

在教研组主任的全面负责下，教研组应在教师个人钻研的基础上，发挥集体力量，帮助教师完成任务，提高水平。

教研组应帮助教师学习有关政策方针，了解与教师工作有关的必要资料和其他必需的情况。

七、鼓励教师积极参加学术活动，不断提高业务水平

对教师的学术活动（包括教学、科学研究及生产实践），应贯彻"双百"方针。

除了保证按国家计划所规定的学校和系的研究项目以外，教师可以根据自己的专长、志趣和学术见解自选项目进行研究，行政上应尽可能予以帮助。

鼓励教师在完成教研组规定的各项工作以外，从事学术活动。这些活动可以列入教研组计划，也可以不列入。

八、教师应努力做到又红又专

教师逐步做到又红又专是充分发挥教师作用的最根本条件，因此要求每个教师应努力做到：

1. 有坚定的政治方向，拥护党的领导，热爱社会主义祖国，努力学习和贯彻执行党的方针政策。

2. 自觉地学习马列主义和毛泽东著作，不断改造思想，逐步树立辩证唯物主义世界观。

3. 熟悉教学工作，执行教学计划，钻研教学法，高质量地完成教研组分配的任务，不断总结教学经验，提高教学水平。

4. 除教学工作外，还应努力钻研业务知识，积极参加科学研究工作和生产实践，逐步成为理论联系实际、精通本行业务的专家。

熟悉有关领域内科学技术的发展现况，并通过科学研究和生产实践不断提高科学水平和工作水平。

5. 在各项工作中要走群众路线，既要起主导作用，也要启发和支持学生的积极性和创造性，并关心和培养学生德、智、体三育的全面发展。

尊重职工劳动，关心教学辅助人员如实验员等的业务提高。

6. 应在思想作风方面做学生的表率，通过教学、科学研究、生产各项工作努力培养学生具有革命的、科学的、民主团结的、艰苦朴素的良好学风。

7. 应模范地遵守国家法令和学校的规章制度，要热爱劳动，爱护国家财产，贯彻勤俭办学方针，保守国家机密，讲究整洁卫生。

8. 应努力锻炼身体，不断提高自己的健康水平。

清华大学档案，全宗号 2，目录号 校 1，案卷号 63003

清华大学培养新教师的情况和经验
（草稿）（节选）
（1963 年 5 月）

清　华　大　学　党　委
中共北京市委研究室　调查组

1963 年 5 月

（一）

一支又红又专的新教师队伍在清华大学已经初步形成了。解放以来，经过十四年的改造和培养，随着学校规模的扩大，清华大学教师队伍的数量和质量都发生了巨大变化。1952 年院系调整，清华从综合大学改为工科大学时，只有教师 415 人（其中教授、副教授 93 人，讲师 79 人，助教 243 人）。1963 年 4 月，教师已增加到 2 226 人，比 1952 年增加了四倍多，其中教授、副教授 207 人，比 1952 年增加了 122%；讲师 533 人，增加了 574%；助教 1 486 人，增加了五倍多。在这支庞大的教师队伍中，除了有 186 人（占全体教师的 8.8%）是解放前就当教师，为旧社会服务过的以外，其他 2 040 人（占 91.2% 的教师）都是解放后毕业的新教师。

这么多的新教师在政治上和业务上的情况如何呢？

从政治上看，清华大学新教师的队伍基本上是解放后培养起来的，多数是 1958 年后大学毕业的。无线电系 145 名新教师中，1958 年以后毕业的 108 名，占 74.4%；动力农机系 121 名新教师中，1958 年后毕业的 73 人，占 60.3%。他们从初中开始就受到了马克思列宁主义的教育，经历了解放后几次社会改革运动，不同程度地受到了一些阶级斗争的实际锻炼。全校新教师中，共产党员就有 966 名，占 43.4%，共青团员（不包括党员兼团员）有 813 人，占 39.9%，两者合计共占 83.3%。我们在无线电电子学系和动力机械、农业机械系两个系做了典型调查和政治排队。这两个系共有新教师 266 名，党员 117 名，占 44.3%……这两个系的党员比例和全校的差不多……绝大多数的新教师除了政治上能基本上站在工人阶级立场以外，一般都工作积极，努力为人民服务，经过教育，个人能服从组织，在贯彻党的教育方针、建立理论和实际联系的作风、改造思想、知识分子劳动化等方面都很认真努力。

从业务上看，新教师已成为学校教学工作和科学研究工作的主要担当者，而且有一部分已成为工作中的主要骨干。全校 12 个系 44 名正副系主任中，新教师有 11 人，占 1/4。全校 89 个教研组 184 名正副教研组主任中，新教师 102 人，超过了半数。在教学上，讲课的主要是新教师。据动力、农机系统计，1962 至 1963 年度上学期共有 38 门课，其中新教师开 33 门。最近检查，一般都能胜任，其中讲得较好的课有 11 门。只有个别新教师讲课质量很差，学生意见较多。无线电系的情况和动力系也差不多。毕业设计和毕业论文要求学生能够综合运用所学的理论知识解决实际问题，一般需要由业务水平较高的教师担任指导。现在，毕业设计的指导工作，多数也已经由新教师担任。例如，无线电系 1962 年有 294 个学生的毕业设计是由清华本校教师指导的，其中由老教师指导的 12 人，新教师指导的 282 人。绝大多数新教师对指导学生毕业设计工作也都能胜任。

在指导研究生和科学研究方面，全校负责指导研究生的教师有 167 名，其中新教师有 69 人，占 42%。无线电系现在正在进行的科学研究项目有 20 项，其中有 3 项由老教师负责领导，有 17 项由新教师负责领导。已经有不少新教师在科学研究方面作出了成绩。

在新教师中，还出现了一批又红又专有发展前途的优秀教师，他们已经成为教学工作和科学研究工作的骨干。……而且这些新的骨干从 1958 年以来参加了一些重要的科学研究工作，在运用理论解决实际问题的能力方面、实验技能方面，都已经超过了这些老教师。他们除了能自己直接很好地担当教学和科学研究任务外，还能在政治上和业务上领导和组织教研组的教学工作和某些重要的科学研究项目。动力机械系和农业机械系估计也有十多个新教师在业务上接近或赶上了老教师，但是还没有涌现出像无线电电子学系那样一批红专都较突出的新教师。这两个系在全校 12 个系中一个稍好一个稍差。多数系的情况介于这两类之间。

清华大学这样一支教师队伍是怎样培养的呢？这里从正确处理红和专的关系、对新教师的政治思想工作、提高新教师业务水平等三个方面做一些初步的总结。

（二）

在选择和培养教师工作中，正确处理红和专的关系，坚持又红又专的全面要求，是为这支教师队伍打下一个好的基础的重要关键。学校党委比较早地就注意以又红又专为标准培养人才。首先从 1952 年开始就陆续抽调了一部分学习好的学生党、团员，担任半脱产的政治工作干部（政治辅导员），延长了他们的学习期限，使他们既能学好业务，又能在政治上得到锻炼。他们毕业后有很多人留作教师，逐渐成为政治工作和教学工作中可以依靠的力量，很多人是系总支和教研组支部书记一层的干部。例如，无线电系留在系内工作的政治辅导员共有 12 人，其中有 5 人是党总支委员（总支副书记 1 人），有 4 人担任正、副支部书记工作。他们同时又是开一二门课或指导毕业设计的讲师或助教。其次，学校还不断挑选一些政治上和业务基础较好的党员干部去专攻业务。例如，现在工程物理系的吕应中同志、无线电系陆大绘同志、工程化学系滕藤同志等许多能掌握业务、在学术上有一定水平的党员干部，原来都是担任行政工作或党团工作的，有的在教学改革后就调去搞业务，经过几年的锻炼，现在担任了副系主任一类的干部，在教学行政和科研工作中担负了主要责任。

清华大学新教师队伍在红和专方面情况比较好的另一重要原因是，1958 年后认真吸取了反右派斗争的教训，从学生中挑选教师时比较严格和比较全面地掌握了红和专的要求。有些系教师队伍的情况比其他系更好一些，一个重要原因也是他们在这方面掌握得更严格些。……除了主要留一些学生时代已经表现出政治和业务都较好的新教师外，还注意对一些学习特别优秀的高年级学生的政治思想情况做深入、具体的了解和分析。对其中一些有不问政治倾向和有些政治思想问题的学生，只要不是阶级立场或家庭被镇压等重大问题，有的虽然犯过一些错误，也只是认识问题，有可能改造的，也留了下来，对他们加紧进行政治思想工作，逐步使他们走上又红又专的道路。事实证明，这些人多数有了进步，也确实出了些人才。无线电系有些骨干教师就是这样挑选培养而来的。现在有些系总支同志还惋惜前些年放走了一些这样的人是一个教训。

由于学校领导上对红专关系比较明确和全面，又有了一批又红又专的活榜样，同时经过 1957 年的反右派斗争、1958 年的红专大辩论和插红旗，又红又专这个口号深入人心，又红又专的标准在广大学生中间，在教师中间，在干部中间都比较明确了，也比较全面了。1958 年和 1960 年虽然有一段短时间忽视了专的一面，也很快得到了纠正。现在，全校绝大多数做党团工作的干部，包括党委书记、总支书记和党委各部门的一些干部都同时担负着讲课或指导毕业设计等教学任务，积极钻研业务。实际上各系总支就几乎没有完全脱产的党团干部。另一方面许多业务好的教师，也都担负着一定的政治思想工作和群众工作任务，比较关心政治。在学校中形成这样的风气，对新教师健康地和比较迅速地成长，是有很大关系的。

（三）

清华党组织对新教师的政治思想工作经验，初步总结有如下几点：

一、学校和系一级党组织，经常分析教师的政治思想状况，心里有个比较正确的全面的底，并且在工作中注意区别教师中的主流和支流，区别大多数教师和少数落后分子。一些总支同志认为，根据他们几年来工作中的体会，这种估计对正确执行党的政策有很大关系，如果估计得正确，心里有底，那么掌握和贯彻党的政策时就比较稳，不至于出大的摇摆和偏差。在无线电系和其他一些系，对于新教师队伍如何估计的问题，曾经有过分歧。……经过学校党委负责同志的报告和讨论，大家才逐渐地比较一致地认为，不能把我们培养出来的知识分子看成基本上是资产阶级知识分子，不能把他们当作统战对象看待。这样，既可以调动新教师的积极性，向他们提出较高的要求，也便于进行思想改造工作，展开同志式的批评和自我批评。1962 年，有的党员干部看到了个别教师在调整过程中个人主义思想有较突出的暴露和发展的现象，就片面地认为"青年教师基本上是资产阶级知识分子"，他们的政治思想状况"越来越差""没有什么进步"。无线电系党总支为此开展了讨论，结果肯定了"多数是自己人""总的来说是前进的"；但是，确有个别的教师个人主义有着明显的滋长和暴露，对这种苗头的出现，应该及时抓紧教育。

除了对整个新教师队伍必须有正确估计外，对每一个具体人，也应有全面的估计，不仅要看到一个人一时一地的表现，还要看他的全面。对于他的进步方面和积极方面，应恰当地肯定。对于缺点和错误，也应严肃地开诚布公地提出来，帮助其认识和改正。……

二、坚持兴无产阶级思想，灭资产阶级思想的斗争。对于新教师，包括党员在内，在思想上要严格要求，对于有些人严重的资产阶级个人主义思想要坚持原则，不迁就姑息。1961年调整关系后，有些教师个人主义、自由主义思想有发展，严重的甚至不服从工作调动。……

无线电系对新教师的思想要求也比较严格，在调整关系以后，他们对错误思想的批评也没有放松或者束手束脚。……

对于党员的错误思想，同样也不放松。例如，有的党员教师（教研组主任）在工作中不愿采取集体研究讨论问题的方法，还有些怕年轻教师超过他的思想。系总支就领导这个教研组的同志开展民主讨论，批评了这些党员的错误做法，使大家都明确了个人成长与集体成长的关系，改进了教研组的工作。

三、结合日常业务工作中的问题，抓活的思想，注意具体分析，对实际问题积极帮助解决，对思想问题进行思想教育。在日常的教学科学研究工作中，除了有些是和资产阶级道路斗争的问题以外，经常会有些小是小非问题，其中大量的是工作方法和思想方法问题，有的也牵涉到个人和集体、理论和实际等问题。帮助教师正确处理这些问题，对新教师的"红""专"成长，对推动业务工作的开展，日积月累地起着重要的作用。去年学校发现在教学工作中，许多教师主观主义思想比较严重，不问学生能否接受消化，只按自己的主观意图向学生灌输，教学效果不好。因此，提出在教学中要贯彻"少而精"的方针，各级党组织都组织教师学习毛主席的《改造我们的学习》《整顿党的作风》等文章，帮助教师和行政上做调查研究，走群众路线，解决教师的思想问题。例如，无线电系党总支帮助340教研组教"电子管"课的教师，通过调查研究认识到教学中存在着主观主义，课程内容偏多偏深，学生学习超学时较多，效果不好，特别是灵活运用学到的理论概念分析问题的能力较差，发动大家讨论，找出了具体改进办法。动力农机系党总支把群众的思想情况反映给行政负责人，共同研究、动员，并且教育党员在讨论中起模范带头作用。对有顾虑的教师由支部书记进行个别谈心，解除其顾虑。这样在党员的带头和帮助下，许多教师都认真地进行了调查研究，检查了自己的主观主义，既改进了教学工作，同时又对党组织的作用有了进一步的认识。

在日常的教学工作和科学研究工作中，无线电系也很注意具体解决教师的思想问题。……有的助教接受科学研究任务以后，翻阅了不少外国资料。但具体题目老是确定不下来，感到十分苦恼。党组织知道后，就和教研组主任研究，向他指出，拟定科研题目必须从我国的实际情况和国家的需要出发，并且介绍他到实际工作部门，了解我国的实际情况和问题，使他比较顺利地选定了科学研究的题目，又受到了思想教育。

四、领导干部亲自动手，深入群众，掌握新教师的思想动态，并且直接做典型人的工作。无线电系总支书记李传信同志、动力系总支书记蒋企英同志，都经常亲自召开各种类型的座谈会。例如新助教座谈会、研究生座谈会、入党积极分子座谈会等，同他们谈形势、谈思想，获得各种类型人物的意见和要求的第一手材料。无线电系还特别重视抓典型人物的工作，对一批业务上好，但政治思想上有些问题的教师和有培养前途的教师，有一个时期，几乎每两个星期就由总支和系行政的党员领导干部找他们个别谈话。……据做基层政治思想工作的同志反映："总支和系行政领导干部亲手抓典型人物，使这些人感到党对他们的关怀和信任，往往效果较好。"此外，有的总支负责同志还时常深入教师宿舍和教师们聊聊；有时在周末或者星期天，邀请些教师到自己家里去座谈，经常与教师群众保持着直接的联系。

（四）

这几年清华大学教师业务水平的提高，主要是在国家建设事业迅速发展的带动下，学校认真贯彻执行了党的"教育为无产阶级政治服务，教育与劳动生产相结合"的方针，使广大教师有可能在大量的教学、科学研究和生产劳动等工作中得到锻炼。1958年以来，学校参加了密云水库、革命历史博物馆、国家大剧院等设计工作，进行了程序控制机床、模拟电子计算机、微型汽车、半导体材料和器件等研究试制工作，还接受了其他许多国家建设中须要解决的重要研究课题和若干国防和尖端科学技术方面的研究任务。在校内也新建了一些实验室和生产车间。同时，教学任务也有很大增加，增加了大量学生，新设了不少专业，增开了许多新的课程。繁重的任务把全校广大教师都动员起来卷进浪潮中去了。近两年来，学校在克服前几年工作中一些缺点的同时，坚持在贯彻党的教育方针中所获得的成功的经验。生产劳动任务虽然有所减少，但是调整提高的任务也不轻，重大的科学研究项目多数仍坚持下来。形势和任务逼人，大多数新教师在党的总路线鼓舞下，紧张地工作和学习，在进行和完成任务的同时，教师本身的业务也迅速地提高了。在这个边战斗边成长的过程中，学校党组织有许多好的做法和经验，这里初步总结以下几点：

一、在保证完成教学任务的同时，坚持以教学为主，教学和科学研究、生产劳动相结合的方针，使教师得到全面锻炼和全面的培养。这样不仅使教师的成长速度比较快，而且可以使锻炼和培养出来的教师不致成为只能向学生传授一些日趋落后的死的科学技术知识的"教书匠"，而且能不断跟上世界科学技术迅速发展的步伐，能把教学工作和我国社会主义建设紧密联系起来。同时，学生也不仅是学到了知识，而且在运用理论知识解决实际问题方面也得到了训练。

清华大学现在成长得比较快的一些教研组都是坚持了这个方针。大多数教师都受到了教学、生产、科学研究三方面的锻炼，"基本功"学得比较好。冶金系焊接教研组 19 名教师，只有一位是 1948 年毕业的副教授，其他都是新教师。他们从 1958 年以来，在进行教学工作的同时，进行了 29 项科学研究任务和 3 项生产任务，科研任务中有 16 项已用于生产，两项开过全国性现场会议推广，一项通过了国家鉴定，这些任务很多是国家建设急迫需要解决的重大焊接技术问题。他们还写了 3 本论文集，连同技术总结，共写了 70 万字的技术资料。全教研组这五年来，专门参加科学研究和生产工作的时间每个教师平均 17 个月，其中 10 个讲师以上的教师平均 31 个月。这个教研组的 9 个青年讲师，都参加并解决过一二项科学研究和生产问题，都能够领一摊人进行科学研究工作，业务提高得很快。无线电系半导体教研组是 1958 年才成立的一个新教研组……一成立就教学、生产和科学研究并举，新教师结合工作得到较全面的锻炼，成长得很快。

现在这个教研组在教学上已初步过关，毕业生质量较好，并且已能够培养研究生。在科学研究方面，他们在半导体硅材料、晶体管以及半导体光电方面都做出了一些成果。在生产方面试制并小量生产过锗、硅晶体管。在这个教研室中，有一位 1958 年才毕业的教师，他担任半导体材料的教学工作，同时，又一直坚持进行半导体硅材料和硅单晶等研究试制工作，业务水平提高较快，编出了一本质量较好的半导体材料教材。有两位 1960 年才毕业的青年教师，一毕业后就既参加了教学工作又参加了科学研究工作。他们不但教学工作做得不差，并且在科学研究工作中也作出了一些成绩，发表了几篇论文、报告，得到了我国半导体学术界的好评。……

　　这些教研组和教师为什么能够既完成教学任务，又参加科学研究和生产工作呢？他们是如何解决时间上的矛盾的呢？比较普遍的经验有两条：第一是通过毕业设计工作进行教学、科学研究和生产三结合。学生的毕业设计力争"真刀真枪"地进行，指导毕业设计对教师来说是教学工作的一部分，但是由于"真刀真枪"的毕业设计和教研组的科学研究和生产工作密切结合起来了，学生实际上又变成了教师在科学研究和生产上的有力助手。同时，又逼着教师不得不去提高业务，并且锻炼他运用知识解决实际问题的能力。第二是分工合作，挖掘潜力，挤出人和时间来坚持科学研究和生产任务。无线电系 350 教研组现有 29 人，按教育部规定的教学工作量计算，也需 29 人，可是他们还是挤出了 7 名教师全时搞科学研究，7 名教师有一半时间以上搞科学研究（主要指导毕业设计），还有 6 个教师有部分时间参加科学研究，只有 9 个教师是专搞教学的。这样教师们的工作是很紧张的，但是取得了提高业务的高速度。

　　组织教师在教学、科学研究和生产中锻炼，往往容易忽略教师的基础理论的提高。清华大学许多教研组这几年同时也注意安排了新教师进修学习，补基础理论。例如，无线电系半导体教研组每星期六都组织新教师进行基础业务学习。350 教研组还规定和安排让一些新教师把在学生时期学得不够好的某些重要课程重学一遍，并限期进行考试。这几年也有一部分中青年教师在教学、生产和科学研究工作中有了一定经验，受到了一些锻炼，但是还缺乏从事科学研究工作的全面、系统的训练。有许多新教师专业基础和理论基础打得不扎实，为了解决这问题，从 1961 年开始，学校还试用在职研究生和脱产研究生的办法来弥补这方面的缺陷，培养一批教学和科学研究上的骨干力量。到今年在职研究生已有 64 人，脱产研究生有 16 人，有计划地安排他们学习外文、数学等基础课程，并有导师指导参加一定的科学研究项目。这个办法实行的时间尚短，还没有成熟的经验，多数研究生目前还处于主要是学基础阶段，但是初步可以看到一些效果。有的就反映，通过这一年多学外文和数学等基础课后，阅读国外杂志遇到一些比较复杂的数学分析不害怕了，而且领会也比过去深入，也能发现问题了。他们认为对有一定实际工作锻炼的教师安排这样一个机会来补基础，对今后的进一步提高发展是很必要的。

二、根据国家的需要、学校的规划和教师的业务情况，尽可能给教师安排比较稳定的发展方向，在安排教学和科学研究任务时都应该力求符合这个方向。这几年的经验证明，凡是有了固定的合适的科学研究方向，锲而不舍，苦钻了几年的，不但容易出成果，而且教师也成长得快。反之，有的方向选择不当，有的方向屡次变更，不但出不了成果，教师业务提高也不快。

选择方向从实际出发还是从杂志缝里找，是一个首先要解决的问题。有的教研组和教师在选择科学研究方向，接受科学研究和生产任务时，经过比较周密的调查研究，从我国社会主义建设需要出发，结合学校的具体条件，主动接受生产、国防部门的任务，以任务带动学科，远近结合，先近后远。凡是这样选择方向和任务的教研组就比较容易得到生产部门的支持，进行科学研究的各种物质条件容易得到保证，科学研究的目标比较明确，研究结果也能较快地在生产实际中得到验证。成果出得快，出得扎实，人材也就长得快。无线电系的各个教研组、冶金系焊接教研组都是这样做的。焊接教研组从1958年以来，在选择研究课题以前，就发动教师去各有关工业部和工厂进行调查，并仔细讨论分析每个题目：生产上需要的迫切程度如何？开展工作的物质条件如何？问题的学术水平如何？解决问题技术上的把握如何？然后才做决定。……

在教研组总的发展方向确定以后，每个教师的个人发展方向必须围绕和服从这个方向，同时又有所分工。无线电系340教研组确定以超高频管为教研组的方向，教研组讲电子束管、真空技术、电子管的工艺和材料等方面课程的教师都围绕超高频管作为研究提高的方向，整个教研组目标一致，基本配套，各有所长。随着整个教研组教学和科学研究工作的顺利前进，每个教师也就迅速成长起来。

在正确的方向任务确定以后，必须保持稳定，咬住不放，工作未做彻底决不罢休，清华的许多重大研究项目都是坚持了五年还在继续进行。例如，动力机械系汽车教研组从1958年以来一直坚持了微型汽车的研究、设计、试制工作，学生的毕业设计也结合这项科学研究和生产任务"真刀真枪"地进行，现在已设计试制出第七型，微型汽车的性能不断有所改进，参加这项工作的新教师成长得很快……

三、领导上关心教师业务上的成长，创造条件，用各种办法帮助他们。在清华各级组织都注意帮助教师总结经验，组织他们互相启发和交流在工作和学习中所得到的经验、心得、资料和问题。学校召开全校性的教学研究会（从 1953 年开始已开了 14 次）和科学讨论会（从 1958 年以来几乎每年都举行一次），贯彻党的教育方针和科学研究方针，总结全校性的问题和经验，推广先进经验，对教师很有帮助，各系和教研组也都这样做。有些这方面工作做得好的系和教研组，如无线电系 350 教研组近五年来，几乎每星期都举行一次学术报告讨论会，由一个或几个人报告自己在科学研究、教学工作中的心得和经验，或者在学习中发现的重要资料、新的看法和问题，启发大家思考，对教师业务水平的提高，也起了很大作用。

学校还很注意改善教师的工作条件，特别是保证教师业务工作和进修的时间，学校和系一级都规定了制度，对会议和社会活动都控制得比较严，一般执行较好，使一般教师能有六分之五的时间用于教学和科研，正副系主任有六分之三或六分之四的时间搞教学或科研的时间。学校还规定了，每天上午十一点以后才能找教师，对校外来访教师的接待时间也有所规定。无线电系具体规定了每星期二为全系安排各种会的日子，星期一、四一律不找教师，党团活动定在星期五晚上。由于总支把口较严，这些制度执行得较好，一般教师的业务时间都有了保证。

四、努力树立理论联系实际和刻苦勤奋踏踏实实钻研的风气。1957 年以来，学校在批判理论脱离实际的资产阶级遗风恶习方面做了不少工作。例如，在双反运动、插红旗、教学和科研两条道路大辩论和科学研究讨论会中都着重提倡理论联系实际的学风，表扬那些理论联系实际因而科学研究取得较大成绩的教师。无线电系在这方面也是做得比较好的，他们对新教师从一参加工作开始，就强调要扎下理论联系实际、自己动手干、能解决实际问题的根子，强调这是每个教师能不能较快地成长，能不能在工作中有创造性成就的关键，而且青年时代如果不养成这种作风，年纪大了困难就更大了。对新参加工作的助教，除了安排生产劳动以外，一般尽可能分配先下实验室，干些过去资产阶级学校中所谓"脏活""杂活"。助教××"杂活"干得好，在搞氢气站、煤气站和高温真空炉的建设中发挥了很大作用；半导体教研组助教×××，搞科学研究工作的作风踏实，一丝不苟，白天埋头在实验室工作，养成了自己动手的习惯，仪器坏了自己就能修理，晚上自修学习理论，二三年如一日，她1960年才大学毕业，但研究工作已作出了成绩，党总支都进行了表扬。……另一方面，1960年有一个时期，在一些教师中曾经有过不注意学理论、看文献、找资料的片面倾向，学校领导及时提出注意，就很快克服了。有些系还形成了刻苦读书的风气，无线电电子学系的教师绝大部分晚间都在自修读书到十一点，才由系工会副主席拉闸强迫熄灯。无线电电子学系副主任陆大缝同志，经常手不释卷，1962年去广州开会，当大家都出去逛的时候，他仍抓紧时间钻研问题，连以治学勤奋刻苦著名的张光斗教授对此也很佩服。

五、注意发挥老教师的作用。几年来有些新教师的成长，除了主要靠他们苦干苦学、依靠集体在教学、科学研究和生产工作中得到锻炼外，有的老教师对他们的帮助也是很大的。例如，水利系张光斗教授对吕应三同志经常结合工作进行指导，张光斗原来开的结构课现在和吕应三合开，吕应三讲这门课的效果很好。在密云水库设计工作中，审查图纸，吕应三把第一道关，张光斗把最后一道关。……

1961年以来，老教师的积极性更为提高，学校已为一、二级老教授配备了二十多个新教师当助手，跟他们学习。还有九十八名老教师担负着指导研究生的工作。有些老教师在某一方面有专长的，也尽可能动员起来，帮助新教师进修提高，……数学基础较好，就请他们专门为新教师开有关无线电的高等数学课程。

（五）

……今后对新教师队伍的思想改造，仍然是一项繁重的长期的任务，政治思想工作必须进一步加强。

从教师的业务水平看，多数新教师一毕业就当教师，所受的基本训练还不全面，虽然有一定的教学和科学研究工作能力，有一定的专业理论知识和生产经验，但是，在基础和基本理论方面还有欠缺，理论基础不扎实，外文和数学也掌握得较差，他们要在学术上、科学研究方面有所创造和发展就比较困难了。在新教师中更为重要和普遍的问题是缺乏工程经验，工科大学的任务是培养工程师，可是我们的教师，虽然通过带生产实习或是进行科学研究，有一些实际的生产知识和经验，却一般都没有在工厂中负过工程师的责任。……动力系总支书记反映："动力系真正过工程师关的教师是个别的。"无线电系总支副书记也反映："我系除了一个人是从工厂调来的外，一般都没有在生产中呆过。"此外，现在教师的实验能力和技术还很差，有些科学问题往往由于实验技术未过关而不能解决。

在我们培养新教师的工作中，也有些地方需要改进。

一、有些系的党组织对新教师思想状况了解研究不够，积累材料也不够。因此，在介绍分析一些人的情况时，还不如对老教师了解得清楚，特别是对一些在会议桌上很少发言、本人又不主动找组织谈思想、平时表现比较落后的新教师，往往情况不明，

· 60 ·

难于分析判断。……

二、不少教师反映，目前对每个教师红的进一步标准是什么，不明确、不具体。是不是只要求拥护党、拥护社会主义就可以了，对世界观的改造应不应该提出要求，无线电系 360 教研组有些教师反映："业务上要求是明确的具体的，但是，一段时期内政治上进一步如何要求，就不明确、不具体了。"有的新教师就满足于"红"的初步要求。……大家认为，在每一个阶段对新教师提出红的方面的要求是必要的，目前就有必要把改造世界观、争取成为真正的工人阶级知识分子的任务明确地提出来，使大家有奋斗目标，有利于进一步改造思想。

三、各个系和教研组培养新教师的工作发展还不平衡。像无线电系做得比较好，各教研组初步形成了又红又专的领导核心。……大家认为，学校和各系加强领导，更好地总结 1958 年以来贯彻教育方针工作中成功的经验，加以肯定和推广，对新教师加速健康地成长是很必要的。最近学校正开始在党内对 1958 年以来贯彻党的教育方针和科学研究工作方针的一些经验，展开讨论，进行总结。

此外，有些具体问题比如如何使教师更好地和生产劳动相结合，能不能使一部分教师和工厂工程师定期轮换；如何合理地规定一个提拔教师的业务标准（现在实际上主要是按教师的年资提升，对新教师的提拔是有妨碍的）；如何解决实验员和工人数量不足、不配套，实验员的待遇有问题、不安心工作，因而妨碍学校教学和科学研究工作的开展等问题，都需要提出来由主管部门研究解决。

清华大学档案，全宗号 2，目录号 党 1，案卷号 63055

1953—1966 年相关统计

全校教职工统计
（1953 年 4 月）

本科教师数

院系（科）组别	专任教师						兼任教师					
	教授	副教授	讲师	助教	合计	其中女教师数	教授	副教授	讲师	助教	合计	其中女教师数
	（1）	（2）	（3）	（4）	（5）	（6）	（7）	（8）	（9）	（10）	（11）	（12）
土 木 系	10	6	14	24	54							
水 利 系	6		6	17	29							
机械制造系	6	3	14	52	75							
动力机械系	3	5	3	6	17							
电 机 系	12	4	4	23	43	1	1				1	
无线电系	2	1	5	7	15	1						
建 筑 系	3	8	8	18	37	6	1		1		2	
石 油 系	7	4	9	36	56	8	1		1	2	4	
钢铁学院	24	3	7	58	92	6						
总 计	73	34	70	241	418	22	3		2	2	7	

注：

一九五三年四月

公共必修科教师数

公共必修科名称	专任教师						兼任教师					
	教授	副教授	讲师	助教	合计	其中女教师数	教授	副教授	讲师	助教	合计	其中女教师数
	(1)	(2)	(3)	(4)	(5)	(6)	(7)	(8)	(9)	(10)	(11)	(12)
力学教研组	1	2	5	36	44	1						
数学教研组	1	2	9	23	35	5						
物理教研组		1	5	16	22	3						
化学教研组	1		2	11	14	6						
俄文教研组	2	7	4	7	20	7						
新民主主义教研组	1	1	1	14	16	6						
体育教研组	2	5	4	9	20	1						
音乐室		1	1	1	3							
病休	1			1	1	0						
总计	9	19	30	117	175	29						

注:

职工数

职员			工警	
总数	其中医务人员数	总数中女职员数	总数	其中女技工数
(1)	(2)	(3)	(4)	(5)
418	45	163	677	210 （女）10 人

校长（校委会主席） 签名

统计负责人 签名

制表人 签名

填表日期 一九五三年四月二十九日

清华大学档案，全宗号 2，目录号 校 5，案卷号 53003

历年教师的职务情况

（1960 年 9 月）

人事处

年份	合计	其中女的	教授	副教授	讲师	助教	其中讲课数
1953	588	52	55	48	80	405	
1954	682	76	53	46	84	499	153
1955	822	91	54	48	156	564	193
1956	1 161	157	57	52	211	841	270
1957	1 309	152	59	57	271	922	104
1958	1 324	202	53	42	258	971	209
1959	1 511	272	52	41	246	1 172	427
1960	1 717	302	60	49	508	1 100	

清华大学档案，全宗号 2，目录号 校 5，案卷号 60009

教师中归国留学生情况统计

（1961 年 7 月 29 日）

人事处

	合计	教学职务			学位		教学行政职务			党内职务						目前在苏学习的
		教授、副教授	讲师、教员	助教	博士	副博士	正副处长	正副系主任	正副教研组主任	党委常委	党委委员	总支正副书记	总支委员	支书	支委	
合计	89	11	35	43	1	19	2	9	23	2	2	8	8	7	10	33
研究生	32	3	17	12	1	19	1	1	14	1	1	4	2	4	4	
进修教师	29	8	15	6				8	9	1		3	5	1	3	
大学生	28		3	25			1				1	1	1	2	3	

清华大学档案，全宗号 2，目录号 校 5，案卷号 61013

教授、副教授情况统计表※

（1961年11月24日）

单位：人

学校名称：清华大学

类别	工资级别										政治面目			年龄				性别		健康状况				备注
	合计	一级	二级	三级	四级	五级	六级	七级	八级	九级	共产党员	民主党派	无党派	40岁以下	40－49	50－59	60岁以上	男	女	一般	弱	病	病休	
合计	228	12	16	34	26	30	56	46	8		77	56	95	92	97	30	9	212	16	129	39	48	12	
教授	61	11	16	30	3	1					16	23	22	1	25	27	8	60	1	27	10	20	4	体弱中包括年老体弱1名
副教授	149			4	22	29	45	42	7		55	31	63	83	64	2		139	10	88	27	26	8	副教授无党派中含团员4名
讲师	5						4		1		1	2	2	4	1			5		5				
教员	4						4				4			4				3	1	1	2	1		
主任、副主任医师	8	1			1		2	4					8		6	1	1	5	3	8				
其他	1						1				1				1				1			1		

说明：一、讲师、教员、其他只统计高教六级以上的人数；医务人员统计到卫生七级以上，主任医师不受级别的限制。

二、"其他"一栏系包括高级实验员、六级翻译等。

清华大学档案，全宗号2，目录号干部科定期，案卷号61030

清华大学历年（1952—1964）各类人员组成统计表（校本部）①

（1964年）

年份	1952年	1953年	1954年	1955年	1956年	1957年	1958年	1959年	1960年	1961年	1962年	1963年	1964年5月
教职工总数	1 236	1 572	1 706	1 940	2 555	3 034	3 175	4 702	5 701#	4 772	4 523	4 364	4 394#
学生总数	3 986	4 397	5 207	6 687	8 721	10 122	11 406	12 022	14 227	13 234	12 653	11 986	11 986
教职工与学生之比	1:3.21	1:2.79	1:3.05	1:3.44	1:3.41	1:3.33	1:3.69	1:2.56	1:2.50	1:2.77	1:2.80	1:2.75	1:2.73
教学人员 人数	478	588	683	822	1 161	1 230	1 324	1 561	1 906	2 141	2 081	2 004	1 981
教学人员 在教职工中占的百分比	38.7%	37.5%	40.1%	42.3%	44.3%	40.5%	41.7%	33.2%	33.4%	44.9%	46.1%	45.9%	45.1%
教学人员 与学生之比	1:8.32	1:7.47	1:7.63	1:8.25	1:7.50	1:8.67	1:8.62	1:7.94	1:7.46	1:6.35	1:6.07	1:5.97	1:6.04
教辅人员 人数	94	147	219	355	543	498	514	1 448	1 456	713	729	700	689
教辅人员 在教职工中占的百分比	7.6%	9.36%	11.8%	18.3%	21.3%	16.4%	16.2%	30.8%	25.5%	14.9%	16.1%	16.1%	15.7%
教辅人员 与学生之比	1:42.3	1:29.9	1:23.7	1:18.8	1:16	1:20.2	1:22.2	1:8.31	1:9.46	1:18.5	1:17.4	1:17.1	1:17.4
其中实验室实验员 人数	26	53	67	213	336	283	286	375	433	390	428	418	415
其中实验室实验员 财产价值						1 200万						4 000万	
其中实验室实验员 与学生之比	1:153	1:83	1:77.5	1:31.4	1:26	1:35.8	1:40	1:32.1	1:32.8	1:33.9	1:29.5	1:28.6	1:28.9
行政人员 人数	166	262	282	288	351	397	404	597	933	648	601	588	612
行政人员 在教职工中占的百分比	13.4%	16%	16.5%	14.8%	13.7%	12.1%	12.7%	12.7%	16.3%	13.6%	13.3%	13.5%	13.9%
行政人员 与学生之比	1:24	1:16.8	1:18.4	1:23.2	1:24	1:25.4	1:28.2	1:20.1	1:15.2	1:20.4	1:21	1:20.3	1:19.6
校医院（室）人数	30	66	66	71	65	66	79	98	144	167	160	155	153
在教职工和学生数中占的百分比	0.575%	1.11%	0.953%	0.822%	0.578%	0.502%	0.541%	0.587%	0.722%	0.926%	0.931%	0.948%	0.936%

续表

年份	1952年	1953年	1954年	1955年	1956年	1957年	1958年	1959年	1960年	1961年	1962年	1963年	1964年5月
人数	468	509	456	404	435	843	854	998	1 261	1 103	952	917	958
在教职工中占的百分比	37.9%	32.4%	26.7%	20.8%	17.1%	27.8%	26.9%	21.2%	22.1%	23.2%	21%	21%	21.8%
与教职工学生之比	1:8.5	1:8.64	1:11.5	1:16.5	1:20	1:12	1:13.3	1:12.1	1:11.3	1:12	1:13.3	1:13.1	1:12
其中：炊事员 人数	65	131	100	113	163	190	220	364	344	330	287	273	275
与教职工学生之比	1:80.3	1:45.5	1:68.6	1:76.4	1:69.2	1:68.6	1:64.5	1:45.8	1:58	1:54.8	1:59.8	1:59.8	1:59.7
在工勤人员中占的百分比	13.9%	25.7%	23.6%	27.9%	31.5%	22.5%	25.7%	36.6%	27.3%	29.9%	30.2%	29.8%	28.6%
工勤人员 人数	85	109	114	102	79	421	386	361	610	457	370	370	408
基建面积	15.5/万米²	15.5/万米²	18.6/万米²	21.4/万米²	25.9/万米²	27.8/万米²	29.7/万米²	35.1/万米²				39/万米²	
行政技工 在工勤人员中占的百分比	18.1%	21.4%	25%	25.2%	18.2%	49.8%	45.3%	36.2%	48.3%	41.4%	38.9%	40.3%	42.6%
其中：普通工 人数	235	204	181	163	169	208	223	245	278	286	286	274	256
与教职工学生之比	1:22.2	1:29.3	1:38.2	1:53	1:66.7	1:62.7	1:63.7	1:68.7	1:71.7	1:62.9	1:59.3	1:59.7	1:63.9
在工勤人员中占的百分比	50.1%	40%	39.7%	40.2%	38.8%	24.6%	26.2%	24.6%	22.1%	25.9%	30%	29.9%	26.8%

清华大学档案、全宗号 2、目录号 校 5、案卷号 64036

① 编者注：表中标"#"者为数据对不上，由编者所加。

清华大学参加第二期城乡四清情况统计

（1965 年 9 月 14 日）

（此处略，参见《清华大学史料选编》第六卷第五分册第 86～87 页）

1965 年在校教职工人数[※]

（1965 年）

全校教职工总数 5 374 人（包括科研、生产及附属单位编制）

其中：教师 2 152 人，计：

教　　　授	71 人
副 教 授	119 人
讲　　　师	449 人
教　　　员	27 人
助　　　教	1486 人
女 教 师	407 人占 18. 9％
共产党员	899 人占 41. 8％
共青团员	865 人占 40. 2％

职工 3 222 人

《清华大学一览 1964—1965 学年度》，1965 年

清华大学1966年4月底行政单位教职工人数统计

（1966年5月）

编制 职务 人数 / 单位	总计	行政人员 小计	教授	副教授	讲师	教员	政治辅导员	行政职员	教学技术员	半脱产干部	工勤人员 医务人员	小计	行政技工	临时工	科研编制 小计	讲师	助教	实验技术员	职员	技工	生产编制 小计	职员	技术员	实验员	技工	附属单位 实验员	职工	教师	保育员	医师	临时工
总计	2 105	689	5	56		39	51	383	29	3	115	909	724	134	44		10	1	14	15	292	23	15	3	246	24	58	11	18	1	39
党委各部	61	61			17	2	13	29																							
工会	14							14																							
校长办公室	22	22	4	2	3	1		11																							
教务处	22	22	2	6	6	3		3																							
印刷厂	88	17	1	1	11	4		9				71	66	3																	
科学处	38	26						17					1		12		5		7												
设备机械厂	133																			7	115	11		5	91						
综合机械厂	165																				165	12	10		143						
人事处	33	33			4	7	22																								
校卫队	44	15					15					29		27																	
行政处	501	132	1		9	9		109		3		345	303	42	12		5		7		12										
生活处	591	62			4	1		62				436	354	82	90		5				3					5	11		18		38
图书馆	79	78	1					77				1	1																		
校医院	145	126						11			115	19	14	5																	
一科	8	8						8																							
团委会、学生会	23	23					23																								
新清华	10	10		2	1		7																								
校史、工程史	8	8		4		1		3																							
附中	49	46						17	29																			6	51		1
附小	58																											2	7		
业校	9																														
病休	4																														

清华大学1966年4月底各系教职工人数统计

（1966 年 5 月）

编制/职务/单位	总计	教学人员 小计	教授	副教授	讲师	助教	教辅人员 小计	实验员	图书资料员	实验室材料员	实验技术员	行政人员	工勤人员 小计	临时勤工	科研编制 小计	讲师	助教	实验技术员	实验员	职工	实验员	技术工	职工	工人	生产编制 小计	技工职员	附属单位 小计	讲师	助教	实验员	职员
总计	3 786	1 953	70	120	824	916	599	330	26	4	54	185	53	45	755	35	314	4	193	147	29	194	16	11	6	139	47	52	7	23	20	2
土建系	347	211	17	28	102	60	59	31	8		5	15	2	2	8	1	1	1	1	3	2	2				2		52	7	23	20	2
水利系	231	104	9	6	59	30	72	43			6	23	2	2	33	1	22	5	5	3	4	1	1		17							
动力系	239	138	6	5	73	54	39	26	2	1	4	20	2	2	13	2	1	2	1	2					1							
机械系	317	147	4	8	81	54	56	24	1		4	13	4	3	64	3	17	1	15	27	50	41	1									
冶金系	196	116	3	6	62	45	43	20	8		5	23	1	1	10	3	7				6	2										
电机系	262	152	10	11	62	55	63	27		1	10	13	1	1	30	3	11		13	3	23	22	1									
无线电系	343	147	1	4	62	72	30	12			1	12	11	5	75		61		13	3	35	31	3			1						
自控系	244	101	1	4	25	70	17	17		2	1	14	6		44	1	20		20	2	67	44										
工物系	205	116	2	3	45	66	52	22			2	11	2	2	24	2	16	2	5	1	10					8	5					
工化系	245	116	3	2	30	80	45	32	1		2	14	2	2	67	2	38		7	15			1			44						
数力系	190	112	2	7	34	68	40	22			4	14	2	2	22	3	12	4	4	2						1						
基础课	451	370	8	16	138	199	52	41		1		19	7	7	3	1			2	1												
体育教研组	65	46	3	6	10	21						4	15	14		1																
政治课	75	72		2	29	43	1		1			2		1																		
音乐室	9	5		2	2	1						3	1	1																		
试化厂	367						1								367	13	104	1	106	36	80	27										

全校人数：6 006 人

其中教师：2 451 人　　工人：1 827 人　　职员：1 047 人　　教辅：681 人

注：总数中包括不算我校编制的人员。

清华大学档案、全宗号 2、目录号 校 5、案卷号 66041

2. 人事管理

(1) 编制、师资请调、人员变动

高等教育部关于清华大学一九五四年
编制问题的指示[※]

（1954 年 7 月 20 日）

关于你校一九五四年人员编制数，经我部了解及研究后，根据精简节约的精神，提出下列意见：你校一九五四年教职工与学生比数为一比三．〇六，教职工年终控制数为 1 795 人。希你校注意掌握。

中央人民政府高等教育部

清华大学档案，全宗号 2，目录号 校 5，案卷号 54004

清华大学党委关于精减人员、干部下放
呈高校党委并北京市委的报告[※]（节选）

（1957 年 12 月 15 日）

高校党委并市委：

我校整风运动从十月上旬进入整改阶段后，学校党委根据党中央勤俭办校的方针，开始进行精简人员，干部下放，紧缩行政

机构。经过两个月的工作，到十二月初已告一段落。根据统计：（一）干部下放参加农业生产合作社劳动的 205 人；（二）退职退休的 58 人；（三）教师与教学辅助人员外调支援地方工业建设与其他单位的 105 人；（四）因病采取停薪留职办法暂作处理的 6 人；（五）由于违法乱纪、消极怠工、道德败坏而开除与勒令退职的 18 人。以上五项共计减少正式工作人员（包括编内编外）392 人。此外，（六）临时工辞退 113 人，这些临时工所担负的工作大部分交由正式工来代替。以上正式工作人员与临时工作人员两项总计精简 505 人。随着人员精简，干部下放，对于学校行政机构也进行了某些调整，部分干部也做了新的调配。

以下就几个主要方面分别加以说明：

（一）关于干部下放参加农业劳动：这次动员下放参加农业劳动的人员，主要是行政干部、教学辅助人员与政治课教师，其他自然科学与工程技术教师，我们没有动员他们下乡，因为考虑到把他们放在工厂更妥当。参加农业生产的 205 人中，政治课教师 19 人，俄文教师 7 人，美术教师 2 人，教学辅助人员 107 人，行政干部 70 人。其中男 162 人，女 43 人；党员 25 人，团员 82 人。党团员超过了 50%。这批下放的干部质量是比较好的，但缺乏实际斗争经验与劳动锻炼。动员这批干部下乡我们采取了：发动群众，展开辩论，打通思想的办法，在全校教职员工中发动了一个参加农业劳动的高潮。大体分为三个阶段。第一阶段：自九月底到十月初在教学辅助人员及职员中进行了摸底工作，根据摸底情况可精简 180 人左右，这样使领导心中有了数。第二阶段：自十月四日至十月十二日为思想动员及报名阶段。首先由党委向全体党员作了动员报告，随后校长及党委书记又向全校人员作了动员报告。会后，即以工会小组进行充分讨论和酝酿，许多同志积极拥护这一措施，但也有少数人神经紧张，装病推脱，暴露出很多错误言论，党委及时归纳这些问题，展开辩论，对于不正确的论点和思想给以批判，并结合讨论进行报名。由于思想工作做得比较透，到十月十日即形成参加农业劳动的高潮，全校参加运动的教职工2 300人，报名的达到了99%，收到决心书550份，贴出大字报900多张，大家情绪非常热烈，尤其是在青年当中很多人希望争取第一批下乡锻炼。第三阶段是批准和欢送阶段。审批工作是一项非常重要的工作，不但要考虑到工作人员能否走开，而且要严格审查条件是否符合规定，对于市人民委员会规定的八种人不能下去，我们是严格执行了。在第一批下去的179人中没有不合条件的，而且配备了领导骨干，到南苑区槐房乡的一个队由党委委员李金峰率领，到南苑乡由党委监察委员于维治率领。红榜公布后，开了欢送会，这对本人给了很大鼓舞，未下乡的干部也受到了教育。

······

干部下放后，我们和他们经常取得联系，对于他们的困难问题，如床铺、火炉学校都给解决了，最近学校党委检查了他们的劳动情况，听取了两乡的汇报。槐房乡工作抓得比较紧，因此除个别同志外，大家的情绪基本上是饱满的。他们与老乡的关系及当地干部的关系也很好，还有少部分实验员及绘图员帮助社里设计水利工程等，社员们很满意。南苑乡的情况与槐房乡也差不多，由于南苑乡领导干部思想上有一些问题······问题要多些。最近学校党委决定加强南苑的领导，又加派了一个副队长去工作。

（二）关于教职工退职退休：我校退职退休工作，从十月下旬开始到十一月上旬已基本结束，共退职退休58人（其中退休6人）。在退休人员中职员1人，工人5人，在退职人员中职员30人，工人22人。在退职的52人中，除8人是根据具体情况发给少量生活费和路费外，其余44人是根据国务院过去规定的条例进行的。共发退职金 17 600 多元，平均每人领退职金 400 元。处理的情况是：回乡生产 6 人，参加家务劳动的 15 人，年老体弱长期有病不能恢复工作的 20 人，其他方面 11 人。退职人员的工作年限绝大部分在 5 年至 10 年，少部分在 4 年以下，没有老干部。工作进行的经过情况是这样的：党委和人事部门事先对学校人员的具体情况进行了分析，其中有一部分人由于长期有病几年来没有工作，有些人由于家庭负担而影响到工作和身体健康，也有一部分是农村流入城市的工人。根据这种情况，首先召开了各处、系党总支负责人会议，说明退职退休的条件和应注意的问题，并且布置了具体做法，要求各单位党内酝酿后提出初步名单，并由人事处协同有关单位对应退职退休对象的家庭经济情况及本人身体情况进行了调查，将调查的情况与提出的名单逐一进行研究确定。然后由各系、处专人负责进行个别动员。在动员中采取先易后难的做法，对思想认识比较模糊的一些人采取了先搞通其爱人其子女和其他家属的思想后，再对本人进行动员。在动员的时候特别要说明紧缩机构。精简编制的意义，社会主义劳保福利制度的优越性，退职退休的有关规定。对长期有病的对象说明党和国家过去和现在的无微不至的关怀和照顾，对回乡生产的对象说明减轻城市负担，增加农业生产的意义。对回家料理家务的女同志说明家务劳动同样是社会主义劳动分工的一部分。在动员中也注意听取了他们的意见和要求。

因此，绝大部分同志是满意的。如退休工人××说:"我在旧社会干多少年，那时你老了就将你赶出去，哪还给你退休金，现在我虽然老了不能工作，但国家给我养老金，这辈子生活有保证了。"退职的职员×××是个半身不遂的人，这次送他回家为了照顾他的身体给他买硬席卧铺，他感到组织上照顾真周到，他说:"我今后不能给国家工作了，我领了 900 多元退职金，我的儿子们都在国家工作，我的生活是有保障的。"退职人员的家属也是满意的，如教授×××说："我很早就动员我爱人回家，家务的负担影响我们双方的工作，这次动员她回家，我非常满意。"但是也有部分人感到不光彩，有的人认为犯错误的人才退职，好人没有退职的。

（三）关于教师外调支援地方工业建设：教师的精简工作在一九五六年十月就曾根据高教部的指示进行过研究，但是因为当时无法安排及在教师中存在的思想阻力，未能进行处理，以致业务差或政治条件差不适于留在高等学校担任教学工作的人一直未能调出。在整改运动中根据中央精简编制干部下放的方针，决定将一部分教师外调。至十二月中为止，已经调出教师共96人，其中有教授2人，副教授3人，讲师7人，助教84人，还有教学辅助人员9人。这些教师大部分是调到缺乏技术力量的地方工业部门。其中调到北京市56人，河北省20人，其他20余人分别调到中国科学院及高等学校。调到省市去工作的教师大部分是因为政治或业务条件差，不适宜继续在高等学校工作的。因而经过这次调动，也精炼了教师的队伍。这次教师下放，党委经过反复研究，安排教学工作，并注意到在教师中的影响，排列了名单，做了准备工作。然后在全体教师中进行动员讨论，说明下放锻炼支援地方工业建设的重要性。分别作了比较细致的谈话。对于教师外调下厂主要问题是要在业务上把他们安置得适当。我们和用人单位特别注意到这个问题。因此，这次下放绝大部分教师表示满意。

（四）关于紧缩机构，调整干部：随着人员精减，干部下放，对于学校的行政机构进行了某些合并。校长办公室将原来的文书科、秘书科、招待科三科合并，只设一个秘书科，人事处将原来的教学干部科与行政干部科合并成一个干部科，教务处将原来的教学研究科与教学资料科合并为教学研究科，总务处内某些科的职责也做了一些调整。为了加强系的行政工作，这次调整中决定每系设专职系行政秘书一人协助系主任做行政工作。在系行政秘书下有教务员、总务员与管理人事工作的干部，建立了经常性的行政办事机构。与调整机构同时，部分干部作了重新配备，主要是加强党的力量弱的部门，如公共教研组、校长办公室、财务科、体育教研组、教务处等单位。把某些旧人员调出去，加进党员骨干，使这些机构的成分有了改变。总计有32名干部作了新的配备。另外有33名工人重新配备。

主要经验有下列四点：

（一）统一安排，分批处理。精简开始，党委就作了统一研究，根据不同情况分为三批进行处理。第一批是动员干部下乡参加农业劳动；第二批是处理退职退休；第三批是教师外调支援地方工业建设。事先对这三种情况作了统一安排，明确哪些人是应该参加农业生产的，哪些人是应该退职退休的，哪些人是应该调到工厂的，这样不但处理有秩序，而且安排的也妥当。

（二）开展辩论，做透思想工作。这次处理的几批人，都经过了思想动员，在群众中展开了辩论，驳倒了各种不正确观点，打破了各种顾虑，提高了政治觉悟，因此进行得都比较顺利。

（三）对于精简下放人员，做到人人适当安排。对于退职退休的人主要是安排他们的生活出路与生产问题，我们对于每个人都做了研究与安置。对于调往地方工业去的教师，主要是适当安置他们的专业，发挥他们的特长。就是对于开除的人，我们也研究了他们的生活出路问题，以免给社会上增加麻烦，影响社会秩序。

（四）精简下放工作与调整机构、提高工作效率、改进工作作风结合进行，即同时进行合并机构，调配干部，加强党的力量薄弱部门,修改工作制度。精简后,人员虽然减少了,但工作效率提高了。

中共清华大学委员会

1957 年 12 月 15 日

清华大学档案,全宗号 2,目录号 党 1,案卷号 57022

关于请调复员军人的事宜向总参 动员部傅部长的请示※

(1958 年 8 月 11 日)

傅部长:

近几年来,我校围绕原子能、火箭技术设置了一批新专业。这些专业培养出来的干部主要是为国防工业及研究工作服务。我校为了贯彻教育与生产结合的方针,除已建立了机械厂、电机厂、土建公司以外,现在正着手建立一批制造尖端技术产品的工厂(如制造原子物理仪器、电子计算机、高级无线电及电子仪器、半导体器件等)。以上这些工厂、公司除吸收全校学生(一万人)实行又工又读以外,经我们详细考虑,还须要增加 1 000 名在政治上完全可靠的固定的技术工人。最近已蒙你部同意由济南军区复员技术兵中分配 300 人支援我校,我们希望再增加 200 人,即这一期调给我们 500 人。其余 500 人希望在明年二、三月间再调给我校。

这两批复员人员来校后,绝大多数都要担当技工工作,最好能由海空军技术兵种中抽调。

今年内支援我校的 500 名复员技术兵的兵种分配大致如下:

1. 空军、海军普通机械兵　　　　　　　　150 人

2. 飞机仪表机械修理兵　　　　　　　　　50 人

3. 雷达及无线电通讯设备修理兵　　　　　150 人

4. 炮火（高射炮、海岸炮）指挥仪修理兵　50 人

5. 汽车驾驶兵、修理兵　　　　　　　　　50 人

6. 土木工程兵　　　　　　　　　　　　　50 人

现派我校电机系党总支书记凌瑞骥同志（正式党员）前来面洽此事，请协助为感。

　　此致

敬礼！

蒋南翔

1958 年 8 月 11 日

清华大学档案，全宗号 2，目录号 党 1，案卷号 58054

清华大学关于扩充编制问题
呈教育部的请示※

（1959 年 4 月 9 日）

教育部：

　　关于我校本年度需要扩充编制的问题，现将情况报告如下，请予审查批准。

　　在 1958 年随着全国大跃进形势的发展，我校所担负的各项任务都开始有了很大的增加。首先是根据国家经济建设和国防建设的迫切要求，建立了自动控制、工程力学数学、工程化学等系和精密机械、汽轮机、建筑材料等新专业，而且大部分都已有了高年级学生。因此，目前已不仅是担负着繁重的筹建工作，且在

今年就要陆续地开出 30 多门新的专业课程和相应地建立起很多较大的实验室，这些都是迫不及待的任务。

同时，为了满足国家建设事业迅速发展的需要，我校的学生人数也是有了显著的增加。去年所招收的一年级学生就近 2 900 人，比 1957 年增加了 1 000 多人。另外根据国防建设上的急迫要求，经国防部、二机部报请中央批准，又由各有关学校抽调了高年级学生 530 多人到我校自动控制、工程物理等系四、五年级学习，学生人数这样迅速的增加，使得教学任务迅速加重。今年预计招生人数是 2 200 人，与 1 400 多毕业生相比又净增加了 800 人，还要增加研究生、进修教师约 1 000 人，加上借读生、外国留学生、干部班、工程力学班以及夜大学的学生人数，到暑假后，全校学生总数就将达 15 000 人左右。

此外，我们学校所担负的科研任务也是很重的，去年已完成 900 多项，但是还有更多的正在继续进行，而且今年又增加了很多新的重大项目，要求完成的时间亦很迫切，这其中有很多都是属于重大项目和尖端技术的。例如：长江三峡水利枢纽及电力系统、新型发电机的设备、程序自动控制机床、首都重点工程、人民公社建筑规划及设计、八里胡同的水库工程以及原子能、无线电电子学、自动控制等方面的许多研究项目。这对于国家经济建设、国防建设和我国科学技术水平的迅速提高均有着重大意义的，困难虽是很多，但必须努力完成。

从以上情况来看，在去年学校里所担负的各项任务都是增加得很重了，但是在去年，所需要的教师、职工都未能得到相应的补充。目前学校各类人员的负担都是十分紧张的，由于人力不足已经影响到很多工作的正常开展，而在今年学校所担负的各项任务都又要有很大的增加。因此，人力的不足是当前学校中最严重的问题，若不及时解决就将会严重地影响到学校各项工作的顺利进行。所以根据任务的发展，相应地扩充学校的现有编制确是十分必要的，希望这一问题能得到部领导的重视和支持。学校根据中央关于劳动力安排的精神和教育部的有关指示，反复地进行了研究，按照最低的需要，学校必须扩充的各类人员共 900 人，即由现在的 3 100 人增加到 4 000 人。附表如下：

类别	现有编制	扩充编制	备注
教师	1 516	500	
教辅人员	685	200	
职员	387	50	
勤杂人员	506	150	
总计	3 094	900	

此外，根据生产的需要，编外人员也要相应地有所增加。在去年学校根据党的教育方针，实行了半工半读的教学制度，学校建立的工厂、车间、公司等就有 70 多个，初步地建成了生产基地，并且担负了国家交给的很多生产任务，为了进一步地贯彻党的教育方针和为国家生产更多更新的产品，学校在今年还必须相应地新建和扩建一些结合学校专业劳动的工厂、车间。根据任务的发展，担任生产的人员也要相应地增加。经学校研究各类编外人员需要增加 800 人，即由现在的 1 423 人扩充到 22 23 人，现在一并报上。

清华大学

1959 年 4 月 9 日

清华大学档案，全宗号 2，目录号 校 5，案卷号 59009

清华大学党委关于新设专业增调师资
呈教育部的请示[※]

（1959 年 4 月 10 日）

杨部长：

　　教育部党组并中央文教小组：

　　1955 年高教部因原子能事业的急迫需要，同意由清华、北大二校立即设立专业开始培养干部，并于当年 9 月派遣蒋南翔同志等出国考察苏联培养人才的经验。蒋南翔同志等到莫斯科以后，因为了解到需要设立的专业和专门化比较多（清华需要新设专业 10 个，北大需要添设专门化 2 个），国内师资又很缺乏，因此，于 9 月 16 日电报请示高教部党组和国务院，请求按每个专业平均 3 人即共抽调留苏研究生和大学生 30 人左右转学新专业（详见原电，部号：外电 43 号）。9 月 21 日国务院由陈云副总理签发电复刘晓大使及蒋南翔同志批准了这个请求（详见国务院原电：（55）国发电 95 号）。1957 年 3 月在黄松龄副部长主持下，高教部确定了转学的研究生 3 人和大学生 14 人的具体名单，并且通知了驻苏大使馆。以上 17 人中除 1 人因为犯错误未学完专业课中途调回中国外，其他 16 人都学习了有关的新专业。

　　我校自 1955 年设置一批新专业以后，因为师资缺乏，几年来曾多次请求教育部，申请调给归国留学生作为教师中的骨干。这个要求杨部长也曾一再允予支持。但是过去因为各种困难，调到的教师比之任务的需要仍然是比较少的。目前我校原子能、自动控制及无线电电子学等新专业学生总数已达 3 000 人左右，并且都已有了高年级学生。教师队伍在质量上与数量上都还远不能满足要求。今年初我们为此还曾特别写信给杨部长请求在分配留学生时予以照顾。但是，今年3月，我校人事处在教育部人事司帮助下向留学生司查询上述16人的情况时，发现16人中预定1958年回国的研究生1人、大学生3人已分配给二机部。而3月底刚回国待分配的研究生1人、大学生2人及余下尚在苏联的9人，则已预定分配给他们未转专业前所属各单位，没有一个人是属于教育部系统的。在这个过程中，因为留学生司未与科技委专家局领导上联系妥善，刚回国的研究生1人又被分发去科学院报到。

最近经过教育部人事司向计委干部局交涉，据说已得到计委干部局口头上同意，可将今年归国尚未分发的大学生留给教育部分配。但是，根据上述经过，我们认为过去留学生司的工作中是存在着缺点的，对争取留学生帮助学校解决师资困难是重视不够的。

根据中央"重重急急"的精神，并且因为清华大学新专业比较多，师资困难也大，我们希望领导上能够将尚未归国或尚未分发的11名留学生按1955年设立专业预定的比例分配给清华。清华新专业中大多数是为二机部培养人才的，加强这些专业的师资对原子能事业也是有利的，所以我们希望教育部能与二机部商量，仍将已分配的4人退回给学校。4人中有1人学习分析化学，1人学习固体物理，因为我校分析化学力量很弱，学习固体物理1人原定是充作半导体及金属物理2个专业的专业理论课的师资的，希望优先分配给清华。我校放射化学历来缺乏成熟的师资，所以，已分配给科学院的放射化学研究生1人，也希望能交涉要回。以上意见和请求，当否请复示。

中共清华大学委员会

一九五九年四月十日

附：① 1955 年 9 月蒋南翔同志请示及陈云同志复示电抄件二份。

② 请求分配给清华的研究生和大学生名单一份。（略）

附件：1955 年 9 月蒋南翔同志的请示及陈云同志签发的电抄件

（1955 年 9 月）

高教部杨部长、黄副部长，并报周总理、林枫同志：

我们来莫后由于苏方的热情帮助，工作很为顺利。现在我们已参观了莫斯科有关的高等学校和某些研究机构，并和苏方有关同志商讨和解决了北大核子物理和放射化学的教学计划问题，拟于下星期再去列宁格勒参观加里宁多科性工业学院等高等学校，着重研究和解决清华工程物理和无线电工程等专业的问题。来苏后同苏联高教部的有关同志及国务院副总顾问马里采夫一起商量关于我们新设专业所必需的教学资料、实验设备的清单等，苏高教部已答允全部帮助我们解决。现在最感困难的问题还是干部问题，除了聘请必要的苏联专家以外，我们自己还须准备和配备必要数量的教师配合工作。今天马里采夫专家向我们提出建议，他主张从现在中国留苏的研究生和大学生中选择专业相近的学生三十人左右（每一专业大约三人），从今年起就改行学习新专业，以便在两、三年后能保证各新设专业得到业务上熟练和政治上可靠的干部。我们也认为这是目前解决干部困难最有效办法，从目前数千留学生中挑选三、四十名学生来改行学习新专业这是可能做到的（据说苏联也常采用这种办法来解决干部困难问题）。特此请示。如中央和高教部批准这一原则，则我们就可在返国以前根据两校设置专业的实际需要，就近和大使馆商量具体选拔办法（主要从高教部系统派来的留学生中挑选，必要时也从其他系统选拔个别人选），以使干部问题及早得到切实的解决。是否可行请速电示。详情待我们回国后面报。

蒋南翔

九月十六日

（抄件）

驻苏大使馆转蒋南翔并告刘晓同志：

十六日电悉。同意从现在中国留苏的研究生和大学生中（也可从今年出国的留苏研究生和大学生中）选择专业相近的学生三十人左右，从今年起就改行学习新专业。选拔办法请和大使馆商定，主要从高教部系统所派留学生中挑选，必要时也可从其他系统选拔一部分。但必须选择政治上可靠的学生。

国务院

九月二十一日

签发人：陈云（55）国发电 95

清华大学档案，全宗号 2，目录号 党 1，案卷号 59095

清华大学党委关于增加中技毕业生工作人员呈一机部党组的请示※

（1959 年 5 月 27 日）

一机部党组：

由于我校教学、科研、生产工作的全面跃进，另外最近根据中央的决定，为了培养高质量的学生，确定我校要改学制，将原来的五年制改为六年和六年半制，因此现有工作人员就远不能适应工作的要求，特恳请你部于今年暑期中技校毕业生中支援我校230名（具体各专业、人数详见后表）（略），现将我校需要增加中技生的原因简要说明如下，望予大力协助为盼！

一、因新设立了几个国防机要系，需配备中技生：

为了适应社会主义建设大发展和培养新技术专业干部，我校去年暑假新设立了自动控制系、工程力学数学系等（皆是国防机要性质）。这些系在成立后即有数百名学生，并要求迅速地建立实验室，如自动控制系本年度要求建成16个实验室，力学数学系在今年"十一"前要求建成六、七个实验室，这些实验室均需要大量的运用无线电专业及雷达、电机、电器、机械等方面的专业技术，但现在力学数学系还没有实验员，自动控制系现在仅有四名实验员，因此迫切需要增加上述各专业中技生，以便迅速地帮助建立实验室，并辅导同学进行教学实验。

二、因原有的系新建了一些专业、实验室，需配备中技生：

如机械系由于新设立了精密仪器专业，已有一、二、三年级学生上课（抽调出的学生），准备建立四个实验室，但现在却没有此方面的实验员，因此急需要增加精密仪器及光学仪器专业的中技生。再如该系最近又新设立了特种冶金新专业，本年要求建成13个实验室，因此急需要配备金属学热处理及仪表控制方面的中技生。

无线电电子学系由于新设立了雷达及半导体等新专业，需筹建实验室，必须增加一定数量的雷达、无线电工程及电真空等方面的中技生。

电机系因需新建高压电器实验室及低压电器断流实验室，加之科学研究工作上之需要，皆要求配备一定数量的电机电器专业的中技生。

工程物理系的核物理等实验室因正在建立阶段，皆需配备电机无线电制造方面的中技生。

物理教研组要求在今年初期初步建成同位素实验室，要求在"十一"前能给一千多同学开出试验课，因此需配备无线电方面的中技生。

再如程序控制机床的研究、生产工作（今年计划成立研究室）也急需配备电子技术及机械类的中技生，做为经常的实验与生产等的专职人员。

三、因原有各实验室实验任务增加，需增加些中技生：

我校410教研组（系国防机要性质）由于处于迅速发展中，因此需增加些航空发动机方面的中技生。

零件与原理实验室，本年度因要负担全校的该课程的实验，一个学期要开十几个实验，一千左右学生参加，但该实验室仅有一名练习生，远不能适应工作要求。

无线电基础实验本年度一学期即将新增168小时的实验课，急需增加一些中技生。

其他各实验室的类似情况不再一一叙述。

四、自贯彻教育与生产劳动相结合的方针以来，学生要进行生产劳动，为了更好一方面搞好生产同时进行教学工作，就必须有技术员来指导，但目前我校技术力量甚感不足，如机械系机装车间经常要容纳几百人生产劳动，但全车间只有两名技术员，因此必须增加一些中技生作为指导同学的技术骨干力量。

最后，因学校新办了一些工厂，急需会计、统计方面人员，望能支援5名会计、统计专业的中技生来我校工作。

以上需要情况，前已有我校人事处向你部干部司进行了联系，现干部司谈，分配方案尚未确定，但估计今年人员比较紧张，而我校工作任务又相当繁重，因此特与联系，望你部加以照顾多分配中技校毕业生来我校工作为盼。

　　此致

敬礼

1959 年 5 月 27 日

清华大学档案，全宗号 2，目录号 党 1，案卷号 59033

清华大学党委关于分配退役义务兵
来校参加工作呈国防部的请示※

（1959 年 12 月 1 日）

国防部：

　　我校因教学、生产和科学研究各项工作的迫切需要，特函请由本年退役义务兵中分配 1 500 人来我校参加工作，希予批准。

　　我校自去年贯彻党的"教育与生产劳动相结合"的教育方针以来，在总路线的光辉照耀下，随着全国大跃进形势的发展，各方面工作都有了较大的开展。去年暑假根据国防建设的迫切要求，新建了自动控制、工程力学数学、工程化学三个国防机要系，现在全校已发展到 11 个系（其中五个是国防机要系），学生人数 12 000 多人，同时还担负了一些对国家经济建设和国防建设有较大意义的科学研究任务，如目前正在进行的长江三峡水利枢纽、电力系统动态模拟、程序控制机床、八里胡同水库、青石岭水库工程的设计，国家大剧院、解放军剧院的设计，以及有关原子能、无线电电子学、自动控制等国防机要方面的研究项目。为了很好地贯彻党的"教育与生产劳动相结合"的教育方针，自去年暑假后，围绕学校所设专业，陆续地建立了一些工厂和车间。如机械厂、电工厂、发电厂和无线电仪器、半导体器件、程序控制机床、电子计算机、原子能仪器等尖端产品的制造工厂，以及土建设计院、水利设计院等。

最近中央指示要我校今后进一步地提高教学质量，为国家培养更高水平的科学技术干部，而目前感到困难的是人力不足，尤其是生产技术力量缺乏，虽然国家已批准增加编制，但是没有补充来源，因此各项工作的进一步开展，都受到了相当大的影响，去年我校曾得到军委很大的支持，分配了500名退役义务兵来我校工作，经过一年多的培养，现在这些同志都已比较熟练地掌握了生产技术，成为学校生产战线上的重要力量，对学校各项工作的开展都起了较大的作用。前与总参动员部联系，据说今年年底尚可分配一部分退役军人到高等学校工作。我校党委副书记高沂同志前也曾向张爱萍副总参谋长反映过学校的困难情况，张爱萍同志答应考虑给以人力上的支持。现根据我校当前的急迫需要，特函请批准由今年退役的义务兵中，分配1 500名技术兵来我校担任生产技术工作和教学、科研的辅助工作。这些同志来校以后都要直接担负或接触到国防机要专业的工作，因此要求选调的人员政治上可靠，并尽可能是党团员。同时要求身体健康，具有高小和初中以上的文化水平。并望抽调少数营连级干部和他们一起到校工作，以便于对他们的领导。

兵种要求大致如下：

雷达及无线电通讯设备修理兵	100 人
普通机械修理兵	500 人
飞机仪表修理兵	100 人
化学工程兵	100 人
电气设备修理兵	100 人
土木工程兵	100 人
炮火指挥仪修理兵	100 人
普通战士	400 人

由于学校工作的需要迫切，故要求能在年前即分配来校报到，希领导批准后，即通知我校派人前往联系具体选调。

中共清华大学委员会

1959 年 12 月 1 日

清华大学档案，全宗号 2，目录号 党 1，案卷号 59033

清华大学党委关于干部外调情况
呈教育部党组的报告[※]

（1960 年 5 月 14 日）

教育部党组并

市委大学科学工作部、市委组织部：

现将我校干部外调情况报告如下：

最近半年多以来，我校干部外调较多，到目前为止陆续调出的已有 50 名。其中调至国务院 1 名，教育部 2 名，二机部 1 名，公安部 1 名，海军部 4 名，全国学联 1 名，北京市委 3 名，北京日报社 1 名，北京工业大学 2 名，新疆大学 8 名，内蒙古工学院 2 名，新建附中 24 名。另外已提出外调的还有十余名，其中有 9 名是大学部确定调给北京工业大学，在这 9 人中，有关工程物理、无线电、自动控制等方面的 3 人，实在调不出。已调出的这些同志多数是我校各项工作中的骨干力量，不少同志还担任着各级领导职务。其中有处级以上干部 2 人，党总支副书记 2 人，党总支委员 1 人，学生会主席 1 人，教研组主任 1 人。此外上述外调的干部中有一部分是从建立不久的国防尖端专业中抽出的。这些专业刚刚建立，基础还很薄弱，教学力量还没有"过关"，任务极其繁重。因此这些同志的调出对学校的工作有着一定的影响，特别是对于新建尖端专业的成长影响较大。1960 年我校教学、科研、生产工作任务都增加了很多，实际工作中已感人力不足。为了不致过多地影响学校工作，希望对学校现有干部能够稳定一个时期。是否妥当，请予指示。

附：已抽调的主要干部和教师名单。

抄：市委杨述同志并宣传部。

中共清华大学委员会
1960 年 5 月 14 日

附件：已抽调的主要干部和教师名单

姓　名	性别	政治面目	职　　务	调往何单位
何　礼	男	党员	党委委员	教育部
陈福康	男	党员	电机系助教	教育部
金　兰	男	党员	自动控制系教研组主任	二机部
郝维谦	男	党员	机械系总支副书记	国务院文教办公室
王震寰	男	党员	党委委员、科学处副处长	市委大学部
研　廷	女	党员	无线电系助教	市委大学部
贾继询	男	党员	工程物理系助教	市委大学部
金保生	男	党员	无线电系助教	海军部
姚宝玲	男	团员	无线电系助教	海军部
常梦弼	男	团员	助教（动力系）	海军部
刘荣暄	男	团员	助教（力学组）	海军部
周宣诚	男	党员	电机系讲师、总支组委	北京工业大学
潘丽华	女	党员	学生会主席	全国学联
陈余文	女	团员	助教（数学组）	北京工业大学
黄志祥	男	党员	助教（电机系）	新疆大学
林学熹	男	团员	助教（机械系）	新疆大学

裴玉崑	男	团员	助教（机械系）	新疆大学
刘绍华	男	群众	助教（机械系）	新疆大学
李恩培	男	团员	助教（机械系）	新疆大学
胡湘楠	男	群众	助教（机械系）	新疆大学
张纯根	男	团员	助教（电机系）	新疆大学
林友仁	男	团员	助教（电机系）	新疆大学
刘振买	男	群众	助教（数学组）	内蒙古工学院
叶彭年	男	团员	助教（力学组）	内蒙古工学院
万邦儒	男	党员	总支副书记	新建附中
羊滁生	男	党员	助教	新建附中
林维楠	男	党员	助教（建筑系）	北京日报社

清华大学档案，全宗号 2，目录号 党 1，案卷号 60033

清华大学党委关于分配留学生来校
任教呈农机部、教育部的请示[※]

（1960 年 8 月 26 日）

农机部
教育部：

　　经国务院文教办公室文办机字第 20 号文批示："在中央教育部、农业机械部的双重领导之下，由清华大学设立农业机械学院"，"今年所需师资，由农机部报请国家调配大学毕业生 70～80 名给清华培养使用。另外并请农机部物色一部分已在国内的及今年从苏联返国的农业机械专家来校担任专业课教师"。

　　我们考虑到全国大跃进各方面都感人力不足，今年大学毕业生分配比较紧张，本着千方百计克服一切困难的精神，按今年180名的招生任务曾呈请农机部、教育部暂先配备大学毕业生55名，留学生5～10名，现今年招生任务增加到300～400人，而两部所分配的大学毕业生与需要相差甚远，目前师资力量太弱，将会直接影响到教学质量和学院的迅速建设。

农业为基础，国家将要求我们高速度高质量的培养出大量的农业建设人材，能否保证师资力量是重要关键，我们除呈请两部酌情再增加一些大学毕业生外，并请设法按国务院批示精神分配10名左右的留学生来校任教。并希能将下列同志分配我校：

×××，拖拉机专业，1960年毕业莫斯科汽车机械学院。

×××，拖拉机专业，1960年毕业莫斯科汽车机械学院。

×××，拖拉机专业，1960年毕业莫斯科汽车机械学院。

×××，汽车发动机专业，1960年毕业莫斯科汽车机械学院。

中共清华大学委员会
1960年8月26日

清华大学档案，全宗号2，目录号 党1，案卷号 60027

清华大学党委关于分配留学生补充新专业师资呈教育部党组的请示※

（1961年10月16日）

教育部党组：

几年来，学校属于新科学技术方面的专业已发展到22个，占全部专业数的58%，新专业的学生数也已占全体学生数的

53%以上。这些专业正在迅速成长。当前需要解决的一个问题是这些专业的师资，在质量和数量方面，都还不能适应需要。在数量上，新专业的教师不足，特别在质量方面，急需配备一批骨干力量。

这些专业的教师，大部分是 1958 年后毕业的年青教师，而且绝大部分又是由其他专业转来的，对新专业的主要课程缺乏系统的学习，有的教师本身还需补课。工程物理、工程化学和工程力学数学等系的有些专业需要配备一些理科毕业的学生，在校内也很难解决。尤其在计算数学、冶金、光学仪器以及导航等方面，因专业筹建较晚，更是急需配备一部分经过本专业严格训练的教师作为骨干力量。例如计算数学教研组中，80%以上的教师是 1958 年后毕业的，而且绝大多数教师是从其他专业转来的，过去曾多次申请配备归国的留学生，一直未获解决。又如自动控制系统及理论专业，也缺乏掌握"导航"知识的教师。

因此，为了进一步提高教学质量和教师水平，需要配备一部分有关计算数学、概率论、电子计算机设计、导航、飞行器自动控制、无线电定位、冶金原理与物理化学、稀有金属冶炼、光学仪器、人工放射性元素工艺、反应堆以及热物理等方面的骨干力量。我们听说，最近正有一批留学生已回国等待分配，希望能从其中分配给我校一定数量的教师。

以上报告是否妥当，请示。

中共清华大学委员会

1961 年 10 月 16 日

清华大学档案，全宗号 2，目录号 党 1，案卷号 61022

关于清华大学骨干教师支援内蒙古
工学院事宜两校往来函件[※]

（1962 年 1 月 23 日—1962 年 6 月 2 日）

内蒙古工学院党委关于请求我校支援教师问题的函
（1962 年 1 月 23 日）

刘冰、胡健同志：

现把具体情况和要求简要汇报如下：

我院建工、电机两系，共有七个教研室，其中无线电、电机电器、电工和建筑学四个教研室师资比较紧张，已经开出和即将开出共 47 门课程，现有教师 38 名（90％为 1959 年以后毕业）。

目前有六门课无法开出（半导体器件及其应用，无线电材料和零件，无线电量测，电波天线，园林与城市绿化，阴影透视）。

无线电专业仅六名教师，下学期将开出八门课程。建筑学专业有三门设计课，需要二十一名教师，但现仅有六名。

上述情况过去也曾存在，我们采取了集中上课、拖课、合并课、教师改行、从生产部门请人兼课等办法，但是这些措施目前已不能解决教学中的困难。

鉴于上述情况，提出下列要求，请清华大学给予援助。

1）请求支援的教师：

系别	专业	课程名称	人数	备注
电机系	无线电	半导体器件	1	
	无线电	电波天线	1	
	电机电器	电机学	1	

系别	专业	课程名称	人数	备注
电机系	电机电器	电机设计	1	
	电机电器	电工基础	1	教学经验较多，能起骨干作用的
建工系	建筑学	民用建筑设计	4	教学经验较多，能起骨干作用的 2 人
	建筑学	工业建筑设计	2	教学经验较多，能起骨干作用的 1 人

2）请求讲学的教师：

系别	专业	课程名称	人数	备注
电机系	无线电	发送设备	1	1961—1962 学年第二学期开始，为期半年
	无线电	无线电量测	1	1962—1963 学年第一学期开始，为期半年
	无线电	无线电材料及零件	1	1962—1963 学年第一学期开始，为期一年
建工系	工民建	钢筋混凝土结构	1	1962—1963 学年第一学期开始，为期一年半，希望有经验的教师
	建筑学	民用建筑结构	1	1961—1962 学年第二学期开始，为期一年

3）希望请一位有经验的教师到我院进行为期 2～4 周的电机电器专业规划和建设指导。以上要求供清华领导同志参考。

此致

敬礼！

程光吾

郑　钫

陶遵昀

1962 年元月 23 日

清华大学党委关于调往师资致内蒙古工学院党委的函[※]

（1962 年 3 月 12 日）

内蒙古工学院党委：

兹介绍我校党委委员、电机系副系主任王遵华同志，前来你院参加电机系的规划工作（至三月底），请接洽。

我校决定调往你院教师十人，可于今年暑假前陆续报到。请你院派干部于三月下旬来校审查档案。

此致

敬礼！

中共清华大学委员会

1962 年 3 月 12 日

内蒙古工学院党委复函[※]

（1962 年 6 月 2 日）

清华大学党委：

获悉清华大学党委又一次抽调大批教师骨干力量支援我院。对此，向您们再次表示感谢。

我院党委今责院党委副书记古东同志前赴面商接收这批教师问题，望惠予接见为盼。

此致

敬礼！

中共内蒙古工学院党委

1962 年 6 月 2 日

清华大学档案，全宗号 2，目录号 党 1，案卷号 62032

校长办公室关于吴仲华调往
中国科学院工作的布告[※]

（1962 年 9 月 8 日）

我校动力机械系副系主任兼燃气轮教研组主任吴仲华同志申请调往科学院工作，业经教育部以（62）教人师周字第 1599 号文批准，并免去他在我校所担任的各种行政职务，同时兼任我校教授，参加学校有关的学术活动与研究生的辅导工作。

此布

1962 年 9 月 8 日

《清华公报》第 98 期，1962 年 9 月 13 日

清华大学精简小组关于近几年来
精简工作的总结报告

（1963 年 12 月 2 日）

中央教育部：

兹将我校自 1961 年以来的精简和教师调整工作的总结报告送上，请审阅。

（一）

根据中央关于精减城市人口，紧缩编制，合理安排劳动力的指示，我校在党委领导下，从 1961 年春天开始，经过近三年的工作，截止今年十月底统计，共精简、调整了 2 660 人。其中回农村支援农业生产的 1 888 人，占了 71％；还有 527 人调整到和

支援了其他兄弟单位，其中教师有 269 人；除此以外，我们还解雇了一部分临时工，并且对个别符合退休条件，工作又可离开的职工，办理了退休工作。

经过这几年的精简、调整工作，全校教职工人数从 1960 年底的 7 248 人紧缩到了 1963 年 10 月底的 5 506 人，净减了 1 742 人，大大紧缩了学校编制，并且还支援了农业战线，支援了兄弟单位，取得了一定成绩。由于在党委领导下，各级干部认真贯彻执行了中央有关精简工作的指示、政策，进行了细致的思想工作和组织工作，虽然任务艰巨，精简数字较多，但工作进展还是顺利的、健康的。

（二）

这几年精简工作中，我们的做法是：

第一、统一干部认识，适当调整战线，保证精简任务的完成。几年来，党委多次传达讨论了中央有关指示，反复研究了精简工作，并且由上到下、由党内到党外层层进行了传达讨论。在干部中，主要是结合形势，针对干部的认识反复算了两笔账：第一笔算了国家农业生产账，说明目前农业生产水平养不了这么多城市人口，着重讲了支援农业生产的重大意义和压缩城市人口的重要性；第二笔算了今后几年内学校发展规模的账，说明学校近几年的规模将趋向稳定，学生人数将有所下降，因此，教职工人数必须和可能相应地做适当的减少。通过算这两笔大账，教育干部从全局出发，坚决贯彻中央的指示，干部思想也比较明确，心中比较有底，这样决心就大，行动就快。

在组织上，全校成立了精简小组，由党委副书记挂帅，确定精简任务，调整战线，制订计划。为了完成精简任务，本着调整战线，集中兵力的精神，对校内各方面工作，作了统筹安排。对于教学任务，某些尖端科研项目和全校性工厂，根据党的教育方针和国民经济的需要，采取全校一盘棋，集中更多力量的办法，确保重点。例如对于试验化工厂、食堂等单位采取"适当补充人力""校内调整""保留个别技术骨干"和"先派后走"的办法，在动员复员军人返乡生产之前，事先抽调了上百名其他职工接上工作，保证了工作需要和正常生活秩序。对于有些科研任务和生产任务采取了适当收缩的办法，紧缩任务，调整业务范围，紧缩机构。与此同时，还压缩了行政职员的编制。1962年夏天，为了使精简工作建立在综合平衡的基础上，我们还组织了教务处、科学生产处、人事处和行政处等单位，研究并初步拟订了校内各部分人员的比例关系，初步提出了各单位的编制定员人数。

第二、大张旗鼓和深入细致相结合，分别不同对象，认真做好思想工作。这几年精简工作，采取由上而下、由党内到党外、由干部到群众层层动员的办法，大讲农业是发展国民经济的基础，大讲建设社会主义新农村的光荣任务，向广大群众进行了一次深刻的国内形势教育，使广大群众加深了对农业是国民经济的基础的认识，激励了广大复员军人的责任感，有的说"我们是工农子弟，为了保卫祖国，我们当了兵；复员时，为了祖国工业化，我们来到学校当工人；现在农业需要人，党又派我们回到农业第一线去，我们一定要响应号召。"很多人认识到"这是党的信任和委托"，感到"责任重大，义不容辞"。另一方面，我们还发动干部和老工人、老师傅，深入群众，深入宿舍细致了解每个返乡生产人员的思想情况和实际问题，关心和帮助解决他们的合理要求。

对于教师和大多数家居城市的职工，在动员报告中，主要引导他们正确认识形势，充满信心，继续鼓足干劲，搞好工作和提高教学质量，他们中的绝大多数人的情绪是稳定的。很多职工说，"现在人少了，我们要提高效率，一定做好返乡同志原来担负的那部分工作"。

对于调往校外工作的教师和职工，主要依靠个别动员和思想教育工作，由系主任、总支书记等干部亲自谈话动员，讲清调动工作的性质，介绍新单位的情况，听取和征求他们的意见，同时也向他们提出要求和希望，例如支援太原重型机械学院的十余名教师，临走前由党委副书记召集座谈，合影留念，希望他们在新的岗位上努力工作，取得良好成绩。对于少数教师怕"外地条件差"，怕"挑不起担子"，怕"被人说自己差劲"等等顾虑，采取个别谈心方式，耐心帮助，说明调整意义，教育他们服从调动，并鼓励他们的信心，教育他们走上新岗位遇到困难时，要敢于迎接困难，克服困难。很多教师离校时纷纷表示"感谢学校的关心，感谢学校几年的培养"，表示"一定要积极工作"……

第三、摸清情况，妥善安排，认真贯彻执行中央有关的政策和规定。我们在整个精简工作的过程中，一方面强调了要决心大，行动快，但由于精简任务很重，对象复杂，我们还强调了必须十分深入细致，严格按照中央有关政策办事，并且把有关政策的底，向干部和群众交代清楚，使干部界线清楚，群众心里亮堂。在工作中，除了做好思想工作外，还抓紧了具体组织工作，按人摸清情况，对于具体问题，采取认真负责具体分析的办法。对于确有困难不能返乡生产的，经过研究，就继续留校工作。对于不属于动员返乡、退职、退休范围的，我们坚决按照中央政策办事，不予动员；对于一些影响较大、需要统一解决的问题，如返乡人员的困难补助、医药补助等问题，在中央未做统一规定前，及时研究请示市委，中央有了统一规定后，按规定处理；对于那些可以解决的具体问题和合理要求，我们采取热情帮助的办法，帮助他们做好妥善安排。

对于教师的调整安排工作，更是一项十分细致的工作，对象复杂，影响较大，因此，我们尽可能地在事先摸清被调动工作的教师的专业情况、业务水平、本人要求志愿和他们的家庭生活情况，根据用人单位的情况和需要，主动介绍特点和专长，提出工作安排的建议，尽可能地做到专业一致，不改专业，并且在可能条件下，照顾他们的困难，如在地区上照顾爱人关系、家庭关系。在安排教师的工作时，根据中央指示，我们还注意了"人尽其才""各得其所"，以便更好地发挥他们的作用。

(三)

这几年，由于认真贯彻了中央有关指示，在人员编制和劳动力管理方面取得了一定成绩，紧缩了编制，教师队伍得到了一定调整。今后，为了切实做好经常的劳动力管理工作，我们考虑：

1. 根据中央指示，按照勤俭办校的方针，严格控制编制，控制临时工的使用和新职工的增加。在充分调动广大教职工积极性，节约人力，适应工作需要的原则下，根据形势的发展和任务的需要，重新审定校内各类人员的定员编制，经过多次反复，争取进一步摸索出更切合实际的定员编制。

从目前校内人员情况看，由于在动员返乡时，凡是能够返乡生产的，基本上都动员返了乡，这是必要的。但是另一方面，也造成了校内一部分单位人力较紧的情况。如负责清扫全校校园的，现在只有九个工人（大都是女的临时工）。师生员工的集体宿舍，由于清洁工人少，宿舍管理、经常性维修任务做得都很不够，全校有 37 万 4 千平方米的房屋修缮任务（其中 30 年以上的旧房有 7 万平方米，15～30 年的有 36 000 平方米，10～15 年的有 48 000 平方米），7.5 公里、4 万平方米道路维护任务，30 里上下水道，一百多公里的暖气管道和 114 公里电网等维修任务，但修缮力量过小，负担任务过重。实际上学校担负了很多应该属于市政建设范围内的工作。此外，有些 1958 年以后新成立的系，原来行政工作主要靠复员军人担负，现在大部分都返了乡，人力也很不够，因此，根据任务的需要，本着勤俭办校的精神，适当补充一部分人力是十分必要的。

2. 根据需要和可能，进一步做好人员的调整安排。为了不断提高队伍的质量，提高工作效率，补充一些新生力量，有必要进一步做好调整安排工作。

目前在调整安排工作中的主要困难是，有些工作可以离开、可以外调的教职工安排有困难，例如今年我们报部转报内务部等待调整的尚有三十余人，特别是行政干部更难于安排，这样也就影响了调整工作的进行。

另外，校内人员中除了少数符合暂列编外条件的长期病休人员以外，还有一定数量的病休和表现不太好的工作人员，有的"二天打渔，三天晒网"，占了编制，实际上干不了工作，"名不符实"，对于这一部分人员，除了我们加强教育外，也希望领导部门能够研究采取适当措施，以利于加强劳动力的管理工作。

清华大学精简小组

1963 年 12 月 2 日

清华大学档案，全宗号 2，目录号 校 5，案卷号 63021

清华大学党委关于干部借调的情况
呈高教部、北京市委并中宣部、
中组部的报告[※]

(1964 年 9 月)

高等教育部党委、北京市委
并中央宣传部、中央组织部：

近几年来，根据上级领导部门抽调、借调干部的要求，我校向有关领导部门、兄弟单位输送、抽调了一批相当数量的干部。据不完全统计，自 1960 年以来，共抽调了干部 272 人，其中教学干部 252 人，党政工作干部 20 人。在 272 人中，党员 107 人，占 39%；团员 121 人，占 45%；党团员合计共占 84%。抽调的干部中包括党委副书记 1 人（陈舜瑶同志），党委常委 1 人（何礼同志），党委委员、科学处副处长 1 人（王震寰同志），党委宣传部副部长 1 人（唐腾义同志），党总支副书记 2 人（郝维谦、高原同志），党员副系主任 1 人（杨曾艺同志），团委常委、党总支委员 10 人，教研组支部书记、支部委员 14 人，正、副教研组主任 2 人以及相当正、副科长级干部 12 人等。在抽调的教学干部中有教授 1 人，讲师、教员 41 人，十一级以上的老助教 34 人。以上这些干部主要输送到中宣部、国务院文教办公室、教育部、北京市委、国家科委、国防科委、二机部、西北局等领导部门以及教育部、市委指定我校重点支援的内蒙古工学院、北京工业大学等兄弟院校。

同时，近几年来有关领导部门还向我校借调了不少工作人员，据不完全统计，仅 1963 年内，人大常委会、国务院、教育部、北京市教育局、北京科学中心等单位共向我校借调的讲师、助教等教学干部和党政干部 24 人，一般借调时间均在三个月左右，有的长达半年以上。此外，最近两年由于有些领导单位将某些工作下放到学校进行，也加重了学校人力方面的负担。

培养提拔新生力量，使他们逐步地担负起各项工作任务，并且有计划地将他们中的一部分陆续输送到上级领导部门，是学校一项重要的任务。但是，新生力量的成长要有一个过程，培养一批在政治上比较成熟和技术业务水平较高的干部，需要相当长的时间，需要进行一系列深入细致的培养、教育工作。因此，输送干部的工作必须建立在经常的干部培养工作的基础上，与培养干部的任务紧密结合、相互衔接，有计划地、有步骤地进行，事先应该有所准备，任务不宜过于集中。前一时期，我们缺乏主动向上级领导部门输送干部的计划。有关领导部门抽调干部时，也缺乏统一归口，统一安排。向我校提出抽调或借调干部要求的领导部门很多，有的还直接向我校有关业务部门点名抽调，甚至同一部门的不同单位同时都向我校要求抽调干部。对抽调干部的条件，大多数都要政治、业务兼优的党员干部，致使有时抽调任务过于集中，要求很高，使学校感到困难很大，难于完成任务。例如今年 5 月至 6 月中旬的一个多月时间里，要求由我校抽调的干部即达 20 名之多，其中包括副系主任、党总支委员、分团委书记等干部。并且在抽调时，任务下达得一般也都较紧迫，但由于外调或借调的干部绝大多数是正在从事教学、科研或生产工作的教师，学期中间难以临时换人接替，不便即刻调离，因而在期限上，也常使学校有很大的困难。这些年来，虽然我们依靠自力更生，培养提拔了一些新生力量，承担着学校各方面的工作，但是目前学校的干部队伍状况仍然不能完全适应工作的需要，一部分干部兼职过多，负担过重，健康状况不好，干部抽调后，后继力量往往不能衔接。因而输送干部的任务过重，过于集中和缺乏事先计划，确实使学校感到有很大的困难。为了保证学校工作的正常进行，并且有计划地完成输送干部的任务，除了今后我们要进一步大力培养新生力量外，关于输送干部的工作，特作如下建议：

（1）鉴于目前中央和市很多领导单位直接向我校抽调干部，缺乏统一归口，使学校的工作难于统一安排和有计划地进行，建议高等教育部政治部统一归口管理抽调学校干部的工作。

（2）鉴于培养干部需要有一定过程，为了在完成输送干部的同时，不致发生后继力量衔接不上因而影响学校工作的情况，我们认为输送干部的工作必须有计划、有步骤地进行。建议高等教育部预先多给学校一定数量的机动编制，每年给学校 30～50 名本校毕业生，以便学校及早挑选适合的后备力量，有计划地抓紧对他们的培养教育工作。这样既能保证及时完成输送干部的任务，又有利于学校工作的开展。

（3）我校每年提出输出 30～50 名干部的计划，上报高等教育部政治部，由高等教育部政治部统一分配，学校不直接向中央及市有关单位输送干部。

以上报告当否，请示。

中共清华大学委员会

1964 年 9 月

清华大学档案，全宗号 2，目录号 党 2，案卷号 356

（2）工作制度

清华大学实施高等学校教师工作日及
教学工作量暂行办法

——八月二十七日—九五三—一九五四年度
第三十四次校务行政扩大会议通过

（1954 年 8 月 27 日）

为了进一步学习苏联、推进教学改革、提高教学质量、提高教师水平、开展科学研究工作，改进教学组织并合理地计算各教研组教师编制，并为逐步实现按劳取酬的工资制度准备条件，兹根据高教部《高等学校教师工作日及教学工作量暂行办法》（草案）及指示，结合本校具体情况，规定实施办法如下：

（一）高等学校教师以平均每日六小时为一个工作日，在工作日内进行教学工作、教学法工作及科学研究等项工作（每学年工作日总数以四十周计算）。进行教学工作以外的时间，称为"后半工作日"。

1. 教学工作：系指全部面对学生、研究生、进修生的教学工作，包括讲课、习题课、实习课、课堂讨论、实验课、答疑、领导生产实习与教学实习、考试、考查、检查性听课、指导课程设计（课程论文）、指导毕业设计（毕业论文）、参加国家考试委员会、指导研究生、指导进修生等。

2. 教学法工作：包括制订教学计划、教学大纲与教学日历，研究教学方法，拟定或审查考试题签，准备测验、课程设计（课程论文）或毕业设计（毕业论文）的题目及资料，拟定教学实习、生产实习的计划和进行其他准备工作，制作直观教具，总结教学经验及参加教研组会议等，批改学生作业，评阅测验试卷和生产实习的书面报告，指导学生科学小组，指导学生了解专业及改进学习方法等工作。

3. 经高教部或校长批准的科学研究工作，由本校认可并经高等教育部批准的编译教本工作，经校长批准的编写讲义、习题集等工作。

4. 教学改革的各项准备工作：经校长批准的向苏联专家学习等工作，筹备实验室、资料室等工作，经教务长或系批准列入工作日内的准备讲授新课程，预做新实验、新课程设计、新毕业设计及指导助教备课等工作。

教师第一次讲授某课程，如确有困难，经教研组主任批准，得利用后半工作日备课，但最多不能超过讲授时数的二倍（教授、讲师）或三倍（助教）。某课程因学制改变学时增多，或改换教材内容增多，教师讲授这类课程比重讲旧课需较多时间准备，在此情形下，经教研组主任批准，教师可使用后半工作日备课，但最多不得超过该课程增加时数的二倍。

新助教初次担任教学辅导工作，如确有困难，经教研组主任批准，可利用后半工作日备课，但最多不能超过教学计划上规定的辅导课时数的二倍。助教听讲员课的时间，必要时，经教研组主任批准，可列入后半工作日内。

5. 系主任、系秘书、教研组主任、教研组科学秘书、教学组长及学生班主任的行政工作。

6. 高教部、学校委托的其他工作。经校长批准与企业部门及外校合作的各项工作。

（二）高等学校各级教师在工作日内进行教学工作所用的时

间，称为教学工作量。

1. 根据高教部规定各级教师应负担的教学工作量为：

教授、副教授每年 480～540 学时[①]

讲师每年 540～600 学时

助教每年 600～660 学时

凡担任专业课的教师一般应分配其最低工作量，担任基础课（包括俄文及体育）或技术基础课的教师一般应分配其最高工作量，担任政治课的教师按最低工作量再减 60 小时计算。

2. 负担高一级教师职务的教师，按高一级教师教学工作量计算：即担任讲课、指导课程设计的助教的教学工作量按讲师的数额计算，担任指导毕业设计的讲师、助教的教学工作量按副教授的数额计算。

3. 教研组主任与科学秘书的教学工作量，比同级教师教学工作量减少八分之一，人数多或性质复杂的教研组的主任与科学秘书的教学工作量经校长批准可比同级教师教学工作量减少四分之一。

4. 系主任及系秘书的教学工作量可比同级教师减少四分之一到三分之一。

5. 为照顾开新课的教师或第一次开某课的教师的备课困难，经教务长（公共教研组）或系主任（系领导的教研组）批准得酌减其工作量，但最多不超过讲课时数的一倍半。新开专门化或特殊困难课程的教师，可减免讲授时数的两倍。

某课程因学制改变，学时增多，或改换教材内容增多，教师须用较多时间备课，经教研组主任批准，得酌减教师的教学工作量，但最多不得超过增加的学时数。这部分工作日连同第一项第

---

① 编者注：本文多处"小时""学时"不统一，原文如此。

四条中规定的后半工作日教师都可用以备课。

6. 凡准备讲新课、编译教材或教科书、预做毕业设计或课程设计、筹建新实验室等工作的教师需要全年或半年解除教学工作准备者，经校长批准得在此一年内不计算教学工作量或只计算一半教学工作量。

为准备新专业须解除教学工作进修一年以上者，须经校长批准，作为进修师资或进修研究生。

7. 凡因教研组未设专职实验室主任或高级实验员，由教师兼管实验室工作，其教学工作量得酌量减少。如一实验室工作由数位教师分担，减免总数不得超过一个助教的全年教学工作量（即 600～660 小时），有必要超过此数者须经系批准。

8. 教师因疾病、年老、体弱或其他原因不能担任全部工作量者得经校长批准酌量减免其教学工作量。

9. 凡因课程性质特殊，讲授该课教师工作量不足但又不能兼教其他课程者，得经校长批准酌减其教学工作量。并由教师提出准备以后担任其他教学工作的进修计划。

10. 未经大学本科四年制毕业的助教或转换专业的教师，经教研组审查，并经系批准得利用后半工作日补足其所缺的学习时数，每缺一年在后半工作日内补 1 000 小时，同时，并得经校长批准酌减其教学工作量（最多不超过一半）。补习按具体情况在二～四年内按进修计划完成。进修计划的执行由教研组主任负责检查。

11. 遇有特殊需要，经校长批准得酌减教学工作量。

（三）教学工作量应按下列标准计算：

1. 讲课：凡教学大纲相同的同年级的学生人数未超过 200 人以上时，均须采用大班讲课，其教学工作量按教学计划中规定的时数以大班计算。

2. 习题课、课堂讨论：应按教学计划的规定时数，以 25～30 人为一班计算。

3. 体育课：每 25～30 人一班，全年教学工作（包括课外指导在内）均按实际学时计算之，但每班全年最多不超过 160 学时。

4. 课外作业：材料力学、建筑力学等课程的课外计算制图作业的指导时间，按每学生每年一小时计算；机械原理课程作业按每学生每年 0.5 小时计算。

5. 实验课程：可将 25～30 人的班分为 12～15 人小班进行，每小班均按教学计划规定的时数计算。某些专业课的实验分班人数需要减少时，得由系批准之。

6. 教学实习：以 25～30 人为一班，每日按六小时计算。

7. 生产实习及认识实习：指导一班学生的教师人数视实习性质及场所而定，由系批准。每一指导教师每日均按 3 小时计算（超过此限额部分得计入后半工作日内）。

8. 考试：根据课程性质，对每一学生考试时间为三分之一至二分之一小时。考试次数按教学计划规定。

9. 考查：对每一学生考查时间应根据课程性质的不同规定为四分之一至三分之一小时。

10. 课程设计：指导学生课程设计每件规定为 2～6 小时。建筑系的设计按教学计划上规定时数的十五分之一计算（超过此限者得计入后半工作日内）。

11. 毕业设计：指导每件毕业设计（包括审阅与答疑）计为 40 小时（超过此限之时数得计入后半工作日内）。教师参加毕业设计考试委员会的教学工作量按每份设计 0.5 小时计算。

12. 答疑：以 25～30 人为一班，答疑时间占讲课时间的百分之十五至百分之二十五（超过此限额部分得计入后半工作日内）。

对工农学生、调干学生、少数民族学生及外国来华留学生等的辅导时间按实际需要计算。

13. 指导研究生：用于指导每位研究生的时间，按实际情况计算。如指导其进行科学论文时，每年为 50 小时（对研究生讲大班课的时数另计入指导教师的讲课时数内）。

14. 指导进修生及全时或半时进修的本校助教：用于个别指导进修生的时间，按实际情况计算，最多每年每人为 30 小时（对进修生讲大班课的时数，则计算在指导教师的讲课时数内）。

15. 每个教研组所进行的检查性听课的时间全年不得超过 70 小时。检查一个教师的时间每年不超过 10 小时。

（四）实行本校教师工作日及教学工作量的几项规定：

1. 6 小时为一工作日，系指平均时数，在工作日内禁止进行规定范围以外的工作。

2. 工作日以内，除教学工作按教学计划进行外，其他工作由教研组分配给每一教师，并由教师本人提出工作计划，由教研组主任审查批准。

3. 各教研室按工作量标准计算后，如教师不足，在不影响教师健康的前提下，仍应尽可能按照原定计划进行教学工作及教学改革工作，教师工作量超过标准部分得适当给予奖励。

4. 系主任及系秘书的行政工作如全部或一部分在工作日以外进行者，得适当给予奖励。

5. 部分教研组由于学制变革（四年制改为五年制及专修科停办），在一九五四年或一九五五年教学任务暂时减少，次一年度即趋正常；或由于其他原因而工作量在本年度较少，而下一年度即将增加；这些教研组在计算人力时可考虑下一年度的教学需要，本年度暂时多余人力一般可不予调动，组织进修。如其他系或教研组有急需，经教务处批准，可暂予调动。

6. 一个教师只能在一校编制内担任专职教师。如须在外校兼职或兼课，须经教研组认可并经校长批准。但在校外兼课最多不得超过其原职务的教学工作量的百分之五十。

《清华公报》第 2 期，1954 年 10 月 12 日

校务行政（扩大）会议关于贯彻教师
工作日和教学工作量的议决※①

（1954 年 10 月 12 日）

时间：十月十二日下午二时半

地点：工字厅会议室

出席：蒋南翔　钱伟长　陈士骅　陈舜瑶　袁永熙　何东昌

　　　张　微　解沛基　周寿昌　李酉山　邹致圻　庄前鼎

　　　张　维　张　任　章名涛　孟昭英　吴良镛　金　涛

　　　张子高　马约翰　夏　翔　杜庆华　万嘉镤　赵访熊

　　　徐亦庄　李相崇　张莘群　俞时模　吕应中　陆大绘

主席：蒋南翔　纪录：周撷清

甲、讨论事项：

一、讨论贯彻本校教师工作日及教学工作量暂行办法案。

议决：

1. 目前本校已具备普遍试行这一制度的条件，决定将上学年第三十四次校务行政（扩大）会议通过的《清华大学实施高等学校教师的工作日及教学工作量暂行办法》修正后在第二期《清

---

① 编者注：本文节选自《一九五四年——一九五五年度第二次校务行政（扩大）会议记录》。

华公报》上公布，全体教师应即认真试行。

2. 十月十三日下午举行全体教师大会，向全体教师动员。

二、讨论对外交流资料办法案。（编者略）

乙、报告事项。（编者略）

丙、散会。

《清华公报》第 3 期，1954 年 11 月 10 日

清华大学实施教师工作日及教学
工作量制度暂行办法的说明

（1954 年 10 月 12 日）

高等教育部为进一步推进高等学校的教学改革、提高教学质量、改进教学组织、开展科学研究工作及充分发挥教师的潜在力量并精确地计算教师编制和逐步实施按劳取酬的工资制度，特制订并颁发了《高等学校教师的工作日及教学工作量暂行办法》（草案），指示各校结合具体情况拟订实施办法，认真贯彻，稳步前进。

清华大学教学改革已进入第三年，学习苏联经验已有一定基础；教研组基本上健全巩固；教师一般都积极负责；全校已初步具备了实行教师工作日和教学工作量制度的条件。同时，为进一步提高教学质量，正确地开展科学研究，加强教学行政工作，鼓励教师提高业务水平和工作效率；并精确制订计划积极为学校今后发展准备条件，目前也已有必要实行这一制度。根据以上情形本校一九五三至五四年度第三十四次校务行政扩大会议通过自本学年（一九五四—五五）起试行教师的工作日和教学工作量制度。

清华大学实施教师工作日和教学工作量暂行办法，是根据高教部指示的精神，结合本校情况拟订的。这一办法一方面要使它切合当前实际情况，为大多数教师所能执行，同时还要通过它起推动教学改革、提高工作质量、提高教师工作效率的作用。目前清华大学存在着下列情况：

（一）教学改革还未完成，必须进行大量准备工作

目前清华教学改革尚未全部完成，五年制的一整套教学工作还未作完一遍，教师为进行教学改革，必须作各方面的准备，现有的设备、资料也远不能满足教学和科学研究的需要，必须尽快充实。因此在教师工作日内除进行经常的教学工作、教学法工作及科学研究外，还必须进行一系列教学改革准备工作。

1. 学习苏联是进行教学改革的关键问题，有专家的教研组必须组织力量，分工合作，在专家留中国的短期间学得全套教学经验和科学研究方法，并建立必要的实验室、资料室，使专家走后，苏联的教学经验能在中国留传下来。因此教师向专家学习的工作（如听课、教研组主任与专家谈话等）允许计入工作日内。

2. 教师为学习苏联教学经验、进行教学改革，必须做许多准备工作（如翻译与学习各种苏联经验，预做毕业设计、课程设计，预做实验，编写习题集，做进修实习，参加企业部门的技术会议等），并须克服很多困难（如因俄文不熟练、资料不充足，备课费时等），这些困难必须照顾，因此这些工作允许在工作日内进行，并适当地减免教学工作量，鼓励教师学习和革新。

3. 高教部规定的各种教学方式的工作量基本上与苏联相同，目的在鼓励教师提高教学质量。但初次做的新工作（如课程设计、毕业设计等），由于经验不足，时间定额很难掌握。这类工作应首先保证质量合格，然后再逐步提高达到定额。应防止只求达到时间定额，降低质量的偏向。为此，新工作超过定额的时数

允许计算在后半工作日内。又如生产实习，在苏联主要由实习场所的技术人员领导，而中国目前主要由学校教师负责，情况不同，计算指导教师数量时可以允许有一定灵活性。

4. 建立实验室、资料室是教学改革中一项重要而艰巨的工作，目前合格的专职的实验人员没有配齐，必须组织教师大力进行，因此应在时间上给以充分保证。

（二）成熟的师资数量较少，必须大力培养师资

1. 清华教授、副教授在全体教师中只占六分之一，讲师占六分之一，助教占六分之四。由于各级教师比例的不合理，教师不可能严格按教学职务分工，否则便要推迟教学改革的进行。因此，教师的教学工作量也不可能单纯按级别计算，还须兼顾到各人的实际工作。

目前为教学需要，经过一定的批准手续可以允许讲师担任高一级教师工作（指导毕业设计）、助教担任高一级甚至高二级的教师工作（开课、指导课程设计、毕业设计）。对这些讲师、助教不可能要求他们完成原来一级教师的教学工作量，而应适当减少。

2. 清华目前有二百余未经四年制大学毕业的助教，事实上不可能要求他们按一般助教教学工作量来完成五年制学生的教学工作，因此，在一定期间内，应酌减其工作量，给以进修的条件。

此外，教师为筹备新专业也应给以必要的进修时间。

（三）学制变更，学校正在发展扩大

1. 清华自一九五二年起本科由四年制改为五年制，一九五三年起专修科停止招生；由于学制变更，部分教研组今年或明年内教学工作量暂时减少，过后逐渐增多，达到正常状态。因此，在考虑教师编制时，必须按正常情况，不能仅以目前教学工作量为准。

2. 根据高教部决定，我校在一九五八年以前将陆续增设约十个新专业，此外，我校现有专业中有十个要到一九五七或一九五八年才有第一批毕业生。这些专业教研组的发展是不平衡的，一般必须在完成全套教学准备工作以后，才能使教师达到高教部所订工作量标准。

（四）教学领导必须加强

1. 教学改革是两种不同的思想体系的复杂斗争，是从教学工作一直到教学组织及教育思想观点的全面改造，因此，在教学改革中必须加强党与行政的领导，并使教学组织与教学领导逐步走上正轨。为此，就必须保证各级教学行政人员的工作时间（包括全体系、教研组的主任和秘书，不分何种职衔），减免其部分工作量。

2. 在学校目前的条件下，要贯彻教师工作日和教学工作量制度，必须充分发挥系主任、教研组主任的责任感和积极性，使他们能根据学校统一的原则，结合各系、组的情况来处理问题，过分集中到校一级来掌握有很多困难，因此，暂行办法中若干项目规定由系、教研组审核或批准。

（五）正确地逐步开展科学研究工作，提高教师水平

开展科学研究工作是提高教师水平和提高教学质量的根本办法。但科学研究工作必须在教学改革的基础上开展。因此实施教师工作日及教学工作量的办法应首先保证教学任务和教学改革的完成，同时又要积极推动科学研究工作的开展。每一教师应首先完成教学工作量及相应的教学方法工作以后，然后利用后半工作日进行科学研究。

《清华公报》第 2 期，1954 年 10 月 12 日

有关工作量计算的补充说明
——本年度第四次校务行政会议议决[①]
（1954 年 10 月 26 日）

根据各教研组提出的问题及学校顾问苏联专家萨多维奇的建议，校务行政会议决定：

1. 工作日每年以 42.5 周×6×6＝1 530 小时计算（42.5 周＝52 周－8 周休假－1.5 周节日例假）。

2. 每一教师准备讲演课、习题及实验课的时间，均得分别按一定的平均时数，列入后半工作日。

备课时数平均定额：

（1）讲演课

① 第一次教某课　　　3—6 小时/每学时

② 第二次教某课　　　1.5—3 小时/每学时

③ 第三次及以后　　　1—1.5 小时/每学时

（2）习题及实验课（包括助教本人试做，但不包括出习题及排实验）

① 第一次教某课　　　3 小时/每学时

② 第二次及以后　　　1 小时/每学时

备注：凡重复教数班者，只算一个班的备课时间

③ 凡提前备新课者，其备课时间总数应为 3—6 小时/每学时，但如教师过去未学过该课必须用更多时间准备者，得按实际需要提出，经过审查后交教务处批准。

《清华公报》第 4 期，1954 年 12 月 11 日

---

① 编者注：1954 年 11 月 10 日《清华公报》第 3 期第 7 页载，该会议召开于 1954 年 10 月 26 日。

关于职工的工作时间、工作制度和
工作要求的规定

——十一月十二日—九五四——九五五年度
校务委员会第二次会议通过

（1954 年 11 月 12 日）

为了树立职工的社会主义劳动态度，加强与巩固劳动纪律，发挥劳动积极性和创造性，提高工作效率，提高工作质量，保证学校工作特别是教学工作的顺利进行，特将职工的工作时间、工作制度和工作要求作下列规定：

一、工作时间：

1. 办公室职员、教学辅助人员、医务人员和技术工人一般规定每日工作八小时（炊事员、普通工人另有规定），特殊情况另行规定。

2. 办公室职员、教学辅助人员、医务人员实行上班签到制度。技术工人、炊事员和一部分普通工实行上下班翻名牌制度。

3. 职工在工作时间内应做本岗位业务工作，或参加按规定召开的业务会议或大会。

4. 职工因各种特殊情况可按下列规定使用工作时间：

① 练习生、工徒可以利用一定的工作时间进行业务学习，但一般不超过每周六小时。其他因工作需要必须在工作时间内学习者，应订学习计划，由行政主管审核，经人事室批准。

② 工会干部（小组长以上）每月可使用工作时间八小时至十二小时从事社会活动，参加活动的时间由各级工会与本单位行政协商决定。

③ 职工每日可参加工间操一次，以一刻钟为限。

④ 有婴儿之女职工，可视距离远近每日给予一定哺乳时间，以哺至一周岁为限。

⑤ 凡职工在工作时间内看病，应向本单位行政负责人请假。

5. 职工对于其职责范围以内的紧急任务必须在当日完成者，在规定的工作时间外亦应完成。对有连续性的工作，在下一班工作人员来接替以前，不得离开工作岗位。

6. 职工因工作需要加班加点在两小时以上者，次日应酌情给予休息。但在值班中仍能休息者不按本条执行。

二、工作制度：

甲、办公室职员：

1. 各级行政领导应根据上级的指示，拟订本单位的业务范围，明确每位职员的职掌分工，逐步制订各项工作细则（在工作间为操作规程），经上级批准执行。

2. 各级行政领导应按月制订本单位工作计划，经上级批准。每位职员应根据本单位月工作计划制订个人的周工作计划，本单位行政负责人应对执行计划的情况进行检查。

3. 办公室职员应填写工作日志，由行政领导定期审查。

4. 各级行政领导对于某些可以计件的工作（如誊写、打字），应规定在一定质量要求下的每日工作量。

乙、技术工人、徒工：

实行预估工估时制度，以加强工作的计划性，缩短非生产时间，提高工作效率。工作任务下达后，应即迅速认真执行，预先由导工确定每一项工程的质量要求，估计完成该项工程所需之工时，安排工作计划，责成一定的工人按时按质量完成任务，并于完工后进行检查。对屡次提前完成任务者，应予表扬或奖励。

丙、教学辅助人员：

1. 教学辅助人员除按教学计划进行实习或实验的辅导工作及准备工作外，并负责工厂或实验室一切物资设备的维护、保管、保卫工作，技术员、技工并应负责对练习生、工徒的培养。

2. 每节实习或实验课的准备工作所需之小时数应由该单位行政领导加以规定。教学辅助人员对于课堂间隙均应充分利用，以从事行政事务工作或仪器设备之修配与制造等。

3. 实验室工作人员应根据行政领导的要求制订每学期及每周的工作计划，按月进行检查，并填写工作日志。

4. 实习工厂技工，对利用课堂间隙所进行的生产任务实行预估工、估时制度。

丁、炊事员、普通工人：

1. 实行职掌负责制，以加强责任感，提高工作效率。每一普通工人应在一定的地区或建筑物工作，对该地区或建筑物之一切清洁卫生、物资保管、生活服务、保卫等事项负全部责任。

2. 各级行政领导应根据本单位具体情况规定每一工人之工作内容和工作要求，大体计算每人工作量，例如，清洁工人平均每人负责若干面积的地面，宿舍工人平均每人负责若干平方米的建筑物，炊事员平均每人负责若干用膳者（经上级批准）。对于工作显著超过规定量者，应予表扬或奖励。

3. 在炊事员及普通工人中建立工作小组的基层组织，定期由小组长检查工作，或召开小组会讨论工作。

戊、不属于以上各类情况之职工，应结合具体情况逐步建立相应的工作制度。

三、工作要求：

1. 严格遵守国家一切政策法令及本校各项制度和规定。

2. 服从领导，严格地按照行政领导的要求完成工作任务，认真负责地工作。

3. 按时上班，充分地利用工作时间从事工作。不得在工作时间内作一般与业务无关的私事。

4. 爱护国家财产，厉行节约。

5. 热爱工作，钻研业务。服务态度诚恳和蔼，认真倾听群众意见。

6. 提高警惕，注意安全，防火、防盗、防特，保卫学校。

四、各级行政领导为保证上述规定贯彻执行所应尽的责任：

1. 力求及时地分配本单位职工的工作任务，并在布置任务时向职工说明工作的意义、有关的工作制度、工作中应注意的事项等，以保证职工能充分地利用工作时间从事工作。

2. 经常检查本单位每一职工的工作，加强思想教育，督促与帮助其完成工作任务，进行表扬与批评。

3. 执行劳动纪律，及时向上级报告应奖应惩之事项。

4. 关心职工健康与休息，努力克服工作中的不均衡情况，力求减少加班加点。

五、本规定经校务委员会通过，校长批准后实行。对细节之具体解释由人事室负责。

《清华公报》第 5 期，1954 年 12 月 23 日

清华大学职工请假规则
——十一月十二日—九五四——九五五年度
校务委员会第二次会议通过
(1954 年 11 月 12 日)

（一）为了确立正规的工作制度，加强劳动纪律，提高工作

效率，以保证教学和行政工作的顺利进行，特制定本办法。

（二）职工请假均须按下列规定办理手续：

1. 凡请假者，应先填写请假单（事假需具体说明事由，病假在三日以上者须附医生证明），经领导批准后，方能离开职守。

2. 凡因特殊事故，不能预先办理请假手续者，须于三日内补办请假手续并说明理由。

3. 如因病确实不能预先办理请假手续者，可以托人代行请假，受托人应在请假单上签章。

（三）职工请假在一周以内者，由系主任指定的专人或各科行政负责人批准。一周以上者由系主任指定的专人或各科行政负责人签署意见，送上一级（处）行政领导批准。科级行政负责人请假时，由上一级（处）行政领导批准。

（四）请假期满时，应向原单位办理销假手续。

（五）职工请假期间，其工作由本单位其他人员分担，一般不派替工。

（六）产假：

1. 产假五十六天，难产或双生为七十天，流产酌情给假。

2. 产假期满后，因病弱不能工作者，按病假办理。

3. 产假期间工资照发。

（七）事假：

1. 事假全年累计不得超过十日。

2. 婚假规定为三日，职工直系亲属或完全由本人供养之亲属死亡时，死者在十七岁以下者给假二日；死者在十八岁以上者，给假二日至五日。路程假可视具体情况确定。

3. 职工请事假在以上规定时间以内者，工资照发。超过规定假期者，请假日不发工资。特殊情况由人事室批准，可以减发或照发。

（八）病假：

1. 长期病或零星病假全年累计在二个月以上者，请假日的工资按高教部规定办理。因病半日工作者，根据具体情况决定。特殊情况经人事室批准可予以照顾。

2. 因工负伤经鉴定属实者，养伤期间工资照发。

（九）凡有下列情形之一者，按旷职论处：

1. 未办理请假手续而不到职者。

2. 虽办理请假手续，但未经批准，而自行离职者。

3. 请假期满未申请续假或申请续假未经批准而不到职者。

4. 请假理由不真实经查明者。

旷职日不发工资，并视情节轻重予以行政处分。

（十）凡职工一年不缺勤者，应予以表扬。

（十一）各科系应指定专人负责登记该单位职工出勤情况，每月月终将出勤情况在本部门公布一次，并向上一级（处）表报，由处汇总后向人事室表报，如有旷职情况，应随时报告人事室。

（十二）本规定自公布之日实行。

《清华公报》第 5 期，1954 年 12 月 23 日

清华大学职工奖惩暂行办法
——十一月十二日一九五四——一九五五年度
校务委员会第二次会议通过
（1954 年 11 月 12 日）

为了鼓励职工的积极性、创造性，严肃劳动纪律，以不断地改进行政工作，特制定本办法。

一、奖励

1. 每年在职工中评选优良工作单位、优良工作者及先进工作者一次。对当选者应授予荣誉称号，并给予物质奖。具体办法另订之。

2. 凡在工作中有突出之事迹或贡献者，应根据当时具体情况给予通报表扬或记功。

3. 凡对工作提出合理化建议，经采纳后，确能节约较多之人力物力者，得视节约数字给予奖金。

4. 根据工作需要选拔先进工作者，优良工作者或行政领导干部以听课或进修的方式提高其政治、文化、业务水平，并在学习时间上给予便利。

5. 职工完成工作计划或工作任务之情况，及职工出勤情况等，均应作为评级、评定工资、评选时之参考。

二、处分

1. 凡有下列情形之一经检查属实者，得酌情给予行政处分。

① 违反国家法律法令者。

② 违反劳动纪律或不遵守学校规章制度者。

③ 消极怠工者。

④ 贪污或盗窃国家财产者。

⑤ 无故损坏国家财产或有重大浪费者。

⑥ 工作不负责任因而造成国家或人民群众之重大损失者。

⑦ 泄露国家机密者。

⑧ 违反工作细则或操作规程使国家和人民财产遭受重大损失者。

⑨ 有流氓行为危害学校治安秩序者。

⑩ 屡次旷职者。

其违犯国家法律法令者，除给予行政处分外，并应送法院法办。

2. 职工处分有下列几种：

警告、记过、留校察看、降职减薪、开除。

3. 由于工作不负责任，或不遵守工作细则，而造成国家财产之损失者，得酌情令其赔偿。

4. 在发生事故时，本人能积极设法挽救而减少损失者，可适当减轻其处分。

三、对迟到、早退之处分

1. 无故迟到一次至三次者，由该单位行政负责人予以口头批评；三次以上者得令其检讨；六次以上者给予警告处分。

2. 迟到早退在一小时以上者，以旷职论处。

3. 如在一学期内连续迟到、早退多次者，得给予记过或记过以上的处分。

四、奖励及处分之变更

1. 先进工作者、优良工作者，在当选后如果工作表现消极或犯有严重错误，经教育不改时，得取消其荣誉称号。

2. 职工受处分后，如在一年之内没有新的错误行为，得撤销其处分。如能改正错误，表现良好者，可以不满一年撤销处分。如仍坚持其错误，得继续或加重其处分。

五、批准手续

1. 职工之奖励（除评选外），由主管部门报人事室审核后提请校长批准。

2. 工友之警告、记过处分，由主管部门提请总务长批准。各系馆工人，由行政负责人提请人事室批准。工友之开除及留校察看、降级、减薪处分，职员之各种处分，应由主管部门报人事室审核后，提请校长批准。

3. 每一次处分均应书面通知本人，并向群众公布。

《清华公报》第 5 期，1954 年 12 月 23 日

关于实施高教部《高等学校教学研究指导组各级教师职责暂行规定》与《高等学校教师教学工作量和工作日试行办法》的几项说明①

——一九五五—一九五六年度第二次校务行政会议通过

（1955 年 9 月 23 日）

　　高教部本年度颁布了《高等学校教学研究指导组各级教师职责暂行规定》与《高等学校教师教学工作量和工作日试行办法》，并指定本校重点试行。这是全国高等学校教学改革中的一件大事，也是我校的一件大事。这对我校加强教学工作计划性，更合理地使用教师力量，推动目前正在开展的各项工作将起重大作用。因此，我校决定自本年度起正式按高教部的这项"办法"施行。

　　高教部的这项"办法"是切实可行的，是适合我校具体情况的。同时，我校已在过去一年按本校《教师工作日及教学工作量制度暂行办法》实行了教师工作量与工作日制度，取得了初步经验，在这个基础上来实施高教部的"办法"应该说是有充分的条件的。因此，各系、各教研组应将高教部"办法"公布通知全体教师认真、切实地贯彻执行。

　　现就实施中应注意的几个问题说明如下：

　　（一）计算教学工作量的问题

　　① 有关教师工作量的定额，按高教部"办法"所规定的定

---

　　①　编者注：1955 年 9 月 30 日《清华公报》第 16 期第 4 页载，该会议召开于 1955 年 9 月 23 日。

额计算。

② 定额中分为低额与高额两段。基础课采用高额，专业课采用低额。如有课程一时难以确定应采用何种定额时，由教研组提请系主任报教务处（公共教研组直接报教务处），根据具体情况确定后由校长批准实行。

③ 超过高限者为超额工作量，不及低限者为不足工作量，不足工作量应提出理由，由系主任（公共教研组主任）报教务处审核转请校长批准。

（二）计算工作日的问题

① 工作日内项目应按高教部"办法"规定列入。如高教部"办法"与"办法的说明"中没有明确规定的项目，拟列入工作日内，应提请系主任报教务处（公共教研组直接报教务处）经校长批准后始可实行。

② 由于高教部"办法"未规定工作日中各项工作的具体定额，故各系各教研组在计算工作日时仍可运用本校一九五五年六月修订之"教师工作日参考定额"。但个别项目与高教部"办法"不符者应按高教部"办法"执行。

（三）工作量与工作日登记的问题

① 为了简化教师工作量与工作日登记工作，本年度起采用一学期终由系（或公共教研组）一次呈报全系（或全公共教研组）教师工作量的办法。

凡讲授、课堂讨论、习题课、实验、实习、设计课等定额每周固定的各项工作量，可由教务员按教研组工作计划进行统计，不再登记，遇有教师请假代课等临时变动，由教师向教务员登记加以核算。

凡答疑、批阅图解作业、指导研究生及进修教师（包括高教部委托培养的教师）等定额在执行时有出入时，教师可自己记载后报教务员统计以供参考。

工作日内各项工作除系、教研组为研究工作需要可指定若干教师就某几项主要工作进行登记外，一般不进行登记。

② 超额工作量在每学期终必须由系、教研组统计呈报教务处。

（四）总结

本年度为第一次实行高教部"办法"，故在第一、二两学期末，各系、教研组应将一学期实施结果，作简要总结，呈送教务处。

《清华公报》16 期，1955 年 9 月 30 日

清华大学试行《教师工作日和
教学工作量》的报告

（1955 年）

清华大学自一九五四年学年度起试行《教师工作日和工作量》制度，半年来，对加强教学工作的计划性、组织性，提高教学质量，推动科学研究，鼓励教师进步都起了一定作用，现将实施情形报告如下：

一、《清华大学实施教师工作日和教学工作量暂行办法》的制订

清华大学接到高教部关于实施教师工作日和教学工作量的指示和草案后，党、政负责人认真研究了清华大学实施这一制度的条件。

清华教学改革已进入第三年，教学改革中一系列主要的工作项目大部分已做过了一遍，教学工作已具备一定基础。教研组基

本上是健全的，教师一般已能完成教学任务（据初步统计，如按工作的性质计算，即助教开课按讲员定额计算，助教指导毕业设计按副教授的定额算，教师现在负担的工作量已达到高教部标准的百分之八十以上），大多数是积极负责的，学习苏联的方向已经确立。全校教师中党团员较多，在各项改革工作中能起带头作用，学校工作基本上已走上轨道，全校上下基本上是团结的，在工作上能互相配合支持。无论从业务上或从政治上看，清华已大体具备了实行《教师工作日和教学工作量》的条件，但同时也存在着另一方面的情况：

（一）清华教学改革尚未完成，教学法工作（如第一次编写各种教学法文件）、各项教学改革的准备工作（如备新课、排实验、预做课程设计、毕业设计等）和建设工作（如筹建实验室、资料室等）很重，本学年这三类工作需要的时间约为直接教学工作量的两倍。

（二）新教师（助教）占全体教师百分之六十以上，教授、副教授还不到百分之十五，各级教师比例不合理，不可能严格按级别分工，否则就有许多工作（如毕业设计等）无法进行。师资水平较低，备课费时间，尤其是初次进行的教学方法一般都达不到高教部规定的标准。

（三）教学改革过程中行政工作、政治工作较为繁重，系的机构还不健全，系主任、系秘书、教研组主任、秘书等都不可能负担全部教学工作量。

（四）学校发展的局面还未稳定，学制刚由四年制改为五年制，有部分教研组工作任务暂时减少，又因为要筹备新专业，必须拨出一部分教师提前备课，目前还没有教学任务。

由于上述原因，一半教师本学年内还不可能达到高教部规定的定额，也就是说，清华实施《教师工作日和教学工作量》（草案）的条件还不是完全具备。因此，清华在执行高教部指示时，如果不考虑到上述情况，采取适当的变通办法，就会使教师负担过重，降低教学质量，影响教学改革的进行，这便违背了高教部指示的原则，但如果只在半数工作不足额的教师中实施这一制度，推动力便不大，不但现有的潜力不能发挥出来，而且会使半数不足额的教师感受精神上的压力，影响全体教师间的团结。根据以上分析清华确定采取"全面试行，逐步过渡，推动改革，保证质量"的方针，以高教部规定的定额为标准，照顾到当前具体条件，采用若干过渡的办法，推动教学改革的进行，在实践中继续创造条件，逐步达到高教部要求的水平。

根据上述方针，广泛征求全体教师意见，并多次请教苏联专家，最后拟订清华实施高教部制定的暂行办法。高教部规定的各项定额都保持不动，只补充若干实施中的变通办法：

（一）凡教学改革所必须的工作（包括向专家学习的工作）一律列入工作日内，必要时为进行这些工作可适当减免教学工作量，以保证这些工作尽快完成，争取在专家留校期间，将全套教学经验及科学研究方法学下来，并建立好实验室、资料室。此外，教务处在专家协助下提出了一个包括四十余项目的《教学方法及教学组织工作计算暂行标准》，这些标准一方面帮助教研组及每一教师进一步明确了教研组工作的性质内容，各项教学法工作的内容、要求、进行的步骤以及科学研究的分量、方法等，同时又确定了各项工作的时间定额，这些定额是参照中等水平教师的实际经验确定的，并留有较大伸缩幅度以适应各种不同情况。有了这个标准，各教研组和教师就可以较为周密、准确地计划工作了。

（二）各项教学法工作以及部分备课时间虽都允许列入后半工作日内，因为苏联教师经过长期的研究和教学工作，所以备课可以放在工作日外，但中国教学改革时间短，教师备课费时间，须将一部分备课时间列入工作日内，但数量是很有限的，而且逐年递减的，这样就一方面保证了教学质量，同时又可推动他们不断提高工作效率，在二、三年内逐步达到高教部定的定额。初次进行的教学工作（如课程设计、毕业设计等）教师实用时间一般都超过定额，我们的办法是这些工作仍保持高教部定的定额，以推动教师改进工作，同时允许把超额定额的时间计入工作日，以保证当前的教学质量。

（三）积极培养并大胆使用新教师。清华青年教师比例极大，必须采取一切可能的办法，尽快提高他们的水平，放手让他们担任高于本级教师的工作，才能使教学改革顺利进行，适应学校迅速发展的需要。青年教师虽然知识、经验都不丰富，但热情积极、进步很快。一九五二年因工作需要调出做助教的几十个二年级生，经过二年工作锻炼和业余进修，已基本能完成教学任务。二年来，已有130位助教开课，效果还好（其中部分在最近调薪中已升为讲师）。本学期指导毕业设计的教师百分之八十是讲师、助教。根据以上经验，工作量实施办法中规定：未经四年制大学毕业的助教可适当减少教学工作量，由教研组指导监督，在限期内补足所缺课程，并通过考试。过期就必须完成教学工作量定额。对于担任高于本级教师工作的教师，按高于本级教师定额计算（即助教开课按讲师定额算，讲、助指导专业设计按副教授定额算），这样便可以从制度上保证新生力量的成长。

（四）保证行政工作、政治工作，在《教学方法及教学组织工作暂行计算标准》中规定了系主任、秘书和教研组秘书之行政工作的工作量，保证他们有条件进行行政工作、政治工作，但这限额较一般经验数字略低，目的在促进他们改进工作方法，提高效率。待各教研组工作正规化，系的办公机构健全之后，这项定额还可减少。

（五）对教学任务暂时减少的教研组，规定以进修计算工作量，暂时多出来的教师在必要时得调作临时工作。对筹备新专业的教研组，规定要以准备工作计算工作量，推动他们周密计划未来工作，防止克服"任务未到，不必着忙"的松懈想法。

按照学校规定办法重新计算之后，百分之九十七点五的教师都可达到定额，但由于增加了后半工作日的内容，教师又必须加强计划性改进工作方法才能完成全部工作日。因此，这定额是先进的，又是切实可行的。

二、《教师工作日与教学工作量》制度的贯彻

教师开始讨论工作量制度时，对这一制度意义、作用了解不足，就是系、教研组的领导上虽感到须要工作量制度来计算编制，但如何运用这一武器推进全盘工作也不大明确。工作量足额的教师虽是欢迎工作量制度的，但认为这是管别人的，与己无关。不足额的担心调动，有人想按自己兴趣来挑选工作填满工作日，不照顾教研组的需要，普遍顾虑实行后会更加紧张忙迫，个别人甚至说："以后不能面对学生，要面对工作量了。"校行政认为实行这项制度是一项重大的改革，要引起全体教师思想、习惯和工作方法上的改变，必须树立自觉的社会主义劳动态度，克服残存的雇佣观点；以计划性、纪律性代替自由、散漫，由不讲求效率到不断提高效率。因此必须发动全体教师，自觉自愿地执行，否则，就难免会流于形式和降低教学质量。清华的党、政、工、团都把贯彻工作量制度当成一件政治任务，彼此配合，一致通过各系统的会议，由干部而群众，大力进行了宣传教育，着重说明国家建设的发展，要求高等学校教师不断改进自己的工作，为国家培养更多更好的工程干部，大学也像工厂一样要做到出品多、质量好、成本低，实施工作量制度可以改进教学工作，推动

科学研究，鼓励教师前进，把全校的工作提到更高的水平上来。这样来激发教师的爱国热情，要求他们为改进高等教育事业而积极工作，在教学改革中自觉地改变旧的思想、习惯和工作方法，并批判了"只从个人愿望出发，不从集体需要出发来安排工作"和"不面对学生，只面对工作量"的不正确态度。同时，说明实行这项制度也是符合教师个人利益的，它不但不增加忙乱，而且可以加强计划克服忙乱，保证教师的进修和休息。对于年老、病弱的教师，学校不待他们本人提出，就主动加以照顾。清华贯彻工作量制度不是孤立进行的，而是与系、教研组制订学年计划结合进行的。才开始贯彻工作量制度时，有人把教学工作与工作量制度对立起来，提出"本学期的中心工作究竟是实行工作量制度，还是提高教学质量，准备毕业设计?"的疑问。行政说明这两者是统一的，实行工作量制度就是为了用它来周密计划工作、组织人力、保证教学工作的完成，并由有专家的教研组先订出计划示范，各教研组、各教师在订计划中都体会到工作量制度的优点，教师的顾虑逐渐消除了，系和教研组也会运用这个武器推动工作了，工作量的贯彻基本上还是顺利的。

三、实施工作量制度的效果

工作量制度实施半年以来，起了以下作用:

(一)推动教学改革循正确的方向稳健地发展

从专家谈话和清华教学改革的经验看，教研组的三类工作(教学工作、教学法工作、科学研究)是密切相关的，必须全面作好这些工作，才能使教学质量不断提高，使教师能负担起全面的教育工作。但在改革过程中，各教研组、各教师必须首先完成教学工作和相应的教学法工作以及下一步教学改革的预备工作，然后开展科学研究。这样才能保证当前教学工作的质量和教学改革的顺利进展，才能使科学研究建立在教学改革的坚实基础上

（建立在苏联先进科学、技术的基础上），并反转来从根本上提高教学，才能使青年教师在稳固的基础上提高。无论教研组或教师如不按这方向发展，便不能正常地发展。

对上述发展的方向、步骤，清华领导上是明确的，但在实施工作量制度前，教师思想还未完全一致，教研组也不全是这样安排工作。有的教师受旧思想、习惯影响，不够重视教学法工作，不肯编写各种教学法文件，却急于开展科学研究，结果教学工作受到影响，另方面科学研究工作也不能正常健康地开展。也有的教师教学工作已大体掌握了，仍不积极开展科学研究，影响教学水平不能提高。

工作量制度以组织方法保证教研组和各个教师按上述的正常方向发展，每个教研组和教师都必须首先完成教学工作量和全部工作日。如果教研组教学改革尚未完成，教学法工作、教学改革的准备工作、建设工作很重，后半工作日已经填满了，那么科学研究自然就要推迟。如果教研组教学改革已接近完成，教学法工作较轻，后半工作日填不满，它就必须开展科学研究，工作量制度在这中间起了自动调节的作用。例如水工结构教研组教学改革进行较快，本学期开始前，各种教学方法已大体作过一遍，实验室（水力枢纽、露天实验场）也建立起来了，因此有部分教师（预作过毕业设计的）可以挤出时间在教研组主任领导下从事科学研究，下学期新助教也做过毕业设计以后他们也有时间作科学研究了。又如物理教研组专家才到半年，本年度教学法工作（筹备表演室、第一次备课等）和教师提高工作（听专家讲课）很重，多数教师的工作日都大大超出，科学研究自然只好推后，待这些工作结束后，如教学任务不增加就可以腾出一部分后半工作日作科学研究工作。

在《清华大学教学方法及教学组织工作暂行计算标准》中规

定了后半工作日中科学研究不得超过二百小时，这数字与苏联同（工作日内只限此数，工作日外不受限制），就使得教学与科学研究保有正常的比例，不至因研究过多影响教学。工作量制度实施后，不但有力地推动了进行大量的教学法工作（编习题集、排实验等），而且也正确地推动了科学研究的开展，本学年各教研组提出了五十个研究题目（专题阅读在外）。

其次，工作量制度提高了教学工作计划性，起了调节教学改革速度的作用。清华教学改革尚未完成，高教部预定的招生任务逐年增加，新专业又要陆续设置，究竟那年应成立那些新教研组（负责筹备新专业），那年要开出那些课程，要增加多少教师，都必须有周密的计划。实施工作量后，各教研组都计划了两年的教学任务和需要的各级教师数，这就形成了各教研组的远景计划，它可以按这计划有目标地提高教师和作各种准备工作。全校也看清了教学改革与学校发展中的趋势与可能碰到的问题，早作准备。

教学改革速度是一个很重要问题，不能过急也不能过缓。如何使力量和任务平衡，是不容易掌握的。过去各教研组的计划只列工作项目和负责人，不仔细计算时间，结果订多了完不成，最后挤掉重要的项目；订少了查不出，工作进度就落后了。实施工作量后，有了各项工作计算的大致标准，明确了各项工作应如何作，作到什么程度，要用多少时间。教研组主任心中有数，就可以较准确地把任务与工作日加以平衡。如任务少于工作日，就再多作一些，如任务超过工作日，就要分别轻重缓急、有所取舍，这样工作量就起了调节速度的作用。此外，工作量还推动了个人计划，每个教师从教研组计划中明确了自己的任务，并订出了个人工作和进修计划。通过这项制度的实施使全校由集体至个人，由今天至明天的工作都开始纳入轨道，使全校的工作计划性提高一步。

（二）提高教学质量，发挥教师潜力，推动配备教学辅助人员，并为教师按职务分工准备条件

以往教研组分工相当程度上靠教师自觉，因此存在着劳逸不均的现象；实施工作量制度后，不但有了合法的标准，而且教师彼此监督推动，形成了一种舆论的力量，原来工作很少的教师，多主动要求任务，教研组主任感到分配工作比较容易了，同级教师的负担趋于均衡了。有的系过去喊叫教师不足，经仔细计算后，一二年内人力还有多余。各教师都纷纷计算自己的任务，研究如何提高效率。如一位负责筹建新实验室的教师分析自己以往工作日的分配，发现备课时间过多，影响了实验室工作的进度，于是想办法改进了备课工作。此外，各级教师间合理分工的问题过去注意不够，有的教授工作量很少，助教却要求开课，讲员出测验题，助教管答疑，分工很不合理。实行工作量制度后，首先由熟练的教师担任最主要教学方法。由于助教答疑费时多，达不到工作量制度规定的定额，改由讲员轮流担任，或讲、助共同担任，按问题难易分工解答，又增进了讲员对学生的了解，测验题改由助教出，一方面是锻炼他们的能力，同时也是要求他们负责检查自己的辅导课。这样，工作量制度既推动教学工作的改善，又促进了各级教师间的合理分工，为将来实行教师按职务分工准备条件。

此外，由于教学辅助人员配备不足，有的助教一部分时间做了教学辅助人员（如绘图员、实验员）的工作。实施工作量制度以后，教研组都计算了需要的教学辅助人员，推动行政设法备配。

（三）加强了教学领导

实施工作量制度后，建全了系的机构，聘任了系主任，增设行政秘书，行政上又草拟了系的工作条例，党内也研究系支部的工作，号召改进工作方法。系主任、教研组主任进一步掌握了情

况，提高了组织工作的水平。教研组主任都感到没实行工作量制度时，心中无数，随时组织人力布置任务，非常被动，实施工作量制度后，计划周密，要求明确，各人都会主动进行工作，主任只要照计划及时检查就行了。全校通过这次工作初步全面掌握了教师工作情况，为今后改进人事工作（教师的考核、使用、升级、定工薪等）、实行合理编制及按劳付酬的工薪制度创造了条件。

（四）提高了教师觉悟

由于进行社会主义劳动态度的教育，树立了是非的标准，因而鼓励了先进，推动了落后，增进了团结，加强了纪律。实行半年来，基本上没有只求达到数量，不惜降低质量，或者强调定额，拒绝超额工作的现象，目前全校五分之一教师工作量超过高教部的定额，工作日超过的更多，大家都很辛苦，但因为较为公平合理，叫忙的声音反而少了。

四、存在的问题和今后的发展

（一）从半年的实践看，清华的暂行办法是切实可行的，与今年高教部最近修订的方案也是基本上符合的，只有个别的定额不恰当。如未经四年制大学毕业的助教，缺一年补课一千小时，这项规定原是大体按学生的标准定的（四年制总学时约为四千，因此每缺一年补一千小时），但实际上由于教师工作负担重，事实上挤不出这样多的进修时间。较恰当的办法是只作个大致的规定，由教研组按教学工作需要订出一个最低限度的补课计划，可不必作统一的硬性规定。

工作量的计算还不够准确，有的教研组任务重，教师积极性高，为加速教学改革，采取压低定额计算工作，实行时就超过。有些教师任务轻，各项工作都采取最高标准计算，实际上并不需要。此外，有些临时任务打乱了原定计划（如开专业会议、赶译教材等），增加了工作中的困难。

（二）实施工作量后，教务处虽建立了月报制度（教研组每月报告工作完成情况），但还缺乏总结。系和教研组还没有充分运用这一武器推动经常工作，教师工作量的登记不全，也未经常检查工作日完成情况，研究如何改进工作方法，提高工作效率。

（三）超额奖尚未实行，因为高教部尚未确定办法，而且奖励的标准问题较复杂（如有的教师负责筹备实验室，工作很重，但教学工作量却不足；有的教师同样超额，质量上却相差很多），检查统计工作也不完善。这问题还须仔细研究。

个别教师工作量过少甚至没有，也未定出妥善的处理办法。

从今后发展的趋势看，随教学改革的逐步完成，教学法工作所需时间将趋减少（各种教学法工作已预做过一次），各种教学法文件编成，以后逐步修订就可大大节省时间，后半工作日除做科学研究外（二百小时），还可移一部分到前半日，即是说在教师水平提高的基础上可以逐步提高教学工作量的定额。各种过渡性的办法待教学改革逐步完成，也就陆续取消了（如所有未经四年制大学毕业的教师补课期满后，这条补课规定就自然取消了，新课开齐之后就不必为各课减工作量了），最后随各种条件的成熟就可实行像苏联那样完备的工作量制度。

清华大学档案，全宗号 2，目录号校 3，案卷号 157

有关保证教师业务工作时间的
十项规定试行办法（草案）

（1961 年 9 月 9 日）

一、教师的工作日以每周 48 小时计算，其他为业余时间，由教师自己支配。工作日以内的时间分配如下：

（一）业务时间不少于六分之五工作日（每周40小时）。其中参加必要的业务工作会议（开会讨论事项应事前有准备，参加会议的只限于必要的人员，会议时间不宜过长，准时开会，准时散会），如校、系教学、科学研究经验交流会、教学小组会及科学研究小组会等（不包括学术活动），每周应控制在4小时以内，若有特殊情况必须超过4小时者，必须经校、系领导批准。

（二）政治学习和社会活动等不超过六分之一工作日（每周8小时）。其中包括每周政治学习2小时（包括全校性大报告、神仙会等）；党员组织生活两周一次，团员组织生活一月一次，工会组织生活两月一次，每次均不超过2小时；用于体力劳动的时间每年半个月，集中、分散使用均可（分散使用时，每周平均2小时）。其余时间可用于社会活动和行政工作。

二、系及教研组主要教师干部的政治工作、行政工作，可占用一部分业务时间，但每周用于业务工作的时间，分别不得少于以下数字：

正副系主任、正副教研组主任、教研组秘书、党总支委员、党支部书记，不得少于六分之四工作日；

系的正副科长、党总支副书记，不得少于六分之三工作日。

在校级行政各处、党委各部工作的教师干部，也应担负一定的业务工作，其中讲师以上干部每周应保证六分之三工作日，助教干部不少于六分之二工作日；极少数工作任务重的应根据其工作情况酌情安排。

各单位应根据这项规定，结合本单位情况，妥善安排干部职务，减少兼职，对全体教师干部的时间安排逐个落实，并在有关范围内公布，使干部本人及其领导人共同保证执行。

三、全校会议活动时间安排如下：

除党委常委会、校委会、全校性报告会外，不得占用上午、晚上时间开会，有特殊原因须经校、系领导批准（全校会议活动时间安排见附表①）。

四、每天上午十一点至十二点规定为系行政教师干部办公时间，除了下午及上述办公时间外，一般不得找教师干部接洽工作。

五、每学期根据行政各处、党委各部提出的工作计划，在校一级有关会议上进行综合、平衡，拟定本学期内各阶段的全校中心任务，由党委、校委会批准后遵照执行，各处、部不得任意增加。

六、每两周由校长办公室和党委办公室会同各处、部，平衡全校性的工作任务，制定全校性的会议日程。各单位要下系做调查研究的，也须事先提出调研计划，以作统一安排。

七、各处、部向下布置工作的周期应适当放长，要求不能过急、过死，应使各系能够根据自己情况，主动安排工作。

各处、部召集系的部门负责干部会议一般每月一次，系的科长会议每月不超过两次，会议必须由处长、部长召集主持。校级科长不得召集系科长的会议。各处、部向下布置的任务和表报，须在处、部内部统一平衡，经处、部长审查批准。表报格式分别送校长办公室、党委办公室一份备查。系一级会议的安排也应根据本规定的精神制定相应的办法。

八、校、系各行政单位不能把自己职责范围内的工作任务"下放"给下级单位，必要下放时，须经校、系领导批准。已经下放的任务要重新研究，逐步调整或收回。

九、要尽量固定职工工作，有计划地培养职工队伍，减少教师行政事务工作时间，逐步做到各处、部、各系的科、室都配备有熟悉专门业务的职工干部，大的教研组配备有行政助手。

凡调教师脱产专做行政工作的，必须由人事处批准。

---

① 编者注：附表略。

十、为保证上述规定的贯彻执行，校级行政各处室、党委各部、系级各科室必须将本单位工作任务逐项研究排队，明确职责分工，改进工作方法，精简机构，提高工作效率，并在此基础上修改、充实和制订各项工作规章制度。

1961 年 9 月 9 日

清华大学档案，全宗号 2，目录号 校 5，案卷号 61027

清华大学教职工处分暂行规定
——1961—1962 年度第 14 次校务委员会原则通过，第 4 次校务行政会议修改定稿
(1962 年 4 月 6 日)

为了使学校教职员工严格遵守国家法纪，遵守学校纪律，爱护国家财产，加强劳动纪律，保证学校工作的顺利进行，特根据国务院有关规定，制订我校教职工处分暂行规定。

一、凡有下列情形之一者，予以纪律处分：

1. 违反国家政策法令者；

2. 严重违反劳动纪律者；

3. 工作失职，使国家财产遭受重大损失者；

4. 腐化堕落，有流氓行为，危害学校及社会治安者；

5. 有贪污盗窃行为者；

6. 泄露国家机密者；

7. 丧失立场，包庇坏人者；

8. 犯有其他错误，需要给予纪律处分者。

二、纪律处分，分为警告、记过、记大过、降级、降职、撤

职、开除留用察看、开除八种。

三、进行纪律处分时，必须对错误事实认真进行调查对证，并且听取受处分人的申述意见。在确实弄清事实的基础上，按照错误性质，情节轻重，参照本人一贯表现和对所犯错误的态度，给予适当的处分。对错误性质严重，构成法律责任者，报请政府依法处理。

四、由于工作失职，违反操作规程，使国家财产遭受重大损失者，应酌情赔偿。

五、批准权限：

1. 给予正副科长、讲师、六级技工以上的教职工纪律处分时，由各单位提出，经人事处审查，送校长签署意见后，报校务委员会批准。其中须经上级领导机关审批者，按有关规定执行。

2. 给予其他教职工纪律处分：

凡警告、记过、记大过处分，由系务委员会或行政各处批准，报人事处备案。

凡降级、降职、撤职处分，由系务委员会或行政各处提出，经人事处审查，报校长批准。

凡开除留用察看、开除处分，由系务委员会或行政各处提出，经人事处审查，送校长签署意见后，报校务委员会批准。

六、各单位应对受处分的工作人员，进行经常、耐心的帮助教育。对受开除留用察看处分的人员，应在他们留察期间进行一次期中鉴定，留察期满后，应根据其实际表现，提出处理意见（撤销处分或开除）报人事处审查，按本规定第五条履行批准手续。

七、纪律处分经正式批准后执行，由人事处负责书面通知受处分本人。必要时由批准单位决定，在不同范围内（校、处、系）公布。

八、本规定经校务委员会通过后执行。

《清华公报》第 94 期，1962 年 5 月 25 日

清华大学教师工作量计算办法（草案）

第 15 次校务委员会通过试行[①]

（1962 年 5 月 18 日）

一、每位教师工作量总数标准以 [A] 表示，按每年工作 42 周，每周 48 小时计算，即：

$$A = 42 \times 48 = 2016 \text{ 小时/年}$$

二、各项级差及减免系数以 [a，b，c] 表示：

1. 职称差别系数 [a]

	教授	副教授	讲师	助教
a	0.80～0.85	0.85～0.90	0.85～0.95	0.90～1.0

注：教授、副教授级差系数低些，为了更多发挥专长，参加学术活动。助教级差系数高些，是为了通过实际工作锻炼，更快地提高。

2. 工作减免系数 [b]

	不兼职教师	正副系主任，正副教研组主任及秘书，党总支委员及支部书记，班级主任	校、系各行政部门科长（讲师以上）、党总支副书记、团的半脱产干部	校、系各级行政部门科长（助教）
b	0.85	0.75～0.65	0.65～0.5	0.5～0.4

注：在定员定额的基础上，由学校确定各系、各单位行政工作量总数，各系自行分配。在未确定以前，暂按上列减免系数计算。如教师兼任上列职务在一项以上者，按兼任的主要职务减免，并可取高限。

---

① 编者注：1962 年 5 月 26 日《新清华》上《校委会通过〈财务管理的几项规定〉》一文记载，该会议于当年 5 月 18 日举行。

3. 因病减免系数［c］（根据医院证明）

	8 小时工作	6 小时工作	半休	全休
c	1.0	0.75	0.5	0

三、每位教师应负担工作量总数以［T］表示：
$$T＝a×b×c×A \text{ 小时/年}$$

四、每位教师应负担工作量总数中［T］，可以包括以下几部分，即：教学工作量（$t_{教学}$）；科学研究工作量（$t_{科研}$）；生产工作量（$t_{生产}$）；进修工作量（$t_{进修}$）；实验室工作量（$t_{实验室}$）。

以上各部分工作量的比重，根据每位教师具体情况决定。每位教师所担负的各部分工作量总和不得小于 T。

五、每位教师教学工作量（$t_{教学}$）计算定额：

单位以小时计，每班以 30 个学生计，每小班以 15 个学生计。

1. 讲课（包括备课、上课、课外辅导、考前答疑、部分章节补充讲义的编写）

计划学时×（4 到 7）

2. 习题课（包括备课、上课、听课、课外辅导、考前答疑）

计划学时×（2 到 4）×班数

注：习题课中包括政治课与外语课。

3. 批改习题（包括计划外习题批改）

习题次数×（1/10 到 1/6 小时）×学生人数

4. 制图课（包括上课、备课、课外辅导、考前答疑）

计划学时×（1.5 到 3）×小班数

5. 体育课

计划学时×（2 到 4）

6. 实验课（包括上课、备课、课外辅导）

基础课及技术基础课

计划学时×（1.5到4）×小班数

专业课及专门化课

计划学时×（3到5）×小班数

7. 批改实验报告

实验课计划学时×（1/20到1/10）×份数

8. 考试及考查

口试及课程设计答辩　　1/2×学生人数

笔试　　　　　　　　　1/4×学生人数

考查（包括制图，课程作业）及课内平时测验

　　　　　　　　　　　1/6×学生人数

9. 现场教学（包括上课、备课、课外辅导）

计划学时×（5到8）×小班数

10. 实习

认识实习　每小班每周以48小时计

生产实习　每小班每周以48小时计

毕业实习　每10～15个学生每周以48小时计

注：每周48小时中，领导实习按40小时计，其余8小时作为实习准备工作时间。

11. 专业生产劳动　每班每周以48小时计。

12. 课程设计

计划学时×（1/6到1/4）×学生人数

13. 课程作业

计划学时×（1/8到1/6）×学生人数

14. 课内研究

计划学时×（1/6到1/4）×学生人数

15. 文献阅读

计划学时×（1/8 到 1/6）×学生人数

16．毕业设计

假拟题目　周数×（3 到 4）×学生人数

实际生产或科研任务　周数×（4 到 6）×学生人数

17．毕业设计答辩　1×学生人数

18．指导研究生（包括在职研究生）

① 指导教师工作量：

一年级研究生　每个研究生每年按 100 小时计算

二年级研究生　每个研究生每年按 150 小时计算

三年级研究生　每个研究生每年按 200 小时计算

注：如设辅导教师，则从上述工作量中由指导教师与辅导教师自行分配。

② 研究生的课程教学

开课的课程（包括外语、政治课）

上课时数×（5 到 7）

不开课的课程（需设专人辅导的）

周数×（1 到 2）×辅导研究生人数

19．按培养计划指导青年教师、进修教师及实验员

每位教师（实验员）每年按 40～60 小时计算

20．教学法工作（包括修订教学计划、大纲，编写讲义及教学法文件；制绘教具挂图；实验及设计等环节教学准备工作；因材施教、教学法经验总结工作及其他）

教研组教学法全年工作量总数＝教师人数×（60 到 150）

注：每位教师能担负的教学法工作，应根据教师本人情况，由教研组教学法工作量总数中分配给一定的时数

21．教研组其他工作（包括教研组会议、接待、业务总结、教学出差、外出开会、审查外单位教材及其他）

每人每年按 50 到 80 小时计算

六、每位教师科学研究工作量（$t_{科研}$）计算办法（单位：小时）

根据具体情况，由该教师应担负的工作量总数［T］中分配给一定的小时数。

$$t_{科研} = T \times （0 \sim 100\%）$$

全教研组科学研究工作量总数一般应占全教研组教师工作量总数的 $10 \sim 30\%$，并须经系行政审核，报学校批准。

七、参加实验室工作教师的实验室工作量（包括实验室行政工作和技术工作）。

根据具体情况，由该教师应担负的工作量总数［T］中分配给一定的小时数。

$$t_{实验室} = T \times （0 \sim 100\%）$$

全教研组实验室工作量总数的确定，须经系行政审核，报学校批准。

八、参加生产工作教师的生产工作量（包括行政和技术工作）

根据具体情况，由教师应担负的工作量总数［T］中分配给一定的小时数。

$$t_{生产} = T \times （0 \sim 100\%）$$

全教研组生产工作量总数的确定，须经系行政审核，报学校批准。

九、经批准的教师进修工作量（$t_{进修}$）计算办法（单位：小时）

根据具体情况，由该教师应担负的工作量总数［T］中，分配给一定的小时数。

$$t_{进修} = T \times （0 \sim 100\%）$$

进修工作量中，包括经学校批准的教师进修工作和教师完成教学任务所超过规定定额高限的进修工作量。

全教研组进修工作量总数的确定，须经系行政审核，报学校批准。

十、在计算教师教学工作量时，有经验的教师可取定额的低限，新教师可取高限；已开过几次的课程、实验、设计可取低限，内容较新、尚不熟悉的可取高限；每周重复上课、讲授次数较多的（包括设计题目的类型）可取低限，不重复的可取高限。

十一、教师在完成上述教学环节时，如准备工作需时较多，因而超过定额高限的部分，应根据工作性质分别计入该教师的进修、科学研究、生产或实验室工作量。

教师各项减免系数和教学工作定额高低限的选择，由教研组主任根据教师本人具体情况确定，系行政审查备案。

十二、各教研组应根据每位教师所担负的工作量计算出全教研组应担负的工作量总和 $[\sum T]$，同时计算出全教研组教学 $[\sum T_{教学}]$、科学研究 $[\sum T_{科研}]$、生产 $[\sum T_{生产}]$，进修 $[\sum T_{选修}]$、实验室 $[\sum T_{实验室}]$ 工作量总和，并计算各部分与 $[\sum T]$ 的比值（％），报学校教务处、科学处审查备案。

全教研组科学研究、生产、进修工作量总和，原则上不得超过全教研组全部工作量总和的 30％。

清华大学校长办公室

1962 年 5 月

清华大学档案，全宗号 2，目录号 校 3，案卷号 158

清华大学教师考勤、请假制度暂行规定
——1962—1963 年度第 11 次校务委员会通过
（1963 年 6 月 14 日）

为了进一步提高教学质量和工作效率，保证学校工作持续跃进，特制定本暂行规定。

一、从事教学工作的教师，不实行上下班制度，但是请病、事假时，必须按请假手续办理。

二、专职在实验室、车间、设计室以及从事科研工作的教师，应实行上下班制度，具体办法由各主管单位制定。

三、专职在校、系行政工作的教师，应实行上下班制度，具体办法由校长办公室制定。

四、病假：

（一）长期全休的，头一个月工资照发，从第二个月起按下列办法减发工资。

工作年限	病假在半年以内的	病假超过半年的
不满二年的	30％	50％
满二年不满五年的	20％	40％
满五年不满十年的	10％	30％
满十年和十年以上的	0	20％

（二）长期半休的，按以上标准的50％减发工资。

（三）零星病假不予累计，不减发工资。

（四）对革命有重大功绩的，对社会有特殊贡献的，受到校级表扬的，或者有特殊原因的，他们病休期间的生活待遇经人事处批准，可以酌情处理。

（五）长期病休后恢复工作时，须交医生证明，经系主任同意后，方能恢复工作。

五、事假：

（一）非特殊需要，一般不准事假。

（二）连续事假超过五天或者半年累计超过十天的，从超过部分起，请假日不发工资。

（三）婚假规定为三天。直系亲属或完全由本人供养的亲属死亡时，给一定假期（一般不超过三天）。路途假可视路途远近确定。婚丧假在规定期内工资照发。

六、产假：

产前产后给假 56 天，难产或双生给假 70 天。流产时根据医生证明，给予 30 天以内的产假。产假期间工资照发。产假期满因病不能参加工作的，按病假处理。

七、请假手续和准假权限：

（一）请病假在一天以上三天以内的，由教研组主任批准。三天以上半个月以内的应填写"教职工请假单"，交教研组主任签署意见，由系主任批准。半个月以上的，经系主任签署意见，报人事处批准（请病假在一天以上的，均须附医生证明）。

（二）请事假在一天以上（包括一天）的，由教研组主任批准。三天以上十天以内的，应填写"教职工请假单"，经教研组主任签署意见，由系主任批准。十天以上经系主任签署意见，报人事处批准。

（三）请假期满因故仍不能工作的，须于请假期满的前一天办理续假手续，手续与请假相同。

八、如有下列情况，按旷职论处：

（一）未办请假手续而不工作的；

（二）虽办请假手续但未经批准而擅自不工作的；

（三）请假期满未申请续假的，或申请续假但未批准而不工作的。

旷职期间停发工资，并视情节轻重，予以批评或纪律处分。

九、根据上述规定减发工资时，由系人事科提出，经人事处批准后执行。

十、本规定经校务委员会通过后实行。

《清华公报》第 115 期，1963 年 6 月 28 日

清华大学关于减少教授、副教授校外兼职和社会活动问题的规定

——1963—1964 年度第 8 次校务会议通过

（1964 年 3 月 17 日）

（此处略，参见《清华大学史料选编》第六卷第三分册第278 页）

校务委员会关于停止试行《清华大学教师工作量计算办法（草案）》的决议

——校务委员会 1964—1965 学年度第三次会议通过[①]

（1964 年 11 月 20 日）

兹按中华人民共和国高等教育部（64）高人密发字第 59 号《关于收回〈教育部直属高等学校教师工作量试行办法（草案初稿）〉的通知》，我校检查了 1962 年 5 月校务委员会 1961—1962学年度第 15 次会议通过试行的《清华大学教师工作量计算办法（草案）》。检查认为这个试行草案已不能适应学校进一步革命化和教学改革的要求，其中有"重业务、轻政治"的错误，应即自本学期起停止试行。今后教研组编制的核定和教师任务的分配，

---

① 编者注：1964 年 12 月 10 日《清华公报》第 2 页载，该会议召开于 1964 年11 月 20 日。

将另行研究制定办法。

《清华公报》133 期，1964 年 12 月 10 日

(3) 工资

校务行政会议关于重点调整
工资问题的议决事项※①

（1953 年 10 月 22 日）

时间：十月二十二日下午二时半

地点：工字厅会议室

出席：蒋南翔　刘仙洲　钱伟长　陈舜瑶　何　礼　何东昌

　　　史国衡　张　儆　解沛基　周寿昌　俞时模　刘世海

　　　李　欧

列席：张慕萍

主席：蒋南翔　　记录：周寿昌

甲．讨论事项：

一、关于加强校刊《新清华》的决定。（编者略）

二、关于处理群众来信办法草案。（编者略）

三、关于本校附设工农速成中学校长人选问题。（编者略）

四、关于对外联系教学工作办法草案。（编者略）

五、关于重点调整工资问题。

---

① 　编者注：本文节选自《清华大学一九五三年第三次校务行政会议记录》。

议决：今年工资根据中央高等教育部指示，仅做重点调整。重点调整包括一九五二年毕业助教、一九五二年起兼任行政工作的助教、政治辅导员、可升级的徒工及其他特殊情况等。研究生担任教学工作占全部时间百分之三十，每月除助学金外加发工资四十分，教学时间占百分之五十的，每月加发工资六十分（助学金加工资总额不应超过一九五分）。调整之具体方案，请人事室拟定，由校长批准。

六、关于铅印管理试行办法草案。（编者略）

七、关于本年度预算流用方案。（编者略）

八、关于学期中插班问题。（编者略）

九、关于冬季作息时间问题。（编者略）

乙．散会。

清华大学档案，全宗号 2，目录号 校 1，案卷号 53003

校务行政会议关于调整工资案的议决事项※①

（1954 年 11 月 30 日）

时间：十一月卅日下午二时半

地点：工字厅会议室

出席：蒋南翔　刘仙洲　钱伟长　陈士骅　史国衡　张　傲
　　　袁永熙　解沛基　周寿昌　俞时模　余兴坤　金　涛
　　　李　欧

列席：苏　庄（高教部）　　　　　龙正中（高教部）

---

①　编者注：本文节选自《一九五四——一九五五年度第六次校务行政会议记录》。

杨之象（高教部）　　　　李酉山　邹致圻　庄前鼎

张　维　张　任　章名涛　孟昭英　吴良镛　杨曾艺

吕应中　陆大绘　张思敬　陈振刚　常嗣乃

主席：蒋南翔　记录：周撷清

讨论事项：

一、调整工资案：

说明：高教部通知，政府决定在生产发展的基础上逐步提高教职工待遇。一般等级不动，按新工资分数①发给。个别成绩较好的可以提升，但总数以不超过百分之十五为原则。

议决：

1. 清华助教担任高一级工作者较多，为鼓励积极性拟请高教部将百分之十五的限制酌予提高。

2. 成立评薪委员会，教师方面由各系主任及行政参加。应予提升的教师由系里考虑提出初步名单交人事室拟订初步方案，送高教部批准后执行，职工方面由总务处及人事室组织评薪小组。

二、加强系的领导问题案。（编者略）

三、定期召开全体职工大会动员贯彻职工各项制度案。（编者略）

四、二专业经验交流会的组织问题案。（编者略）

散会。

《清华公报》第 4 期，1954 年 12 月 11 日

---

① 编者注：工资分数是当时教职工工资待遇的一种算法。

教师工资级别调整办法（草案）[※]

（1954 年）

甲、教授、副教授工资级别调整办法（草案）

一般不动，个别不合理的调整（其中偏高的不动，偏低的适当提高）。由教务处和人事室提出调整方案，校务委员会讨论通过，校长批准。

教师工作量超额奖励问题将另作研究，这次不考虑在内。

乙、讲师工资级别调整办法（草案）

一、讲师升副教授问题按高教部指示，待高教部颁布学衔制度后再行考虑。讲师中教龄较长、学术水平较高者，可适当提高其工资级（可与副教授工资级交叉），但名义仍为讲师。

二、讲师工资调整是在现有工资级的基础上，根据其业务水平、教学态度和担任的职务，个别提升一级或两级，其目的是为了鼓励教师努力提高思想觉悟、学术水平，以提高教学质量。个别提升的总人数不应超过全校讲师总人数的 40％。

三、现工资偏高的不动。

四、符合下述条件之一者，可提升一级到两级（一般只提升一级）。

1. 教学态度积极负责、教学效果突出、有显著成绩者。

2. 业务水平较高、努力学习苏联、教学工作负责、效果良好者。

3. 担任教研组主任或系秘书者。

五、外籍教员另案处理。

六、讲师工资调整初步意见由系行政、公共教研组行政根据高教部指示精神和校行政拟定的调整办法草案提出，校务委员会通过，校长批准。

丙、清华大学助教升讲师（或授予讲师学衔）暂行办法（草案）

（编者略）

丁、助教工资级别调整办法（草案）

一、两年来广大助教在业务上、政治上有很大进步，在教学改革过程中担负了很多工作，因此必须相应地调整工资待遇。

二、助教中合乎讲师条件的，按助教升讲师暂行办法办理。一般按 19 级待遇，个别可考虑 18 级。

三、一九五四年暑假毕业之新助教，按高教部规定，本科 190 分，专科 170 分，工作期满六个月后，按规定另行调整。

四、一九五三年寒假毕业之新助教，按高教部规定本科毕业生由 24 级调到 23 级，专科由 25 级调到 24 级，由九月份起补发。

五、一九五三年暑假毕业之新助教，已于今年三月调整过，本科为 23 级，专科为 24 级，这次一般不动。

1. 一九五二年十月抽调的二年级学生 76 人，一九五三年四月由高教部分配来之哈外专三年级学生 26 人，待遇与一九五三年本科毕业生同。

2. 一九五三年春抽调两年半学生在哈外专学习一年之 42 人，现回校工作已满六个月，一般按一九五三年本科新助教待遇，由今年九月起补发。

3. 上述助教中担任科学秘书、系秘书，担任讲演课、效果良好者，或在现任教学工作中，有突出表现者，可提到 22 级，但不宜超过全校一九五三年助教总人数之 25%。

六、一九五二年助教除个别教学态度不好或业务很差、不能胜任助教工作的外，一般的都由 22 级调到 21 级。

1. 其中第一系秘书调到 19 级。

2. 第二系秘书、公共教研组秘书、科学秘书调到 20 级。

3. 个别虽未担任行政工作，但在教学工作中表现突出的调到 20 级。

七、一九五一年助教未升讲师者，应参照其表现及职务分别调级。

八、老助教中个别业务基础较好、积极学习苏联、教学态度认真负责、努力钻研业务和教学工作、教学效果良好者，应该越级提升，以鼓励本人和其他教师积极进步。

九、担任翻译的助教与一般教员工资级别调整标准同。

十、原工资过高的不动。

十一、苏籍教员另案处理。

十二、长期病休教师不调级。

十三、今年 6 月以前赴外校进修的教师不调级。

十四、助教工资级别调整意见，由各系行政、公共教研组行政根据高教部指示精神及校行政拟定之调整办法草案提出，校务委员会通过，校长批准。

清华大学档案，全宗号 2，目录号 校 5，案卷号 54009

清华大学一九五四年教职员工工资调整工作总结（节选）

（1955 年 2 月 28 日）

我校教职员工的工资，自 1952 年评定以来，基本上没有什么变动，两年来教学改革逐步深入，很多教师和职工在业务上有很大长进，工作有成绩；因此，工资状况与干部生长的情况已不相称，有必要加以调整。

在高教部关于调整工资的指示下达后，我校成立了工资调整委员会（即由校务委员会担任），统一领导，并由人事室进行具体工作，党委密切配合，工会在收集群众意见和进行宣传方面也做了许多工作。

一、关于教师工资调整，首先由人事室根据高教部指示的精神，结合本校具体情况，规定了一些具体办法，作为各系行政提出本单位工资调整初步名单的参考。

1. 因 1952 年评薪后，本校教授工资级别在校内相互比较尚为合理，如果有较多教授晋级势必牵涉面较大，故教授、副教授的工资多数原级不动，对于声望较高，学习苏联积极，在教学中作用较大的老教授应个别升级。

2. 重点解决助教晋级问题。我校助教共 527 人，占教师总人数 73％。其中 1952 年以前毕业者 187 人，原工资过低；1953 年毕业的新助教 217 人中，担任科学秘书或开课而效果良好者约 50 人，应予以鼓励。

因此，除 1954 年暑假毕业生按高教部规定俟工作满六个月后再调整，1953 年暑假毕业生因已于 1954 年初调整过，一般原级不动，个别晋级外，1952 年助教在教学态度较好，具有一定业务水平的条件下可以晋级。对于助教中担任较重的行政工作或工作表现与业务水平优异者，可以越级提升。

3. 根据高教部指示，讲师一律不升副教授。讲师中努力学习苏联、业务水平提高较快、教学态度积极、教学效果良好者可以晋级。

4. 在高等学校工作四年以上的助教一般升为讲师，但其中个别业务很差，政治态度不好而为群众所不满者可以不升。担任助教三年而业务水平及工作成绩优异者，亦可升讲师。

在工作步骤上，先由人事室提出具体办法，经校行政批准后，发至各系，作为提出工资调整意见的参考，并向群众公布。人事室集中各系务会议成员的意见后，又在各民主党派联席会上充分酝酿，再拟出调整工资初步名单，提请工资调整委员会通过后，向有关群众宣布。由于事先思想工作做得较充分，群众基本上满意，所以在宣布后只做了较少修正便定案了。

二、关于职工工资调整，是在工资调整委员会领导下成立职工工资调整工作组，以总务长任组长。工作组根据高教部指示的精神，结合本校具体情况，规定了一些具体办法。

1. 职工晋级应反映自从 1952 年以来职工干部的生长情况。特别是科一级干部，大部分是 1952 年以后新提升的，少数由助教调任，工资大多数均在十八级以下，应着重解决升级问题。对于在校工作年限较久，工作表现一贯积极的职工亦应照顾。对于先进工作者应升级，以资鼓励。

2. 实习工厂技工，一般按《全国高等学校教职员工工资标准表》原级不动，个别升级。

3. 炊事员、汽车司机按《国家机关汽车司机、技术人员、炊事人员、电话员工工资标准表》重新评级。瓦工、木工、电工、铁工等，由于现有工资大部分已超过标准，故一般原薪不动，个别调整。

在工作步骤上，由工作组拟出工资调整初步方案后，交党、政、工、团干部讨论提出意见，根据意见修正后提请工资调整委员会通过，再向有关群众适当征求意见，最后修正定案。在酝酿过程中，着重宣传此次调整工资之意义，说明是普通加薪重点晋级而不是打乱重评，说明应尽可能解决不合理现象，但也不能普遍升级。

三、工资调整结果，教职工晋级共 367 人，占全体应计算人数 25%，其中助教 217 人（其中升讲师 79 人），讲师晋级 43 人，教授、副教授晋级 13 人，晋级教师占教师总人数 37.9%。其中晋级职工 94 人，占职工总人数 11.5%。除个别原工资过高的教师，一部分行政部门技工及原为 27 级的工警外，绝大部分教职员工的工资分均有所提高，这次调整工资达到了以下目的：

1. 改善了广大教职员工的生活，进行了一次爱国主义教育。

2. 体现了干部政策，反映了二年来干部的生长，鼓励与促进新生力量的成长，团结了老教师和职工。

3. 提高了教学和工作的积极性，进一步体现了按劳付酬的原则。

教师与职工一般反映均较好，表示满意，即使未加薪的由于事先做了个别说服解释，大多数没有意见。年青助教尤为热烈，纷纷表示要做好工作，来回答祖国的要求……

由于时间仓促，我们经验不足，还有个别人对工资调整有意见，当在今后注意解释教育。

一九五五年二月二十八日

清华大学档案，全宗号 2，目录号 校 5，案卷号 54009

1955年工资标准表

（1955年9月10日）

级别	北京工资	教学人员				行政人员			
1	313.2								
2	293.5					正副校长	正副教务总务长		
3	273.1								
4	253.7	教授、副教授							
5	232.2								
6	214.4								
7	196.5								
8	181.2								
9	165.9								
10	15□.6								
11	136.5								
12	123.8								
13	116.1								
14	108.5		讲师						
15	100.8								
16	94.4								
17	88								
18	81.7								
19	76.6						职务		
20	71.5								
21	66.4			助教					
22	61.4								
23	56.1								
24	52.3								
25	48.5								
26	44.7								
27	40.8								
28	37								
29	34.6						工警		
30	31.9								
31	29.4								
32	26.8								
33	23								

清华大学档案，全宗号 2，目录号 校 5，案卷号 56011

人事室关于全校工作人员实行
货币工资制的通知[※]
（1955 年 12 月 12 日）

（一）根据高等教育部关于高等学校工作人员全部实行工资制和改为货币工资制的通知，现我校工资兹进行以下调整。

（1）自一九五五年七月起全校工作人员全部实行货币工资制（即工资分改为货币工资），并遵照国务院规定加发地区物价津贴（北京地区加发 16%，每人工资约比去年增加 3.2%）。

（2）为了符合"同工同酬""按劳取酬"之原则，原工资偏低者予以适当的晋级。

（二）为了适应教学改革的发展，满足教学需要，根据提升讲师条件，进行助教提升讲师。

（三）有如下几点说明：

（1）我校在教学改革中教师进步很大，绝大部分教师的级别都应予以适当的提高，但因高教部根据目前国家经济情况，规定晋级人数原则上不超过总人数的 10%，故这次调整面不可能太大，只能重点对一九五三年提前毕业的及一九五二年提前抽调的助教进行调整，他们 260 多人当中大部分都在 23 级，相对的说是有些偏低，因此，作为重点的予以调整，故教授、副教授、讲师这次就不调整，以后有机会再动，这次所提升讲师也只给称号，一般不予晋级。

（2）调整后之高于原工资的部分自今年 7 月份起补发。

（3）提升晋级手续是人事室提出初步名单，征求有关单位意见提交校务会议通过，校长批准。

现将提升条件及晋级办法及你系（组）提升晋级的名单附上①，请予公布系（教研组）。

人事室

1955 年 12 月 12 日

附：1955 年提升讲师条件

本年提升讲师都必须是历史基本清楚、具有社会主义觉悟、同时合乎以下条件：

(1) 大学四年毕业，任助教三年以上，工作一贯积极，努力钻研业务，已担任讲课或指导毕业设计课程设计效果良好者。

(2) 专修科毕业者一般应任助教五年以上，大学提前一年毕业者一般应作助教四年以上，且已补修完毕主要专业课程，或作完毕业设计，教龄未满四年，但在教学工作上确有显著成绩，并能顺利地完成讲师的教学工作者，经高教部批准可按大学四年毕业生担任助教升任讲师的教龄办理。

(3) 合乎以上教龄条件的助教，如已能胜任讲师职责以上工作的能力，但目前尚无机会开课，经过试讲可以考虑升为讲师。

(4) 现在外进修之教师如在进修前确已具备提升讲师条件，目前进修成绩较好者，可以考虑升为讲师。

(5) 工程画和体育教师不仅要能开课，而且要能独立地的进行教学工作，独立地指导学生进行练习，效果良好。俄文助教需要具备超过俄文四年制师资班毕业生的业务知识，经过试讲，能用俄文讲授语法和讲读。

清华大学档案，全宗号 2，目录号 校 5，案卷号 55012

---

① 编者注：原档案未附晋级办法；提升晋级的名单编者略。

校务委员会会议关于部分教职工调整工资及新聘教师定职定级问题的议决事项※①

(1955 年 12 月 13 日)

时间：十二月十三日下午二时

地点：工字厅会议室

出席：蒋南翔　刘仙洲　陈士骅　袁永熙　何东昌　史国衡

　　　张　徵　金　涛　解沛基　周寿昌　周维垣　李酉山

　　　庄前鼎　张　维（陶葆楷代）　　章名涛

　　　张　任（张思敬代）　　孟昭英　吴良镛　张子高

　　　马约翰（王维屏代）　　李恩元　艾知生　李　欧

　　　滕　藤

列席：庞家驹　汤纪敏　潘霄鹏

主席：蒋南翔　记录：周撷清

报告事项（编者略）

讨论事项：

1. 讨论总图规划案：（编者略）

2. 学生处分问题案：（编者略）

3. 部分教职工调整工资及新聘教师定职定级问题：

议决：

① 通过部分教职工调整工资方案：教师晋一级——二级的共二一九人，职工晋一级的有三九人，共占全校教职工 14.2%。另有一四三人进行了定级，四二位助教提升为讲师。

② 通过王明贞等七人薪级标准（略）。

4. 一九五五年职工评选问题案：（编者略）

---

① 编者注：本文节选自《一九五四——一九五五年度校务委员会第三次会议记录》。

5. 成立本校动力系筹建委员会案：（编者略）

6. 成立一九五六年科学研究讨论会筹备委员会案：（编者略）

散会。

《清华公报》第 19 期，1955 年 12 月 24 日

教学人员定级新旧工资对照表

（1956 年 7 月 4 日）

新级及工资	1955 年工资		比较	
	级别	工资	差额	%①
1	5	232.2	112.8	48.1
	6	214.4	130.6	61.2
345	7	196.5	148.5	76
2	6	214.4	73.1	34.1
	7	196.5	91	40.5
287.5	8	181.2	106.3	58.5
3	7	196.5	45	23
	8	181.2	60.3	331
241.5	9	165.9	75.6	46
	7	196.5	10.5	5.6
4	8	181.2	25.8	14.3
	9	165.9	41.1	24.7
207	10	150.6	56.4	37
	11	136.5	63.5	54#
5	10	150.6	26.5	18
	11	136.5	4.6	30#
177.1	12	123.8	53.3	43

---

① 编者注：本栏标注"#"的百分比与差额计算误差较大，由编者所加。

新级及工资	1955年工资		比较	
	级别	工资	差额	%
6 147.5	10	150.6	−3.1	
	11	136.5	11	7.5
	12	123.8	23.7	17.1
	13	116.1	30.6	23.4#
	14	108.5	39	28
	15	100.8	46.7	48
	16	94.4	53.1	58.5
7 126.5	12	123.8	2.7	2.44
	13	116.1	10.4	8.6
	14	108.5	18	16.7
	15	100.8	25.7	26
	16	94.4	32.1	32
	17	88	38.5	43
	18	81.7	45.8	55.5#
8 105.8	15	100.8	5	5
	16	94.4	11.4	11.7
	17	88	17.8	19.3
	18	81.7	24.1	29.6
	19	76.6	29.2	38.2
	20	71.5	34.3	48
9 89.7	18	81.7	8	9.8
	19	76.6	13.1	17.2
	20	71.5	18.2	23.7
	21	66.4	23.3	35
	22	61.4	28.4	47#
10 78.2	18	81.7	−3.5	保留
	19	76.6	1.6	2
	20	71.5	6.7	9.4
	21	66.4	11.8	17.8

新级及工资	1955 年工资		比较	
	级别	工资	差额	%
10	22	61.4	16.8	27.4
	23	56.1	22.1	39
78.2	24	52.3	25.9	49
	25	48.5	29.7	61.5
11	22	61.4	7.6	12.4
	23	56.1	12.9	23.2
69	24	52.3	16.7	32
	25	48.5	20.5	42.2
12	23	56.1	6	14.6
	24	52.3	9.8	18.8
62.1	25	48.5	13.6	28
	26	44.7	17.4	39.2

附1：讲师、助教定级标准

（1956 年 6 月 19 日）

6级　（1）业务水平较高，已担任副教授职责范围内的各项
　　　教学工作，效果突出，已独立地进行科学研究工作。
　　　并可考虑对研究生做一般性的指导。

　　　（2）业务较好，教学年限较长，有丰富的教学经验，
　　　已熟练地掌握讲师范围内的一切教学方式，教学效果
　　　良好，可担任副教授职责范围以内教学工作，能独立
　　　的进行科学研究工作。并可考虑对研究生做一般性的
　　　指导。

7级　（1）业务较好，胜任讲师职责范围内的各项教学工
　　　作，教学效果较好，可独立进行科学研究者。

（2）业务水平一般，教学年限较长，有较丰富的教学经验，胜任讲师职责范围内的教学工作，效果良好，有科学研究能力者。

8级　业务水平一般，在担任讲师职责范围内的教学工作，效果尚好，在教授指导下，可进行科学研究者。

9级　1955年新升的一般讲师。

基本上能担任讲师职务的讲师。

已担任讲师职务、教学效果突出优秀的助教。

年限较长、有一定教学经验、尚未提升讲师的老助教。

10级　胜任助教职责范围以内的教学工作，熟练地掌握了教学方式、效果良好者。

11级　担任助教职责范围以内的教学工作，效果较好的。

12级　基本上能完成助教职责范围以内的教学任务，效果一般者。

1956年6月19日

附2：关于讲师、助教工资定级几点说明

（1956年6月19日）

对讲师、助教的工资级别主要按他们的业务水平、教学效果来进行评定，对其政治思想品质、教学态度也应一并考虑，对于在教学改革中起较大作用的，也应适当地考虑他们这方面的成绩，以贯彻德才兼备的工资级别评定原则。对各方面优秀的新生力量不应为资历所约束，可以大胆地破格提升。对于各方面较差的也以不减少原工资收入为原则。对定级标准的掌握做几点具体说明，供评定时作参考。

六级是讲师最高级，放在此级的应为在最近一二年内可提升副教授的（如×××、×××等）优秀讲师，故此级不宜放得过多。

七级、八级是一般讲师级，故讲师一般的应集中在这两级。凡1950年以前毕业的皆可放在七级，如果差的可考虑下降（如×××、×××、×××），1950年毕业中优秀的可破格提升放在此级（如×××、×××等）。凡1954年以前提升的一般讲师都可放在八级，1955年提升的讲师中较好的也可考虑放在此级（如×××、×××等）。

九级是讲师和助教的交叉级。除1955、1954提升的讲师中较差的放在此级外，可把一年内能提升讲师的优秀助教放在这级（如×××、×××等）；其中包括1952年以前毕业、有教学经验、尚未提升讲师的老助教。

大部分的助教应集中在十级、十一级，免得顶上压下。在十级中应该是比较好的助教。十一级是一般的助教。凡53.3、52.2① 毕业生中一般比较好的及1955年毕业的研究生，1950年入学的政治辅导员皆可放在十级。十一级中除放53.3、52.2毕业生中比较差的外，可把1955年4月毕业生中群众公认比较好的（如×××、×××等）可放在此级。

十二级是助教最低级，其中包括55.4② 毕业的一般助教及在高等学校学习、任教加起来未满5年的54.2③ 毕业的助教。

凡属于以下情况的，此次不得按以上说明评定：

（1）在校外进修者（指工作未满半年就出外进修的）。

（2）实在不称职的各类人员。

---

① 编者注："53.3"是指1953年毕业的3年制，"52.2"是指1952年毕业的2年制。

② 编者注："55.4"是指1955年毕业的4年制。

③ 编者注："54.2"是指1954年毕业的2年制。

（3）长期病休者（指在最近两年内不能正常工作的）。

凡属以下情况的此次不予评定：

（1）工作未满六个月者（如寒假结业研究生、寒假建筑系毕业生留的助教）。

（2）肃反中尚未定案的。

教学干部科

1956 年 6 月 19 日

清华大学档案，全宗号 2，目录号 校 5，案卷号 56011

清华大学工资调整总结（节选）

（1956 年 11 月 23 日）

我校工资调整工作自五月开始进行准备工作，首先成立工资调整委员会，并分别组织各类人员工资调整工作小组，讨论工资调整精神并研究初步方案，于八月初将初步方案交各系党总支及各行政单位党员负责同志征求意见，并做了初步修改。于九月十五日高教部正式批准我校调整比率后，我校即在前阶段准备工作的基础上在较广泛的范围内继续征求各单位各系领导核心及各民主党派负责同志意见，于十月五日此工资方案在工资改革委员会上做了原则上的通过，次日又召集了扩大干部会由学校负责同志做了动员报告，随后即分别按单位公布名单，征求意见（不组织群众讨论），经过修改，最后才批准定案。根据以上工作步骤来看是基本上做到了由上而下，由下而上有领导地有步骤地进行。此次工资调整掌握了按劳取酬的原则，照顾了高级知识分子，对全校各类人员也做了全面的照顾，使之绝大部分人员工资都有增加，对于个别过去工资偏低的同志也略有增加，因此绝大多数的同志是满意的。此次我校参加工资调整人数为 2 013 人，调整前工资总额为 133 889 元，调整后为 161 131 元[①]，增加 27 243 元[①]，提高 20.35%，其中教授增加 38.15%，副教授增加 36.72%，讲师增加 33.76%，助教增加 17.36%，代培教师增加 1.22%，教学行政人员增加 28.75%，翻译增加 12%，教学辅助人员增加 14.28%，教学技工增加 23.09%，职员增加 15.87%，行政技工增加 12.26%，卫生技术人员增加 8.67%，厨工增加 12.22%，徒工增加 17.5%，工友增加 6.83%。

由于新的工资调整是根据不同工作制定的不同工资格式，基本上符合了按劳取酬的原则，同时结合此次调整工作，纠正了过去工资偏低的现象，我校有一部分教授、副教授在一九五二年工资改革时定得偏低了一些，去年提升的一批讲师当时只做了职务提升，级别未做提升，现在大多数都得到了合理的解决，这对他们今后工作积极性起了一定作用。此外通过工资调整，基本上解决了教学辅助人员及技工工资偏低现象，对今后发挥其积极性及安心工作起了一定的作用。

但由于增加比率及工资格式的限制，此次工资调整后仍有少部分教授、副教授工资评得偏低了一些，同时部分工友工资增加得很少。……

现我校工资调整工作已结束，从这项工作中我们体会到工资改革是一件艰巨而复杂的工作，要做好这项工作，不仅要充分做好酝酿工作，而且还要做好宣传思想工作。……

清华大学人事处

1956 年 11 月 23 日复印

清华大学档案，全宗号 2，目录号 校 5，案卷号 56011

---

① 编者注：数据对不上，原文如此。

高教部关于蒋南翔、刘仙洲
工资标准的通知[※]

（1956 年 12 月 20 日）

清华大学：

　　兹确定你校蒋南翔校长的工资级别为高等学校行政职工工资标准一级；刘仙洲副校长为高等学校教学人员工资标准一级。特此通知。

中华人民共和国高等教育部

1956 年 12 月 20 日

　　抄致：北京市高校党委

清华大学档案，全宗号 2，目录号 校 5，案卷号 56011

清华大学关于 1963 年教职工工资
调整工作的总结报告（节选）

（1963 年 11 月 18 日）

（一）

　　我校按照中央教育部、北京市委和市教育局的指示，于今年三、四月间开始了工资调整的准备工作。在准备阶段，主要对校内各类人员的工资现状和问题进行了调查研究，确定了此次调整工资的原则和重点，并且对各类人员工资调整面进行了反复测算。今年 8 月下旬，正式进入工资调整工作的内部酝酿和排队阶段，党委书记工作会议、党委常委会和校务委员会都进行了讨论，确定了此项工作的安排意见。自9月初开始，首先由各总支领导核心进行摸底排队，提出初步方案，并且为了使干部取得统一认识，有充分思想准备，党委和学校行政领导于9月7日联合召开了全校教研组主任、科室、车间负责干部和党支部书记以上的党政干部会，党委副书记胡健同志作了报告，着重讲了国内经济形势、工资调整的原则、工作步骤和对干部的要求，会后各单位分别进行了讨论。在这个基础上，各总支召开了扩大总支委会，吸收支部书记参加，讨论酝酿总支领导核心初步提出的升级名单，经过讨论修改，确定了第一榜方案。9月14日，党委常委会审查并原则通过了这一方案。这一方案经中央教育部和市教育局同意后，各系、处行政领导核心开始拟订第二榜方案，并吸收系（处）内有关干部进行了充分讨论。讨论确定的第二榜方案与党内提出的第一榜方案出入不大，因此，于9月20日、23日先后召开了校长工作会议和校务委员会进行审查。在学校领导审查方案的同时，各系（处）进入了群众讨论的第三阶段，自9月20日起，各系（处）行政和总支联合召开了本系（处）教职工大会，系主任（处长）和总支书记分别在会上传达了党的工资政策和此次调整工资的原则。经过群众充分的思想讨论之后，于9月24日到26日期间，各系（处）分别公布了校委会通过的方案。为了广泛地听取群众意见，将本系（处）教师和职工的升级名单分别在教职工中酝酿讨论，有些单位还事先在党内公布讨论，听取意见。由于抓紧了思想教育工作，群众中思想酝酿充分，方案经过多次反复，比较合理，因此，公布后，大多数教职工比较满意，只提出了个别补充和调整意见。这样，经过个别修改，最后方案于9月底全部定案。经过市教育局正式批准，增加工资部分已于十月底发到升级人员的手中。

这次工资调整的结果是：在升级基数 4 970 人中，全校升级人数为 1 824 人（其中包括套级折合升级面数 149 人），略低于按规定计算的升级控制人数（1 833 人）；升级后月增加工资总额 13 699.33 元，低于教育部批准预算数（17 775 元）。在这次升级总人数中，教学人员 610 人，其中教 1～3 级 2 人，占 1～3 级总人数的 3.4%；教 4～6 级 6 人，占本级总人数的 5.6%；教 7～8 级 33 人，占本级总人数的 18.5%；教 9 级以下的 569 人，占本级总人数的 34.6%。此次教师升级人员中 1960 年升过级的 96 人，占 1960 年升过级 634 人的 15.1%；1959、1960 年毕业的 65 人，占全部 541 人的 12%。行政干部 299 人，其中政府 11 级～13 级 1 人，占本级总人数的 25%；14～17 级 9 人，占本级总人数的 23.6%（9 人外尚有 1 人升级不动工资）；18 级以下 289 人，占本级总人数的 40%。教辅人员 324 人，占 43.5%；[①]工勤人员 486 人，占 42%；[②]实习工厂技工 105 人，占 33.4%[③]（以上数字没有包括附中部分，附中的升级基数为 121 人，此次升级 45 人，其中包括套级折合升级面数 10 人）。

（二）

这次工资调整工作，由于加强了思想领导，充分发动了群众，注意发挥了行政作用，工作进行得比较顺利，反映也是好的。我们的做法是：

1. 加强调查研究，充分做好准备工作。由于工资调整是一项关系到广大教职工切身利益的工作，加上几年来工资积累下来的问题较多，今年又只能解决一部分人员的升级问题，因此，为了认真做好这项工作，我们从今年三月份开始，花了三四个月的

---

①②③　编者注：原文如此。占比基数推测分别指教辅人员总数、工勤人员总数、实习工厂技工总数。

时间进行了准备。准备阶段主要抓了三个问题：第一、摸清近几年来工资调整的概况，调查了解存在的主要问题，整理了工作人员历年工资变动历史，做到心中有数，不致遗漏。第二、确定了重点照顾低薪教职工的原则和调整重点，并且具体确定了校内各类人员的升级比例和范围，为了重点照顾实验技术人员、工勤人员和一部分工资偏低的行政职员，适当调整了校内各类人员的升级比例。第三、为了使干部对升级人员的"德才"要求有个明确的、全面的认识，我们还分别对各类人员提出了具体的要求，便于各单位掌握平衡。

2. 领导与群众密切结合，贯彻群众路线，发挥行政作用，力争方案合理。在规定了升级面之后，工资调整方案是否合理是做好工资调整工作的关键，因此，我们一开始就特别强调了必须依靠群众，发挥行政作用，力争方案合理。在工作中采取了党内掌握、党政配合，在布署上，由党内到党外，由干部到群众，上下结合，层层讨论，广泛听取意见。酝酿讨论的过程中，总支书记、支部书记与系主任、教研组主任密切配合，共同商量，充分发挥行政作用，系主任等行政干部也都亲自参加拟订方案，系务委员会、校务委员会都讨论得比较热烈，细致地对方案反复进行权衡。为了使方案合理和平衡，除了层层酝酿外，我们还对几部分主要人员的升级名单进行了综合平衡。党委常委会对教学 10 级以上的教师、相当政府 19 级以上的行政干部和医务人员，以及正副系主任、正副处长、党委正副部长等主要干部的全部名单，进行逐个讨论，从中确定了应升级的名单。4 级以上技工和教辅 8 级以上实验技术人员的升级名单由人事处会同科学处审查。政府 20 级以下行政干部的升级名单由人事处汇总审查。转业军官、复员军人和工农中学毕业后直接参加工作的干部，虽然人数不多，为了取得平衡，也由人事处召集有关干部共同研究审查并均报常委会审查通过。平衡时，我们要求干部统筹兼顾，全面分析，要以思想政治条件、业务水平和工作能力为主要依据，同时适当照顾资历。对于个别确实表现突出的，不受年限、资历的限制，优先提升，以资鼓励；对于党员，采取与群众一视同仁的态度。最后在全校方案基本确定之后，还要求各单位进行了一次复查，防止遗漏和疏忽。这样方案比较合理，群众比较满意，很多人反映"领导提出的名单与我们想的不谋而合"，有的说"这次考虑全面，搞教学、科研、生产的都考虑到了"。

3. 政治挂帅，加强思想领导，是做好这项工作的重要保证。根据市委指示，我们抓紧了对系、处主要干部的思想工作和对党员的思想工作，教育干部要全面、正确地认识调整工资的意义，要发扬艰苦朴素的作风，要吃苦在先享乐在后，要有"让"的风格，并且在干部中进行了全局观点的教育。在干部中用了一个星期左右时间进行务虚，在务透、议透的基础上才具体排方案，这样，思想基础比较好，工作进展较顺利。校、系两级的主要干部，表现都较好，没有出现闹工资、争待遇的情况，相反有不少干部表示"这次升级面有限，先升其他同志好"。在一般党员和群众中，我们主要是全面解释宣传党的工资政策，针对大多数人盼望升级的心情，着重讲了正确理解工资调整与发展生产的关系，引导他们正面体会党和国家对广大人民的关怀，正确处理个人与集体关系，努力搞好工作。……

（三）

通过这次工资调整，教职工进一步加强了团结，进一步调动了积极性。……

经过这次调整，效果是好的，工资方面几年来积累下来的问题，得到了一定解决。但由于这次升级面和升级规定的限制，仍有若干问题需要解决。从学校情况来看，主要尚存在以下两类问题：

1. 属于工资标准方面的问题。有些工作人员的现行工资标准偏低，长期影响一部分人的积极性。……

2. 由于这次调整面有限，因此过去遗留下来的一些问题，尚未能解决。……

清华大学工资调整小组

1963 年 11 月 18 日

清华大学档案，全宗号 2，目录号 校 5，案卷号 63028

(4) 劳逸结合工作

校务委员会会议关于减轻教师
负担过重问题的议决事项※①
（1953 年 6 月 2 日）

时间：六月二日下午二时

地点：工字厅会议室

出席：蒋南翔　刘仙洲　钱伟长　陈舜瑶　何　礼　何东昌

　　　史国衡　张　微　解沛基　周寿昌　俞时模　李辑祥

　　　张　维　武　迟　孟昭英　张　任　梁思成（吴良镛代）

　　　庄前鼎　邹致圻　章名涛　施嘉炀　张子高　李　欧

---

① 　编者注：本文节选自《清华大学校务委员会第五次会议记录》。

储钟瑞　金　涛　滕　藤

列席：萨多维奇　吴明武　王震寰

主席：蒋南翔　纪录：周寿昌

甲、报告事项。（编者略）

乙、讨论事项：

一、关于减轻学生及教师负担过重问题：

议决：……教师方面：（一）应保证每天至少八小时睡眠及一小时文娱体育活动时间。星期六晚及星期日有适当休息。（二）计划订得太高而不能完成的，可把目前非主要工作如科学研究等放到生产实习以后或下学期去做。（三）翻译太重的，不急需的翻译可以放到以后做。（四）口试要推广，但不是各门课程都要口试，教师掌握不好的及班上人数太多的课，可暂不口试。

二、改变作息时间问题：

议决：为了适合夏季时间，并使师生增加休息时间，决定每天午睡延长半小时，学生体育锻炼时间两批合成一批，改订后作息时间由校长办公室公布。

三、关于表扬积极工作的职工问题。（编者略）

四、成立学生课外文娱活动委员会问题。（编者略）

五、关于从大一学生中选择留苏学生问题。（编者略）

六、关于房屋分配计划问题。（编者略）

丙、散会。

清华大学档案，全宗号 2，目录号 校 1，案卷号 53004

校党委对党委办公室《关于教职工、学生活动时间安排的初步意见》的批示※

(1959 年 4 月 7 日)

党委批示：

党委原则上同意党委办公室《关于教职工、学生活动时间安排的初步意见》给党委的报告，希各单位贯彻执行。

二月下旬以来，部分教师学生，特别是教师党员干部和某些学生干部反映：各种会议活动负担过重，在不同程度上影响了教学质量和健康情况；有些干部因活动繁忙，很少时间进行学习或备课，这对干部的培养、成长及对我校教学质量进一步提高是极为不利的。

最近两周以来，各单位都注意了这个问题，采取了一些措施，情况有所好转，但是，仍然有些问题必须加以解决，特别是今年我校的任务繁重，必须本着全校一盘棋的方针，既要务虚，也要抓紧务实的精神，进一步落实计划，妥善安排时间，关心群众生活，保护群众积极性，以保证中心任务的完成。因此，各单位要讲究工作方法，提高工作效率，可开可不开的会议一律不开，必要的会议应该有目的、有准备的进行，提高"务虚"质量，避免盲目性。除责成党委办公室、校长办公室按周平衡控制全校会议活动以外，希各单位应按照全校规定，对本单位活动做具体安排，切实贯彻执行，并加强督促检查。

在强调控制会议活动、抓紧务实的同时，要充分肯定工作成绩，注意激发干部热情，并防止脱离政治倾向的滋长。

党委

1959 年 4 月 7 日

附：党委办公室《关于教职工、学生活动时间
安排的初步意见》向党委的报告（节选）

（1959 年 3 月 27 日）

党委：

自 3 月以来，全校在总结 1958 年成绩和经验的基础上，健
全机构、充实干部，陆续制定了 1959 年工作规划。从本年度工
作规划看，质、量指标上都有很大跃进；群众热情很高，劲头很
大；各单位工作都已更有组织、有计划、有步骤地全面开展。为
了使群众热情更加持久、饱满，保证更大、更好、更全面的跃
进，就必须对群众的时间加以珍惜。最近，反映部分学生有各种
活动负担过重，学时不足现象，特别是某些学生干部及调干、工
农学生，一般落下功课较多，学习质量有待进一步提高。教师特
别是党员教师反映社会活动多，影响教学工作，很多同志备课时
间不足，而且对健康也产生一定的影响。在奋战期中一定的紧张
是不可避免的，但必须保持新的平衡，本着全校一盘棋的方针，
要抓紧务实的精神，妥善地安排群众活动时间，保证中心任务完
成。为此，除加强对各项具体工作的研究、安排以外，与部分党
总支及团委会研究后，拟对师生员工活动时间做适当安排，特提
出初步意见如后，是否恰当，请示。

一、学生时间安排：

（编者略）

二、教职工时间安排：

（一）党、政、工、团各系统的干部会议及群众会议规定在
星期三下午及晚上时间进行。

（二）星期四为无会议日，不得召开干部会议或群众会议

（校一级机关内部会议不在此例）。

（三）教学单位每日上午不得召开任何会议，接洽工作限于上午 10：30 以后（行政部门不在此例）。

（四）群众政治学习自愿参加，时间由各单位决定（星期一或星期五）。

各级干部政治课辅导组成员统一规定星期三上午为理论学习自学时间，不处理工作，不接电话。

行政职员理论学习规定为星期一、星期五晚上。

工人政治课自学及讨论每周三小时，由各单位根据生产情况自行决定并报党委办公室。

（五）教师公益劳动以每两周 3 小时为原则，职工以每周 3 小时为原则，由各单位根据具体情况与工会研究解决。

（六）各单位其他活动自行规定后报党委办公室。

附（一）学生活动时间安排表（略）

附（二）教师群众活动时间安排表

时间 日期	上午	下午	晚上
星期一			业务工作或政治学习
星期二		对外接待时间	
星期三		全校各级干部会议及社会活动时间	全校各级干部会议及社会活动时间
星期四		无会议日	
星期五	哲学课（7：30～9：05）	对外接待时间	概论课 业务工作或政治学习
星期六			文娱活动时间
星期日			

附（三）职工群众活动时间安排表

时间 日期	上午	下午	晚上
星期一			政治学习（行政职员）
星期二		对外接待时间	
星期三		全校各级干部会议 及社会活动时间	工人政治课 全校各级干部会议 及社会活动时间
星期四		无会议日	
星期五	哲学课（7：30－ 9：05）	对外接待时间	概论课 政治学习（行政职员）
星期六			文娱活动时间
星期日			

附（四）各级干部活动时间安排表

时间 日期	上午	下午	晚上
星期一		党总支办公室主任会	
星期二		党委常委会 对外接待时间	
星期三	全校各级干部理论 学习自学时间（不 处理工作、不接电 话）	全校各级干部会议 及社会活动时间	全校各级干部会议 及社会活动时间 概论课（工人学习）
星期四	政治课辅导组长 集体备课时间 无会议日	无会议日	
星期五	哲学课（7：30－ 9：05）	校务委员会对外接 待时间	概论课
星期六			文娱活动时间
星期日			

清华大学档案，全宗号 2，目录号 党 1，案卷号 59047

教育部关于清华大学劳逸结合工作的指示[※]

（1960 年 7 月 13 日）

清华大学：

现将清华大学劳逸结合情况检查小组的检查汇告＜报＞一份送去。其中所提有关部分教师骨干和学生干部的劳逸结合问题、伙食方面的问题以及不断总结与推广先进经验问题等，希你校进一步加以研究解决。

中华人民共和国教育部

1960 年 7 月 13 日

抄送：市委大学科学工作部

附：关于清华大学师生劳逸结合情况的
检查汇报（节选）

（1960 年 7 月 5 日）

北京市委：

教育部党组：

我们小组于 6 月 27 日上午到达清华，于 30 日上午结束工作。按照党委的意见，我们对机械系和无线电系的师生劳逸结合情况进行了调查。现将情况汇报如下：

一、劳逸结合加强了师生、职工的政治、时事学习，提高了思想觉悟。

由于劳逸结合得好，都对自己提出了力争上游的要求，广大师生迫切需要以毛主席思想来武装自己的头脑，他们说："一顿饭可以不吃，但毛泽东选集一日不读不行。"他们对政治学习的态度认真了，学习讨论的质量提高了，一般能主动地利用早晨时间阅读毛主席著作与自然辩证法，并且自动组织了很多毛主席著作学习小组，全校统计约有 1 200 个小组。对时事学习也比从前更加关心了，这次反美宣传周，就连一向对政治不太关心的人也积极参加了。

二、劳逸结合的安排为教学、生产、科研的跃进创造了有利条件。

由于生活有节奏，师生精力充沛，经过师生努力教学质量有了提高。如无线电系一个班的考试成绩较以前有些提高，4～5分占 80%，没有不及格的。又如压 4 学生×××（党小组长）过去经常有两个同学帮助他温习功课，但是作业总是做不完，考试老是不及格，自学校进行劳逸结合的安排后，现在作业完成的情况很好，学习质量也有显著提高。又如无线电系 505 班，在坚持劳逸结合的原则下把教学改革与考试结合在一起，既复习了功课，又批判了错误观点，使考试成绩大大提高。在科研生产上，由于深入地探索关键性问题，找主要矛盾，因而使科学研究生产任务比过去完成得更好。例如焊接专业，过去对关键问题白天黑夜连着干也没攻下来，自贯彻劳逸结合指示后，注意了苦干与巧干相结合，进行了分析，抓住了关键，不用熬夜，三天的时间即对八个带有关键性问题攻下了七个。又如铸造专业过去用加班加点的办法，一天只能生产 300 个弹簧片，现在在规定的时间内可生产到 500 片。

三、改善了伙食，加强了体育锻炼，丰富了文娱生活。

经过把食堂的管理权下放到系后，发挥了系的积极性，效果很显著，炊事人员的积极性提高了，伙食质量改善了，群众满意了，粮食亏欠大大下降。6 月份亏粮数较前 5 个月平均亏粮数下降90％左右，机械系食堂出现了粮食平衡的情况。

下午四五点钟后，普遍参加体育锻炼，参加早操和工间操的人数也增加很多。机械系1 900多个学生中，参加系代表队和校代表队的就有800人。机械系教师中年锻炼通过劳卫制一级的有78％，其中并有一部分通过劳卫制二级的。卫生工作也获得了跃进，师生职工的健康情况有好转，机械系患神经衰弱的有98人，占总人数的3％多，目前由于采取慢病快治方法，70％已基本痊愈。患高血压的也大部好了，患沙眼的660人已大部治好。机械系在教育革命运动中，本着"见缝穿插"的精神，布置了一个"一二三"灭蝇运动，即人手一拍，一天打两分钟，至少打三个苍蝇，结果任务完成得很好。

文娱生活丰富多彩。星期六晚上与星期天，有军乐队、话剧、电影、露天俱乐部等活动，星期天有的到博物馆，有的到人民公社、到工地看望在劳动时交下的工人朋友。机械系利用两周的时间，在校文工团的帮助下演出了《同志！你走错了路》的话剧，配合三篇文章的学习效果很好。

获得上述成绩的原因如下：

1. 党委规定了严格保证劳逸结合的制度。首先在工作、学习时间上，所有干部实行了"三、二、一、一"工作制，就是每周有三天深入基层；两天开会，研究工作；一天学习；一天休息。学生每日作息时间完全在"7 8 9"的框子里，即休息、社会活动、体育锻炼7小时；睡眠8小时；学习9小时。而开会的时间每周不超过两次，每次不超过两小时。

2. 党委抓紧了贯彻执行劳逸结合指示的思想教育。群众运动初期，一种人认为劳逸结合与鼓足干劲有矛盾，会使群众松劲，担心劳逸结合会影响任务的完成。另一种人认为劳逸结合了，可以松一口气了，存在着安于中游的思想。党委针对上述两种思想，反复地进行了教育。说明了逸与劳互相促进的辩证关系，解释了贯彻执行劳逸结合的方针是为了更好地持续跃进的积极精神。从而端正了认识，提高了思想，他们都认为应在规定的框框内，最大限度的发挥自己的主观能动性，要高速度、高质量、高标准、高风格地进行工作。

3. 既要做好中心工作，又要全面跃进，既要一马当先，又要万马奔腾。中心工作是全面工作中的一部分，中心与全面之间的辩证关系，是经常转化的。因此，既使一马当先，又使万马奔腾。在进行技术革命运动的时候，同时兼顾教育革命的准备工作，在进行教育革命的时候，也必须同时兼搞技术革命，从而使技术革命推动教育革命。无论技术革命还是教育革命，又都首先必须进行思想革命。各项工作都是可以互相联系互相促进的。基于这种认识，所以他们既能大撒网，对全面工作有所部署，又能拉紧一根绳抓紧中心工作。如机械系用这种思想指导工作时，取得了显著的成绩。系总支抓了集中领导，保证中心问题，同时提出了"条条战线挥红旗，工作全面大跃进"的口号。因而既完成了中心任务，又带动了各项工作的跃进。这个系在教学改革运动中，思想明确，力量集中，群众发动很快，在一周内写出了30万条小字报，而劳逸安排得又很好。在文娱活动方面，采用了多种文娱宣传形式，及时传播了运动中的先进思想、先进事迹。在体育方面，这个系在去年全校运动会上，没有得到一个冠军，今年教师、职工、学生党支部挂帅，得到了学生男子第一、单位总分第一和工会运动会冠军。卫生工作也得到了除四害、食堂卫生、卫生保健等三面红旗。

4. 改进了会议，干部深入了下层。学校对会议规定了：可开可不开的会不开，可以合并开的会合并开的原则。从而减少了会议，缩短了会议时间，提高了会议质量。如机械系总支和支部反映，过去开会时，每个人要汇报情况，因此费时长，研究时间少，会议质量低。现在改变了方法，会前了解情况，会上着重分析研究问题，因此会议时间短，解决问题快，质量高。

由于贯彻执行了劳逸结合的指示，干部深入下层的时间多了，因而加强了指导工作，密切了上下关系。如机械系焊接党支部反映，这次所以在很短的时间内，攻下了7个带有关键性的问题，与系党总支下来指导工作、一块研究分析问题分不开。由于干部与群众一起活动的时间多了，干部与群众交流思想的机会也多了，干群关系也有了进一步改善……

存在的问题：

一、目前教师和学生中还有一部分党团干部，不能保证8小时睡眠，一般只能达到6～7小时。教师反映常常在晚上11点以后还有人在大声说话，并有唱歌的，影响睡觉。第四公寓附近的喇叭影响中午休息。无线电系职工宿舍距离办公楼太远，往返需要一小时多，影响休息。

二、蔬菜问题目前供应还有些紧张，人民公社生产队供应的不够，自己种的还接不上。炊具机械化程度还应再高些，以减少人力，提高伙食质量。

三、对劳逸结合指示的贯彻执行情况，系与系之间，年级与年级之间，班级与班级之间发展不平衡。如机械系比无线电系执行得好，无线电系低年级又比高年级好，为了把劳逸结合工作再提高一步，还需要不断总结经验，推广先进经验，以达到相互促进的目的。

清华大学劳逸结合情况检查组

1960 年 7 月 5 日

清华大学档案，全宗号 2，目录号 党 1，案卷号 60055

清华大学关于教职工劳逸安排的几项规定
（1960 年 11 月 30 日）

（此处略，参见《清华大学史料选编》第六卷第一分册第 200 页）

清华大学抓紧解决劳逸安排问题
（1965 年 7 月 4 日）

（此处略，参见《清华大学史料选编》第六卷第五分册第 259 页）

3. 队伍建设

（1）思想政治工作

本学期教师政治理论学习计划^{※①}
（1953 年 4 月 2 日）

为了加强师生中的政治工作，并防止社会活动过多，特拟定下学期工作计划如下：

---

① 编者注：本文节选自《新清华》刊载的《本学期政治工作计划》。

（一）教师的政治理论学习计划：

甲、方针：教师政治理论水平的提高，是彻底的进行教学改革的基本条件之一。为了深入与细致地从思想上划清革命与反革命、工人阶级与资产阶级的界限，系统地建立起马克思、列宁主义的立场、观点、方法，必须建立系统的经常的政治理论学习。

乙、学习内容：初步规定学习中国新民主主义革命史、马列主义基础、政治经济学、辩证唯物论与历史唯物论四种课程，平均每种学习一年。在下学期中先用一定时间学习《实践论》《矛盾论》，以期学习一些唯物论、辩证法的基本观点、方法，给今后长期的政治理论学习打下思想基础。

此外，并结合国内外重大政治问题，进行时事政策的学习；及结合学校中的中心工作进行学习，特别学习苏联先进的教育经验。

丙、学习方法：政治理论学习以自学为主，发挥独立钻研精神，辅以专题报告及小组讨论。为了加强对学习的帮助，拟约请校内外负责同志作启发、解答与总结报告。

丁、学习制度：理论学习一般的每二周三次，共九小时，下学期共计十八次。在自愿的基础上，小组订立严格的学习纪律，以保证正规的学习进行，提倡做读书笔记。

戊、组织领导：由教师学习委员会负责领导与检查，学委会下设学习干事，负责收集学习中的问题并组织讨论，每人每周工作三小时。具体的组织工作，由政治辅导处负责。

己、下学期共计十四周至十五周，以每周政治学习二次、共六小时计（不包括读报），最少共计二十八次，除理论学习十八次外，尚余十次时间可学习时事政策及学习苏联先进教育经验等。

（二）学生的社会经济课程的计划：

……

注：职工政治工作计划另订。

《新清华》第 1 期，1953 年 4 月 2 日

本学期职工学习计划

（1953 年 4 月 18 日）

（一）为提高工作和培养干部，确定在职员中进行较系统的政治理论常识的学习，以便打下今后理论学习的基础。为此，除部分具有较高的理论水平和文化水平的职员可组成中级班参加教师理论学习外，大部分职员均组成初级班进行学习。文化水平在高小以下的职员和工友，参加业余学校文化学习和进行识字教育。

（二）本学期中级班学习《实践论》，要求达到领会精神与实质，以对思想水平有所提高。初级班根据市教育工会规定，学习《政治常识读本》，要求提高对革命的认识。学习方法：中级班以自学讨论为主，并聘请负责同志予以辅导；初级班以自学讨论为主，以解答报告为辅。

（三）加强全体职工时事政策学习，除职员参加全校组织的时事政策学习外，工友每月单独组织一次时事政策学习，请专人报告。

（四）职工政治理论教育和时事政策教育，必须贯彻密切联系学校当前实际工作的方针，以便提高思想和推动工作。

（五）理论学习组织：中级班以教务处、校长办公室、图书馆为一组；总务处所属单位及人事室为一组。初级班基本上以各科、系馆编成若干学习小组。学习时间：中级班为每星期一、三晚七时至十时，初级班为每星期一、五晚七时至十时。各组每周

集体阅读一次，小组讨论一次。中级班每月两组合并进行一次讨论。初级班每两周进行一次解答报告。

（六）四月份计划：开学第二周除中级班学习《实践论》报告一次外，各班学习时事（朝鲜问题）一次。第三周除完成编组外，学习婚姻法一次；第四周中级班第一次学习《苏联高等学校的组织与领导》，第二次开始学《实践论》，初级班开始学习《政治常识读本》。

《新清华》第 2 期，1953 年 4 月 18 日

清华大学 1954 年职工优良工作者、先进工作者及优良工作单位评选办法

——十一月十二日一九五四——一九五五年度校务委员会第二次会议通过

（1954 年 11 月 12 日）

为了鼓励全体职工树立社会主义的劳动态度和自觉的劳动纪律，培养勤勤恳恳为群众服务的优良工作作风，发扬集体主义精神，更好地为教学服务，为学校的发展服务，为全校师生员工的生活服务，特制订一九五四年职工优良工作者、先进工作者及优良工作单位评选办法。

一、职工优良工作者条件：

1. 热爱工作，认真负责。

甲、办公室职员：工作计划性强，利用工作日落实制度提高工作效率。认真执行行政领导的指示，努力钻研业务，不断改进工作。联系群众，热心为群众服务。

乙、技术工人：认真实行预估工、估时制度。努力改进劳动组织、工作方法和工具，缩短非生产时间，以保证经常完成或提前完成工作任务，保证工作质量。

丙、教学辅助人员：钻研业务，按照教学工作的要求，努力提高教学辅助工作的质量。提高工作效率，充分利用课堂间隙从事生产或工作。

丁、炊事员、普通工人：热心为群众服务，认真实行职掌负责制。能按照行政领导的要求完成任务，并力求超过工作规定量。经常征求群众意见，改进工作。

2. 遵守劳动纪律，服从领导，遵守学校规章制度。

3. 爱护国家财产及公共财物，认真维护仪器设备，降低材料消耗额，在精简节约中有成绩。

4. 政治学习努力，思想有进步。

5. 团结互助，能开展批评自我批评。

二、优良工作单位条件：

1. 按照上级的指示制订本单位每月工作计划（经上级行政批准），每位同志能自觉地订出个人计划（经行政领导批准），执行和完成计划，并每月召开小组会检查。

2. 全体同志积极工作，并且关心整体工作，发扬集体主义精神，共同克服困难，完成工作任务，并不断提高工作效率。

3. 全体同志遵守劳动纪律，经常维持较高的出勤率，没有旷工现象。

4. 团结互助，经常进行批评自我批评。

5. 全体同志积极参加政治或文化学习。

6. 联系群众，经常征求服务对象的意见，改进工作。

三、评选办法：

1. 设立清华大学一九五四年职工优良工作者、先进工作者及优良工作单位评选委员会，委员会成员由校务行政会议通过之。

2. 在评选委员会领导下按行政单位成立分评选委员会，由该单位党、政、工、团负责人及若干职工组成。

3. 优良工作者由各单位分评选委员会初步提名，经过小组讨论，提出修改或补充的意见，再由分评选委员会正式提名，由小组进行投票选举，最后经学校评选委员会批准。

4. 先进工作者在一九五四年度职工优良工作者中产生。

5. 优良工作单位产生办法：

甲、凡一个工作单位或工作小组，经全体成员自愿，皆可争取成为优良工作单位。该单位可订出争取"优良工作单位"计划，经本单位全体同志讨论通过并可以按月向评选委员会报告完成计划情况，评选委员会得进行检查。

乙、评选时，任何单位可以自报，也可由其他单位或工会推荐。

丙、优良工作单位由该单位上一级行政领导提出初步意见经评选委员会讨论批准之。

四、给奖办法：（另订）

五、本评选办法由校务委员会通过施行。

《清华公报》第 5 期，1954 年 12 月 23 日

本校全体青年教师保证书

（1955 年 10 月 29 日）

我们是清华大学的全体青年教师。五年计划的公布，全国青年社会主义建设积极分子大会的召开，深刻地教育和鼓舞了我

们。我们每人深深认识到，当祖国向社会主义进军时，作为一个年轻人民教师责任的光荣和重大。社会主义工业化是我国在过渡时期的中心任务，而社会主义工业化的中心环节则是优先发展重工业。清华大学是一个培养祖国重工业基本建设干部的高等学校，在第一个五年计划完成的时候，我们学校将有学生一万人，那时每年将有我们亲手参与培养出的两千多个新型的工程师，来参加祖国的社会主义工业建设。

党给予了我们年轻一代无限的关怀与信任，而我们还要通过自己的劳动把党的关怀传达给祖国更年轻的一代。我们亲手培养着"祖国的未来和希望"。我们以能做一个"人类灵魂的工程师"而感到幸福和自豪。

我们决心把自己的全部心力献给祖国的共产主义教育事业。响应全国青年社会主义建设积极分子大会的号召，做伟大祖国的忠实儿女，立志做一个社会主义建设积极分子。我们庄严地提出下面的保证：

一、努力学习马克思列宁主义，关心国内外阶级斗争，提高革命警惕性，警惕和克服资产阶级思想影响，不断提高共产主义觉悟。

二、安心和热爱分配给自己的教学任务，努力学习苏联先进经验和教学改革方针政策。执行好工作量制度。认真备课，加强教学的思想性、科学性、系统性，不断改进教学方法，培养同学独立工作能力，注意保证学时，提高教学质量。关心学生全面成长。本年度要积极参加教学改革经验总结工作及实验室建立工作。

三、顽强坚毅、循序渐进地向科学进军。订出切实可行的进修计划，认真执行。二、三年毕业的年轻教师要尽快提高到能胜任五年制教学工作。已基本胜任教学工作的年轻教师要积极参加科学研究工作。新助教要尽快地熟悉教学工作，在教学中提高自己。

四、加强团结，互勉互励，开展批评与自我批评。尊重老教师，并虚心地向他们学习。

五、积极参加体育锻炼，提高健康水平。积极参加文化艺术活动，提高文化修养。

我们决心实现以上保证，做伟大祖国的忠实儿女，为祖国培养更多的质量更高的新型工程师，为培养自己成为教育家、科学家也是社会活动家的新型的人民教师而努力！

清华大学全体青年教师

《新清华》第 110 期，1955 年 10 月 29 日

刘仙洲等 14 位老教师关于
红专规划的倡议※

（1958 年 4 月 1 日）

同志们：

我国社会主义革命在经济战线上取得基本胜利以后，经过全民大整风，使全国工业和农业都获得了巨大的跃进。在这样的形势之下，我校连续进行了：教学工作大辩论、反击右派大斗争、实验室整改工作、科学研究工作两条道路的大辩论和同学中的红专大辩论等；使全校绝大多数的师生员工在政治思想上都大大地提高了一步。最近在党的领导下，又轰轰烈烈地发动了一次双反运动。几天以内，全校贴出的大字报达到二百六十九万多张。蒋校长总结这次运动，曾说："这次双反运动是群众的大发动，是全校的大整风，是在思想上大破大立，人人向红专都有

了大跃进。"我们相信：紧跟着思想上的大跃进，一定会表现出我们全校工作上的大跃进，以迎接即将到来的技术革新的高潮！

我们十四个人，按年岁说，虽说是都大了一些，但是决不甘心落后！一定还要"乘风破浪，力争上游"！我们除了诚心诚意地接受并且坚决地改正全校同人对我们指出的缺点和错误以外，更初步地商订了五条原则，作为我们每个人制定具体红专规划时的纲要。同时也愿向全体教师同志们提出，作为一个倡议。

我们商订的五条原则如下：

建议全校教师进行红专规划的纲要

（一）坚决地在中国共产党的领导下，走社会主义道路，在一切工作中，忠实地贯彻党的方针政策。

（二）坚决地批判资产阶级的思想和立场。个人利益一定要服从国家和集体的利益。全心全意为祖国社会主义建设事业服务。

（三）努力学习马克思列宁主义和毛主席的著作，树立无产阶级的立场、观点和方法，加速自我改造。

（四）通过参加社会实践和劳动实践，树立理论联系实际的思想，加强劳动观点，积极培养劳动人民的思想感情。

（五）根据祖国的需要，努力完成学校交给的教学、科学研究和生产任务。继续坚持学习苏联在教学和科学研究方面的先进经验；发扬集体主义精神，加强全校师生员工的团结，加强校内外的协作，多快好省地为祖国培养又红又专的建设干部。

我们坚决地按照上述五项原则，制定个人的具体规划，并保证认真执行。

刘仙洲　　张子高　　马约翰　　施嘉炀　　李辑祥　　梁思成

章名涛　　庄前鼎　　陶葆楷　　张　任　　李酉山　　吴柳生

陈士骅　　金希武

1958 年 4 月 1 日

《新清华》第 280 期，1958 年 4 月 2 日

关于政治教育工作三年规划要点

（草案）（节选）

（1962 年 2 月 11 日）

一、党的建设工作

加强党的建设，做好干部轮训与党内教育工作，不断提高干部、党员的理论政策水平，是当前思想政治工作的首要任务。

1. 干部轮训：根据中央和市委关于轮训干部的指示，除总支书记以上干部（20 余人）参加市委集中学习外，在校内举办干部学习班，集中相当教师、职工党支委以上的干部（600 人）分批进行轮训，每期一个月左右。学习内容主要为社会主义建设基本理论和党的建设问题。除已办三期外，一九六二年内再办四期，教师、职工分开举办，将全校干部轮训一遍。此后，组织干部学习毛泽东选集四卷。

2. 举办业余党校，在教师、职工、学生党员中有计划地进行党的基本知识的教育。教师党员和文化水平较高的职员党员在一九六二年中，由参加市委学习的党委干部系统地讲党课，每学期 2～3 次，利用组织生活时间进行学习和讨论。职工党员全校分批集中学习，每批学习一周。学生党员在一九六二年暑假集中

一周进行党课学习。

一九六三年以后，只在预备党员中系统进行党的基本知识教育。

3. 定期组织干部总结工作，学习党的有关方针政策。每学期末或开学前，分别组织教师、职工党支部书记以上干部、行政科长以上干部、学生党支部书记和团的半脱产干部以及班级主任、政治课教师学习形势和有关方针政策，总结工作，统一思想，提高认识。

4. 做好发展新党员的工作。今后在教师、职工、学生，特别是青年教师、高年级学生以及教学辅助人员、生活战线等薄弱部门中严肃慎重地发展党员。三年内具体要求如下：

① 在教师中发展党员 130 人到 150 人。其中教授、副教授 10 人，讲师、助教 120 人到 140 人。加上三年内由新教师中补充的党员在内，预计教师党员可达 1 050 人，由现在占全体教师的 40％增加到 46％左右。

② 职工中发展党员 90 人到 110 人。党员由现在占职工总数的 14％增加到 17％左右。

③ 学生（包括研究生）中发展党员 400 人到 450 人，党员由现在占学生总数不到 10％增加到 11％左右，其中毕业班学生党员要求达到 15％。

为了不断提高新党员的质量，必须按党章规定对积极分子进行严格、全面的审查，加强对他们的教育考察工作。由党委和各总支对他们开设党课，进行有关党的基本知识的教育。派政治上优秀的党员加强对他们的个别联系工作。凡教授、副教授应由总支正副书记，讲师由支部正副书记亲自联系，对他们进行深入细致的工作。

二、形势政策教育和马列主义理论教育

继续贯彻形势政策教育与马列主义理论教育两条腿走路的方针，进一步组织全校师生、职工学习马列主义、毛泽东思想。反对现代修正主义；高举三面红旗；不断提高思想觉悟和理论政策水平。

1. 加强国际国内形势和党的路线、方针、政策的教育，活学活用毛泽东思想。

下学期要着重加强国内形势教育。反对现代修正主义教育，要更深入系统地进行。对反对修正主义的若干问题，要组织党委学习毛选的同志进行专题研究并吸收部分政治教员及政治工作干部参加，研究结果举办讲座，向政治思想工作干部作报告。也可以请校外有关同志进行专题讲座（如修正主义的文艺思想），从根本上认识修正主义的本质（例如：国际问题上修正主义的路线、政策；修正主义关于社会主义和过渡到共产主义的经济建设理论；修正主义关于政权、国家、政党的理论；修正主义的社会历史根源；修正主义的世界观和方法论等）。

群众形势教育每月6～8小时，时间改为星期五下午。

加强思想情况调查研究。组织政治教师、班级主任、团半脱产干部深入每个班级进行指导。加强对个别人的工作，正确掌握政策，团结广大群众。

2. 三年内政治理论教育工作的中心是提高教学质量，使教学基本过关。

① 提高讲课质量。

要求讲课能够以毛泽东思想为指针，形成理论与实际紧密结合的战斗学风；能够正确地讲解马列主义基本理论，较好地联系国内外形势、党的路线方针政策和群众的活思想，努力做到深入浅出。三年中培养20～30名较高水平的讲课教员。

② 教学进一步稳定。

一九六二年暑假后，在一年级设中共党史、三年级设政治经济学、四年级设哲学，每门课 90 学时（每周课内三学时）。在二年级增设国际共产主义运动史讲座 18 学时。三门课及讲座共288 学时（目前中共党史 90 学时，政治经济学、哲学各为 80 学时），并使讲课、辅导、讨论、考试、总结等一整套教学环节正常进行。一九六三年暑期前完成填平补齐任务（目前同时为五个年级约一万人开设，下学年五年级还有补课任务）。

③ 继续为研究生开"哲学经典著作选读"课，每周课内外共 6 小时，一年学完，五、六年级同学可以自由选读。

教师和文化水平较高的职工可以自愿参加自由选修各门政治课程。

在文化水平较低职工中，举办业余政治学习班，讲党的历史和革命传统，组织有关党的干部和政治教员讲课。

3. 政治理论教员队伍的成长。

① 三年内培养出 70 人左右的政治理论教育队伍。

② 注意基本理论学习。

三年内要求所有政治教员补学完三门马列主义基础理论课（包括国际共产主义运动史），认真学习毛泽东选集以及自己政治课专业方面主要的经典著作。

③ 参加社会实践和学校政治思想工作：

每人重点深入 1～2 个班进行形势、政策教育和思想工作，参加校内其他政治工作，争取三年内做到大多数政治教员都能到校外进行一次社会调查或参加生产劳动。

④ 政治教员除能独立承担本门政治课的教学任务和参加一定实际工作和社会实践外，将来还应当深入一门具体业务工作。具体有三种发展方向：在本门政治学科或社会科学的某方面进行

深入钻研；或结合自己原来专业，在自然科学上进行钻研；也可兼任政治思想工作以使理论与实际紧密结合，充分发挥政治教员的作用，稳定政治教师队伍。

⑤ 在科学研究方面：

三年中主要是结合教学，进行若干专题研究，促进教学质量的提高，同时积极准备为进一步开展科学研究工作创造条件。

⑥ 派出若干名具有相当教学工作经验的同志去高级党校或中国人民大学研究班学习，培养具有较高水平的教学和科学研究骨干力量。

三、关于团的工作和学生工作

（编者略）

四、加强党的统一战线工作，深入贯彻党的知识分子政策和双百方针，调动一切积极因素，办好学校

1. 加强团结、教育、改造知识分子的工作，坚持对他们进行阶级观点、群众观点、劳动观点及辩证唯物主义观点的教育，继续抓紧他们政治立场的改造。贯彻团结——批评——团结的方针，运用群众自我教育的形式，使这支队伍更紧密地团结在党的周围。

……

② 进一步发扬社会主义民主和贯彻自我教育的原则，根据"三自三不"的精神开好"神仙会"，及时研究和反映他们的思想政治动向和对方针政策的态度及意见。

2. 调整好各方面的关系，处理好与党外人士的合作共事关系，关心他们的工作、业务和生活。

① 进行典型调研，总结党与非党合作共事的经验和问题，配合行政帮助担任教研组主任以上工作的党外人士做好工作，做到有职有权有责。

② 分期分批研究高级知识分子的业务状况和学术工作并进行安排。对于确有特殊专长的老教授要逐个安排，对他们的助手、工作时间、工作条件等问题，要切实解决，建立管理制度，稳定下来。

③ 加强与民主党派负责人的接触，帮助他们开展工作，注意听取他们的意见。

④ 配合有关部门做好高级知识分子的健康、保护、轮休、疗养、生活照顾等方面的工作。

3. 加强干部中的统战政策教育，改进组织领导。

① 每年召开一次全校统战工作会议，学习和讨论方针政策，总结和交流经验。

② 健全统一领导、分级管理的制度和办法，对重点人物进行深入细致的个别研究。

③ 凡有统战对象的单位，应指定一名相当支部书记、副书记以上的干部负责统战工作。

4. 深入贯彻"百花齐放、百家争鸣"的方针。逐步形成毛主席指示的"既有集中又有民主，既有纪律又有自由，既有统一意志又有个人心情舒畅，生动活泼的政治局面"。

① 在思想政治教育工作中要认真贯彻民主讨论的精神，创造敢于坚持真理、实事求是的风气。不同意见，应提倡充分发表，并允许保留。

② 在今年内要继续搞透甄别处理工作。

③ 提倡并创造条件让持有不同学术观点的人或学派举办讲座或报告会。

④ 校一级有关部门（教务处、科学处、宣传部、统战部）和各系定期会同研究贯彻"双百方针"中的经验和问题。

5. 做好华侨、少数民族、宗教徒的工作。华侨工作以解决华侨的生活问题为主，少数民族工作以回族的工作为重点。

……

五、关于职工工作和工会工作

1. 职工工作

培养一支又红又专的职工队伍，调动全体职工的积极性，为教学、科学研究和生产服务，为全校师生员工的生活服务。

① 加强形势教育和革命传统教育，教育职工认清形势和自己的任务，正确处理长远利益和眼前利益、集体利益和个人利益的关系，发愤图强，艰苦奋斗，做好工作。

每季由党委给职工作一次形势报告，开办职工业余政治学习班，分期分批组织职工学习时事政治。

② 深入细致地做好各类职工的工作。在教学辅助人员中，要加强集体主义教育，教育他们热爱教学辅助工作，帮助他们又红又专。在生活服务人员中要进行为人民服务和学校工作以生活为基础的方针教育，提倡勤俭节约，遵守纪律，办事公道，方便群众。在生产工人中要加强劳动教育和纪律教育，提倡努力生产、刻苦学习，不断提高劳动生产率。在行政职员中，要加强群众观点的教育，不断改进工作方法和工作作风，提高工作效率。

③ 加强职工业余文化教育。首先要提高职工业余学校和业余中技校的教学质量，稳定教学秩序，逐步开展电视大学、夜大学、选修大学课程等业余高等教育，使应参加学习的职工 2 800 人的 85％以上都能入学，在一年半内扫除文盲，三年内培养夜大毕业生 30～40 人、中技和高中毕业生 200～250 人、初中和高小毕业生约 300 人，职工中正、副科长，正、副车间主任，党支部书记、副书记以上干部，凡文化程度在高小以下的，三年内应

帮助他们学习文化，达到高小以上水平。

④ 开展经常性的劳动竞赛和评比奖励工作，不断提高劳动生产率和服务质量。在全校生产和生活服务部门，按月按季开展劳动竞赛和评比奖励，对于先进个人和先进单位，给予物质奖励，对于严重违反劳动纪律的，要给予处分。有奖有罚，纪律严明。

2. 工会工作

工会应该在党的领导下，加强对会员的思想教育，做好生活福利工作，特别要配合党委做好职工工作，充分发挥工会在职工中的作用。

① 做好先进人物的选拔、表扬工作。教职工的"群英会"每年召开一次。通过表扬先进，对会员进行思想教育，在日常工作中注意发挥先进人物的作用。校工会每年要集中了解和研究两次先进人物的情况和问题。为了加强对女教职工和家庭妇女的培养和教育，每年"三八"节，要评选一次"三八红旗手"，给予一定的奖励。

② 在全体会员和家属中，积极开展共产主义道德品质教育，提倡爱护公共财物、守秩序、讲卫生、培养文明习惯和革命风尚。一九六二年春季集中开展一次共产主义道德和文明习惯的教育运动。并整顿和美化校园，加强公共场所管理，维护公共秩序。以后每年结合"五一""十一"抓二次。

③ 关心群众生活，坚持劳逸结合，积极开展文化、体育活动。

工会要经常了解群众的生活状况，搞好生活困难补助和急贷工作，帮助低薪职工解决生活困难，安排好生活，搞好医药互助，办好家属食堂和服务站，加强教职工家属的工作，使教职工能集中精力做好工作。

坚持劳逸结合，搞好休息、休养和保健工作，充实八达岭休养站，组织好教职工的假期休息和休养活动。特别注意做好高级知识分子、年老体弱的教职工和党政领导干部的保健工作，关心女同志的身体健康。

积极开展群众性的文化体育活动，全校性文娱社团和体育代表队要充实骨干，巩固和提高水平。

清华大学档案，全宗号 2，目录号 党 1，案卷号 62039

党委统战部对高级知识分子工作的几项规定草案※（初稿）（节选）

（1962 年 5 月 8 日）

1. 根据中央团结教育改造知识分子的政策，帮助知识分子进行思想改造的目的是：调动一切积极因素，团结一切可以团结的人，帮助他们提高思想政治觉悟，适应新社会的需要，为建设社会主义服务，形成既有集中又有民主，既有纪律又有自由，既有统一意志又有个人心情舒畅生动活泼的政治局面。

2. 帮助党外高级知识分子进行自我改造的根本目标是改造成为又红又专的工人阶级知识分子，红的初步要求是拥护共产党的领导，拥护社会主义，愿意为社会主义服务。在这个基础上还要进一步全面改造世界观，但对大多数人来说，这是长远的要求，长远的要求和当前的要求既有联系又有区别，不能用长远的要求来衡量当前的言行，不能要求过急，也不能不加区别地对所有的人作一律的要求。

3. 知识分子的思想改造主要是通过三条途径：即通过社会生活的观察和实践，通过他们本身的业务实践和通过马克思列宁主

· 205 ·

义毛泽东思想的学习。应该经常组织他们学习国内、外形势和任务，学习党的方针政策和上级机关的指示和决议。

4. 根据中央的知识分子政策和当前形势，必须对党外高级知识分子有正确的估计，政治上给以足够的信任。在对待党的路线、方针、政策问题上，必须严格地分清是反对还是有怀疑或一时认识不清；即使是反对也应该允许发表意见和保留意见，但在行政上作了决议之后就应要求贯彻执行。在学习马克思列宁主义改造世界观问题上，不能要求每个人都成为马克思列宁主义者，都接受共产主义，只要他们服从国家的要求，愿意工作，就应该主动和他们搞好团结。

5. 对党外高级知识分子的改造主要是在革命形势的推动下，启发他们自觉，通过民主的方法、和风细雨的方法，进行自我教育和自我改造；不能采取简单粗暴、强制压服的方法，更不容许用对敌斗争的方法。

党组织应注意继续不断地调整关系，清理各项运动及工作中的遗留问题，以利于辨明是非、澄清思想，加强团结。对党外高级知识分子的工作由党委掌握，党委、总支和支部的负责同志应和他们建立联系，经常交换意见，听取意见。

6. 我们和右派分子之间的矛盾……当作人民内部问题来处理，在政治上应严格划清界限，帮助他们改造政治立场。但是，对他们也必须实事求是，只要他们愿意悔改，就应热情欢迎；帮助他们进步；业务上发挥专长，做出成绩应肯定；在政治活动、日常工作和生活上严格按规定办事，不应歧视；不应当认为右派的一切言行都是错误的，一律都加以批判斗争。即使是继续公开有反党反社会主义言行的人，也应该请示党委处理。

7. 认真搞好党和非党的合作共事关系，党组织应经常地宣传党的方针政策，在工作中应使他们有职有权有责，和他们一起，研究情况，总结经验，帮助他们做好工作。对重大问题党组织应该积极负责地主动提出建议，但不要任意干涉他们行政职权范围内的事务；应研究他们的助手的工作情况，力求尽量减轻可以不由他们担任的行政事务工作；党组织应教育党、团员尊重上级行政的领导，模范地执行行政决定，遇有不同意见也应该积极反映。

8. 充分发挥党外高级知识分子的专长，创设一定条件，帮助他们在学术上做出成绩。党组织应教育党员和青年尊敬老教师，虚心学习他们的学术专长和教学经验。对党外高级知识分子在业务上所存在的不足，应该在本人自愿和可能的情况下，逐步提高，不要强人所难。

9. 在学术上要贯彻"百花齐放、百家争鸣"的方针，必须鼓励不同学派、不同学术见解自由探讨，自由辩论；允许自由发表意见，允许坚持或保留意见；应保护批评的权利也要保护反批评的权利。学术争论不能用贴标签、行政决定和少数服从多数的办法解决；党员应以个人身份积极参加讨论，但应避免以党组织的代表的身份出现，不要对学术问题轻易作出政治评价。

10. 在学术工作方面，应力求把国家的需要同本人的特长、志愿结合起来，努力完成国家委托的任务；应支持根据本人特长、志趣和学术见解自由选题，开展学术活动，并在工作条件上尽可能给以支持。

11. 必须按照中央的规定，切实保证至少六分之五的时间用于业务工作，业余时间自己支配。安排好政治学习、社会活动和各种会议，讲究实效，力求精简。经常调查研究这方面的情况，向校内外有关方面反映，以保证更多的时间用于业务工作。

12. 对高级知识分子的生活和健康，党组织应经常注意，对他们不应与青年人作同样的要求，对年老体弱有病的人应给以适当照顾。

清华大学档案，全宗号 2，目录号 党 4，案卷号 023

1961 年的职工工作

（1962 年）

1961 年的职工工作本着"政治为统帅、教学为中心、生活为基础"的原则，调动了全校职工的积极性，保证了教学、科学研究、生产和生活工作的顺利进行。主要作了以下几方面的工作：

一、从今年 1 月至 7 月底在职工中开展了今昔对比教育运动。这次运动对全体职工是一次深刻的、生动的阶级教育、形势教育和活的思想教育，提高了职工的阶级觉悟，对帝国主义、地主、资产阶级的本性有了明确认识，找到了苦根，同时更深刻地体会到胜利果实来得不易、解放后当家作主的幸福、社会主义制度的优越性、党和毛主席领导的英明。干部在这次运动中也受到了教育和锻炼，对职工的特点有了进一步的了解，认识到思想政治工作的重要性，对少数只抓行政事务、忽视思想工作的干部也是非常有益的一课。

对比教育以后，由于职工提高了阶级觉悟，干部改进了工作作风，提高了工作水平，在职工中出现了不少新气象，干群关系更加密切，群众之间也充满了阶级友爱，学习文化、政治、业务的劲头更大了。群众的精神面目更加奋发，劳动生产率有了显著提高。

二、动员复员军人返乡支援农业生产。本着缩短战线集中兵力的精神，对校内工作做了妥善安排，坚决压缩了行政职员编制。这项工作从 6 月 8 日开始到 7 月初基本结束，工作进行得比较顺利。这次动员工作采取由上而下，由干部到群众，层层动员的办法，在复员军人中讲形势，讲农业是国民经济的基础，讲建设社会主义新农村的光荣任务，因此大大地鼓励了复员军人的责任感。另外对具体问题采取了具体分析、按人落实的办法，关心合理要求，对一些具体问题在离校前都做了认真负责的处理。

三、从 10 月 18 日至 12 月 4 日召开了职工工作会，会议是按照"虚、实相结合"的精神进行的。会议着重解决两个问题：（1）安排好全校师生员工今冬明春的生活；（2）进一步调动职工群众的积极性，更好地为教学、科学研究、生产及生活工作服务。

在安排好今冬明春的生活工作方面重点抓了：（1）食堂工作：各单位给食堂配备了干部，加强了领导，比较重视了炊事员的思想工作，改进了管理，调整了膳友和炊事员的关系，并且解决了炊具缺少、炊具及房屋的修理等实际问题。（2）对冬季供暖和保健工作做了检查和安排。（3）对体弱有病的职工各单位都较细致的安排了他们的工作、学习和生活。对于经济上确有困难的职工也给予了适当解决。

在进一步调动职工群众的积极性方面：在总结了几年来的思想政治工作经验的同时，深深体会到要做好职工工作，一方面要坚决贯彻党的方针政策，另一方面应有正确的工作方法和优良的工作作风。思想政治工作要深入细致，不能简单化。多数系还成立了调查组，初步摸到了阻碍各行各业职工积极性的主要问题，并分别具体情况，进行了处理。凡是能够解决的问题大部分得到了解决，暂时不能解决的或不合理的要求也向群众作了解释。对有些同志的工作安排不当、业务范围不明或工作调动频繁，对仪器设备没有充分发挥作用或保管不善等都分别作了认真的研究和处理，并且初步拟订了实验员工作条例（草案）、食堂工作条例（草案）等七项规章制度。通过这些工作和干群关系的改善，群众积极性有了进一步提高。

四、职工业余教育工作。从大跃进以来，已经初步建立起一个从文盲到大专的教育体系，使职工可以分别进入业余学校、中技校、夜大班及北京市教育局等单位联合举办的电视大学清华电视大学班学习，入学人数 883 人，占职工应入学人数的 30％。

今年的职工业余教育工作根据党的"调整、巩固、充实、提高"的方针，调整了班次、课程设置和学习时间，教学上贯彻了"少而精""精讲多练，当堂巩固"的原则，教学质量有显著提高。

《清华大学一览 1961》，1962 年

(2) 培养提高

为青年教师的进修和科学研究创造条件
（1956 年 11 月 3 日）

工会会员对于开展科学研究工作方面提出了 9 件提案和建议，其中主要包括：一、提高青年教师科学水平；二、为科学研究创造条件，解决工作时间、设备等问题。根据会员的提案，目

前科学处正在进行的工作有以下几方面：

一、关于青年教师的进修问题

（1）制定了在本校教师中培养不脱产副博士研究生的具体办法①，作为比较成熟的讲师、助教提高业务水平的重要道路。现在各系报名审查已近结束，即将制订计划，具体进行工作。

（2）设立研究生科，专门管理副博士研究生和原有研究生以及进修教师的工作。

（3）准备根据会员的建议向有关教研组接洽开设全校性的短期业务课讲座，并已由教务处请俄文教研组开设了英德文班。

（4）对于广大青年助教提高科学水平的方针，科学处在本年度工作要点中提出：首先确定科学方向，有目的有重点地补习基础，积极地参加到年长教师的研究工作中去作为助手，从实际工作中提高自己。科学处认为无目的地听课补基础的办法是不好的；同时在还没有掌握本身教学业务前就过早地要求做科学研究工作也是不恰当的。在青年教师补习基础和科学工作中，固然要争取加强指导，但更重要的是要培养独立工作的精神和能力。有不少系和教研组所订的计划是符合上述原则的，教务处还准备与科学处共同研究各系、组的经验，制订教师提高与进修的具体制度。

二、关于创造科学研究条件的问题

（1）科学研究工作的时间问题，目前反映最尖锐的主要是负有行政责任的教授与讲师。现在校内工作制度的安排问题正由校长办公室统一研究，最近即可解决；至于校外社会活动与业务活动过重问题，科学处要求教师本人自己提出，学校尽量协助反映

---

① 编者注：《关于培养不脱产副博士研究生的暂行办法》（1956 年 9 月 17 日校务行政会议通过）参见《清华大学史料选编》第六卷第四分册第 422 页。

与解决。

（2）设备供应问题。新成立的实验室科全面负责设备的计划、订货与采购、管理工作。实验室科成立以来，在各系支援和人事室大力协助下，充实了机构，已由原有的七、八人扩充到三十多人。最近三周内积极到各方面采购的结果，已经完成了原来积压下来采购任务（约占全年任务的一半）的1/4。此外，实验室科成立了四个供应站，分别负责供应机械、电气、建筑材料、化学药品；还准备建立小规模的全校储备仓库，以适应科学研究随时需要多品种材料的特点。

（3）设备制造问题。新成立的综合性设备制造厂，包括金工、电气、电学玻璃三个车间和设计室等四部分，目前中心任务是提高生产力。采取的主要措施是大力培训徒工：计划在一年内培训技工一百二十人，把现有生产力提高到三倍。但这一措施要到明年八月才能收效。当前生产力落后于各系组要求的状况是严重的，现在金工车间积压的任务已达千余工时，折合该厂三个月的全部生产力。对于当前问题的解决，科学处准备一方面发掘全校生产潜力，一方面争取在校外工厂加工订货；此外，科学处还将制订一个由各系组负责人参加审查与批准各系组订制计划的办法，来做好任务排队工作，使对教学工作或国民经济影响最大的设备能得到优先的保证。

科学研究处

《新清华》第157期，1956年11月3日

清华大学赴国外学习人员情况表

（1957 年）

项　　目	总计	按政治面目分				按职别分			
		共产党员	共青团员	民主党派	无党派	教授	副教授	讲师	助教
合计①	50	38	3	4	5	6	2	19	23
百分比％		76	6	8	10	12	4	38	46
（1）已经回国的	9	5	0	1	3	4	2	3	/
（2）正在国外学习的	31	23	3	3	2	2	/	13	16
（3）即将出国的	10	10	/	/	/	/	/	3	7
（4）准备出国的	10	7	1	/	2	2	/	2	6
（1）（2）合计	40	28	3	4	5	6	2	16	16
％	100	70	7.5	10	12.5	15	5	40	40
（3）（4）合计	20	17	1	/	2	2	/	5	13
％	100	85	5	/	10	10	/	25	65

清华大学档案，全宗号 2，目录号 校 5，案卷号 57017

关于学制改变后干部和工人的发展和
培养的计划（草案）（1959—1964 年）

（1959 年 5 月 15 日）

一、为培养高质量的干部，中央决定将我校学制改为十年

---

① 编者注：此为（1）（2）（3）项的合计。

制，并分本科与高级班两个阶段。其中本科延长为六年半，高级班学习期限为三年。

据此在校学生人数如下：

（1）本科学生：原 60、61 班学制延长一年，改为六年，原 62 班以后均改为六年半，1960 年无毕业生。如今后每年招生人数按今年招生 2200 人计算，则本科学生将保持在 15 500 人左右。

（2）高级班：1959 年招生 200 人，1960 年因本校无毕业生，可从原 0 字班中选 300 人到高级班，1961 年仍从原 0 字班留 300 人，从 1962 年起每年招收 500 人，则 1964 年在校高级班学生为 1 500 人。

（3）进修教师估计每年为 250 人。

（4）夜大学、干部班如继续招生（是否继续招生请党委决定），估计夜大学每年招生 200 人，干部班每年招生 60 人。

上述在校各类学生总计为 18 600 人左右（以 1964 年在校数字计）。1965 年以后，将保持在 18 000 人左右（历年在校各类学生统计数字参看附表一）。本规划系根据以上学生人数为基础而拟定。

二、根据以上任务，1959—1964 年五年内教师职工计划达到数量如下：

1. 教师：

（1）教师与学生的比例的确定：教育部 1957 年 1 月所发之参考指标规定，教师与学生的比例为 1∶10。根据我校历年来实际统计结果在 1∶7.5～8.5 之间，1959 年 4 月份统计全校教师共计 1 486 人（包括今年抽调的 112 人，不包括担任行政工作、政治工作的 70 人），全校学生 11 661 人（包括夜大、进修教师、研究生、留学生、干部班等在内），教师与学生比例为 1∶7.8。

但目前教师工作情况很紧张，没有进修与提高时间，休息时间很少，1958 年学校贯彻执行教育与生产劳动相结合的方针以后，生产、科研任务增加了很多，教学工作量也较前为重，从长远看，教师的工作紧张情况如不加以改变，对学校发展提高不利，并考虑需要适当留有余地，我们认为教师与学生比例按 1∶6.5 计算，研究生按 1∶3 计算是适当的。

（2）据此，1959 年应有教师 1 794 人，即尚需增加 308 人，增加 20％强，这样是可以改变当前紧张状况的。1959 年已报请部申请补充助教 450 人（包括 1958 年报请抽调的 207 人在内），如能按此数批准，则大致能满足当前需要，根据目前情况来看，可能不会批准此数。另外，估计尚可分配到国内研究生、毕业生 10～12 人，留苏回国研究生、大学生大约 18～20 人。除此以外，尚需向教育部争取多分配些回国留苏学生来校。

（3）五年后（1964 年）教师总数：

根据上述比例计算，1964 年全校教师总数需有 3 100 人，即五年内需要补充 1 600 人。1960 年本校无毕业生，估计增加数量不大，预计 1961、1962、1963、1964 年每年需增加 300 人。

2. 教学和科研、生产辅助人员（包括教务员、总务员、实验员、绘图员，财务及部分教学技工等）：

（1）辅助人员和教师学生比例数确定：

根据教育部 1957 年参考指标，教辅与学生比例为 1∶15，即教辅与教师比例为 1∶1.5。根据我校几年来实际情况统计，1958 年以前与教师比例最高为 1∶2.5，1959 年 4 月份辅助人员 663 人，与教师比数为 1∶2.2。目前辅助人员工作紧张，增加了科研生产任务，有一部分还担任了一些辅助人员的工作，不能满足学校发展建立实验室及科研机构的需要。因此按教育部规定，教学辅助人员与教师比例 1∶1.5 比较适宜。

（2）五年后（1964 年）教学、科研、生产辅助人员总数：

按照上述比例计算，1964 年全校辅助人员需有 2 100 人，其中实验员 1 500 人（占 75%），在五年内增加 1 500 人，其中中技校毕业生 1 200 人。

1959 年已报各工业部申请分配中技校毕业生 384 人。

（3）根据过去几年中技生补充情况，无论数量质量均不能满足要求，因此需要开办中技校，从 1959 年开始每年招收初中毕业生 3 000 人左右，根据我校需要设置专业，分别由与专业相近的系培养，学习期限为三年，毕业后一部分留培养单位工作，其余按各单位需要由学校统一分配。这样，到 1964 年共有三届毕业生，预计可以补充中技生约 1 000 人，再加上向教育部申请分配一部分，即可满足需要。

3．技术工人：

（1）几年来学校技术工人由于来源困难，补充很少，1958 年生产上马后，技术力量很不足，问题很突出。目前全校有技工、徒工 1 059 人，其中 30% 为徒工。根据学校建立生产基地要求，预计今后五年内技术工人（包括徒工）总数约需 3 000 人，即五年内尚需补充 2 000 人。

（2）1959 年争取补充 300～500 人，主要来源是争取退役解放军。

4．行政职工：

（1）行政职工与学生的比例：

现在职工总数（编内）1 005 人（其中正式 843 人，临时 162 人），与现有学生 11 661 人的比例为 1：11.5，根据目前情况来看是比较紧的。预计按 1：10 的比例较为适宜。据此，1964 年需有职工总数为 1 800 人。

（2）1959 年需增加 239 人，其中炊事员 67 人，清洁工 40 人，医务人员 50 人，职员 50 人，保育员、教养员 32 人，其来源部分可由转业军官及国家机关内部调剂解决。医务人员来源很困难，可考虑自行培训一批护士。

总计以上数字，目前在校教职工编内、编外共计 4 500 人。按上述规划到 1964 年在校全部教职工，则达 10 000 人（其中教师 3 100 人，教辅 2 100 人，行政职工 1 800 人，工人 3 000 人）。

三、教师及技工的培养问题：

1. 教师的培养：为完成培养高质量干部的任务，现有教师队伍无论从政治上和业务上都不能满足要求，必须迅速提高。

根据上面的比例计算，估计教师每周有两天用于提高业务水平，星期日作为个人活动时间。从长远看采取这个措施是必要和恰当的。

此外，有计划派遣教师到国内外进修、讲学和参观访问。计划每年在外进修的教师占教师总数的 10％，即约 150～300 人。

这样，根据目前教师水平，通过上述措施之后，预计到 1964 年全体教师中相当于副教授水平的可达 300 人（10％），相当于讲师水平的可达 1 000 人（32％）（目前教师情况见附表二）。

2. 技术工人：

我校现有技工 745 人中，八级技工只有 4 人，六级工以上的有 108 人，仅占 13％，而三级工以下则有 561 人，占 74％，今后五年内需补充的技工 2 000 人中绝大部分也只能招收徒工自行培养。所以必须对现有技工及徒工大力进行培养，由各系按工种订出培养计划，于 1964 年培养出六级工以上的技工 400 人，对三级工的培养，学校按工种统一安排，由有关的系或工厂负责，达三级工水平以后，由学校按各单位需要统一分配，在工作岗位上继续培养。为了解决技工的培养问题，建立必要的考工制度是需要的（现在技工情况见附表三）。

党委组织部

人　事　处

1959 年 5 月 15 日

(附表一)　1958—1965年各类学生预计发展情况①

单位：人

各类学生	项目	1958—1959 第一学期	1958—1959 第二学期	1959—1960 第一学期	1959—1960 第二学期	1960—1961 第一学期	1960—1961 第二学期	1961—1962 第一学期	1961—1962 第二学期	1962—1963 第一学期	1962—1963 第二学期	1963—1964 第一学期	1963—1964 第二学期	1964—1965 第一学期	1964—1965 第二学期	1965—1966 第一学期	1965—1966 第二学期	备注
本科生	毕业数		1 633		300		2 028		2 331			1 923		2 750		2 200	109	
本科生	招生数			2 200		2 200		2 200		2 200		2 200		2 200		2 200	2 200	
本科生	在校合计	11 074		11 641	11 641	13 541	13 541	13 713	13 713	13 582	13 582	15 782	13 859	16 059	13 309	15 509	13 200	
研究生	招生数		8	280			10		280	300	300	300		500		500	500	
研究生	在校合计		18	290	290	590	590	880	880	1 100	1 100	1 300	1 300	1 500	1 500	1 500	1 500	
夜大	毕业数		47				203		153		252		200		200			
夜大	招生数		200		200		200		200		200		200		200		200	
夜大	在校合计（合计/2）	328		428	428	501	501	601	601	600	600	623	623	597	597	597	597	
干部班	毕业数		50															
干部班	招生数			60		60		60		60		60		60		60	60	
干部班	在校合计	655		855	855	1 002	1 002	1 202	1 202	1 199	1 199	1 246	1 246	1 194	1 194	1 194	1 194	
进修	招生数		86	150	150	150	150	150	150	150	150	150	150	150	150	150	150	
进修	在校合计	60		70	70	130	130	190	190	190	190	190	190	190	190	190	190	
教师	招生数			150	150	150	150	150	150	150	150	150	150	150	150	150	150	
教师	在校合计	186		250	250	250	250	250	250	250	250	250	250	250	250	250	250	
总计			11 661#		12 678#		15 012		15 634		15 721#	18 045#	16 212#	18 596	15 846	18 046	15 737	夜大学生算两个一个日大生总计
总计		11 993		13 106	12 678#	15 513	15 012	16 235	15 634	16 321	15 721#	18 768	16 845	19 193	16 443	18 643	16 334	夜大按一个的总计

① 编者注：表中标"＃"者为数据对不上，由编者所加。

（附表二） 现有和预计 1964 年教师情况统计表

	合计	教授	副教授	讲师 其						助教 其								
				小计	1952年提升的	1954年提升的	1955年提升的	1956年提升的	其他	小计	1952年毕业的	1953年毕业的	1954年毕业的	1955年毕业的	1956年毕业的	1957年毕业的	1958年毕业的	1959年抽调的
现有教师情况 ☆（水平连同相当）绝对数	1 486	55	47	255	41	79	44	53	38	1 129	47	211	83	123	220	95	238	112
百分数	100	3.7	3.1	17.1						76.1#								
（水平在相当内）绝对数	1 486#	55	67	493						821#								
百分数	100	3.7	4.6	33.2						58.5								
预计1964年时相当各类教师水平达到数字 绝对数	3 100	300	100						1 800	58								
百分数	100	10	32															

☆ 在相当栏内其中包括目前相当副教授水平的讲师 20 人，相当讲师水平的助教 258 人。

（附表三） 现有技术工人情况统计表

	徒工	技术工人									总计
		1级工	2级工	3级工	4级工	5级工	6级工	7级工	8级工	小计	
编内	50	40	27	22	20	29	43	33	2	216	266
编外	264	50	397	15	21	16	15	13	2	529	793
合计	314	90	424	37	41	45	58	46	4	745	1 059

清华大学档案，全宗号 2，目录号校 5，案卷号 59009

① 编者注：表中标"#"者为数据对不上，由编者所加。

清华大学党委关于教师职工队伍
培养提高三年规划纲要意见

（1962 年 4 月 27 日）

一九六二年到一九六四年，我校进一步贯彻调整、巩固、充实、提高的方针。学校的规模由目前在校本科学生数 12 200 人，逐步收缩至 10 000 人以下，并将招生人数稳定在每年 1 400 人。据此，教职工队伍人数，在三年中，结合精简工作，也将略有收缩，其与学生总人数的比例，将由目前的 1：2.8 减至 1：3。一九六二年到一九六四年我校教职工队伍将以培养提高调整为主，与精简人员结合，进行教职工队伍结构的调整，以大力提高教师职工队伍的质量，加强管理，达到精兵简政，提高工作效率的目的。

第一部分　教师队伍

我校现有教师 2 220 人，精简后尚有 2 005 人，其中教授、副教授 205 人，讲师 456 人，党员约占教师总数的 40%。

教授、副教授和一部分老讲师均有较多的教学经验和相应的学术水平，是我校教师队伍中的重要部分。大部分讲师和老助教也均有相当教学经验和实际工作锻炼。一九五八年后担任教师的新助教，多数是选拔的优秀毕业生，政治上和业务上都较好。

但我校教师队伍也有弱点，这表现在：科学水平不够高；大批年青教师基本功底子不厚；工艺设计方面的生产水平一般较低；各重要学科方面力量不平衡；近代的实验技术训练差。

教师队伍的政治思想水平、觉悟水平的不断提高，仍然是极重要的任务。

三年的主要指标是：使教授、副教授人数由 200 人增至 300 人左右，讲师由 460 人增加到 700 人左右，由讲师升副教授均需要有一定的科学理论著述或研究工作；培养出 200 名左右熟练掌握近代新兴科学方面实验技术的教师及实验工程师；培养出 100 名左右有较熟练水平的设计、工艺工程师；大力提高年轻教师的基本训练、基本理论水平和使他们积累相应的教学经验。

三年内，在做好教师思想政治工作的基础上，发展党员 100 名，力争把教师中党员比例由 40％提高到 48％左右（包括发展、补充和调整在内）。

为此，采取以下措施：

（1）一九六二年上半年为学有专长的老教师配备科学工作和教学工作的助手，年内试行教授轮休制度，鼓励其理论著述和研究工作；

（2）调整和确定参加校、系重点科研项目的教师名单，并定出计划和考核他们工作效果的办法；

（3）确定一些重要学科理论的方向，上半年选拔出确有培养前途的教师，定出计划，保证条件开始进行培养，同时调整基础课和主要技术基础课程讲员队伍，明确对课程教学质量的要求，保证条件，提高质量；

（4）在全校选定一些几年来科研工作有一定基础的学科方向，稳步而慎重地建立少数研究机构；

（5）为保证高质量教师的补充来源，抓紧研究生（在职和脱产）工作，年内对一九五八年以后来校的新教师要抓紧提高，规划落实，明确要求；

（6）有实验室的教研组，均应选派一定数量的教师，较长期地固定在实验室工作；

（7）年内由若干工艺、设计专业选派一定数量的教师 20～30

名去厂矿企业或研究机关安排一定时期的进修，以积累生产经验；

（8）办好校内生产性工厂及实验性工厂；年内配齐各厂技术干部；

（9）加强班级主任工作，年内做到一、二年级有班主任，三年级有级主任；

（10）年内定出教师升级标准，年内定出教师职责和考核制度；

（11）上半年定出教师工作量办法。

第二部分　教学辅助人员

全校在实验室工作的实验员、练习生现有 355 人，其中仅百分之十几为大专水平，其余平均相当高中毕业水平。几年来，大部分已基本上能够担任有关的教学和科学研究工作及管理工作，个别的已达到一般工厂的助理工程师水平。不足之处是，关键性的、水平较高的实验技术还不甚掌握；专门人才甚少；分布也不平衡、不配套。此外，他们的业务方面和工作职责要求还欠明确。

实验室现有技工、徒工约 100 人，其中五级以上的 36 人，文化程度在高小和初中一年级之间。过去对他们还缺乏有计划的培训。

三年主要指标是：围绕重点量测技术和实验技术，培养出 30 至 50 名实验工程师和实验技师。五级以上技工总数增加到 50 人左右。以上人员文化水平均相应提高两个年级。三年内发展党员 30 名左右。

为此，采取以下措施：

（1）举办业余大学，开设基础课及技术基础课，专业培养由各单位自行负责；

（2）在统一规划基础上，重点选拔一批优秀的实验技术人员，规定方向和要求，保证条件，重点培养，半年内选定一批对象开始培养；

（3）年内调整现有实验室技术人员的布局，推行有关实验室技术人员的职责标准、考核和奖励办法；

（4）年内确定参加校、系重点科研项目的实验人员，并规定其任务及考核其工作效果的办法；

（5）督促各教研组加强对实验室技术人员的领导和培养工作。

第三部分　生产技术工人

全校工厂（车间）有技术工人约 600 人。其中，六级以上的占 15％左右，三级及三级以下的占 75％左右，全校工级平均在三级左右，文化水平均为高小至初中一年级。

由于生产技术工人队伍的技术水平较低，虽然我校生产工作几年来发展很快，但现有产品质量一般较差、废品率高、生产率低、关键技术掌握差、不配套。

三年主要指标：生产工人技术水平平均提高一级左右；相当六级以上的技工增加到 20％左右；在关键工艺缺门工种及精密设备方面重点培养技工 50 至 100 名；在现有老技工中培养技师 5 至 10 名左右，文化水平平均提高 1 至 2 个年级。三年内发展党员 30 名左右。

为此，采取以下措施：

（1）统一规划重点选定一批新老工人，明确方向，订出具体计划和指标，通过实际工作、固定师徒、校外培训等办法逐步提高；

（2）继续开办业余中等技术学校，开设共同的基础课，专门训练则由各单位自行负责；

（3）年内选拔出 30 名左右教师及中技生加强生产性工厂（车间）、实习实验性工厂（车间）的技术队伍，以提高产品设计、图纸审查、工艺制定、质量检验等技术管理和工人培训工作；

（4）全面推行有关生产职工的奖励、考核和质量检查制度。

第四部分　行政职工

全校现有行政职工 1 863 人，其中行政职员 667 人，工勤人员 1 180 人，党员 432 人，行政职员的文化水平平均为高中，工勤人员中初小文化程度占 40%，文盲半文盲占 10%。

三年内必须系统地提高职工的思想政治觉悟，进行基本政治理论和文化教育，培养更多的各行业的熟练工作人员，加强党的思想建设和组织建设工作。三年内发展党员 30 至 40 人。

培养重点为职工干部和一般职工中优秀的确有培养前途的积极分子和先进工作者。

三年内，采取以下措施：

（1）选拔优秀干部，确定培养计划，根据不同条件、行业，上半年开始组织培训工作；三年内计划挑选具有一定业务水平的炊事员 50 人进行培训并陆续选派医务人员出去进修，在校的护士亦积极开展业务活动，加强基本训练。并有计划地组织教室和宿舍服务员进行业务培训。

（2）健全和建立一套物质建设和管理工作的规章制度；明确职责，逐步推行责任制；调整组织，提高工作效率；制定并贯彻各行业的考核奖励制度。

（3）由教师队伍中抽调 10 余人加强行政后勤、基建战线，担任各行业工程师或技术员工作（包括图书馆技术工作人员）。

（4）加强职工业余文化学校，总结经验，提高培养效果，现有文盲半文盲约 200 名，三年内扫除文盲，并使他们提高到初小水平。

第五部分　干部队伍

全校现有教学行政干部 3 551 人，党员 1 227 人，团员 1 358 人，正副处长、正副党总支书记、正副系主任以上干部 113 人，正副科长、教职工党支书记、委员 138 人。

为了进一步提高干部思想政治水平和文化业务水平，做好学校工作，除加强对干部的党的方针政策和形势教育外，拟采取以下措施：

（1）举办党课学习班，根据中央和市委关于轮训干部的指示，校内举办党训班，将教职工相当于党支委以上干部约 800 人分批分期轮训，每期一个月左右，学习社会主义建设基本理论和党的建设问题，教职员高中以上文化水平的党员参加业余党课学习，初中以下文化水平职工党员由全校分批分期集中学习党的基本知识，每期 10 天左右。计划在三年内将全校相当于支委以上干部轮训一遍。

（2）提高干部业务、文化水平，凡是担任党团行政工作的教师干部严格按照党委规定的关于各级干部参加业务工作时间的试行办法，订出参加业务工作和进修的计划。其他干部亦应在现有基础上提高一步，凡文化水平在高小以下的三年内应着重学习文化以达到高小以上水平。各级组织要设专人负责检查督促。

（3）积极贯彻中央关于劳逸结合的方针，每年组织一次健康情况的检查，并作好干部的休息休养和保健工作。

（4）加强对干部的考察了解和培养工作，建立对干部的逐级管理制度。

1962 年 4 月 27 日

清华大学档案，全宗号 2，目录号 党 1，案卷号 62051

关于培养和提高青年教师的几点意见

（1962 年 9 月 27 日）

我校 1955 年以后毕业的青年教师占全体教师的 70% 左右，其中 1958 年以后毕业的又居多数。

青年教师培养提高的主要方面是：基本理论、工程师训练、教学法和外国语。

一、对全体青年教师业务上的基本要求

Ⅰ. 必须修完原学制规定的课程和教学环节；

Ⅱ. 应具有熟练地阅读一种外语文献的能力；

Ⅲ. 对有关专业的培养目标、教学计划、基本教学法有一定的了解。

二、担任几个主要教学环节教师的业务标准

Ⅰ. 课程讲授：

（1）掌握本专业（或学科）国内外主要理论著作，了解与本专业（或学科）有关的主要文献；

（2）担任三年以上教学练习环节的工作（习题课、实验课、生产实习、课程设计等）；

（3）视专业（学科）性质的要求，得有一定生产实践经验；

（4）有一定的教学经验，讲课效果要好。

Ⅱ. 习题课辅导：

（1）该门理论课程学习优秀；熟悉本课程的主要著作；

（2）做过的习题数量（其中包括必要数量的难题）不少于学生应做习题数量的 3～5 倍。做到计算方法和技巧熟练。

Ⅲ. 实验课辅导：

（1）该门理论课程学习优秀，做过全部实验；

（2）熟练地掌握实验设备、仪表和实验方法；

（3）具有解决实验、设备及仪表的调整、维修和保安的基本训练。

Ⅳ．课程设计辅导：

（1）掌握设计的基本理论、设计方法、计算和制图的技巧；

（2）指导过生产实习，并参加过一定的实际生产工作；

（3）了解本专业的技术经济问题。

Ⅴ．毕业设计指导：

（1）除具有辅导课程设计的条件外，还应有三年以上教学、生产或科研的经验；

（2）至少熟练地掌握阅读一种外国文献的能力。

Ⅵ．指导生产实习：

（1）本门主要专业课程成绩优秀；

（2）至少参加过三次以上同类型的实习；

（3）熟悉生产工艺、设备，掌握一个以上工种的操作技术；

（4）熟悉生产的技术保安措施和操作规程。

三、提高青年教师的措施

1．于本学年第一学期结束时，在全体助教中举行第一外语的统考，统考标准为 4000 符号/小时；

2．在下学期初，各教研组分别组织本专业（或学科）主要理论课的考试；

3．根据考核结果和担任各教学环节的业务标准，拟订个人两年提高的具体计划，交教研组主任或教研组委托的老教师审查，每学期检查一次；

4．讲课教师要同时兼习题课或实验课，辅导习题、实验、设计和实习的教师要相对稳定，以便总结经验；

5．安排一部分青年教师下实验室和教学实习车间；

6．有条件的教研组，可选派少数教师去工厂、设计院、施工单位进修半年到一年；

7. 各系负责组成教师外文业余学习班，并进行外语考试；

8. 拟定教师考核办法和升级条例，于下学期开始执行；

9. 各系可组成系和教研组一级的小型科学报告会和教学法经验交流会；

10. 在《新清华》校刊开辟教学研究的内部专刊。

附注：如因工作需要，现担任某教学环节的教师不能完全符合上述要求时，其名单由教研组提请系主任批准，报教务处备案。

教务处　1962 年 9 月 27 日

清华大学档案，全宗号 2，目录号 校 5，案卷号 62019

党委书记工作会议、党委常委（扩大）会议讨论师资培养问题纪要

（1962 年 11 月）

1962 年 11 月 13 日党委书记工作会议，14 日、17 日党委第三次常委（扩大）会议，先后讨论了师资培养问题。党委办公室在会上汇报了电机系电机教研组、无线电系定位教研组、动力系汽车教研组师资队伍的初步调查情况。会议认为，进一步加强师资队伍的建设，是一项重要的战略任务，必须下定决心，迅速行动起来，采取有力措施，具体安排落实。当前要着重做好以下"三定"工作：

一、定教研组的科学研究方向和任务

确定教研组的科学研究方向，并且具体落实研究任务，是有效地组织教师参加科学研究工作，提高师资水平的一个重要条

件。目前全校还有少数教研组的研究方向尚未确定，或者研究任务没有具体落实，要在学校有关部门和系的帮助下，根据国家建设的需要、学校工作以教学为主的原则和教研组的特点、条件，在本学期内确定下来，并报学校有关部门立案备查。研究方向和任务确定以后，要力求稳定，做出成果，不要轻易变动。

二、定重点培养骨干队伍

选定一批政治上可靠、业务上最优秀的，在科学研究上确有培养前途的教师骨干，给以重点培养，迅速提高他们的学术水平，努力攀登科学高峰，是全面带动教师队伍成长的关键。必须下定决心，在统筹兼顾教学、科学研究、生产、行政、政治等各方面工作，全面安排教师编队分工的基础上，在本学期提出各系重点培养骨干教师的名单，报党委和校行政核定。要采取措施，减免他们的行政、政治工作任务，精简他们的社会活动负担，使他们能够集中时间和精力进修或从事研究工作。要根据他们进修或研究工作的需要，在人力、物力上给以条件。在培养方法上，要正确地坚持战斗中成长、集体中成长的原则，要确定他们的研究方向和具体任务，做出成果，并且与一批年青教师的成长结合起来。

三、定政策

要在总结教师成长经验的基础上，定出合理的教师升级考核办法，以更好地调动广大教师努力提高业务水平，做好工作的积极性。建议校行政组织一个专门小组，负责起草工作，在本学期内提出初稿。对于主要负责实验室和生产工作的教师的培养考核问题，要专门拟订具体办法。

"三定"的核心问题是选定和培养重点骨干队伍。会议认为，当前提出这个问题的时机和条件是成熟的。今后条件将会更加好一些。学校工作经过十年来的发展、改革，今后在进一步做好调整工作的基础上，将逐步进入一个稳定、提高的阶段。这就为进一步加强骨干队伍的建设、集中一批力量进行科学研究工作创造了前提。只要决心大，办法对，坚持下去，就可以希望在三年、五年、十年内见效。

在"三定"工作中，领导方法上要深入细致，重点突破，逐个教研组具体安排落实。要注意做好思想政治工作，特别要加强整体观念、集体主义的教育，克服一部分教师中存在的平均主义、个人主义思想，统一认识，使领导意图、政策决定成为全体教师的自觉行动。

会议决定由李寿慈同志、何东昌同志、张维同志、高景德同志、李恩元同志组成党委五人小组，具体负责领导师资培养"三定"工作。党委常委会将在 12 月份进行一次检查。

清华大学档案，全宗号 2，目录号 校 3，案卷号 155

（3）聘用、提升

清华大学关于教师的升级及
学衔授予问题呈高教部的报告[※①]
（1954 年 11 月 6 日）

关于教授副教授学衔授予问题，解放前曾实行由校长提出，备有学历教历及学术论文或其他学术工作的成绩证明，向伪教育

---

① 编者注：本文节选自 1954 年 11 月 6 日清华大学致高教部的《清华大学工作检查汇报（草稿）》。

部申请，由伪教育部审查批准授予。当时除一般教授外，尚有部聘教授的名义，是由伪教育部就各校教授中选择若干人公开在报上公布的。

那时各校提出名单的方式和办法，极不一致。有的校长独断独行，提出名单时，并不征询任何人的意见。有的校长只是名义上征询一下。所以标准极不一致。伪教育部也没有统一标准。学术论文的审查工作也没有一定的办法。也有抄录他人的论文作为自己的工作提出来的。

那时我校的办法，是在教授会中每年选出若干人为教师聘任委员会，根据教授会通过的聘任条例进行工作。凡有教师升级新聘等事情，由系主任提交院长，由院长提到聘任委员会，经聘任委员会以无记名投票三分之二多数通过后，提交校长。因此，教授的提名实际是系主任提出的。一般院长常常否决一些，聘任委员会也常常否决一些。校长的意见在聘任委员会里是有一定力量的。根据当时的情况清华提出的教授副教授名单没有被伪教育部否决过。

解放后教授会解散了。成立了校务委员会，校务委员会就执行了聘任委员会的工作。在一九四九年时，曾取消了"教员"级。在一九四九、一九五〇、一九五一年均曾每年一度办理了升级的手续。为了适应当时的情况，升级的提名由系务会议运行。由系主任提出，系务会议通过提交校务委员会审议。在这三年里面，一般情况，助教升讲师的要求逐年放低了；讲师升副教授的标准在各院不一致，大体上，文、法、理较严，工学院较宽；副教授升教授的较严，三年内不到十人。

（专任教师聘任暂行办法附后）

在一九五二年院系调整后，发现各校的标准有很大差异。为了适应当时情况，平衡一般的标准，在工资调整的过程中又进行了一次升等。那时是由系的教研组主任会议讨论提名，在教务处由系主任会议进行反复评比，最后由扩大校务会议讨论通过。那时的情况是，只升不降。助教升讲师宽些，讲师升副教授略严。副教授升教授者全校只有三人（初步提出者有七人），讲师升副教授者有十二人。

自从那次调整以来，一般未进行任何升级事宜。

历年升级均由校长（校委会主任委员）布告通知，并应每年发给聘书，但解放后已经五年未发聘书。升级一般也处理得很少。

附：专任教师聘任暂行办法

一九五〇年十二月四日第五十六次校委会通过

第一条：本大学按照下列各条款分别聘任专任教师。

（一）教授：凡合于下列条件之一者得聘为教授：

甲、曾任大学或同等学校之教授或三年以上之副教授，教学成绩优良，并于所任学科有重要之学术贡献。

乙、从事专门学术工作有创作或发明者。

（二）副教授：凡合于下列条件之一者得聘为副教授：

甲、曾任大学或同等学校之副教授或四年以上之讲师，教学成绩优良，并于所任学科有贡献者。

乙、从事专门学术工作有重要贡献者。

（三）讲师：凡合于下列条件之一者得聘为讲师：

甲、曾任大学或同等学校之讲师或五年以上之助教，服务有成绩，具有独立授课能力及研究成绩优良者。

乙、从事专门学术工作有贡献者。

（四）助教：凡合于下列条件之一者得聘为助教：

甲、大学毕业成绩优良者。

乙、从事专门学术工作具有专门知识或技能者。

第二条：在研究机关或专门性事业机关从事同类工作之年资得合并计算。

第三条：本大学教师升迁依上列标准办理。

清华大学档案，全宗号 2，目录号 校 1，案卷号 55002

清华大学关于聘任、录用、调动干部条例

——四月二日一九五四—一九五五年度

第六次校务会议通过

（1955 年 4 月 2 日）

为了进一步加强学校对干部的管理，统一聘任、录用、调动手续，特制定条例如下：

第一条　关于聘任、录用干部的手续：

一、聘任教授、副教授须经人事室审查，并征求教务处及有关方面意见，由人事室提交校务行政会议通过，校长批准。

二、聘任讲师、助教及行政部门科长级干部须经人事室审查，并征得有关方面（如教务处、总务处、系行政、图书馆等）同意，提交校长批准。

三、录用一般职员及教学辅助人员，须经人事室审查并征求有关部门意见，由人事室主任按照校长指示批准。

四、一般工人（包括临时工）之录用，由总务处提出征求人事室意见，由总务长批准。

五、新聘任、录用之干部，按上述规定手续办理完备后，到人事室办理报到手续，会计科、住宿科及有关单位接到人事室通

知后，才可以办理入校手续。

第二条　关于调动、任命干部手续：

一、系主任、教研组主任之任命须经校务会议通过，校长批准。

二、系教学秘书、实验室主任、教研组秘书之调动、任命须征得教务处同意，交校务行政会议通过，校长批准。行政科长级干部之调动、任命须征得人事室同意交校务行政会议通过，校长批准。

三、教师在系间之调动，由教务处提出，征求人事室及有关系行政意见后交校长批准。教师系内教研组间之调动，由系行政提出，交教务处批准，向人事室备案。

四、一般职员及教学辅助人员在各部门间之调动，须向人事室提出，征得有关部门同意后，由人事室主任决定办理。在部门内之调动，由该部门行政决定办理，向人事室备案。

五、一般工人之调动，统一由总务处决定办理，向人事室备案。

六、送外校进修之教师，由系行政提出，经教务处同意，人事室审查，校长批准。

七、送出国学习之人员经教务处及人事室提出名单，征求各系意见，校务行政会议通过，校长批准。

第三条　教师到外校兼课或到其他机关兼职，须由人事室征得系行政及教务处同意后提交校长批准。

第四条　各单位或个人向外接洽讲师以上教师来校工作，须向人事室提出，经校长同意后进行；向外接洽助教及职员来校工作，须经人事室同意后进行。

第五条　新聘任、录用干部级别工资之确定手续与第一条规定相同。

第六条 本条例经校务委员会通过，校长批准后实行。本条例有未尽事项，由人事室提出交校务委员会通过，校长批准后补充或修改。

《清华公报》第 10 期，1955 年 4 月 14 日

清华大学职工退休退职暂行办法（内部掌握）

（1955 年 7 月）

一、为了保障工人职员的健康，提高工作效率，并在目前经济条件下照顾退休退职人员的生活，特制订本办法。

1. 凡年满 55 岁之男职工及年满 50 岁之女职工，体弱基本失去劳动力不宜继续工作者，可按本办法退休或退职。

2. 退休人员：

① 凡合本办法第一条，一般工龄满 25 年（女性满 20 年），本校工龄满五年以上者，可退休养老。

② 退休后，按其本校工龄长短逐月发给本人工资 40% 至 60% 的退休养老金，直至其死亡时为止。

③ 退休人员生活有特殊困难者，可酌情增加其退休养老金，但最多不得超过原工资 70%。

④ 退休人员死亡时，得酌情发给埋葬费，但最多不得超过 150 元。

二、退职人员：

1. 凡合本办法第一条，而又不合退休条件的职工，可退职养老。

2. 退职时按其本校工龄长短，一次发给本人工资一个月至十二个月的退职金。

3. 退职人员孤独无依靠，其生活有特殊困难者，可改为暂时逐月发给其本人工资 40%至 60%的生活补助费，直至经济情况好转或死亡时为止。

4. 退休人员自愿按退职待遇时，得酌情增加其退职金，但最多不得超过本人工资 24 个月。

三、福利待遇：

1. 住房：凡 50 岁以上退休退职前即住于校园内，本人孤独无依靠，退休退职后无处可归者，可由学校照顾其住房。

2. 医疗：凡住于学校附近，本人在退休或退职时，自愿申请，并按月交纳一元二角者，得在本校校医室门诊。

3. 退休退职人员不得享受其他一切福利待遇。

四、遣散回家人员，可根据情况供给路费、安家费。

五、特殊情况得由人事室决定。

人事室

一九五五年七月

清华大学档案，全宗号 2，目录号 校 5，案卷号 55007

关于提升教授、副教授的问题

（1956 年 7 月 5 日）

按高教部关于高等学校教师提升等问题的通知，在高等学校教师学衔条例颁布实施以前办一次副教授提升教授、讲师提升为副教授的工作。

提升教授的条件如下：

（1）担任副教授职务四年以上。

（2）科学水平较高、从实际工作中表明确能胜任教授职责范围以内的各项教学工作。

（3）在科学研究工作中有显著的成就，能提出有相当博士水平的著作或论文。

教授是高等学校教师的最高学衔，因此在提升时必须坚持较高的学术条件，也只有这样才能保持教授学衔成为光荣的称号，鼓励教师进行科学研究和提高教学质量的积极性。对于学术上有突出成就的教师可不受年资条件的限制，对于在教学工作中有特殊贡献的教学骨干，尚提不出较高的科学著作或论文，而满足上述第一、第二两条要求的也可考虑提升，但要严加控制。

提升副教授条件如下：

（1）担任讲师职务五年以上。

（2）科学水平较高，在教学工作和科学研究工作中表明确能胜任副教授职责范围以内的各项教学工作，并有指导研究生、进修生及一般科学研究工作的能力。

（3）在科学研究工作中有独立研究成果，能提出有较高水平的论文或讲义。

副教授也是高等学校教师较高的学衔，在办理提升时也应该严格掌握以上条件。

对于担任讲师工作多年（教龄在 10 年以上者），教学工作中具有显著的成就，但由于因教学工作繁重，或行政工作太忙、社会活动过多等客观条件限制没有进行科学研究，且从教学工作中表明，确有独立进行科学研究工作的能力的，也可考虑提升，但要严加控制。

教学干部科

1956 年 7 月 5 日

清华大学档案，全宗号 2，目录号 校 5，案卷号 56012

清华大学教职工任用、调动和各级干部任免的暂行规定

——1961—1962 年度第 14 次校务委员会原则通过，第 4 次校务行政会议修改定稿

（1962 年 4 月 6 日）

为了进一步加强学校对干部的统一管理，力求教职工队伍的稳定，特制定本暂行规定。

一、关于教师、职工调入学校工作的规定：

自校外调入教授、副教授、正副处长、正副系主任和相当于这些职务的干部时，须经有关处（室）提交人事处审核后提请校长批准。其中须报上级审批的按有关规定办理，其他教师、职工（包括徒工、临时工）须经有关处（室）、系同意，报人事处批准。

二、关于教师、职工调离学校的规定：

教师和行政科长以上的干部、连续在校工作十五年以上的职工以及有特殊专长的技术工人、实验人员调离学校时，须经人事处会同有关处（室）、系审核后提请校长批准。其中须报上级审批的，按有关规定办理。

其他职工调离学校时，须经有关处（室）、系同意，报人事处批准。

三、关于教师、职工校内调动的规定：

教师职工在系和行政各部门之间调动时，须经人事处批准。

各系因工作需要，在系内抽调教师从事思想政治工作、行政工作时，须经人事处批准。

讲师以上的教师在系内调动时，须经教务处批准，并报人事

处备案；主要科学研究人员在系内调动时，须经科学生产处批准，并报人事处备案。科长以上干部（包括实验室主任、工厂厂长）在系内、行政部门内的调动，须征得有关处同意，经人事处审核报校务委员会批准。

助教在系内各教研组之间调动时，由系行政决定，报人事处备案。

一般职工在系内、行政部门内调动，由系、处行政决定，报人事处备案。因工作调动涉及职务（职员、教辅人员、工人等）、编制（校本部、附属工厂或附属单位）变动时，须经人事处批准。

人事处在办理审批上述各类人员的校内调动时，应根据被调动人员的职务，事先征求有关系和处（室）的意见。

四、关于教师、职工赴校外进修的规定：

选派教师、职工出国学习或工作时，应按其任务的性质，分别由有关处、系提出，经人事处办理手续后报校长批准。

选派教授、副教授赴校外进修实习时，应由系主任提出，报校长批准后通知人事处登记备查；选派其他教师、职工赴校外进修实习培训时，应由系主任或行政各处提出，经人事处同意。

教师到校外兼课时，须经教务处批准，到校外兼职时，须经有关单位提出意见报校长批准。

五、关于任免手续的规定：

任免系主任、处长级干部，由校务委员会批准，报教育部备案。

任免教研组主任、实验室主任、工厂厂长、科长级干部，由各有关系或处提名，经人事处汇总，报校务委员会批准。

任免教研组秘书、车间主任，由系务委员决定，报人事处备案。

六、本暂行规定自校务委员会通过之日起试行。

《清华公报》第 94 期，1962 年 5 月 25 日

清华大学关于 1960 年以来确定与提升

教师职务工作的总结报告（节选）

（1964 年 2 月 27 日）

人事处

一、几年来，我校师资队伍有了很大发展，目前教师与大学以上各种编制的专业人员总人数达 2 253 人，分布在 12 个系，83 个教研组，73 个实验室及校部等。他们中的大多数人经历了历次政治运动，特别是 1958 年以来在贯彻执行"教育为无产阶级政治服务，教育与生产劳动相结合"的方针过程中，受到了深刻的阶级教育，进行了劳动锻炼，在一定程度上克服了脱离政治、脱离实际、脱离工农群众的资产阶级思想影响。知识分子要为人民服务，要劳动化，要走又红又专的道路，已成为多数人确定的努力方向。教师的思想觉悟、业务能力在教学、科学研究、生产劳动的实践中受到了考验和锻炼。一支包括理论设计、工艺和实验技术等几方面的又红又专的教师队伍，正在成长起来。不少教师在教学上比较成熟，积累了一定经验，在科研生产中取得了一定成绩。为了及时肯定所取得的进步，进一步调动广大教师为社会主义服务的积极性，鼓励他们的工作热情、刻苦钻研学术知识、攀登科学高峰的雄心壮志，十分必要确定与提升一批教师的职务；而且我校自解放以来，较长时间内没有进行提升工作。因此，在 1960 年 3 月国务院颁发了《关于高等学校教师职务名称及其确定与提升办法的暂行规定》之后，校党委、校行政决定进行这项工作。

在办理此项工作中，采取了集中力量，分批进行，及时总结，先讲师后正副教授的步骤。进行的过程，采取了由党内到党外、领导与群众结合、上下结合的办法。首先由人事处与各系总支反复学习和讨论标准，酝酿提名，经校党委书记、正副校长及有关处研究后，送党委常委会讨论。通过讨论，进一步明确了标准，树立了标兵，初步确定了一批名单。然后在各系核心中进行酝酿研究，征求老教授、教研组主任的意见，收集其他教师同学的反映，同时对他们进行了政治与业务的全面鉴定。经过这样多次反复研究，最后送交校委会讨论通过，上报市教育局、中央教育部审批。经过审查批准，1960 年 4 月确定与提升了一批讲师。1960 年 9 月确定与提升了一批正副教授，1962 年 8 月补提了部分讲师（主要是归国留学生）。先后三次全校共由副教授提升为教授的 21 人，其中党员 4 人，占 20％，无党派 10 人，占 50％，民主党派 7 人，占 30％。讲师提升为副教授的 88 人，教员确定为副教授的 12 人，合计 100 人。其中党员 50 人，团员 3 人，民主党派 29 人。助教提升为讲师的 325 人，教员确定为讲师的 29 人，合计 381 人①。其中党员 179 人，占 47％，团员 154 人，占 41％，无党派 48 人，占 12％。提升后目前教师队伍的现状是：教授 78 人，副教授 129 人，讲师 477 人，助教 1 540 人，教员 29 人。正副教授共计 207 人，占教师总人数的 9％；讲师、教员共计 506 人，占教师总人数的 22％；助教 1 540 人，占教师总人数的 69％。全校 2 253 人中，讲师以上约占三分之一，助教约占三分之二。

二、这几年，确定与提升教师职务的工作，由于在中央教育部、北京市教育局领导下，认真贯彻了有关规定和指示，取得了一定成绩，大力提升了一批教师，而且质量也是合乎要求的。从已提升的人员情况来看，100 名副教授……的平均教龄为 14.9

---

① 编者注：数据对不上，原文如此。

年，最长的已达 20 年之久。除个别归国留学生外，绝大多数已经担任了八年以上的讲师工作，已经多次开课，对教学上每一个环节都比较熟悉，并且教学效果是好的。除此以外，在已确定与提升的 100 名副教授中，有论文者 34 人，有译著、专题报告、讲义编著者 53 人，有生产设计成果者 8 人。其中还有不少同志在集体进行的科研生产中发挥了业务上的主导作用，如在密云水库、国家大剧院、电子计算机、程序控制机床、半导体材料与器件等等的科研与生产工作中，这些同志都起了积极作用，表现出具有一定的科学水平和进行科研工作的能力。在外文水平方面，比较熟练地掌握两种外文者 77 人，掌握三种外文者 15 人，上述 92 人中能口译者 42 人。因此，在提升的这部分同志中，大都具有较丰富的业务知识、教学经验和一定的学术水平，而且还大都担负着校内各种领导工作，是教学、科学研究等方面的骨干教师。例如在提升与确定为副教授的 100 人中，现在是校党委委员的 10 人，是党总支正副书记、总支委员的 17 人，行政上任正副系主任的 17 人，教研组正副主任的 51 人，对于学校内各方面工作的开展起着积极的作用。

确定与提升教师职务后的反映一般也是好的，更好地调动了广大教师的积极性。被提升者表示："要更加努力工作，以更高的标准要求自己。"有位讲师被提升为副教授后，受到很大鼓舞，感动地说："今后一定把教学工作搞得更好。"未提升的人普遍感到有了奔头。有些同志还特别向党组织汇报思想，主动检查自己工作中存在的缺点、产生原因和今后改进的措施等，并表示："下定决心，严格要求自己，努力做好各方面的工作。"

三、通过这几年职务的提升与确定工作，我们的体会是：

第一、职务的提升与确定是经常培养、提高和考核的结果，做好了经常培养、提高和考核工作，对于职务提升与确定就可以有一个良好的基础。例如我校冶金系焊接教研组 1955 年成立，除 1 名讲师为 1960 年以前提升的外，其余副教授 1 人、讲师 6 人均为 1960 年以来提升的。这几年新提升职务的教师，占了 40% 左右。在这些骨干教师带动和指导下，几年来这个教研组在积极提高教学质量的同时，还完成了 29 项科学研究课题，其中有 16 项已用于生产（两项曾由一机部和冶金部召开现场会议，并在全国推广），另外还与兄弟单位合作完成了两项较大的生产任务。通过上述工作他们还写出了焊接生产及科学研究总结汇编三辑，连同校内外正式发表的文章和资料共约 70 余万字，取得了一定的成绩。这个教研组所以能够较多较快地提升一批教师的职务，而且质量较好，正是由于这个教研组平时明确从实际出发，在战斗中成长，教学、科学研究开展较好，抓紧了经常的培养、考核工作，结合贯彻执行党的教育方针，有意识地有计划地将教师放到生产实际中加以锻炼提高。据初步统计，教师结合生产、科学研究或毕业设计参加实际锻炼的时间，平均每人为 17 个月，1953 年以前毕业的教师平均每人为 31 个月，这些教师绝大多数都为工厂解决过一些科学研究和生产问题，写出过科学研究和生产总结报告。在组织教师参加生产实际工作和科研任务时，从教师、工作条件等实际情况出发，由易到难，一步一步，踏踏实实。从焊接十个大气压的锅炉和试制北京牌焊条开始，经过几年的功夫，就完成了电渣焊、堆焊、氩弧焊、电子束焊等较先进的科学研究工作，使教师队伍迅速地成长起来。他们还结合历次的政治运动和经常的党团组织生活，与只专不红追求名利、理论脱离实际等形形色色的资产阶级思想影响进行了不懈的斗争，教研组党支部还结合中心工作，进行思想工作，在发动群众作好各项工作的同时，还引导大家学习马列主义毛主席著作和党的方针政策，通过工作提高思想觉悟，有事大家商量，共同决定，而在每项工作完成后，还发动大家认真作好总结。在党组织的经常教育帮助下，大多数教师能自觉地进行兴无灭资的斗争，教师的思想觉悟和政策水平也有较大提高。正是由于他们抓紧了经常的培养、提高与考核工作，教师经历了较多的实际锻炼，在思想觉悟、业务能力和科学水平方面成长较快，促进了教学质量的提高，同时也为职务的提升工作打下了基础。

第二、教师职务的提升与确定要从实际出发，一方面既要积极培养适当提升，另一方面也要严格要求，正确掌握标准，做到既能保证提升的质量，也能大胆提升新生力量，促进和推动学校工作。例如我校无线电系自 1960 年以来共提升了 9 名副教授，其中党员 6 人，超龄团员 2 人，无党派 1 人。在 6 名党员副教授中，系主任 1 人，副系主任 3 人（该 4 人均为党总支委员），教研组主任 2 人。两名超龄团员也都是教研组副主任。9 人中，除 1 人为归国留学生系 1951 年毕业者外，其余均为 1950 年以前毕业的。从业务情况来看，他们均能讲授两门或两门以上的课程。系主任系校党委常委、系总支书记，平时工作任务很重，除组织领导全系工作以外，还讲授过超高频器件课程，现正准备无线电基础课。3 名副系主任中有一名为校党委委员、系总支副书记，每年平均同时讲授两门课程，还兼任我校无线电电子学研究室主任。1951 年毕业的归国留学生，系留苏副博士研究生，讲授半导体物理，内容丰富，对半导体材料有深入了解，自回国以来和由他指导的助教共同发表论文 6 篇，研究工作有一定实际成果，并在生产部门使用（如半导体硅的提纯，已在北京玻璃厂正式投入生产）。

我们在评定审查时对他们的政治与业务情况进行了全面审查，政治与业务并重，德才并重，适当参考资历。在政治上，主要从本人政治立场、政治态度、政治历史等方面进行审查。……在政治历史方面根据问题的性质，区别对待。对于重大政治历史问题，一般要有结论，需要经过长时期的考察，并且本人较长时期来表现一贯积极，拥护党的领导，拥护社会主义，业务比较好，有一定水平的，经过反复研究，并经过上级批准，可以个别考虑提升。对于个别虽已做了结论，但尚未经过较长时间考查，把握不大的，宜采取慎重态度，暂缓提升。在业务审查上，教学质量、教学效果和科学技术水平并重，主要从担负的教学工作、实际教学效果、学术水平、外文水平和解决实际问题的能力等方面进行审查，并且适当参考他们教龄和资历。学术水平的评审，除了参考本人发表的论文著作外，根据集体搞科研的情况，对于在实际科研和生产工作中所取得的成果和所发挥的作用，亦应作重要依据之一。

教师职务的提升与确定工作是关系到培养一支又红又专教师队伍的一项重大工作。近几年来的摸索，也仅仅是一个开始，工作中还存在着不少问题，需要不断总结、不断提高。我们准备在总结这项工作的基础上，根据师资队伍的成长、发展和工作需要，再提升与确定一部分副教授与讲师的职务。

清华大学人事处

1964 年 2 月 27 日

清华大学档案，全宗号 2，目录号 校 5，案卷号 63030

人事处、教务处关于教师职称提升与确定工作向党委的报告※

（1964 年 6 月 19 日）

党委：

一、解放以来，我校曾先后八次进行过教师职称提升与确定工作（下简称提升工作），总共提升教授 24 人，副教授 129 人，讲师 598 人。从已提升的人员情况来看，质量是合乎要求的，他们绝大部分都具有较丰富的教学经验，具有一定的学术水平，而且大都是我校教学、科研等方面的骨干教师，他们在学校各方面工作中起着重要作用。历年来提升情况列表如下：

解放后历年教师提升职称情况表

提升年度	合计	升教授	升副教授	升讲师
1952	66	2	23	41
1954	79	/	/	79
1955	44	/	/	44
1956	53	/	/	53
1957	7	1	6	/
1960	327			327
1961	121	21	100	/
1962	54	/		54
总计	751	24	129	598

由上表可以看出，教授、副教授职称的提升工作自 1961 年以后已有三年左右未进行了，讲师职称的提升工作，在 1962 年只是补办了一小部分遗留的问题（主要是归国留学生），因此也已有四年未进行了。目前我校 2 242 名教师中，教授、副教授 205 名，占 9.2%；讲师、教员 515 名，占 22.9%；助教 1 522 名，占 67.9%。在几个新系中，讲师以上的人数更少，教授、副教授仅占 5.8%，讲师、教员占 10.7%。目前教师队伍中的职称状况是不能适应学校各方面工作发展的要求的。据了解在全校 89个教研组中，全部是助教组成的教研组一个（工物系：210—4），只有一名讲师的 6 个（工化系：120 化工原理，工物系：210—5，自控系：530，无线电系：390，数力系：610、640）；只有二名讲师的 12 个（无线电系：360，工物系：210—12、210—3、220、

240，工化系：110、130，数力系：650，水利系：930，动力系：燃烧、发动机，电机系：电磁自动装置）；只有三名讲师的 6 个（自控系：520、控制理论，土建系：0303、测量，机械系：810，冶金系：经济组织）。如果说教研组的主要业务骨干（教研组正副主任、实验室正主任）都应该由讲师以上的教师来担任，那么我校将有 38％的教研组不能满足这个要求。所以，从学校教学、科研工作来看，急需提升一批教师的职称以适应学校各方面工作发展的要求。

二、从目前教师队伍的状况来看，也完全有可能提升一批。据 1963 年末统计，现有助教毕业年限的情况是：

助教毕业年限（1961 年底前毕业的）

毕业年限	1955 年前	1955 年	1956 年	1957 年	1958 年	1959 年	1960 年	1961 年
人数	57	67	158	81	250	283	245	227

因此，在助教中教龄在九年以上的有 124 人，占助教总数的 8％，教龄在四年以上的有 1 141 人，占了 74％。他们当中经过几年教学、科研工作的实践，已有相当数量的人员达到了讲师水平。据我们和一些系的同志估计分析，认为 1955 年及其以前毕业的，95％以上早已具备了讲师水平；此外，1956、1957 年毕业的，约有三分之二左右，1958 年毕业的近半数，1959 年毕业的有一小部分都已基本上具备了讲师水平，如再加上 1960 年、1961 年毕业的表现突出、成绩优异的，估计约有 500 人左右已基本上具备了讲师水平，占现有助教的 35％左右。

在讲师、教员中，也有一部分在教学、科研工作中积累了较为丰富的经验，在有关专业的领域内具有一定水平。各单位已提名拟提升为副教授的共有 42 人，占讲师、教员总数的 9％。他们工资的级别和毕业年限的统计如下：

各单位拟提升副教授的讲师（教员）分布（工资级别统计）

工资级别	合计	讲师		教员	
		人数	拟提升数	人数	拟提升数
六	14	10	8	4	
七	43	39	18	4	1
八	116	110	12	6	1
九	229	225	1	4	
十	65	65	1		

各单位拟提升副教授的讲师（教员）分布（按毕业年限统计）

毕业年限	1949年前	1949年	1950年	1951年	1952年	1953年	1954年	1955年
人数	23	16	19	31	103	155	87	62
拟提数	6	10	3	5	11	6		1
占该年毕业的%	26%	62.5%	15.8%	16.1%	10.7%	3.9%		0.2%

因此，从我校目前教师队伍的实际情况来看，也完全有可能提升与确定一批教师的职称。

三、为了肯定教师已取得的成绩和进步，并进一步调动广大教师工作和学习的积极性，我们建议。

1. 在今年暑期后立即进行一次教师职称的提升工作。

目前拟提升为副教授的讲师名单已提出，并且都已有单人材料，可以集中一次进行。但可以提升为讲师的助教人数较多，为了把工作做得更好一些，建议分两批进行：第一批在今年九、十月份进行，条件较好，确有把握的先予提升，估计约有250人左右。第二批250人可以先提名，并进一步酝酿，到明年四、五月份再正式提升。

2. 在各单位酝酿提名的过程中，同时结合讨论提升标准（附后）。

以上意示〈见〉是否妥当，望指示。

人事处

教务处

1964 年 6 月 19 日

附件：

1. 清华大学助教提升讲师标准（草案）。[①]

2. 清华大学讲师提升副教授标准（草案）。

3. 关于"两个提升标准"的几点说明。

附件 1：清华大学助教提升讲师标准
（草案三稿）

（1964 年 6 月 17 日）

（内部文件）

一、政治标准

（一）接受共产党的领导，拥护社会主义制度和社会主义建设总路线，愿意为人民服务；努力做好教学、生产劳动和科学研究工作；历史清楚；作风正派；参加劳动，自觉地进行思想改造、提高思想政治觉悟和共产主义道德品质的修养。

（二）有下列情形之一者，在本人未认真改正错误前不予提升：

1. 不服从工作分配及调动；

2. 工作不负责任，严重违反劳动纪律；

3. 严重违反学校制度；

---

① 编者注：附件 1 实为草案三稿。

· 249 ·

4. 道德品质方面犯有严重错误。

二、业务标准

（一）担任本校各类型课程的助教提升讲师一般应具备的条件为：（注一）

1. 能熟练地担任本课程与助教职务相应的教学环节或科研、生产等工作，效果良好；

2. 牢固地掌握本课程的基本理论知识，并能深入掌握其中与所担任任务相关的部分；

3. 掌握本课程的主要实验原理和技术，并能深入掌握一种或几种主要的实验基本功，初步具备设计与调整教学实验的能力；（注二）

4. 熟悉有关的生产实际知识，具备一定的参加生产或实际工作的经验；能胜任结合生产任务的毕业设计、毕业论文或与此相当的专题设计或论文的辅导工作；

5. 具备进行科学研究的初步能力，能在有经验的教师指导下进行实验研究或理论研究并有解决实际问题的能力；

6. 掌握一国外文，能熟练地阅读和笔译本专业文献书刊，并能初步掌握第二国外文。（注三）

（二）对担任基础理论课程、技术基础课程或专业基础理论课程理论教学为主的助教，除第（一）项要求外，还应具备以下条件：

1. 系统地掌握有关主干课程的基本理论知识，对本门课程达到能独立讲授的水平；（注四）

2. 参加实验室工作（没有实验环节者参考注二）、专业劳动、指导实习和辅导结合生产、科研的毕业设计、专题设计或论文，累计时间达到 20 个月。

（三）对实验技术为主的课程或以实验教学为主的助教，除第（一）项要求外，还应具备以下条件：

1. 熟练地掌握本学科的主要实验原理及技术，比较深入地掌握一种或几种主要的实验量测技术，熟悉有关主要仪器的性能，并具有一定管理和维修的能力，具备独立地设计和调整实验，或独立地进行实验研究的能力；

2. 参加实验室工作、指导实习和辅导结合生产、科研的毕业设计，累计超过 20 个月。

（四）对担任以制造工艺、材料、施工、运行、设备、仪表、结构、建筑等类型课程的助教，除第（一）项要求外，还应具备以下条件：

1. 熟悉有关制造工艺、施工、运行等方面基本生产知识，具备独立负责有关一般设备、仪表、结构、建筑等工程设计的能力；

2. 参加指导专业实习、参加专业劳动和实际生产工作、指导结合生产的毕业设计，累计超过 20 个月。

（五）对担任政治课程的助教除第（一）项第 1、2、6 条要求外，还应具备以下条件：

1. 初步熟悉本课程有关的主要经典著作，能比较系统地了解党和国家的重要政策；

2. 重视理论联系实际，在教学或科学研究中表现有一定的联系实际的能力；

3. 在工厂、农村等基层单位参加社会调查、劳动和实际政治工作表现较好，累计超过 20 个月；

4. 对历史经济及自然科学（或工程技术）的某一部分的基本知识有一定的了解。

（六）对担任经济与组织课程的助教除第（一）项第 1、2、6 条以外，尚应具备以下条件：

1. 对政治经济学的基本理论知识及党的方针政策有基本了解，掌握有关主要专业课程及生产的基本知识，能独立地指导结合生产的毕业设计的组织经济部分；

2. 具备协助工厂企业解决部分科室或车间的组织管理问题的能力；

3. 参加工厂管理工作，工业调研及指导专业实习累计达 20 个月以上。

（七）对担任外文课程的助教，除第（一）项第 1 条要求外，还应具备如下条件：

1. 熟练地掌握一门至二门外国语文，具备通顺地外文写作的能力和一定的口译能力；（注五）

2. 能熟练地阅读外文的政治、经济、一般的文学作品和通俗的科技文献书籍；

3. 具有一定的本国语文修养。

（八）对担任体育课程的助教，除第（一）项第 1、2、6 条外还应具备如下条件：

1. 比较熟练地掌握两种以上体育项目的技术和规定，达到二级或二级以上运动员水平，可以指导相应的体育代表队；

2. 具有一定的指导体育运动和正式比赛裁判的经验，达到相当于国家二级或二级以上裁判的水平；

3. 熟悉有关的体育生理和体育解剖的基本理论和知识；

4. 了解党和国家有关体育工作的重要政策和国内外有关体育工作的动态；

5. 指导代表队工作累计在 10 个月以上。

（九）对担任美术类型课程的助教，除第（一）项第 1、6 条以外，还应具备以下条件：

1. 掌握美术创作和技法的基本知识，比较熟练地掌握一种绘画构图和技巧（如油画、水彩画、国画、素描等），达到能独立进行创作的水平；

2. 有在工厂、农村等基层体验生活的初步经验（时间累计不少于10个月），本人有较高质量的美术习作或一定数量的创作，比较熟悉党在文艺方面有关的方针、政策，并注意在实际中贯彻；

3. 熟悉有关的美术历史和著名的作品，具有初步的分析和判断能力。

（十）对以科学研究工作为主的助教，除第（一）项要求外，还应具备以下条件：

1. 了解国内外有关先进技术科研新成果，能较好地掌握科学研究的基本方法，能写出有一定水平的学术论文或报告，并能在某一个方面提出独创性的见解或建议，并在指导下做出有实际价值的科学研究成果；

2. 参加实验、生产等方面实际工作累计超过20个月。熟练掌握常用仪器设备的使用、维护、调整和检修技能。

（十一）对以生产工作为主的助教，除第（一）项要求外，还应具备以下条件：

1. 具备独立负责有关比较复杂的设备、仪表、结构、建筑等工程设计的能力，深入掌握制造工艺、施工或运行方面的生产知识，具备一定的操作能力和组织管理生产的能力；

2. 参加生产实践工作不少于20个月，或经历过一项单位工程的完整施工。

三、几种特殊情况

（一）在教学工作中取得优异的教学效果，对提高教学质量有重要贡献，或在科研、生产、实验室工作中有突出的成绩者，可不受上述业务条件的限制优先提升为讲师；

（二）上述业务条件虽仍有欠缺，但从事教学工作已在十年以上（按相当于大学五年制毕业的年度算起），工作态度一贯认真负责者，可提升为讲师；

（三）校、系两级兼任政治工作和行政工作的主要干部，工作量达三分之一以上，工作卓有成绩者，在提升讲师时，可根据具体情况，在满足业务标准第一项各条要求的前提下，适当加以照顾。

（注一）对政治、经济与组织、外文、体育、美术等类型课程及以科研、生产工作为主的助教提升讲师可仅要求满足其中一部分条件，详见第（五）至（十一）项。

（注二）没有实验环节的课程，则代之以有关的运算、解题、制图、测绘等技能。

（注三）在目前情况下，如在其他方面业务能力表现突出者，可以适当降低对第二国外文的要求；对政治、经济与组织、体育等课程助教，目前可不要求掌握第二国外文。

（注四）学时和内容较多的课程如物理、数学可只要求讲授其中一个部分。

（注五）如能较熟练地掌握两门外国语，则可降低对用外文写作的要求。

附件 2：清华大学讲师提升副教授标准
（草案）

（1964 年 6 月）

（内部文件）

一、政治标准：与提讲师标准同。

二、业务标准：

（一）讲师提升副教授一般应具备的基本条件：

1. 能熟练地担任有关课程与讲师职务相应的教学环节或科学研究、生产等工作，有比较丰富的经验和良好的工作效果。

2. 具有扎实的理论基础和较宽广的知识，并能深入地掌握其中与所担任工作有关的部分。

3. 在生产实践或科学研究或实验技术等方面具有一定的实际经验和具体成果，表现出具有独立解决一定的生产技术或科学研究课题或实验技术的实际问题的能力。

4. 至少掌握两种外国语，能熟练地阅读和笔译本专业的文献书刊。

（二）对担任某些基础理论课、技术基础课或专业理论课教学为主的讲师，除应具备第（一）项的条件外，还应在贯彻"少而精"原则和摸索学生认识规律方面、或在其他方面有比较优秀的成绩。

（三）对担任实验技术类型课程或以实验教学为主的讲师，除应具备第（一）项的条件外，还要在某一方面的实验技术具有一定的专长。

（四）对担任各类型专业课程教学或以生产工作为主的讲师，除应具备第（一）项的条件外，还应在生产技术的某一方面具有一定的特长。

（五）对担任科学研究工作为主的讲师，除应具备第（一）项的条件外，还应做出一定水平的科学研究成果。

（六）对校、系两级兼任政治工作或行政工作的教师干部，除应具备第（一）项条件外，还要求所担任的政治或行政工作有优秀成绩。

（七）个别讲师，如在所担任工作的某一方面做出特别优异的成绩者，可以不完全受第（一）项所有条件的限制，也可以提升为副教授。

（八）对政治、体育、外语、美术、历史和企业经济等类型课程的讲师，提升副教授的业务标准另订。

1964 年 6 月

附件 3：关于《清华大学助教提升讲师标准（草案）》及《清华大学讲师提升副教授标准（草案）》的几点说明

（1964 年 6 月 18 日）

这两个草案是经教务处、人事处和科学处的有关干部共同草拟的。《清华大学助教提升讲师标准》曾在校、系两级党政领导同志中征求意见，并经校委会下设的师资升级考核办法起草小组初步讨论过。《清华大学讲师提升副教授标准》仅在校、系两级党内领导同志征求意见。

拟订这个标准的目的在于：根据党的教育方针和学校的实际情况，通过这个升级考核标准促进教师队伍质量的提高，调动广大青年教师的积极性。

由于经验缺乏，各系和各种类型教研组的情况差别较大，对过去经验调查总结也不够，这个标准草案只还是一个初步的方案。

在拟订这个标准时，考虑到以下几个原则：

一、德才为主，适当照顾年资。

政治标准：主要根据国务院关于高等学校教师职务名称及其确定与提升办法的暂行规定拟定的。除了政治态度以外，强调了实际工作表现。为了便于掌握，规定了几项不能升级的限制条件。

为了克服过去考虑升级时容易产生过分侧重年资的缺点，规定了业务上比较具体和全面的要求。年资应适当照顾。因为大学和专科学制不同，为了统一起见，今后毕业年限拟一律折成五年制计算。

二、业务上强调理论联系实际，全面地考虑理论修养和实际锻炼。

根据工科大学特点，规定了基本的理论上的要求（包括外文的能力），同时也规定了科学实验、生产实际锻炼和社会调查的要求，以克服过去有些教研组考虑升级时，对教师实际锻炼注意不够的缺点。

由于目前教师的构成有了变化，有一部分主要从事实验、生产和科学研究工作。这些不同类型教师的升级标准应大体相当，要求在教学、实验、生产和科学研究各方面分别具有一定的业务能力。对兼任行政和政治工作的教师，在达到一定基本要求的条件下，升级时应在业务上有适当的照顾。

三、合理要求，认真执行。

升级标准应从我校实际情况出发，是大多数教师经过努力可以达到的。同时，在实际掌握上，还应考虑到与兄弟院校大体一致，适当有所提高。

在要求合理的条件下，实际执行时，还应有必要的考核办法。

1964 年 6 月 18 日

清华大学档案，全宗号 2，目录号 校 3，案卷号 155

4. 学部委员、荣誉院士、国家级称号及校外兼职

中国科学院关于聘刘仙洲为
学部委员的通知※

（1955 年 5 月 26 日）

中国科学院为加强学术领导，经国务院批准成立四个学部，即物理学数学化学部、生物学地学部、技术科学部、社会科学部，聘请你单位刘仙洲同志为学部委员。现订六月一日在京举行成立大会，讨论有关科学问题，并宣读学术论文。已征得高等教育部正式同意，邀请你单位刘仙洲同志参加，希予同意。此次大会会期约一周，请代通知于五月廿九日前报到。

此致

清华大学

中国科学院（章）

公元一九五五年五月廿六日

清华大学档案，全宗号 2，目录号 干部科定期，案卷号 55008

中国科学院关于聘孟昭英、章名涛为
学部委员的通知※

（1955 年 5 月 26 日）

中国科学院为加强学术领导，经国务院批准成立四个学部，

即物理学数学化学部、生物学地学部、技术科学部、社会科学部，聘请你单位孟昭英、章名涛同志为学部委员。现订六月一日在京举行成立大会，讨论有关科学问题，并宣读学术论文。已征得高等教育部正式同意，邀请你单位孟昭英、章名涛同志参加，希予同意。此次大会会期约一周，请代通知于五月廿九日前报到。

此致

清华大学

中国科学院 （章）

公元一九五五年五月廿六日

清华大学档案，全宗号 2，目录号 干部科定期，案卷号 55008

中国科学院关于聘钱伟长、张维、梁思成、张光斗为学部委员的通知※

（1955 年 5 月 26 日）

中国科学院为加强学术领导，经国务院批准成立四个学部，即物理学数学化学部、生物学地学部、技术科学部、社会科学部，聘请你单位钱伟长、张维、梁思成、张光斗同志为学部委员。现订六月一日在京举行成立大会，讨论有关科学问题，并宣读学术论文。已征得高等教育部正式同意，邀请你单位钱伟长等四人参加，希予同意。此次大会会期约一周，请代通知于五月廿九日前报到。

此致

清华大学

中国科学院 （章）

公元一九五五年五月廿六日

清华大学档案，全宗号 2，目录号干部科定期，案卷号 55008

钱伟长被选为波兰科学院院士

（1956 年 6 月 16 日）

本校教务长、中国科学院力学研究所副所长钱伟长教授，已在本月 12 日波兰科学院全体会议上被选为波兰科学院院士。他在去年曾到华沙参加过研究流体力学科学会议。

《新清华》第 142 期，1956 年 6 月 16 日

七位教师获国家裁判员称号

（1957 年 2 月 13 日）

我国从今年起实行了裁判员的等级制，在新体育杂志上公布了第一批国家裁判员名单，这又一次说明在社会主义国家里，体育运动是国家事业的一部分，裁判员的劳动受到国家的尊重。

第一批国家裁判员中有我校体育教研组的七位教师，他们是：

田径　马约翰　夏　翔　王英杰　杨道崇
体操　林伯榕
足球　王维屏　翟家钧
游泳　夏　翔

《新清华》第 173 期，1957 年 3 月 12 日

《人民日报》1957 年 2 月 14 日

吴仲华被聘为中国科学院学部委员^{※①}

（1957 年 5 月 30 日）

数学物理学化学部七人：（略）

生物学部五人：（略）

地学部三人：（略）

技术科学部三人：吴仲华　赵宗燠　汪菊潜

哲学社会科学部三人（略）

《人民日报》1957 年 5 月 31 日

清华大学人事处关于苏联建筑科学院拟选
梁思成、杨廷宝为该院荣誉干事
事致教育部干部司人工科的函[※]

（1958 年 7 月 3 日）

教育部干部司人工科：

前由吴珊同志带来外交部办公厅（58）办社字第 0/165 号文一件（抄件），关于苏联建筑科学院拟选梁思成、杨廷宝为该院荣誉干事事，经我校研究同意，特此函复。

　　致

敬礼

清华大学人事处

1958 年 7 月 3 日

清华大学档案，全宗号 2，目录号干部科定期，案卷号 58024

---

① 编者注：节选自《中国科学院增聘学部委员名单》，刊于 1957 年 5 月 31 日《人民日报》。

附：外交部关于苏联建筑科学院拟选梁思成、

杨廷宝为该院荣誉院士事给教育部的函※

（1958 年 6 月 16 日）

教育部：

本月 12 日，苏联驻华大使馆一等秘书贾柯夫同志来我部谈称："苏联建筑科学院拟于当前这届会议上，选出外国的某些杰出专家为该科学院荣誉院士，候选人中包括中国清华大学建筑系主任梁思成和南京工学院土木系主任杨廷宝。对于苏方拟定的两位中国候选人，使馆希望早日获悉中国方面的意见。"

兹将苏方所告的上述情况函告你部，请研究，并望于报告国务院批准后函复我部，以便早日将我方意见答告苏联驻华大使馆。

外交部办公厅

1958 年 6 月 16 日

抄送：国务院外事办公室，对外文化联络委员会，建筑工程部。

清华大学档案，全宗号 2，目录号 干部科定期，案卷号 58024

清华大学关于正副教授校外兼职问题

呈教育部的报告※

（1962 年 6 月 27 日）

教育部人事司：

现将我校正副教授名册一份寄上，请查收。关于正副教授校外兼职问题，因为有的教授兼职较多，如梁思成校外兼任的主要职务即有 13 个之多，备注栏内无法填写，现随名册寄去我校正副教授校外兼任重要职务一份，请查收。

此致

敬礼

清华大学人事处

1962 年 6 月 27 日

清华大学档案，全宗号 2，目录号 校 5，案卷号 62021

附：清华大学正副教授校外兼任重要职务

（1962 年 6 月 27 日）

全国人民代表大会代表：

刘仙洲（动力系）　马约翰（体育）　梁思成（土建系）

全国政治协商会议委员：

梁思成（常委，土建系）　张子高（化学系）

王遵明（机制系）　　　　黄文熙（水利系）

河北省人民代表大会代表：

刘仙洲（动力系）

北京市人民代表大会代表：

陈士骅（水利系）　李酉山（机制系）　张　任（水利系）

庄前鼎（动力系）　夏　翔（体育）　　陆大绘（无线电系）

北京市政治协商会议委员：

梁思成（副主席，土建系）　李辑祥（常委，动力系）

施嘉炀（水利系）　　　　　金希武（机制系）

中华全国青年联合会委员：

韩丽瑛（常委，无线电系）

北京市青年联合会委员：

车世光（常委，土建系）

中国拉丁美洲友好协会委员：

张　维（力学系）

中国民主同盟中央委员会委员：

梁思成（常委，土建系）　陈士骅（水利系）

九三学社中央委员会委员：

董树屏（动力系）

中国民主同盟北京市委员会委员：

陈士骅（副主委，水利系）　李酉山（机制系）

章名涛（电机系）　　　　赵访熊（数学）

九三学社北京市分社委员：

夏震寰（组织部副部长，水利系）　金希武（机制系）

中国科学院技术科学部委员①：

刘仙洲（动力系）　章名涛（电机系）　张光斗（水利系）

张　维（力学系）　吴仲华（动力系）　梁思成（土建系）

中国科学技术协会全国委员会委员：

梁思成（土建系）　张　维（力学系）

波兰科学院通讯院士：

钱伟长（力学系）

中国建筑学会：

梁思成（副理事长，土建系）　汪　坦（理事，土建系）

朱畅中（理事，土建系）

---

①　编者注：原文如此，还应有孟昭英、钱伟长。

中国建筑学会创作委员会：

梁思成（主任委员，土建系）　　汪　坦（副主任委员，土建系）

中国文学艺术联合会：

梁思成（委员，土建系）

中国美术家协会：

梁思成（理事，土建系）

中国土木工程学会：

张　维（理事，力学系）　　吴柳生（理事，土建系）

陈樑生（理事，水利系）

中国数学学会：

赵访熊（常务理事）

中国电子学会：

李传信（理事，无线电系）

中国力学学会：

张　维（副秘书长，力学系）　　杜庆华（理事，力学系）

中国机械工程学会：

刘仙洲（副理事长）　　李酉山（常务理事，机制系）

中国冶金学会：

王遵明（理事，机制系）

中国电机工程学会：

章名涛（理事，电机系）

中华全国体育总会：

马约翰（主席）

全国田径体协：

夏　翔（委员）

建筑学报：

吴良镛（编委）

数学学报编委：

赵访熊（数学）

机械工程学报编委：

刘仙洲　　　　　李酉山（机制系）　庄前鼎（动力系）

邹致圻（机制系）　潘际銮（机制系）

水利学报编委：

张光斗

物理学报编委：

张　礼（工物系）

力学学报编委：

杜庆华（力学系）　黄克智（力学系）

知识丛书编委：

刘仙洲

北京市土木建筑学会：

梁思成（理事长，土建系）　辜传诲（理事，土建系）

张昌龄（理事，土建系）　　汪　坦（理事，土建系）

中国机械工程学会北京市分会：

李酉山（副理事长）　王祖唐（常务理事，机制系）

水利工程学会北京市分会：

陈士骅（副理事长）

中国金属物理学会北京市分会：

李恒德（理事，工物系）

中国力学学会北京市分会：

杜庆华（副理事长）

北京市足球协会：

翟家钧（副主席）

北京市田径运动委员会：

夏　翔（主席）

中国电机工程学会北京市分会：

艾维超（理事，副秘书长）

中国数学学会北京市分会：

赵访熊（计算数学组长）　栾汝书（理事）

中国电力学学会北京市分会：

吴佑寿（理事，无线电系）

中国物理学会北京市分会：

徐亦庄（常委）

中国科学院力学研究所：

吴仲华（副所长）

建工部建筑科学研究院历史及理论研究室：

梁思成（主任）

水利电力部：

张光斗（专家）

水电部水电科学研究院：

张光斗（副院长）　黄文熙（副院长）　张　任（副院长）

程　式（顾问，电机系）

教育部力学方面教材编审组长：

张　维（力学系）

教育部工业电子学教材编审小组：

童诗白（副组长）

劳动部锅炉安全检查组：

杜庆华（负责人）

北京市城市建设委员会：

梁思成（副主任）

北京市体育运动委员会：

夏　翔（副主任）

北京市房管局：

吴柳生（顾问工程师）

5. 生活、福利、保健

教职员工体育锻炼计划※①

（1953 年 4 月 2 日）

本校体育卫生保健工作之基本目的在于为国家培养体魄健强的干部，并使全校工作人员有健康的身体以从事工作和劳动。目前全校的健康情况不够良好，为了逐步提高健康水平，须开展体育锻炼以增进健康，开展爱国卫生运动以建立良好的生活环境和卫生习惯，并进行疾病的预防和治疗。现将计划列下：

（一）体育锻炼

（甲）学生体育锻炼计划（编者略）

（乙）教职员工的体育锻炼计划：本学期的要求是订立制度，保证时间，争取教职员工均能参加广播体操，并有重点地逐步地开展体育锻炼。

1. 规定每天下午有一小时为教职员工休息及体育锻炼时间，

---

① 编者注：本文节选自《新清华》刊载的《本学期健康工作计划》。

争取在此时间内人人参加广播体操。

2. 为适合教职员工各种不同的要求，体育活动应多样化，年青的教职员工可志愿参加劳卫制锻炼，其他可自由选择球类、国术及文娱活动等。

3. 教职员工的体育活动由工会领导，课外体育活动委员会协助。广播操由工会小组组织，其他活动则自由组合。

4. 开展宣传动员工作，使人人正确认识健康与工作的关系，并经常组织比赛，参加全校运动会，以提高教职员工参加体育活动的兴趣。

（二）爱国卫生运动工作

（编者略）

（三）疾病预防及医疗工作

（甲）加强对校医室及膳团的领导，贯彻预防为主的工作方针，并健全制度，提高工作效率，切实做好全校卫生医疗工作。

（乙）建立专门机构，指定专人负责全校的保健工作，并对肺病、胃病、关节炎、神经衰弱等四种患者较多的慢性病逐步进行防治。

《新清华》第 1 期，1953 年 4 月 2 日

员工食堂规则

（1953 年 4 月）

（一）入伙

1. 凡属于本校编制以内之教职员工及工会干部皆可入伙。

2. 入伙时必需交验肺部透视证明（合于上项规定者可由员工食堂开介绍证明到校医室透视）。

（二）伙种膳费及缴费办法

1. 本食堂系包伙分食制，有"中灶""小灶"两种，每种伙又分为甲、乙。

"甲"即全月伙，由每月廿一日起到次月二十日止。

"乙"除星期日没有饭吃外，菜蔬起讫日期与甲同。

2. 膳费数目："中灶"每月十四万元。"小灶"每月二十万元。

（1）"乙"按全月平均日数的钱（减去星期日）与用膳日数相乘计算收费。

（2）中途入伙，根据每月膳费以日数平均的钱，尾数变为整数，以百元为单位计算收费。

3. 入伙膳友须在学校发薪之次日起即行交费，具体日期及时间每月临时公布，若超过规定收费日期再来交费者，一律按中途入伙计算收费。

4. 上届膳友若在规定日期内不来缴费者一律按停伙处理。

（三）退伙

1. 交费以后若未到该届开始用膳以前，因公或因事需要退伙者，其已缴膳费全部退还。

2. 中途因公或因事必须由本单位出具证明后方可办理退伙，按未用膳之日期计算退费。

3. 中途停伙以五天为单位，不足五天者不停（因公停伙不在此限）。按停伙日期当时退费。

（四）饭厅秩序

1. 因公需要提前或延后用膳者，需事先与办公室联系并取得同意后方可以提前或延后用膳，但提前、延后时间不得超过开饭时间半小时。

2. 未经膳团办公室同意者，一律不准将主副食带出饭厅。

3. 取菜时应顺序排队以免拥挤。

4. 吃完饭后请将碗筷送到洗碗台上。

5. 有广播时应保持安静。

（五）关于卫生

1. 为了大家的卫生取馒头时请用夹子，不要用手挑。

2. 盛饭盛汤时请按次序，以免碰洒在身上或碰洒在地上造成浪费。

3. 吃饭时不要将脚放在凳子上。

（六）爱护公共财物

1. 爱惜劳动果实避免浪费，请避免留半碗剩饭或半个馒头。

2. 损坏膳团用具应按市价赔偿。

（七）其他

1. 入伙证应随身携带以便检查。

2. 如有个别膳友不慎将入伙证遗失，当时应向膳团声明，并需出具二人以上之证明方可补发。

3. 如有意见可向办公室提出或写到意见栏内。

（八）本规则由本科改定工会同意后施行。

清华大学档案，全宗号 2，目录号 校 6，案卷号 035

住宅租用暂行办法

（1953 年 4 月）

（一）总则：

1. 为使本校住宅获得合理的租配，俾能充分利用现有房屋条件，便利同仁的居住与工作，规定住宅出租对象以正式录用的长期工作人员（包括党团及工会干部），并以有直系眷属确负有主要赡养责任的为限；凡临时工作人员学校不配租住宅。

2. 本校住宅出租，因限于现有住宅数量，不能保证每一申请住宅人员都能租得学校住宅。

3. 合于本项第一条规定的工作人员须于租得学校住宅后，方可携接眷属来校，凡未租得房屋即先行接眷来校者，应自行解决住宅问题，学校亦不代办户口。

（二）出租办法：

1. 根据工作人员所担任的职务及工作性质，按以下标准租配住宅：

（1）教授、副教授、处长级干部及相当于此级的人员，可租六十平方米以上的住宅（按使用面积计算，下同）

（2）讲师、科级干部及相当于此级的人员，可租四十平方米至六十五平方米的住宅。

（3）助教、职员、技工及相当于此级的人员，可租二十平方米至四十五平方米的住宅。

2. 配租房屋时，在同一等级之内，得参照工作需要，家庭人口，及工资待遇进行调配，如遇本校住宅不足时，得按下一级租配。

（三）更换住宅办法：

1. 住宅经配租后，除因学校需要及职级变动，学校得按可能条件酌予更换外，一般不办更换手续。

2. 凡自请更换住宅，均在统一调配房屋时考虑。

3. 更换住宅时，完全按照甲乙各项办法同样办理。

（四）租用手续及租户应注意事项：

1. 在配租住宅确定后，承租人须与住宿科成立租赁关系，签订租约（租约格式另订）。

2. 租得本校住宅后，应在规定之时间内迁入，搬家事宜自理，逾期不迁入者，学校有权另行出租；并租得住宅后，不得私自交换、转借、转让。

3. 同居家属有两人以上在校工作，已租得住宅者，在原租用人员离职时，而另一在职人员符合于甲项第一条①之规定者，可重新办理申请手续，学校按其本人等级配租房屋，如另一人员不合于甲项第一条之规定者，即应停止租用。

4. 租得本校住宅后，必须按月缴纳房租、电费（办法另有规定）。

5. 凡自学校租得住宅，应由租用人负责保管爱护，住宿科得进行必要的检查；凡住宅内装修、设备、玻璃、灯泡等，在租用及退租时，须与住宿科办理清点手续；在租用期间，如有损坏或遗失，住户应负责赔偿（住宅管理、修缮及家具借用办法另有规定。）

（五）本办法由校务行政会议通过试行。

清华大学档案，全宗号 2，目录号 校 6，案卷号 035

高教部关于工资制工作人员多子女补助费的通知※②

（1953 年 6 月 12 日）

遵照中央人民政府政务院一九五二年十二月三十一日政财邓字第二一六号《关于解决工资制工作人员多子女困难问题的通知》中规定：

"为统一解决各级人民政府及其所属机关（包括事业费开支

---

① 编者注：原文未见"甲项第一条"。
② 编者注：此为抄件。

单位）工资制工作人员多子女困难问题，特作如下暂行规定：

一、夫妇均参加政府工作（或一方有社会职业），如双方工资及其他经济收入负担三个子女（能自谋生活或在校享受公费、助学金待遇者除外，以下同）的教养费确有困难，或夫妇一方参加政府工作另一方无社会职业，如其工资及其他经济收入负担两个子女的教养费确有困难，在以上两种情况下，均得按中央财政部、人事部一九五二年六月二十四日中人二字〇〇三一号联合通知的规定在福利费内酌予补助。

二、夫妇双方工资及其他经济收入共同负担四个以上子女确有困难或一方参加政府工作另一方无社会职业，其工资及其他经济收入负担三个以上子女的教养费，确有困难，在上述两种情况下，均得根据城乡不同的生活水平及其困难情况酌定其应受补助之子女人数，每人每月按叁万至柒万元计算酌给补助费。是项补助须经各该机关首长（区级经县）审核批准后，随机关经费向同级财政部门在多子女补助费项下报销。"

兹根据我部直属各单位工资制工作人员人数及具体情况，分配给你校一九五三年度工资制工作人员多子女补助费陆仟捌佰万元，此项分配数，已代增列你校所送之一九五三年度预算内。希根据政务院规定的原则及你校工作人员实际情况，掌握开支，并在"职工福利费"目内增加"多子女补助费"一"节"，随同各项经费一并领报。

中央人民政府高等教育部

一九五三年六月十二日

补 充 说 明

（一）申请手续

为便利群众，简化手续，决定在七月份集中办理一次申请，申请手续如下：向工会部门委员会主席或福利委员领取多子女补助金申请表，填就交工会部门委员会福利委员签注意见（一般可以不开小组会）送人事室批准。

日常申请仍按福利金申请手续办理。

（二）已享受福利金经常性补助，而因子女较多，仍感生活困难者，可以申请多子女补助，由人事室酌情决定之。

清华大学档案，全宗号2，目录号 校5，案卷号 53011

单身教职员工宿舍居住暂行办法
——二月一日—一九五四——一九五五年度
第十二次校务行政会议通过
（1955年2月1日）

一、总则：

凡在本校工作之教职员工及党、团、工会系统的干部皆可居住本校之单身教职员工宿舍。

凡附设单位工作人员需要住在学校单身宿舍内者，得经由总务处规定一定之名额，由学校供给住宿地方。

二、分配原则：

以保证教学工作需要为主。凡在校内已有住宅者，不再给予单身宿舍。

① 教授或副教授、处级干部：一人一间（家住成府或海淀区而仍有单身住在学校之需要者，二人一间）。

② 讲师、各系系秘书及科级干部：二人一间。

③ 助教：凡一九五三年以前毕业者二人一间，一九五四年以

后毕业者三人一间。

④ 一般职员、技工每三人一间。

⑤ 练习生每四人或四人以上一间。

⑥ 炊事员、普通工或其他一般工作人员四人以上大房间。

（注）凡党、团、工会干部，应按以上相应等级，由各该单位根据实际工作需要提出意见，经总务长同意后执行。

三、居住守则：

① 凡按第二项之规定居住后，如房间有空位时，在住宿科未分配给其他同志以前，现住的同志可以按照第二项规定的原则约人同住，但须先向住宿科登记。

② 凡有空位而没有合适的人约住时，得由住宿科分配，住在该室的同志不得拒绝其居住。

③ 宿舍内之家具应加爱护，不得随意搬出宿舍。

④ 住入单身宿舍后，要遵守各宿舍斋委会所制定的各项制度。

四、家具分配：将来规定家具配用标准时再确定。

五、房租、电费、冬季烤火费：凡住单身宿舍必须按照规定缴纳房租电费（房租电费收费标准另有规定），冬季烤火费按高教部之规定办理。

六、附则：

① 凡夫妇两个人皆在本校工作，而尚未分配到住宅者，可在一定地区单身宿舍内予以一人间，一俟配租到住宅应即迁出。

② 在学校宿舍内条件许可下周末返校可予以一人间之照顾。

七、本办法经校务行政会议通过实行。

《清华公报》第 9 期，1955 年 3 月 23 日

清华大学工作人员福利费补助办法
——五月卅一日—九五四——九五五年度
第二十一次校务行政会议通过

(1955 年 5 月 31 日)

一、总则：

为适当解决本校工作人员的生活困难，特根据高等教育部 (54) 人劳字第五十三号《关于高等学校工作人员福利费使用办法的通知》制订本办法。为便于掌握，将原有的生活补助费，多子女补助费合并为一项，统称为工作人员福利费。

二、补助范围：

甲、本校正式编制人员以及经批准的非编制内的工作人员。

乙、甲项人员的直系家属无劳动能力必须由甲项人员一方供养抚养的（父、母、夫、妻、子女）。

丙、由甲项人员必须抚养未满十六周岁的弟、妹，并包括甲项人员自幼曾依靠其抚养长大，现又必须由甲项人员一方负担其生活费用之其他亲属。

丁、临时、试用、兼职、代职、外来实习及进修的人员不予补助。

三、补助原则：

甲、工作人员生活困难，一般的应尽量采取节约、生产自救的办法解决，其本人实无力解决者，方酌情予以补助。

乙、对教职工应根据不同的最低生活标准给予补助。

丙、如一家有两人以上参加工作，在不同的生活水平情况下给予不同的照顾，并且只能由一方申请。

四、补助项目及标准：

甲、临时性补助：一般临时性困难在三元以上者才给予补助。

1. 家属医药补助——工作人员一方供养或抚养的家属因患病所引起之经济困难（须有医师证明或处方）首先由工会家属医药互助办法解决，如仍有困难可给予适当补助。

2. 生育补助——工作人员的家属因生育所引起之经济困难可酌情补助。

3. 丧葬补助——工作人员一方供养或抚养的直系亲属死亡而本人实无力负担全部必需费用者可酌情补助一部分。

4. 其他特殊困难。

乙、经常性的补助：家庭人口或其他原因，而引起之困难，应首先从生产节约方面解决（如回乡村种地、洗衣等），对于确实无法解决之经济困难才给予补助。

五、特殊情况得经人事室批准给予补助。

六、申请手续：

甲、详细填写"福利费申请表"并须附有证明。如家属有在其他机关工作者，须有未在其他机关申请证明；家属不在京居住者须有乡或区政府之证明。

乙、由工会小组长进行了解情况，经部门委员会研究后提出初步意见，经行政部门负责人同意，签署意见后送交人事室审查批准。

丙、经常性补助，每年在三月至八月，九月至二月共二期，每次重新审查。在补助期间生活有所改变应及时报告人事室，以便作适当的调整。

七、申请人应照实填写申请表，不得隐瞒或假报，如有上述情况，经人揭发查实后，除停止补助外，轻者予以批评，重者处分，并追回已补助的补助费全部或一部。

八、本办法经校务行政会议通过校长批准后实行。

《清华公报》第 12 期，1955 年 6 月 23 日

关于女教职工健康与劳动保护的七项规定

1960 年 12 月 16 日 1960—1961 年度

第六次校务会议通过

（1960 年 12 月 16 日）

为了进一步彻底执行我校《关于教职工劳逸安排的几项规定》[①] 保护女教职工身体健康，根据女教职工情况，特作七项补充规定如下：

一、女教职工在正常情况下，可以与男教职工一样进行工作劳动，但必须注意照顾到男女体质的差别，予以适当安排。

二、女教职工在例假期间，不参加重体力劳动，在工作或参加轻体力劳动时应根据实际工作条件调轻活、干活等，对于体质较弱的女教职工在例假期间并可适当缩短劳动时间。

三、怀孕妇女、喂奶妇女与患有严重妇女病的女教职工均应按第二条规定予以照顾。在这期间不远地出差、不下放劳动、不值夜班，夜间活动可以允许她们请假。各单位要保证她们定期检查与定期治疗的时间。喂奶妇女在上班期间可允许回家喂奶二次。

四、家有小孩的女教职工，不要让她们加班加点。星期六晚与星期日一定保证她们自由支配。对家有小孩而又无人照顾的女教职工晚间活动可以允许她们请假，其他同志不得因此歧视。

---

① 编者注：规定参见《清华大学史料选编》第六卷第一分册第 200 页。

五、女教职工参加体育活动，应注意运动量略低于男同志，例假期间一定予以照顾。

六、女教职工应注意妇女保健卫生。

七、以上各条发至各单位，必须向全体教职工（包括男教职工）宣读，切实执行，以保证女教职工健康。

以上规定适用于本学年至 1961 年 7 月底，以后再总结经验进行修改。

清华大学档案，全宗号 2，目录号 校 1，案卷号 61001

教职工集体宿舍管理暂行办法
——1961 年 11 月 24 日 1961—1962 年度
第五次校务委员会通过
（1961 年 11 月 24 日）

一、分配使用

1. 教职工集体宿舍必须严格按照规定标准居住。单身教职工在本单位的宿舍内，经生活科同意，可以自行组合同住一室。如室内有空位，由生活科分配其他人员居住，原住人员不得拒绝。

2. 宿舍分配后，未经生活科同意，不得私自迁动房间，更不得私自占用空房。

3. 各单位不经生活科同意不能私自将单身宿舍改变用途（如改做办公室、库房、俱乐部等），更不能改做家属用房。

4. 教职工离职时，必须到生活科办理迁出手续。

二、遵守公共秩序

1. 在单身集体宿舍内不得生火炉，以免发生意外。

2. 在宿舍内应保持安静，不得大声喧闹，以免妨碍他人学习、休息。

3. 各宿舍应有专职的服务员负责宿舍内外如通道、厕所、洗脸室、楼梯等公共场所的清洁卫生工作，每天进行清扫。人人注意经常保持整洁，不随地吐痰、倒水或抛丢其他污物。

三、爱护公共财物

1. 宿舍内门窗玻璃应加意爱护使用。久离宿舍或遇大风天气时应将门窗关好，平时应挂好窗钩，以免损坏玻璃，玻璃损坏时应照价赔偿。

2. 宿舍内墙壁、灯罩和其他设备均应注意保护，墙壁不得乱钉钉子和随意粘贴。

3. 宿舍家具均按规定标准配备，必须爱护使用，不得任意搬出室外，更不得移作别用。如需修理时可到服务员室登记办理。

4. 注意节约水电，宿舍内不得安装电热器具，不得自行改装灯具，室内电灯应按时开关，室内无人应即熄灯，如遇灯泡断丝时可到服务员室换领，需照章缴费。

四、做好安全保卫工作

1. 提高警惕，注意防火防盗，离开宿舍应关窗锁门，夜间睡觉应锁门。

2. 贵重物品应注意妥善存放。

3. 宿舍内如留住客人，必须按校卫队规定申报户口。

五、组织管理

1. 各房间应推选代表一人，负责本室家具设备的保管及清洁卫生、公共秩序的维持工作。

2. 各宿舍成立斋务管理委员会协助行政维持宿舍秩序，保护公共财物，搞好清洁卫生与安全保卫工作。

六、本办法经校务委员会讨论通过后公布试行。

《清华公报》第 85 期，1961 年 12 月 6 日

关于精简还乡人员有关待遇问题的规定
（供内部掌握用）

（1962 年 6 月 12 日）

一、当月工资：当月十五日前办完离校手续的发给当月半月工资，十五日以后办完的发给当月全月工资。

二、发给还乡补助费，按以下规定计发：

1. 1957 年年底以前参加工作的职工按照国务院关于工人职员的退职办法办理，即：按参加工作时间的周年计算，不满半年的发给半个月的本人工资，半年以上不满一年的发给一个月的本人工资，一年以上每满一年的增发一个月的本人工资，十年以上的从第十一年起每满一年发给一个半月的本人工资。例如：1955年 1 月参加工作的职工到目前为止他们参加工作的时间共七年零2 个月，所以应发给他们七个半月的本人工资。

2. 1958 年年初以后参加工作的职工按中央 1961 年 6 月之新规定办理：工作满一年的发给一个月的本人工资，一年以上至两年的发给一个半月的本人工资，二年以上至三年的发给二个月的本人工资，三年以上的发给二个半月的本人工资。例如：1958 年9 月参加工作的职工到目前为止，他们参加工作的时间在三年以上，所以应发给二个半月的本人工资。

3. 退役义务兵自退役后参加工作起计算工作年限并参照本规定二第 1 项标准计发补助费。他们服役期间（包括超期服役）应计入工龄，但不计发还乡补助费；如果他们在服兵役之前系国

家正式工作人员，则还乡补助费应从他们服兵役前参加工作之日算起。志愿兵或复员转业军人的还乡补助费发放办法另有规定。

4. 临时工家在农村还乡生产者，工作不满半年的不发，半年以上至二年的发给半月本人工资，二年以上至三年的发给一个月的本人工资，三年以上的发给一个半月的本人工资（临时工最多只发给一个半月的本人工资）。家在城市街道的不发。

5. 年老自愿退休的按国务院关于工人、职员退休办法办理。

三、本人和随同居住并供养的直系亲属一起返乡时的车船费、行李费、旅途伙食补助费和旅馆费，参照财政部规定执行。

1. 车船费：乘火车可坐硬快车，乘海轮坐硬席，乘江轮坐三等舱，通宵乘火车者可购硬席卧铺票。

2. 本人行李费按 100 公斤计算，直系亲属按 40 公斤计算。

3. 旅途伙食补助费每天每人 1 元。

4. 旅馆费一律按住普通房间计算。

注：1958 年以后来校的临时工之随同居住并供养的直系亲属与临时工本人一起返乡时，其家属不享受以上规定。

四、还乡参加农业生产的职工，按规定到家后要带足一个月的全国粮票，定量在 30 斤以上的按 30 斤发，30 斤以下的按原定量发给。此外旅途中的粮票也根据上述标准根据旅途所需天数计算加发。对重灾区、缺粮区、回乡职工过多的社队可适当多发一部分粮票。

五、发给还乡人员的证明书及介绍信（由人事处统一制发）。

六、工作移交完毕应即办理离校手续，并由开始办理手续之日起，一般最多给予一周时间准备，并据此计算离校日期。

人事处

1962 年 6 月 12 日

清华大学档案，全宗号 2，目录号 干部科定期，案卷号 62023

清华大学教职工回家探亲暂行办法
——1962—1963 年度第 11 次校务委员会通过
（1963 年 6 月 14 日）

　　根据国务院批转《教育部关于各级学校教职工探亲假以及回家探亲往返车船费问题的请示报告》的精神，对我校教职工回家探亲等有关问题，作如下规定：

　　一、凡连续工作满一年的正式教职工（即不包括季节工、临时工、学徒、脱产研究生），必须同时具备以下二个条件，才可享受本办法的规定：

　　（一）同父亲、母亲和配偶都不住在一起，或者虽同父母住在一起但和配偶不住在一起的。

　　（二）不能利用公休假日回家团聚的。

　　二、教职工回家探亲，每年一次。一般不得提前使用下一年的探亲假。当年不能回家探亲的，可以在下一年合并使用，但只能两年合并一次。

　　教师回家探亲，均应安排在寒、暑假期间，不另给路途假。

　　职工回家探亲，可在家居住 12 天（包括星期日），另视路途远近给予路途假，但不再放暑假。探亲的时间，可由本人申请，在不妨碍工作的情况下，由所在单位在本年内统一安排。

　　三、教职工回家探亲时，如因病因事不能如期回校，应事先请假并取得当地医疗单位、生产大队或街道居民委员会的证明，才能按病假或事假处理，否则以旷工旷职处理。

　　四、教职工回农村或城镇探亲时，其往返车船费，学校可以给予报销。

五、申请和报销手续：

（一）凡申请回家探亲的教职工，必须由本人填写"清华大学教职工回家探亲申请表"，经所在单位及系（处）同意后，由人事处批准。

（二）有配偶在外地工作的教职工回家探亲时，必须持有配偶所在单位的证件（证明配偶在本年内确实未在该单位享受过探亲假，未报销过探亲路费），我校才能给予报销车船费。

（三）回家探亲之车船费，需填写"清华大学教职工探亲路费报销单"，经系（处）人事科批准，由财务科报销。

六、本暂行办法由人事处负责解释。

七、本办法自 1963 年 1 月 1 日起实行。

《清华公报》第 115 期，1963 年 6 月 28 日

清华大学工作人员福利费补助办法
——1962—1963 年度第 12 次校务委员会通过
（1963 年 7 月 5 日）

为适当解决本校工作人员的生活困难，加强福利费的使用和管理，根据中央和市人委的有关规定，制订本办法。

第一条：本办法只适用于本校正式工作人员和经批准列入编制的来校工作三年以上的临时工作人员。见习期间的工作人员不享受本办法规定的定期补助。徒工、其他临时工、研究生、退休、退职、兼课、代课以及外来进修人员不适用本办法的规定。

第二条：福利费主要用于解决工作人员的家属生活困难、家属患病医疗费困难、家属死亡埋葬费困难、其他特殊困难以及举办和补助集体福利事业。

工作人员的家属包括：

1. 无劳动条件必须由工作人员供养、抚养的直系亲属（祖父母、父母、配偶和未满 16 周岁的子女）。

2. 必须依靠工作人员抚养的未满 16 周岁的弟妹。

3. 抚养工作人员长大、现又无劳动条件，必须由工作人员供养的其他亲属。

第三条：工作人员家属的生活困难，应本着自力更生、勤俭持家的精神，尽量采取节约、积极参加生产增加收入的办法解决。但本人确实无力解决理由正当的，可酌情予以补助。凡有投机倒把、贪污盗窃行为的，一律不予补助。

第四条：定期补助。

1. 凡工作人员全家每月总收入（工资、津贴、汇款及其他收入）不能维持当地最低生活水平，本人又无力解决的，可酌情给予定期补助。

2. 定期补助的款额应该根据家庭人口和劳动力情况、子女大小和上学情况、家居远近等不同实际情况，实事求是，区别对待，不采取一律填平补齐的办法。对于工作人员和有固定劳动收入的家庭成员，他们生活费可以适当高于当地最低生活费用；对于不愿从事劳动的家庭成员不予补助；对于盲目流入城市的家庭成员不予补助；对于子女过多过密、子女年幼的，应该少补。

定期补助款额一般不得超过本人工资的三分之二。

3. 定期补助每年秋季评定一次，春季检查一次。补助期间经济情况有改变时应随时调整。

第五条：临时补助。

1. 家属和临时工作人员患病医药用费超过工会家属医药互助的部分，本人确实无力负担的，凭单据可以酌予补助。补养药品概由本人负担，使用贵重药品，应严格掌握。

2. 家属死亡、本人确实无力负担埋葬费的，凭单据可以酌予补助。如有封建迷信、铺张浪费行为的，不予补助。

3. 其他临时困难，本人确实无力解决的，可以根据具体情况酌予补助。

第六条：全校由校工会、行政、教职工代表组成福利委员会，各系、处行政单位由系（处）工会主席、生活委员、人事干部和教职工代表组成系（处）生活福利小组。福利委员会和系（处）生活福利小组负责研究审查福利费和会员困难补助费使用情况，研究审查定期补助和各项临时补助，研究举办集体福利事业。

福利委员会每半年应公布一次福利费使用情况，听取群众意见。福利委员会和系（处）生活福利小组要密切关心群众生活，深入进行调查研究，实事求是地解决教职工生活困难；要认真贯彻群众路线，发扬民主；要积极向教职工进行艰苦朴素、勤俭持家的教育；要根据可能积极开展教职工群众性的互助活动，组织家属参加生产或服务工作。

第七条：申请手续与批准权限。

1. 工作人员申请定期或临时补助时，应该详细地、照实地填写"福利费补助申请表"，并应附证明或单据。若家庭成员在校外单位工作，须有未在校外单位申请过补助的证明。

2. 在深入了解情况、索取必要的证明的基础上，经工会小组讨论，提出具体补助意见后，由系（处）生活福利小组进行审查，报福利委员会批准。

第八条：申请人应照实填写申请表，不得隐瞒或假报。如有上述情况，除立即停止补助追回已领补助费外，并根据情节轻重给予应得处分。

第九条：对于能够精打细算会过日子而不申请或少申请困难

补助的职工，应该予以表扬。

第十条：本办法经校务委员会批准后实行。

《清华公报》第 116 期，1963 年 7 月 10 日

校务（扩大）会议关于照顾高级知识分子问题的议决事项※①

（1956 年 1 月 24 日）

时间：一月廿四日下午二时半

地点：工字厅会议室

出席：蒋南翔　刘仙洲　陈士骅　陈舜瑶　何东昌　史国衡

张　徽　周寿昌　周维垣　李酉山　庄前鼎　章名涛

张　任　马约翰　张子高　陶葆楷　吴良镛　董树屏

刘弄潮　徐亦庄　万嘉镕　杜庆华　李相崇　储钟瑞

李恩元　周　昕　李传信　吕应中　陆大绘　庞家驹

滕　藤

列席：巴巴诺夫　黎诣远　陈世猷

主席：蒋南翔　　　　记录：周撷清

讨论事项：

一、讨论学校十二年规划问题。（编者略）

二、讨论下学期工作计划。（编者略）

三、通过《关于寒假教学研究会的初步计划（草案）》。

四、物理教研组分组问题。（编者略）

五、关于照顾高级知识分子问题。

---

① 编者注：本文节选自《一九五五——一九五六年度第四次校务（扩大）会议记录》。

决议：为了使教授、副教授及学校负责干部（包括校务委员及担任教研组主任、副主任的讲师）集中时间及精力从事于教学、科学研究及学校领导工作，学校在生活服务方面对其本人及在适当范围内对其家属予以适当照顾。主要照顾方面包括：医疗保健方面、膳食方面、庶务科扩大代办事项、保育所优先照顾上述人员子女、文化娱乐方面及合作社购物方面。具体办法另行印发并由学校发给"优待通用证"。

散会。

《清华公报》第 21 期，1956 年 1 月 31 日

附：关于解决教授等生活服务问题的若干办法

（1956 年 1 月 24 日）

为使校务委员、教授、副教授及担任教研组主任、副主任的讲师集中时间及精力从事于教学、科学研究及学校领导工作，学校在生活服务方面对其本人及在适当范围内对其家属应适当照顾。为此，本学年第四次校务扩大会议通过《关于解决教授、副教授及学校负责干部生产服务上若干问题的实施办法》。

1. 医疗保健方面：①门诊治疗：凭"优待通用证"随到随诊（家属由本人陪同前往者亦可凭"优待通用证"随到随诊）。②出诊：急重病随时出诊（包括家属）。③取药：取药时凭"优待通用证"优先配药及取药。④保健：由专门医师负责，建立定期检查身体、集中管理和研究健康记录、重点访视制度。

2. 膳食方面：①自二月一日起在公寓增设小灶食堂，提高主、副食及服务条件。凭"优待通用证"入伙（家属包括在内）。②如还有少数人仍需要在员工第一食堂用膳时，则设专席，饭菜

随到随取，并可预约特种菜。

3. 庶务科为这些教师扩大代办事项，如搬家、提运、购车票等服务工作。

4. 保育所：①本人子女优先录取入所。②假日接小孩回家有困难者可不接回家。③二岁至五岁儿童由保育所用"儿童车"负责接送。

5. 文化娱乐方面：①电影及戏剧演出，可预先购买对号票，优先分配较好的座位（包括家属）。②举办教授俱乐部。③进城观剧优先照顾。④假期休息活动优先照顾。

6. 合作社方面：①可用电话通知预定副食品，并由合作社送货。②本人凭"优待通用证"随到随买。合作食堂本人凭"优待通用证"随到随吃（包括同去的家属及亲友），也可用电话预先订购。③凭"优待通用证"委托合作社托购物品，由合作社负责运送。④凭"优待通用证"在二院理发室随到随理，也可电话预约。

具体实施办法，正在分别拟订。

《新清华》第 123 期，1956 年 1 月 30 日

清华大学党委关于浮肿病防治情况致刘仁同志、市委并教育部党组的报告※

（1960 年 12 月 17 日）

刘仁同志、市委并教育部党组：

从 11 月上旬开始，我校医院门诊陆续发现有浮肿现象的病人；下旬，门诊人数增加到每日 30 人次左右；11 月 30 日各系、各单位报上来的人数更多，但多数是未经过学校医院检查的。为了弄清情况，进行预防和治疗，我们于 12 月 2 日、5 日、9 日三

次组织学校的医务人员和政治干部一起对有浮肿现象的人做了检查。到本月 16 日止累计发病人数为 550 人（占全校人数 2.4%），经过近两周的治疗，其中有 502 人（占病人数 91%）已经陆续痊愈，现有病人 48 人。在检查中发现，上述的 500 人中有近 1/3 的人虽然也有某种浮肿现象，但却没有浮肿病的一般症状，如疲倦无力、尿频、尿急、心律低、脉搏慢等情形。这些人中有的人是由于风吹或睡眠不好眼皮微肿，女同志在月经期常有轻度浮肿，有的是孕妇或心脏病、肾脏病患者或有过敏性浮肿病史的人，这种人不能算浮肿病人。对于他们的疾病已采取措施正在进行治疗。

我校浮肿病人发病原因，据我们和医务人员初步分析（尚待进一步研究和证明），有两种情况：一种是病人平时身体健康，只是由于发病前吃酱油、咸盐、咸菜过多，使身体内部钠离子超过正常需要量，吸收大量水分，形成浮肿，这种情况占大多数。

另一种是病人平时身体较弱、有其他疾病或劳逸安排不妥，体力消耗过大，如果吃咸东西多、喝水多就会更重一些，这种情况在病人中是少数。如某大一新生，原在福建农村，口粮低些，劳动较多，入学后又参加了农村和专业劳动，体力消耗过多，血浆蛋白总量为 5.6%，低于正常人的 6.5%～7.5% 的水平，因而产生浮肿。

根据刘仁同志的指示，针对发病的原因，我们采取了以下防治措施。

首先，病人分层集中，专人管理。12 月 1 日起校医院集中了 42 个病人，由校一级管理。各系也将浮肿较明显的病人分别集中，由专人负责管理。治疗方面：1. 有浮肿现象的人一律停止吃盐，各食堂为病人专门做无盐菜。2. 充分休息，不参加体力劳动和社会工作，按体力情况不上课或少上课。3. 适当地洗热水澡，适当控制饮水量，以减少病人体内的水分。4. 对还有其他疾病的人，采取治浮肿与其他疾病同时并进的办法，减少疾病的相互影响。5. 对脉搏在四十以下的一个病人注射了强心剂，防止休克。有些消肿后的病人，还感到身体无力，有些还有头昏和手、脚麻木的感觉，为了保证他们迅速恢复健康，防止再犯，我们还规定病象消除后两周内不参加劳动，不担任社会工作，每天吃盐量控制在二钱以下。

其次，为了保证群众健康，防止发生浮肿，我们于 11 月 27 日起就将各食堂用盐量控制在每人每日二钱左右。11 月 30 日在全校教职工学生中分别宣布并执行了新的作息时间和劳逸安排的十项规定。采取了停止民兵操练，停止激烈运动和体育竞赛，保证九小时睡觉，减少劳动时间和学习时间，压缩各项工作的指标等措施。

采取上述措施效果很显著。现在已经基本上控制住了浮肿病发展，已得病的人也迅速好转或痊愈。但这几天来，仍然陆续有少数新的病人出现，全校的浮肿病人数停顿在 50 人左右，降不下去。我们正在采取措施，力争迅速消除，并教育干部不能松懈，提高警惕，预防浮肿病的发展和复发。

中共清华大学委员会

1960 年 12 月 17 日

清华大学档案，全宗号 2，目录号 党 1，案卷号 60039

我校住宅用房情况调查

（1962 年）

现就当前教职工生活中的主要问题之一房屋问题的情况汇报如下：

一、基本情况

（一）全校工作人员 5 461 人。已婚的占 66％，未婚的占 34％。

住学校眷属宿舍的 1 637 户，2 044 人。

住集体宿舍的 3 103 人。

住学校外房屋的 395 人（其中有兼住集体宿舍的）。

（二）未婚人员的年龄情况

教师 915 人，其中：30 岁以上 76 人，26～30 岁 515 人，25 岁以下 324 人。

职工 385 人，其中：30 岁以上 7 人，26～30 岁 86 人，25 岁以下 292 人。

实验员 284 人，其中：30 岁以上 10 人，26～30 岁 84 人，25 岁以下 190 人。

总计：30 岁以上 93 人，26～30 岁 685 人，25 岁以下 806 人。

（三）历年眷属宿舍与工作人员发展情况

年度	教职工人数	宿舍使用面积 m^2	眷属宿舍户数	平均每户使用面积 m^2
1949	915	22 075	305	72
1952	1 204	32 458	825	37
1957	3 340	37 338	961	38
1962	5 461	46 248	1 637	28

（四）目前各级人员已解决眷属宿舍的情况

教授副教授	196 人	已解决	180 人	占 92％
讲师	485 人	已解决	315 人	占 65％
9～12 级助教	590 人	已解决	211 人	占 36％

| 12 级以下助教 | 916 人 | 已解决 | 87 人 | 占 9.5% |

科长级或政府　　112 人　　已解决　　105 人　　占 95%
17 级以上干部

行政人员　　　1 282 人　　已解决　　667 人　　占 52%

技工　　　　　1 018 人　　已解决　　410 人　　占 40%

实验员　　　　 462 人　　已解决　　105 人　　占 23%

（五）现已提出申请住房的情况：

职别	副教授	讲师	助教	职工	合计
人数	9	61	102	143	315

其中：已生或将要生小孩的 45 户。

已婚住集体宿舍或将结婚的 115 户（其中已婚 88 人）。

租校外民房催搬家的 23 户。

二、今后措施

订立学校眷属宿舍配租暂行办法。

改建东区基建工棚一部分计为住宅用房（约可解决 70 户左右）。

催非本校工作人员搬家（现有 42 户），在未搬之前，拟参照房管局租用民房标准调整房租。

腾出或压缩一部分占用的住宅房屋（如校史编委会、合作社等），解决临时接待家属用房，并规定收费办法。

争取新建一些眷属宿舍，如果按眷属宿舍配租办法规定条件，估计 3～5 年约需解决 200 户，平均每户按 35m^2 计算需新建 7 000m^2 建筑。

清华大学档案，全宗号 2，目录号 校 1，案卷号 62012

1963 年福利补助月统计表※①

（1964 年 1 月）

1963 年 1—12 月份   1964 年 1 月

数字类别 补助项目	合计 人数	合计 金额	教师 人数	教师 金额	职员 人数	职员 金额	实验员 人数	实验员 金额	工人 人数	工人 金额	工勤 人数	工勤 金额
合计	3 539#	63 171.70#	61	1 549	391	7 128.50	132	1 787	2 048	36 040.75	121	3 536.95
一、定期困难补助	3 140#	51 670#	40	645	311	4 710	101	1 084	1 902	32 101.50	121	3 536.95
二、临时性补助　小计	399	11 501.70	21	904	80	2 418.50	31	703	146	3 939.25	11	277.17
本人因病需加营养	38	885.17	2	110	8	225	9	127	8	146		
家属因病住院医药费	128#	4 806.48#	4	150	74	791	6	126	46	1 700	48	2 039.48
家属死亡埋葬费	27	1 438	2	120	6	398	6	230	5	260	8	430
爱人生小孩	25	453	1	60	1	15	1	30	14	241	8	107
修房	4	195							3	165		

① 编者注：表中标"#"者为数据与后面之和对不上，由编者所加。

295

补助项目	合计 人数	合计 金额	教师 人数	教师 金额	职员 人数	职员 金额	实验员 人数	实验员 金额	工人 人数	工人 金额	工勤 人数	工勤 金额
冬衣补助	14	180			1	20	3	35	6	75	4	50
回家探亲路费	10	287.75	3	90	1	15	1	50	5	132.75		
学生书本学杂费	34	387.50	2	30	7	152.50	1	16	9	76.50	15	112.50
二、临时性补助 补发定期补助	60	671	1	7	16	210	2	29	25	252	16	173
生活困难	31	991	3	80	7	165			17	631	4	115
其他	28	1 206.80	3	257	9	427	1	30	8	260	7	232.80
拨工会□□ 教育工作者 □□□□□□费		133.90										
本人收入			本月结余				累计结余					

春节补助 2 221 241.10。
去年 2 100。
计发 1 962.12□ 计 1 437.50，
领交国库 86.00。

清华大学档案、全宗号 2、目录号 校 5、案卷号 63035

6. 名单

(1) 1953 年清华大学教职工名单

1953 年清华大学教职工名单^{※①}

（1953 年 12 月）

清华大学教学行政各单位顺序表

单位	单位
土木系	校长办公室
水利系	文书科
机械系	《新清华》编辑委员会
动力系	人事室
电机系	校卫队
无线电系政治	辅导处
建筑系	教务处
力学教研组	教学设备科
数学教研组	图书馆
物理教研组	总务处
普化教研组	会计科
俄文教研组	庶务科
中国革命史教研组	办公室

---

① 编者注：部分人员名单根据 1960 年、1965 年教职工名册进行订正。

马列主义基础教研组　　　　　路工室

政治经济学教研组　　　　　　庶务科其他

体育教研组　　　　　　　　　工程科

音乐室　　　　　　　　　　　住宿科

　　　　　　　　　　　　　　膳食科

　　　　　　　　　　　　　　员工食堂

清华大学进修教师所在系　　　校医室

　　　　　　　　　　　　　　供应管理科

机械制造系　　　　　　　　　缮印科

动力系　　　　　　　　　　　助学金审委会

土木系　　　　　　　　　　　修缮工程处

水利系　　　　　　　　　　　团委会

电机系　　　　　　　　　　　保卫委员会

俄文教研组　　　　　　　　　学委会　工会

　　　　　　　　　　　　　　调外学习及工作

　　　　　　　　　　　　　　基本建设委员会

　　　　　　　　　　　　　　中国古代工程史编纂委员会

　　　　　　　　　　　　　　公寓食堂

　　　　　　　　　　　　　　附中

　　　　　　　　　　　　　　附小

　　　　　　　　　　　　　　保育所

　　　　　　　　　　　　　　业余学校

　　　　　　　　　　　　　　工农速成中学

土木系

职别	姓名		职别	姓名		职别	姓名
系主任	张　维		教授	储钟瑞		教授	李颂琛
教授	李庆海		教授	陶葆楷		教授	王兆霖

职别	姓名	职别	姓名	职别	姓名
教授	吴柳生	助教	戴福隆	助教	何梦麟
教授	陈榘生	助教	管译霖	助教	王克明
教授	杨曾艺	助教	朱中孚	助教	赵志缙
教授	杨式德	助教	朱庆爽	助教	高维山
教授	张 典	助教	王占生	助教	刘光廷
副教授	顾夏声	助教	李献文	助教	洪忠骥
副教授	籍孝广	助教	刘同生	助教	裘函始
副教授	王国周	助教	彦启森	助教	孙 元
副教授	刘经文	助教	车世光	助教	宗洪生
副教授	王继明	助教	滕智明	助教	惠士博
讲师	孙 护	助教	关振铎	助教	邝守仁
讲师	崔炳光	助教	罗福午	助教	麦淑良
讲师	刘翰生	助教	李惠来	助教	瞿履谦
讲师	王雄风	助教	沈聚敏	助教	陈肇元
讲师	吴增菲	助教	屠成松	助教	古国纪
讲师	王传志	助教	向裴成	助教	陆赐麟
讲师	邵一麟	助教	廖诏明	助教	陈 聘
讲师	胡多闻	助教	佟一哲	助教	程能㙔
讲师	江作昭	助教	王和祥	助教	包世华
讲师	陈仲颐	助教	徐一新	助教	范榴生
讲师	刘元鹤	助教	刘希业	翻译	蔡益燕
讲师	卢 谦	助教	黄昭质	翻译	施肇震
讲师	李国鼎	助教	陈振刚	翻译	许毓云
讲师	黄 熊	助教	刘新民	技术员	宋毅夫
讲师	龙驭球	助教	梁绍周	技术员	卢存忠
讲师	张良铎	助教	张家瑞	职员	刘照广
助教	张家骥	助教	韩守询	职员	刘宏曾
助教	毛世民	助教	陆昌甫	职员	于豪发
助教	庄崖屏	助教	张思敬	职员	李吉燕

职别	姓名	职别	姓名	职别	姓名
职员	谢镇芝	练习生	李淑敏	练习生	陶炳霖
职员	黄俊杰	练习生	王守清	练习生	凌良奇
职员	瞿福春	练习生	刁玉春	技术员	李振荣
职员	李瑞荣	练习生	王文彬	技工	周玉山
职员	马春浦	练习生	曹 燕	技工	于德泉
练习生	丁奎元	练习生	温广隆	普通工	李凤明
练习生	陈德泉	练习生	张维治	普通工	苗 华
练习生	庞龙德	练习生	陈良铭	普通工	程 昆
练习生	高建华	练习生	程文姬		
练习生	苏尚连	练习生	施泽元		

水利系

职别	姓名	职别	姓名	职别	姓名
系主任	张 任	助教	冬俊瑞	助教	谢吉庭
教授	夏震寰	助教	周定邦	助教	叶焕庭
教授	李丕济	助教	费祥俊	助教	廖 松
教授	张光斗	助教	王金生	助教	蔡安四
教授	施嘉炀	助教	李存礼	助教	闫凤高
教授	黄万里	助教	左 芸	助教	李良茂
讲师	袁恩熙	助教	张永良	助教	何高毅
讲师	余常昭	助教	沈之良	助教	陈先友
讲师	惠遇甲	助教	吕应三	助教	戚筱俊
讲师	丁则裕	助教	孙原钧	翻译	王 毅
讲师	袁作新	助教	舒焕铸	翻译	张宪宏
讲师	施熙灿	助教	王安钊	技术员	于嘉文
兼任讲师	仇永炎	助教	冯国光	职员	王同风
兼任教员	杨式傅	助教	孙肇初	职员	张民华
助教	曹 俊	助教	谷兆祺	职员	刘馥慧
助教	林汝长	助教	张 仁	职员	李俊英

职别	姓名
职员	袁霭春
练习生	刘立仁
练习生	刘崇杰
练习生	赵乐生
练习生	兰云初
练习生	谭丽珍
练习生	周识超

职别	姓名
技工	张宝国
技工	薛振山
技工	孟兆祥
技工	唐绍斌
技工	范子嘉
技工	洪全厚
技工	杨成福

职别	姓名
技工	李学成
技工	张增延
工友	张德明
工友	田增禄
工友	王 恩

机械系

职别	姓名
系主任	李西山
副主任	何东昌
副主任	邹致圻
教授	金希武
教授	李辑祥
教授	王遵明
教授	曹继贤
教授	褚士荃
副教授	郭世康
副教授	王祖唐
副教授	郑林庆
讲师	李民范
讲师	梁晋文
讲师	李麟谟
讲师	钟寿民
讲师	陈克成
讲师	王树枫
讲师	郑可锽
讲师	池去病

职别	姓名
讲师	潘际銮
讲师	陈南平
讲师	黄惠松
讲师	苏振武
讲师	梁德本
助教	夏镇英
助教	王积康
助教	梁关培
助教	靳怀义
助教	黄少昌
助教	花国樑
助教	俞受稷
助教	林相如
助教	陆其仁
助教	袁兆平
助教	杨克敬
助教	曹长顺
助教	苏 毅
助教	俞新陆

职别	姓名
助教	李登华
助教	张 潜
助教	王正芳
助教	陈丙森
助教	张人豪
助教	刘 庄
助教	叶庆荣
助教	张万昌
助教	张稷云
助教	朱光明
助教	于震宗
助教	任邦弼
助教	楼恩贤
助教	萧柯则
助教	范毓璺
助教	刘家浚
助教	朱九华
助教	庄前炤
助教	黄湛泉

职别	姓名	职别	姓名	职别	姓名
助教	冯中鋆	助教	谢申鉴	技工	那世纲
助教	张世民	翻译	沈　□	技工	李德成
助教	李允和	翻译	薛云航	技工	佟德元
助教	唐锡宽	翻译	贺教民	技工	王宗印
助教	郭庚田	翻译	米南□	技工	李万顷
助教	葛中民	技术员	王盼田	技工	张恩适
助教	游逸彬	职员	叶志铨	技工	闻德祥
助教	侯虞铿	职员	张义人	技工	何世平
助教	张伯鹏	职员	李家苣	技工	王玄辰
助教	沈力虎	职员	吴绍芳	技工	张玉光
助教	金国藩	职员	程　英	技工	钟贻鹏
助教	周家宝	职员	杨广志	技工	韩师忠
助教	张泽民	职员	李国樑	技工	吴全亮
助教	周积义	职员	周文顺	技工	关贵增
助教	邹宜侯	练习生	戴祖莲	技工	李　瑞
助教	石光源	练习生	杨福生	技工	武书宽
助教	胡　斌	练习生	陆平宏	技工	冯则林
助教	王海樑	练习生	伍依全	技工	贾振铎
助教	王叶滔	练习生	黄秀珍	技工	朱广樑
助教	陆瑞新	练习生	杨莉琪	技工	刘济县
助教	曹芦霖	练习生	李明经	技工	郭宝森
助教	常增暄①	技工	王德金	技工	王茂林
助教	俞海清	技工	刘万成	技工	韩瑞祯
助教	林　庄	技工	陈益群	技工	邢占魁
助教	朱耀祥	技工	何厚之	技工	董介平
助教	李如香	技工	季立屾	技工	徐同安
助教	王哲生	技工	俞　琪	技工	陈　禄

① 编者注：1960 年名册为常增暄。

职别	姓名
技工	李守桥
技工	张振宗
技工	郑福庆
技工	洪甲三
技工	徐铭昌
技工	李德享
技工	及清源
技工	屠来宽
技工	牟恩祥
技工	赵德寿
技工	郭惠增
技工	那文惠

职别	姓名
技工	岳庆
熟练工	卢庆厚
熟练工	张光奎
熟练工	高崇玉
工徒	闫炳义
工徒	徐晗
工徒	沈金山
工徒	张执玉
工徒	朱继贤
工徒	张洪昭
工徒	周蕴懿
工徒	周木民

职别	姓名
工徒	吴铁良
工徒	贾成伊
工徒	赵文长
工徒	刘永利
工徒	陈宝林
工徒	洪惠源
普通工	杨士林
普通工	金维城
普通工	张发
普通工	司文佩
职员	石殿芳

动力系

职别	姓名
系主任	庄前鼎
教授	董树屏
教授	宋镜瀛
副教授	方崇智
副教授	冯俊凯
副教授	王补宣
副教授	耿耀西
副教授	程宏
讲师	林灏
讲师	敦瑞堂
助教	师克宽
助教	李志忠
助教	鲁钟琪
助教	蒋滋康

职别	姓名
助教	周力行
助教	徐秀清
助教	汪大纲
助教	彭秉璞
助教	陈宏芳
助教	任泽霈
助教	魏书骅
助教	罗棣菴
助教	余志生
助教	李以盛
助教	蔡祖安
助教	朱志武
助教	徐大宏
助教	钱振为

职别	姓名
翻译	李天铎
技术员	任春寿
技术员	张九洲
职员	姚春寿
职员	余方周
职员	周克曦
职员	王繁
练习生	莫祖德
练习生	蓝克强
技工	李永禄
技工	刘崇珉
技工	张德禄
技工	李少甫
技工	张雅明

职别	姓名
技工	张吉和
技工	郭振东
技工	蔡景泉
技工	马玉清

职别	姓名
技工	张景文
熟练工	董风翔
工徒	孙 耀
工友	于德祥

职别	姓名
工友	李德福
工友	刘德荣
工友	王永祥

电机系

职别	姓名
系主任	章名涛
教授	陈克元
教授	艾维超
教授	范崇武
教授	钟士模
教授	唐统一
教授	程 式
教授	黄 眉
教授	余谦六
教授	王宗淦
教授	孙绍先
教授	杨津基
副教授	王遵华
副教授	王先冲
副教授	宗孔德
讲师	陈汤铭
讲师	朱成功
讲师	周汝潢
讲师	萧达川
助教	杨秉寿
助教	蔡宣三
助教	陈丕璋

职别	姓名
助教	钱家骊
助教	高子伟
助教	夏绍玮
助教	余天音
助教	江辑光
助教	董新保
助教	周荣光
助教	顾廉楚
助教	潘隐萱
助教	张宝霖
助教	王 森
助教	郭淑英
助教	文学宓
助教	吴维韩
助教	周以直
助教	杨福生
助教	童以强
助教	陆瑶海
助教	康书香
助教	周礼杲
助教	沈以清
助教	王继中

职别	姓名
翻译	周维焜
技术员	韩 毅
技术员	白文路
职员	王世源
职员	张兰英
职员	任元敬
职员	虞哲廉
职员	谢焕祥
练习生	梁任秋
练习生	王文璆
练习生	黄胜军
技工	张季山
技工	秦凤志
技工	杨海先
技工	刘绪东
技工助手	李泽培
技工助手	张志春
工徒	司启忠
工友	彭书庆
工友	王树芬
工友	周维铭

无线电系

职别	姓名
系主任	孟昭英
教授	常 迵
教授	吴国章
副教授	马世雄
讲师	吴白纯
讲师	陈阅德
讲师	王华俭
讲师	吴佑寿
讲师	杨弃疾

职别	姓名
助教	许纯儒
助教	冯子良
助教	陈兆龙
助教	张克潜
助教	陆家和
助教	孙观朝
助教	韩丽英
助教	陈嘉瑞
翻译	徐明星

职别	姓名
技术员	温宏庚
职员	王冀阶
职员	金爽秋
练习生	李文华
练习生	唐凤榕
练习生	王定湖
技工	马国良
工徒	潘泰珊
工友	顾清林

建筑系

职别	姓名
系主任	梁思成
系主任	吴良镛
教授	赵正之
教授	刘致平
教授	戴志昂
教授	王之英
教授	关广志
兼任教授	沈奎绪
兼任教授	林乐义
副教授	莫宗江
副教授	张守仪
副教授	周卜颐
副教授	辜传诲
副教授	张昌龄
副教授	宋 泊
副教授	吴冠中

职别	姓名
讲师	胡允敬
讲师	汪国瑜
讲师	王炜钰
讲师	齐 铉
讲师	陈文澜
讲师	金承藻
讲师	徐沛贞
讲师	华宜玉
讲师	程应铨
兼任教员	林徽因
助教	李承祚
助教	李德耀
助教	楼庆西
助教	陈志华
助教	周维权
助教	李凤顺

职别	姓名
助教	郭志清
助教	廖景生
助教	朱自煊
助教	黄报青
助教	李道增
助教	关肇邺
助教	曹昌彬
助教	何重义
助教	陶德坚
助教	王朝凤
助教	童林旭
助教	林贤光
助教	吴永福
助教	刘汇川
助教	顾岱琳
助教	曾善庆

职别	姓名
助教	程国英
助教	康寿山
助教	傅尚嫒
助教	王乃壮
助教	郭德菴
助教	于学信
助教	吉 信
助教	刘承娴
助教	朱钧珍
翻译	杨秋华

职别	姓名
翻译	刘鸿滨
翻译	刘景鹤
翻译	白光宇
职员	时天春
职员	刘立三
职员	陈式昭
职员	毕树棠
职员	林 洙
练习生	王玉海

职别	姓名
练习生	梁德云
练习生	赵廷介
练习生	黄宏禧
练习生	谭文明
技工	唐武元
技工	李 玉
工友	白文明
工友	王德宝
工友	刘 青

力学教研组

职别	姓名
主任教授	杜庆华
副教授	张福范
副教授	万嘉镇
讲师	钟一谔
讲师	罗远祥
讲师	庞家驹
讲师	黄克智
助教	方萃长
助教	吴明德
助教	黄昭度
助教	邵 敏
助教	杨报昌
助教	崔孝荣
助教	贾书惠
助教	郑兆昌

职别	姓名
助教	江丕权
助教	谢竹庄
助教	黄 炎
助教	卢文达
助教	汤伯慈
助教	何衍宗
助教	李方泽
助教	黄国忠
助教	杨德祥
助教	杨宗发
助教	金永杰
助教	文 健
助教	蓝直方
助教	董亚民
助教	时学黄

职别	姓名
助教	刘毅朴
助教	王 烈
助教	郑思樑
助教	蒋智翔
助教	谢志成
助教	黄用宾
助教	周则恭
助教	查传元
助教	李清佐
助教	官 飞
助教	解伯民
职员	陈 谦
职员	刘玉珍
工友	李元玺

数学教研组

职别	姓名
主任教授	赵访熊
副教授	李 欧
副教授	栾汝书
讲师	迟宗陶
讲师	李克群
讲师	张之良
讲师	马叔文
讲师	王建华
讲师	胡蔷犀
副教授	孙念增
助教	张万琪
助教	陈德问
助教	范景媛
助教	胡显承

职别	姓名
助教	汪掏方
助教	盛祥耀
助教	程紫明
助教	朱季讷
助教	陈水莲
助教	董金柱
助教	刘振买
助教	邵明锋
助教	蒲富全
助教	李秉中
助教	殷涌泉
助教	马振华
助教	张鸣华
助教	承毓函
助教	徒 刍

职别	姓名
助教	毕德权
助教	吴修珉
助教	康静安
助教	杨艺田
助教	郑乐宁
助教	王素霞
助教	傅廷□
助教	湛 文
助教	余宁生
助教	贺锡璋
助教	陈宗基
职员	邢其惠
职员	叶 元
工友	王永发

物理教研组

职别	姓名
主任副教授	徐亦庄
讲师	张泽瑜
讲师	魏西河
讲师	洪川诚
讲师	夏学江
助教	李功平
助教	刘广钧
助教	秦明华
助教	李恭亮
助教	田玉奎

职别	姓名
助教	胡大璞
助教	张 谅
助教	张威祺
助教	陈 纲
助教	诸国祯
助教	廖理几
助教	郭奕玲
助教	华荫曾
助教	齐卉荃
助教	虞 昊
助教	何玉骐

职别	姓名
助教	李世庞
助教	涂象初
翻译	宋鸿国
技术员	何国华
技术员	闫魁恒
职员	庞修严
练习生	李惠民
练习生	姜德长
练习生	季玉桓
练习生	陈德华
技工	刘 斌

职别	姓名
技工	李鸿祺
技工	李志谦

职别	姓名
工友	金桂璋
工友	杜永春

职别	姓名
工友	邓金福

普化教研组

职别	姓名
主任 教授	张子高
讲师	周 昕
讲师	薛 华
助教	朱永赡
助教	宋心琦
助教	刘 正
助教	赵慕愚
助教	陈赛瑛
助教	孙以实

职别	姓名
助教	李秀莲
助教	闵志骞
助教	区耀华
助教	蓝天聪
助教	余文华
助教	张萃宝
助教	谈慧英
助教	刘 芸
职员	陈鸿书
技术员	冯涌恩

职别	姓名
技术员 助手	刘志鹏
练习生	殷尚孚
练习生	范琼芳
工友	王汉臣
工友	刘 山
工友	郭 华
工友	于德明

俄文教研组

职别	姓名
主任 副教授	李相崇
教授	邹明德
副教授	史尚文
副教授	张结珊
副教授	张 坚
副教授	梁秀彦
副教授	安德列也夫
副教授	刘华兰
副教授	赵林克悌

职别	姓名
讲师	李培坤
讲师	安德列娃
讲师	吴 琼
讲师	陆 慈
助教	贾 刚
助教	陈文林
助教	朱乾元
助教	萧家琛
助教	齐千才娃
助教	曹垂训

职别	姓名
助教	汪光恭
助教	王听度
助教	赵似男
助教	徐文启
助教	楼茂盛
助教	李家卿
助教	尹立峰
助教	季 健
助教	邹永华
助教	何开立

职别	姓名
助教	钟志斌
助教	朱世钧
助教	栾成明

职别	姓名
助教	朱永淑
职员	徐 序
职员	沈家惠

职别	姓名
职员	周万春
职员	王文佳
职员	王其谅

中国革命史教研组

职别	姓名
主任 教授	刘弄潮
助教	吴万永
助教	冯思孝
助教	饶慰慈
助教	唐纪明

职别	姓名
助教	陈慧芳
助教	贾 观
助教	杨树先
助教	汤炳根
助教	田福庭
助教	杨德溥

职别	姓名
助教	赵时雨
助教	刘永年
助教	毛茂永
助教	刘桂生
职员	贺美凤
职员	郭丽华

马列主义基础教研组

职别	姓名
主 任 副教授	张莘群
主 任 副教授	艾知生
助教	张春辉
助教	唐绍明

职别	姓名
助教	凌仪真
助教	冯玉中
助教	钱 逊
助教	蒋卫璧
助教	刘鄂培
助教	余顺吾

职别	姓名
助教	许克清
助教	孙敦恒
助教	杨文娟
助教	翁显明
助教	黄延复
职员	李玉珍

政治经济学教研组

职别	姓名
主 任 副教授	朱声绂
助教	楼启镳
助教	詹炳源

职别	姓名
助教	张家廉
助教	张佐友
助教	李幼衡
助教	梅忠德

职别	姓名
助教	贺宝晏
助教	汪 瑜

体育教研组

职别	姓名
主任 教授	马约翰
主任 教授	夏　翔
副教授	王英杰
副教授	杨道崇
副教授	王维屏
副教授	李剑秋
副教授	李鹤云
讲师	翟家钧
讲师	张义春
讲师	林伯榕

职别	姓名
讲师	苏应惠
助教	康守义
助教	唐慧珍
助教	殷贡璋
助教	苏其圣
助教	吴锡岭
助教	曹宝源
助教	路学铭
助教	刘力群
助教	孙树勋
职员	杨文辉
职员	王维垣

职别	姓名
职员	王世勋
工友	李文瑞
工友	王　福
工友	王　海
工友	吴振东
工友	王　琦
工友	薛启文
工友	司文德
工友	修淑君
工友	刘文义

音乐室

职别	姓名
副教授	陆以循
讲师	周乃森
讲师	赵行达

职别	姓名
助教	王震寰
职员	董荣彦
工友	李显庭

职别	姓名
工友	刘文保

清华大学进修教师

机械制造系进修教师

职别	姓名	服　务　机　关
教师	黄淦苏	苏南工专
助教	杨曾寿	大连工学院
助教	王　峻	北京工业学院机械系
助教	王馥民	中国矿业学院
助教	史轶宗	天津大学

职别	姓名	服 务 机 关
助教	宋培孝	北京钢铁学院
助教	周昭华	北京石油学院
助教	朱炳泉	北京石油学院
助教	黄鹏奋	北京石油学院机械系
讲师	韦开荣	唐山铁道学院
助教	吴敏达	浙江大学机械系
助教	王建琨	山东大学机械系
讲师	冯作年	山东工学院
讲师	刘祖烈	四川大学机械系
助教	钱鸣章	交通大学
助教	余 敏	华中工学院
讲师	许香穗	重庆大学机械系
助教	陈定武	南京工学院机械系
助教	何作民	淮南煤矿工业专科学校
讲师	梁培寿	西北工学院机械系

动力系进修教师

职别	姓名	服 务 部 门
助教	刘秋帆	军委高级通讯学校
助教	廖艾贤	唐山铁道学院

土木系进修教师

职别	姓名	服 务 部 门
助教	孙 堃	淮南煤专土木科
助教	陈来安	西北工学院土木科
讲师	关嵘如	唐山铁道学院
助教	罗润生	华南工学院土木系
教授	李崇德	华东水利学院

职别	姓名	服务部门
助教	秦　杰	唐山铁道学院
助教	张檍森	天津大学土建系
讲师	史连江	山西大学土木工程系
助教	胡志轩	青岛工学院土木系
助教	蒋敦化	武汉大学水利学院
助教	刘岳琜	浙江大学土木系
讲师	吴美淮	浙江大学土木系
助教	陈止戈	华南工学院土木系
助教	钱昆润	南京工学院土木系
讲师	萧开统	同济大学
副教授	黄纬福	东北工学院建筑系
助教	强益寿	湖南大学工学院土木系
助教	黄文清	西工水利系
讲师	刘振华	四川大学工学院水利系
助教	陈励志	四川大学工学院土木系
副教授	丁于钧	重庆土木建筑学院
助教	杨健美	重庆土木建筑学院
教授	陈炎文	中南土木建筑学院
讲师	周传耀	大连工学院

水利系进修教师

职别	姓名	服务部门
助教	戴振霖	西北工学院水利系
助教	陈慧远	华东水利学院
技术员	邵长城	长江水利委员会
技术员	项大鸿	长江水利委员会
助教	郭怀志	天津大学
教授	王敏泰	四川大学水利系
助教	翁情达	武汉大学水利学院
副教授	陈汝治	大连工学院

电机系进修教师

职别	姓名	服 务 部 门
副教授	陈汝治	大连工学院
助教	秦振纪	山西大学
助教	何天休	地质学院
助教	廖士渊	地质学院

俄文教研组进修教师

职别	姓名	服 务 部 门
	吴景略	天津第十三军医中学

校长办公室

职别	姓名	职别	姓名	职别	姓名
校长	蒋南翔	秘书	邵 斌	翻译	杨景福
副校长	刘仙洲	秘书	周撷清	工友	白士芝
主任	解沛基	秘书	陈舜琴		
副主任	周寿昌	职员	王漫漪		

文书科

职别	姓名	职别	姓名	职别	姓名
科长	金少卿	职员	谢月芬	职员	黄文一
职员	李毓琪	职员	顾弁如		

《新清华》编辑委员会

职别	姓名	职别	姓名	职别	姓名
职员	黎诣远		安宏喜		张志娴
	王延爽				

人事室

职别	姓名	职别	姓名	职别	姓名
职员	郭梦斗	职员	郝根祥		张振邦
职员	常嗣乃	职员	苏云英		马宗仁
职员	何宝善	职员	李何		穆纲
职员	班远名		李金峰		李向朝
职员	李永发		苗天喜		
职员	王世芬		张秀身		

校卫队

职别	姓名	职别	姓名	职别	姓名
队长	栾连	机动班	王克政	消防班	达松华
内勤	关存印	机动班	沙凤瑞	消防班	刘顺
内勤	孙金平	机动班	刘梦书	消防班	李玉彬
内勤	薛德生	机动班	崔殿学	消防班	吴俊和
内勤	秦尚武	机动班	李振华	消防班	孟昭兴
机动班	杨永良	机动班	刘永魁	消防班	郭鸿汉
机动班	许宝祥	机动班	朱鸿岳	消防班	吕山
机动班	刘旺	机动班	程杰	消防班	王怀元
机动班	曹汝柱	机动班	梁敬祥	消防班	曹志彬
机动班	柳运田	机动班	潘庄铭	消防班	李怀俊
机动班	刘世雄	消防班	张俊卿	司机	李子明

政治辅导处

职别	姓名	职别	姓名	职别	姓名
主任	何礼	职员	朱良元	职员	蒋企英
副主任	袁永熙	职员	李传信	职员	李恩元
科长	周维垣	科长	艾知生	职员	尚富珍
职员	刘小石	副科长	郭道晖	职员	凌桂凤
职员	吕森	职员	阮铭	工友	邓增寿
职员	赵芝馨	科长	滕藤		

教务处

职别	姓名
教务长	钱伟长
副教务长	陈士骅
副教务长	陈舜瑶
秘书科科长	汪健君
职员	李滨溪
教学研究科科长	吕应中
副科长	陆大绘
职员	徐 凌
职员	李永芬
职员	劳一活
行政科科长	朱荫章

职别	姓名
副科长	张远东
职员	黄 祥
职员	郭宝年
职员	廖仲修
职员	刘翠龄
职员	姜丹玉
职员	伍不落
生产实习科科长	王震寰
职员	凌瑞骥
职员	范淑玉
职员	甘顺益
行政科	萧奎玺

职别	姓名
教学设备科科长	南德恒
技术员	郑东藩
职员	常世民
职员	王世远
职员	董玉如
职员	苏锡华
职员	苏绍芗
职员	方贤斌
职员	王丰恩
职员	石斗瞻
工友	孙长山

图书馆

职别	姓名
主任	金 涛
副主任	刘世海
秘书	杨子远
股长	吴璞庄
职员	赵正民
股长	郑善夫
职员	钱玖荫
职员	宋泽泉
职员	周久庵
职员	杨葆康
职员	姚其磊
股长	康精彩

职别	姓名
职员	吴钰祥
职员	阮德馨
职员	张骏骥
职员	佟起翔
职员	张企罗
职员	周诗鳌
职员	马文珍
职员	陈炳旭
职员	卢泳庄
职员	傅世光
股长	张世焜
职员	陈竹隐

职别	姓名
职员	任元孝
职员	冯则忠
职员	赵玉书
职员	李辑五
职员	吴昌霖
职员	刘传忠
职员	朱国璋
职员	唐绍贞
职员	崔 琳
职员	石运天
职员	杨正一
职员	刘剑青

职别	姓名
技工	甄殿臣
技工	李建忠
技工	李　忠
工徒	张德全
工徒	孙世英
工友	张德泉

职别	姓名
工友	冉王彬①
工友	张　厚
工友	居德福
工友	韩景和
工友	张德福
工友	金德辅

职别	姓名
工友	曹广顺
工友	宋廷第
工友	杨天民
工友	何星五

总务处

职别	姓名
总务长	史国衡
副总务长	张　儆

职别	姓名
秘书	胡原凌
职员	宁淑英

职别	姓名
	于维志
	俞时模

会计科

职别	姓名
科长	丁桐华
职员	朱宝勋
职员	尹兆英
职员	李乐仪
职员	晏玉昆

职别	姓名
职员	顾祖同
职员	李玉芝
职员	戴骍文
职员	王淑琬

职别	姓名
职员	傅桂荣
职员	陆惠娟
职员	张　洁
	冯稀从

庶务科办公室

职别	姓名
科长	丁兆兴
职员	田光远
职员	郝寿彭
职员	高士本

职别	姓名
职员	田书林
普通工	汪九十
	李宝祥
	刁志德

职别	姓名
广播组	
技术员	闫魁元
练习生	卢振义
收发室	

---

① 原文如此，1960 年、1965 年名册为冉玉彬。

职别	姓名	职别	姓名	职别	姓名
普通工	王　芳	普通工	唐起宽	工友	鄻建勋
普通工	那敬昆	普通工	赵　泉	工友	刘连保
普通工	郝德泉	普通工	李　昭	工友	白海山
普通工	张春辉	普通工	赵　荣	工友	孙翰三
普通工	许筱溪	普通工	荣德海	工友	唐以德
	周自成	普通工	金志新	工友	关五泉
油印室		普通工	王　玉	工友	祖广顺
普通工	闫世忠	路工室		工友	张　德
普通工	李德明	导工	刘梦麟	工友	董立平
普通工	杜清华	普通工	何竹厂	工友	马贵云
汽车房		普通工	沈举英	工友	朱德福
技工	李敬元	普通工	冯　林	工友	李玉秀
技工	陈庆雾	普通工	于振江	工友	魏文泽
技工	佟佩清	普通工	揣志明	工友	唐崇奎
技工	刘树樑	普通工	蔡九如	工友	马海昌
技工	李敬武	普通工	董振邦	工友	吕永福
技工	李发祥	普通工	陶燕亮	工友	张连福
技工	汪承礼	普通工	武继和	工友	白印权
技工	李景安	普通工	苗　岳	其他	
技工	靳世卿	普通工	傅联增	礼堂工友	李　佐
技工	韩启明	普通工	李彦春	阶梯教室工友	于德明
助手	路文祥	普通工	唐明儒		
工友	林　宽	普通工	刘　青	二院教室工友	裴德寿
工友	张　忠	普通工	连　俊		
工友	王春祥	普通工	常　永	教室大楼工友	潘占顺
花洞		普通工	李玉森		
导工	白印栓	工友	吕　海	教室大楼工友	洪绍文
普通工	宋开福	工友	常　祥		
普通工	贾仲山	工友	陈　祥		

职别	姓名
三院教室工友	傅清元
浴室工友	赵德忠
浴室工友	王玉元
甲所工友	刘文昌
厨工	奎顺
厨工	刘子荣
二院工友	张广成
茶炉	周绍颐
茶炉	金万德

职别	姓名
门守	
工友	傅俊宽
工友	傅汝才
工友	郝振清
工友	毕崇林
工友	汪增全
工友	关世荣
工友	贾荣森
工友	关启明
工友	管志忠

职别	姓名
工友	周自勤
工友	刘金龙
工友	张玉
工友	蔡恒印
工友	刘义之
工友	白昆启
工友	关崇禄
工友	李振川
工友	沈汉卿
工友	舒德民

工程科

职别	姓名
副科长	张继先
职员	周佑镳
职员	滕继舜
职员	张棣臻
管工室	
导工	张玉
技工	徐宝亭
技工	于振芳
技工	张荫广
技工	潘荣左
技工	金志明
技工	尹克君
技工	田江
技工	梁凤林
技工	韩润
技工	韩金弼

职别	姓名
技工	何俊昌
熟练工	孙福山
熟练工	韩荣
熟练工	沈举秀
普通工	谷进昌
普通工	白增溥
普通工	徐曦
普通工	裴荣
普通工	王文善
职员	李文周
技工	王玉仲
锅炉房	
导工	杨德山
技工	闫禄
技工	张荫纲
技工	李玉德
技工	郝文芳

职别	姓名
技工	周瑞祥
技工	王永山
技工	陈德茂
技工	李德山
技工	陈仲芳
技工	王世谦
技工	连德忠
技工	冯宝宗
技工	尹贵卿
技工	李克勤
技工	刘鸿文
技工	曹善
技工	闫国珍
技工	田福全
技工	王清
技工	孙世黄

职别	姓名	职别	姓名	职别	姓名
技工	詹凤藻	普通工	堵继厚	工徒	宋清朝
技工	增 华	普通工	蒋宝源	工友	郑 延
技工	高廷珍	普通工	蒋宝忠	电话室	
技工	薛振声	普通工	商长禄	导工	张德福
技工	张 华	技工	崔玉顺	技工	李景升
普通工	孙 华	技工	姜吉恒	技工	靳 沛
普通工	李永洲	技工	赵领茂	话务员	关守仁
技工	王殿奎	技工	傅继增	话务员	赵国明
理工室		工友	李文贵	话务员	潘荣惠
技工	贾万永	工友	孙 祥	话务员	谷吉祥
技工	邢连仲	技工	曹长玉	话务员	苏文清
技工	郝德山	技工	张兴利	话务员	萧克勤
技工	朱锡林	技工	闫子清	话务员	梁淑珍
技工	张国珍	电灯修理室		话务员	曲哲凤
技工	王德顺	技工	顿惠增	话务员	于雪芳
技工	耿世明	技工	陈自恒	徒工	高同有
技工	陈广利	技工	陈彦科	五金修理室	
技工	张德珍	技工	王文华	技工	马玉琢
技工	周长利	技工	赵世全	熟练工	龚永庆
技工	潘荣恩	技工	王贵全	熟练工	王景弘
技工	常连贵	技工	张玉祥	工友	唐品三
技工	李恩章	技工	贾连俊	水电站	
技工	陈玉山	技工	金兆祥	技工	岳 忠
技工	徐锡增	技工	王秉仁	技工	诸继刚
技工	洪长顺	工徒	田德发	技工	海新全
技工	潘荣昆	工徒	赵志诚	技工	王玉峰
普通工	徐友东	工徒	王映葵	水泵房	
普通工	董维钧	工徒	冯德江	技工	张怀忠
普通工	那长沛	工徒	张海江	技工	宋洛存

住宿科

职别	姓名	职别	姓名	职别	姓名
科长	段多朋	工友	苏宝庭	工友	王玉珍
副科长	石殿芳	工友	洪惠穆	工友	王寿颐
副科长	张文治	工友	孙志华	工友	曾士齐
职员	王增惠	工友	周连喜	工友	那恩树
职员	丁树声	工友	马玉泉	工友	洪绍强
职员	范文成	工友	孙秀琴	工友	李长禄
职员	李绍庭	工友	傅淑智	工友	范 荣
工友	蔡学程	工友	汪斌茂	工友	李广义
工友	郭 富	工友	刘 顺	工友	张连峰
工友	赵松龄	工友	陈庆余	工友	王永发
工友	闫国全	工友	刘持中	工友	王凤鸣
工友	于国成	工友	田玉峰	工友	贾锡贵
工友	贾酉山	工友	赵淑清	工友	蒋玉臣
工友	唐增斌	工友	吴玉钰	工友	陈淑华
工友	佟国庆	工友	宋启超	工友	舒仲麟
工友	徐玉昆	工友	赵秉仁	工友	冯德江
工友	金 祥	工友	张淑珍		

膳食科

职别	姓名	职别	姓名	职别	姓名
科长	张 忠	职员	刘永江	厨工	董洪武
副科长	靳荣斌	职员	谷德义	厨工	牛书田
副科长	李永祯	职员	吕润甫	厨工	牛德林
职员	丁玖光	工友	佟永旺	厨工	关俊岭
职员	王 志	工友	邓永奎	厨工	李适庭
职员	傅玉奎	工友	汪鹤年	厨工	刘宗有
职员	吕永祥	工友	刘景武	厨工	宋恩祥
职员	王文秀	厨工	杨德荫	厨工	毕明有
职员	孙义春	厨工	佟子云	厨工	苏文山

职别	姓名	职别	姓名	职别	姓名
厨工	王学敏	厨工	张世勋	厨工	李吉福
厨工	荣德利	厨工	杨 贵	厨工	殷 全
厨工	田 俊	厨工	李起刚	厨工	田 青
厨工	李松年	厨工	邢金锁	厨工	李玉昆
厨工	胡振邦	厨工	欧 荣	厨工	张 宝
厨工	索世明	厨工	刘 旺	厨工	杨文林
厨工	刘凤亭	厨工	刘福栋	厨工	都克风
厨工	杜士扬	厨工	徐志兴	厨工	李嘉祥
厨工	杨永宽	厨工	福德厚	厨工	王学荣
厨工	梁 增	厨工	贺永祥	厨工	刘 均
厨工	浦凤良	厨工	王国玉	厨工	王 瑞
厨工	欧 祥	厨工	张万亮	厨工	关秉志
厨工	赵燕生	厨工	徐振庸	厨工	高际云
厨工	刘福生	厨工	边志久	厨工	高际鹏
厨工	乔 雨	厨工	刘瑞田	厨工	魏玉明
厨工	李汉臣	厨工	尹兆君	厨工	闫登瑞
厨工	谷恒勐	厨工	刘文荣	厨工	王开甲
厨工	崔 荣	厨工	邓庆仁	厨工	李文祥
厨工	陈秀河	厨工	蔡书文	厨工	李贵宝
厨工	陈秀岩	厨工	殷 铭	厨工	闫德明
厨工	王 福	厨工	韩文林	厨工	何培荣
厨工	刘清鑫	厨工	石汉如	厨工	李士俊
厨工	刘瑞兴	厨工	焦法武	厨工	常嘉祯
厨工	张 林	厨工	张 利	厨工	刘德禄
厨工	田增禄	厨工	田玉华	厨工	杜永和
厨工	王海起	厨工	腾起群	厨工	张代兴
厨工	闫绍英	厨工	倪树屏	厨工	邓庆伟

员工食堂

职别	姓名
职员	金毓亭
职员	申长龄
厨工	崔印墀
厨工	霍鸿鸣
厨工	许田明

职别	姓名
厨工	邢书林
厨工	赵凤林
厨工	杨永明
厨工	刘义增
厨工	刘永惠

职别	姓名
厨工	史增祥
厨工	李锡琨
厨工	王庆珍
厨工	王学明

校医室

职别	姓名
大夫	朱耆寿
大夫	李冀湘
大夫	谢文焕
大夫	陈英琼
大夫	王经五
大夫	全绍志
大夫	刘致用
大夫	张瑞霁
大夫	孙粹征
大夫	汤隆基
大夫	谢祖培
半时大夫	方效伊
大夫	王钟惠
护士	王孝午
护士	陈美贞
护士	魏文贞
护士	何佩瑛
护士	赵静宜
护士	邢文琦
护士	王书龄
护士	李萍帆
护士	彭深云

职别	姓名
护士	黄春玉
护士	马向春
护士	顾伯钧
护士	郑宏仁
护士	杨岫云
助产士	曹健宇
助产士	陈悦如
助理护士	沈书玲
技术员	石怀璧
技术员	刘燕涛
技术员	潘　静
技术员	罗松元
调剂士	陈志坚
调剂士	顾葆慈
调剂士	关惠英
助理护士	李淑娴
助理护士	魏毓如
助理护士	鲁育英
助理护士	梁国栋
助理护士	傅蕙云
助理护士	葛芳苓
助理护士	段继英

职别	姓名
助理护士	周淑英
秘书	刘静纯
职员	刘如陶
职员	丁佩珩
职员	石　湘
职员	崔志洪
职员	丁玉隽
职员	陆富志
厨工	耿玉文
厨工	康寿东
工友	王　顺
工友	王德勤
工友	莽书贤
工友	陶象九
工友	杨建荣
工友	李保德
工友	张　敏
工友	周长源
工友	刘乐庭
护士	董文达
护士	李凤美
护士	吕丽华

供应管理科

职别	姓名	职别	姓名	职别	姓名
科长	关永利	职员	于德海	工友	王世敏
副科长	王荫棠	职员	张 忠	工友	朱文华
职员	阎道鸣	技工	许银库	工友	尤文成
职员	苏克芳	工友	刘培世	工友	龚增厚
职员	丁 涛	工友	何祥茂	工友	刘志强
职员	张 焜	工友	韩学钧	工友	魏金声
职员	于德福	工友	李昆元	工友	张 禄
职员	李学勤	工友	宋元和	工友	孙太峰
职员	裴 顺	工友	金德海	工友	王麟趾
职员	张德山	工友	王恩臣	工友	高 元

缮印科

职别	姓名	职别	姓名	职别	姓名
科长	胡 节	练习生	樊大令	技工	李天增
副科长	潘志坚	技工	沙雨霖	技工	金长山
职员	李永年	技工	张伯圻	技工	杨守潜
职员	赵文深	技工	张明启	工徒	齐永惠
职员	任志良	技工	张桂禄	工徒	陈 祥
职员	邓学成	技工	刘文林	工徒	陈 琴
职员	胡桂梅	技工	黑玉良	工徒	田 铁
职员	周世幼	技工	陈友德	工徒	吴国良
职员	倪御琴	技工	黄德海	工徒	张炳昆
职员	白达尊	技工	赵永钧	工徒	赵洪益
职员	祖德祥	技工	赵廷臣	工徒	鲍增荣
职员	石莲青	技工	张殿奎	工徒	张永田
职员	程志宏	技工	李 森	普通工	姜文元
职员	苗春喜	技工	韩长君	普通工	李文达
练习生	韩建华	技工	朱 龙	普通工	苗松山
练习生	张福德	技工	高殿志	普通工	潘文明

职别	姓名
普通工	徐忠祥
普通工	锡龙玺
普通工	李耀霖

职别	姓名
普通工	李长瑞
普通工	黄玉山
普通工	吕 恒

职别	姓名
普通工	金伯儒
普通工	袁希荫
普通工	周文生

助学金审委会

职别	姓名
职员	刘颖达
职员	秦辅仁

职别	姓名
职员	周学谦
职员	袁瑞林

职别	姓名
职员	孙 琪

修缮工程处

职别	姓名
主任	张静亚
技术员	谈润生
技术员	陈璐明
技术员	汤用麟
技术员	吴景福

职别	姓名
职员	章 灏
职员	李德来
职员	纪玉堂
职员	锡龙奎
职员	王宝毅

职别	姓名
技工	郑宗和
熟练工	吴德祯
工友	赵玉屏

团委会

职别	姓名
职员	赵德春

保卫委员会

职别	姓名
	羊滁生
	张立刚

学委会，工会

职别	姓名
学委会	裴　全
工会工友	杨桂芳

调外学习及工作

职别	姓名
讲师	黄维德
助教	邓恢煌
助教	戴声琳
助教	张仁豫
助教	陈伯时

职别	姓名
助教	郑学坚
助教	陈乐迁
助教	牛传忠
职员	姚　均
职员	唐贯方

职别	姓名
职员	沈刚如
教员	燕春台
职员	陆震平
职员	闻静安
工友	张俊义

基本建设委员会

职别	姓名
	汤纪敏
职员	余光蓉
练习生	何重礼

职别	姓名
练习生	叶盛荣
技工	孙鸿恩
技工	贾①

职别	姓名
职员	叶文祥

中国古代工程史编纂委员会

职别	姓名
职员	常慎言
职员	耿捷忱

职别	姓名
职员	李素娴
职员	何凤芝

公寓食堂

职别	姓名
职员	毛亚丽

---

① 编者注：原文如此。

附中

职别	姓名
校长	孔祥瑛
教导主任	徐寿洪
教员	高适惠
教员	雷彬如
教员	王蒂澂
教员	史云霞
教员	顾沁秋
教员	朱安恕
教员	吴颂年
教员	王淑洁
教员	李湘凯

职别	姓名
教员	廖庆芝
教员	王家椿
教员	陈树德
教员	秦 骥
教员	刘洁瑶
教员	张葆林
教员	郑 芳
教员	张光裕
教员	赵晓东
教员	吴承露
教员	生 力

职别	姓名
职员	顾小华
职员	李向儒
职员	那世忠
职员	郑德漪
技工	秦国庆
工友	高成峰
工友	刘凤池
教员	裴祖昌
工友	傅志华

附小

职别	姓名
校长	顾蔚云
教导主任	朱鉴荣
教员	朱碧琴
教员	潘瑾如
教员	彭光玺
教员	施宝贞
教员	王伯英
教员	陈玉平

职别	姓名
教员	彭光玉
教员	邵印康
教员	白颖仁
教员	郭良玉
教员	谢令德
教员	龚寿平
教员	潘瑞珍
教员	关培超

职别	姓名
教员	袁 钧
教员	张桂珍
职员	邱树俊
职员	林葆琦
工友	史寿山
工友	唐绍贤
工友	芮伯海

保育所

职别	姓名
所长	蒋伊文
教员	金 敏
教员	苏剑雯

职别	姓名
教员	黄素安
教员	王惠珊
教员	马德慧

职别	姓名
保育员	曹雪心
保育员	吴英哲
保育员	宋兰萍

职别	姓名	职别	姓名	职别	姓名
保育员	吴知恩	助教	李印芝	助理	章启民
保育员	王玉环	助教	蒋倩筠	助理	任志兰
保育员	郭瑞卿	助教	李湘卿	助理	虞孝茂
保育员	孙换改	助教	马茂兰	助理	许惟濂
保育员	李 楠	助教	余 英	厨工	范正云
保育员	张荣珍	助教	杨玉枝	工友	郑 琳
保育员	孙慧如	助理	迟益民	厨工	唐伯秀
保育员	袁淑贤	助理	杨士勇	杂工	卢廷祯
保育员	王淑风	助理	邓金莲	总务	张惠卿
保育员	董维玉	助理	范洁萍	总务	唐洁秀
保育员	章 琪	助理	王长续	会计员	林淑英

业余学校

职别	姓名	职别	姓名	职别	姓名
教员	王郁芳	教员	游 珏	职员	宋育久
教员	卢运藻	副校长	顾越先	职员	姜涓长
教员	朱蓓宜	教务主任	刘名廉	职员	姜慧茹
教员	涂铁仙	总务	许承敏	职员	沈蒲英
教员	张美文	工会		工友	杨桂芳

工农速成中学

职别	姓名	职别	姓名	职别	姓名
校长	何 礼	教员	荆湘光	教员	戴礼荣
副校长	王永兴	教员	韩家鳌	教员	章 熊
副校长	郭德魁	教员	李永寿	教员	李连庄
副校长	李卓宝	教员	许锦华	教员	刘美菊
教导主任	万邦儒	教员	陈伯雄	教员	钮仲勋
教员	黄淑环	教员	吴家荃	教员	周运初

职别	姓名	职别	姓名	职别	姓名
教员	李逸民	教员	何裔霭	教导处职员	张民慧
教员	应玉业	教员	许冀闽	教导处职员	刘素琴
教员	孙学璔	教员	程名华	教导处职员	刘惠珍
教员	李平照	教员	杨溥田	总务处职员	张玉茹
教员	张凤鸣	教员	林仲玉	总务处职员	周月明
教员	严以宁	教员	翁金宝	总务处职员	罗祉仲
教员	谢德芳	教员	杨　璞	总务处职员	姜荫长
教员	赵静安	教员	叶国栋	总务处职员	许德荫
教员	卢运机	教员	胡钦斋	总务处职员	姜世华
教员	丁仁鸿	教员	王培真	总务处职员	李宝江
教员	傅　眉	教员	吴福生	总务处职员	许德元
教员	黄立基	教员	陆　乘	图书管理员	苏秉诚
教员	蓝茉树	教员	孙荣官	图书管理员	龙实甫
教员	许秉环	教员	胡靖五	总务处职员	马玉麟
教员	刘淑珍	总务主任	殷增农	工友	张景翼
教员	游崇森	教导员	皇甫苏明		
教员	梁淳五	教导员	佟培基		
教员	贾燕兰	教导员	闫　伟		
教员	张一意	教导处职员	汪华男		
教员	张　主	教导处职员	陈君丽		
教员	张三慧	教导处职员	郭凤琼		
教员	孙治中	教导处职员	严兆云		
教员	何其盛	教导处职员	王士清		
教员	王鸿逵				
教员	戴卉衡				
教员	刘石文				
教员	高佩娴				
教员	韩维纯				
教员	张长寿				

职别	姓名	职别	姓名	职别	姓名
工友	王金福	炊事员	董玉书	炊事员	傅 熹
工友	胡景兴	炊事员	张宝洛	炊事员	吕 旺
工友	朱芙豹	炊事员	陈玉福	炊事员	王 恩
工友	陈立中	炊事员	赵宝珍	炊事员	堵继强
工友	梁振邦	炊事员	王德祥	炊事员	李鸿义
工友	王培元	炊事员	史秉珍	炊事员	冯 亮
工友	赵 兴	炊事员	杨 怀	炊事员	王宝田
炊事员	杨全馨	炊事员	白丁富	炊事员	张德有
炊事员	王希贤	炊事员	佟芙亮	伙食管理员	刘秀石
炊事员	张福顺	炊事员	刘瑞福		

清华大学档案，全宗号 2　目录号校 5　卷宗号 53008

(2) 1963 年教授、副教授名单

1963 年教授、副教授名单※①

（1963 年 5 月 14 日）

人事处

教授 78 人，副教授 128 人，共 206 人

单位：校行政和党委

姓名	职别	姓名	职别	姓名	职别	姓名	职别
刘仙洲	教授	陈士骅	教授	张维	教授	高景德	教授
史国衡	副教授	何东昌	副教授	解沛基	副教授	李传信	副教授

---

① 编者注：仅选录人员的单位、姓名、职别等信息。此件上报北京市教育局高教处。

姓名	职别	姓名	职别	姓名	职别	姓名	职别
滕　藤	副教授	庞家驹	副教授	朱成功	副教授	李麟谟	副教授
庄前焰	副教授	邢家鲤	副教授				

单位：冶金系 精密仪器及机械制造系

姓名	职别	姓名	职别	姓名	职别	姓名	职别
李西山	教　授	邹致圻	教　授	金希武	教　授	王遵明	教　授
褚士荃	教　授	郑林庆	教　授	郭世康	教　授	王祖唐	副教授
陈南平	副教授	郑可锽	副教授	严普强	副教授	潘际銮	副教授
梁德本	副教授	池去病	副教授	钟寿民	副教授	黄惠松	副教授
苏振武	副教授	梁晋文	副教授	沈　钊	副教授	金国藩	副教授

单位：农业机械 动力机械系

姓名	职别	姓名	职别	姓名	职别	姓名	职别
李辑祥	教　授	董树屏	教　授	宋镜瀛	教　授	耿耀西	教　授
方崇智	教　授	王补宣	教　授	冯俊凯	副教授	程　宏	副教授
林　灏	副教授	敦瑞堂	副教授	彭秉璞	副教授		

单位：电机工程系

姓名	职别	姓名	职别	姓名	职别	姓名	职别
章名涛	教　授	程　式	教　授	艾维超	教　授	范崇武	教　授
黄　眉	教　授	余谦六	教　授	杨津基	教　授	孙绍先	教　授
王宗淦	教　授	童诗白	教　授	陈克元	教　授	唐统一	副教授
王先冲	副教授	王遵华	副教授	郑维敏	副教授	宗孔德	副教授
孙家炘	副教授	萧达川	副教授	陈汤铭	副教授	顾廉楚	副教授
蔡宣三	副教授	周汝潢	副教授	杨秉寿	副教授	周荣光	副教授
张仁豫	副教授	张宝霖	副教授	吴白纯	副教授		

单位：自动控制系

姓名	职别	姓名	职别	姓名	职别	姓名	职别
钟士模	教授	周寿宪	副教授	章燕申	副教授	金 兰	副教授
吴 麒	副教授						

单位：无线电电子学系

姓名	职别	姓名	职别	姓名	职别	姓名	职别
孟昭英	教授	常 迵	教授	高联佩	副教授	马世雄	副教授
陈阅德	副教授	陆大绘	副教授	吴佑寿	副教授	杨弃疾	副教授
南德恒	副教授	李志坚	副教授	韩丽瑛	副教授	冯子良	副教授

单位：土木建筑系

姓名	职别	姓名	职别	姓名	职别	姓名	职别
梁思成	教授	陶葆楷	教授	吴柳生	教授	杨式德	教授
汪 坦	教授	戴志昂	教授	储钟瑞	教授	王兆霖	教授
李颂琛	教授	张 典	教授	杨曾艺	教授	顾夏声	教授
许保玖	教授	莫宗江	教授	吴良镛	教授	施士昇	教授
王国周	教授	王继明	教授	籍孝广	教授	陈致忠	副教授
齐 铉	副教授	朱畅中	副教授	张昌龄	副教授	王炜钰	副教授
汪国瑜	副教授	胡允敬	副教授	辜传海	副教授	周卜颐	副教授
江作昭	副教授	王传志	副教授	张守仪	副教授	刘翰生	副教授
刘元鹤	副教授	吴增菲	副教授	李国鼎	副教授	张良铎	副教授
华宜玉	副教授	康寿山	副教授	杨秋华	副教授	蔡君馥	副教授
车世光	副教授	陈乐迁	副教授	刘鸿滨	副教授	黄报青	副教授
王雄风	副教授	滕智明	副教授	黄 熊	副教授	朱自煊	副教授
麦淑良	副教授	宋 泊	教员				

单位：水利工程系

姓名	职别	姓名	职别	姓名	职别	姓名	职别
张光斗	教授	施嘉炀	教授	黄文熙	教授	李丕济	教授
夏震寰	教授	张任	教授	陈椠生	教授	陈祖东	教授
黄万里	教授	余常昭	副教授	施熙灿	副教授	刘光廷	副教授
张宪宏	副教授	陈兴华	副教授	吕应三	副教授		

单位：工程物理系

姓名	职别	姓名	职别	姓名	职别	姓名	职别
何增禄	教授	李恒德	教授	张礼	副教授	吕应中	副教授
余兴坤	副教授						

单位：工程化学系

姓名	职别	姓名	职别	姓名	职别	姓名	职别
徐日新	教授	汪家鼎	教授	程耀椿	教授	李成林	副教授
朱永𧶚	副教授						

单位：工程力学数学系

姓名	职别	姓名	职别	姓名	职别	姓名	职别
赵访熊	教授	杜庆华	教授	黄克智	副教授	迟宗陶	副教授
陈德问	副教授	王和祥	副教授	贺锡璋	副教授		

单位：基础课

姓名	职别	姓名	职别	姓名	职别	姓名	职别
张子高	教授	王明贞	教授	谢毓章	教授	钱伟长	教授
栾汝书	教授	周华章	教授	徐亦庄	教授	刘绍唐	教授
张福范	教授	李相崇	副教授	李欧	副教授	周昕	副教授
万嘉镇	副教授	孙念增	副教授	马良	副教授	李克群	副教授
何成钧	副教授	童寿生	副教授	钟一谔	副教授	罗远祥	副教授

姓名	职别	姓名	职别	姓名	职别	姓名	职别
陆　慈	副教授	胡蘭犀	副教授	薛　华	副教授	吴　琼	副教授
方萃长	副教授						

单位：体育教研组

姓名	职别	姓名	职别	姓名	职别	姓名	职别
马约翰	教　授	夏　翔	教　授	王英杰	教　授	杨道崇	副教授
李鹤云	副教授	王维屏	副教授	苏应惠	副教授	翟家钧	副教授
林伯榕	副教授						

单位：音乐室

姓名	职别	姓名	职别	姓名	职别	姓名	职别
陆以循	副教授	周乃森	副教授				

清华大学档案，全宗号 2，目录号 校 5，案卷号 63031

(3) 聘任、提升名单

校务行政会议关于新聘教授名单的
议决事项※①

（1955 年 4 月 12 日）

时间：四月十二日下午二时半

地点：工字厅会议室

---

① 编者注：本文节选自《一九五四——九五五年度第十八次校务行政（扩大）会议记录》。

出席：刘仙洲　钱伟长　陈舜瑶　袁永熙　何东昌　史国衡
　　　俞时模　解沛基　周寿昌　李酉山（李麟谟代）
　　　庄前鼎　章名涛　张　维　孟昭英　吴良镛　金　涛
　　　周维垣　储钟瑞　何介人　吕应中　南德恒　常世民
主席：刘仙洲　　记录：周撷清

报告事项：（编者略）

讨论事项：

……

二、人事室提出新聘教授名单，请予审查通过案：

议决：通过，名单如下：

吴仲华　聘为动力机械系热力发电设备教研组教授。

陈祖东　聘为土木工程系施工教研组教授。

许葆玖　聘为土木工程系给水及排水教研组副教授。

李恒德　聘为机械制造系铸工及金相热处理教研组副教授。

三、处分问题案：（编者略）

散会。

《清华公报》第 11 期，1955 年 5 月 20 日

提升副教授名单（计 99 名）

——1960—1961 年度第 8 次校务委员会通过，

北京市教育局批准，教育部备案

（1961 年 1 月 13 日）

冶金系：

陈南平　郑可锽　潘际銮　黄惠松　邢家鲤

精密仪器及机械制造系：

李麟谟　梁德本　严普强　苏振武　梁晋文　池去病

钟寿民　金国藩　沈　钊　庄前炤

动力机械系：

敦瑞堂　彭秉璞　林　灏

电机工程系：

孙家炘　陈汤铭　萧达川　朱成功　吴白纯　周汝潢

周荣光　蔡宣三　顾廉楚　杨秉寿　张仁豫　张宝霖

自动控制系：

金　兰　章燕申　吴　麒

无线电电子学系：

陈阅德　杨弃疾　李传信　吴佑寿　南德恒　陆大绘

冯子良　韩丽瑛　李志坚

土木建筑系：

齐　铉　胡允敬　江作昭　王传志　汪国瑜　王炜钰

康寿山　华宜玉　刘翰生　黄　熊　王雄风　李国鼎

张良铎　刘元鹤　吴增菲　滕智明　刘鸿滨　陈乐迁

杨秋华　车世光　黄报青　蔡君馥　麦淑良　朱自煊

水利工程系：

余常昭　吕应三　张宪宏　刘光廷　陈兴华

工程物理系：

何东昌　吕应中　余兴坤

工程力学数学系：

解沛基　黄克智　王和祥

工程化学系：

    李成林 滕 藤 薛 华 朱永赡

公共教研组：

    李克群 迟宗陶 马 良 胡蕗犀 贺锡璋 陈德问

    童寿生 周 昕 庞家驹 方萃长 罗远祥 钟一谔

    陆 慈 吴 琼

体育教研组：

    苏应惠 林伯榕 翟家钧

音乐室：

    周乃森

《清华公报》第 85 期，1961 年 12 月 6 日

提升教授名单（计 21 名）

——1960—1961 年度第 8 次校务委员会

通过，教育部批准

（1961 年 1 月 13 日）

精密仪器及机械制造系：

    郭世康 郑林庆

动力机械系：

    耿耀西 方崇智 王补宣

电机工程系：

    童诗白

土木建筑工程系：

    施士昇 王国周 籍孝广 顾夏声 许保玖 王继明

汪　坦　吴良镛　莫宗江

工程物理系：

李恒德

公开教研组：

栾汝书　刘绍唐　徐亦庄　张福范

体育教研组：

王英杰

《清华公报》第 86 期，1962 年 1 月 16 日

提升为实验工程师名单

——1963—1964 年度第 8 次校务会议通过

（1964 年 3 月 17 日）

无线电电子学系：姚　季　杜继祯

基础课委员会：陈　谦

农业机械系：袁大宏

《清华公报》第 126 期，1964 年 3 月 26 日

（4）轮休教师名单

校长办公室关于刘仙洲、张子高、施嘉炀
三位同志休假的布告※

（1962 年 9 月 8 日）

根据教育部《关于在直属高等学校中试办一批教师休假的通

知》，我校刘仙洲、张子高、施嘉炀三位同志业经教育部批准，于 1962—1963 年度休假一年。

此布

1962 年 9 月 8 日

《清华公报》第 98 期，1962 年 9 月 13 日

1963—1964 年度轮休教授名单
——1963—1964 年度第二次校务委员会通过
（1963 年 10 月 11 日）

梁思成（现出国，1964 年 1 月起）　　章名涛　杨式德

《清华公报》第 119 期，1963 年 10 月 26 日

1964—1965 学年度轮休教师名单
——校务委员会 1964—1965 学年度第三次
会议通过
（1964 年 11 月 20 日）

陶葆楷　王遵明

《清华公报》第 133 期，1964 年 12 月 10 日

（5）卫生部保健局指定医疗照顾名单

卫生部保健局指定医疗照顾名单

（1960 年）

（政 6—10 级干部）

机制系	褚士荃		章名涛
	金希武		艾维超
	王遵明		范崇武
	李辑祥		唐统一
	李西山	自动控制系	钟士模
	邹致圻	无线电系	孟昭英
动力系	董树屏		常 迥
	宋镜瀛	土木系	杨曾艺
	吴仲华		张 典
	庄前鼎		陶葆楷
电机系	黄 眉		李颂琛
	程 式		王兆霖
	余谦六		储钟瑞
	王宗淦		吴柳生
	孙绍先		杨式德
	杨津基	水利系	张光斗

水利系	张　任	工程力学系	杜庆华
	施嘉炀	工物系	汪家鼎
	夏震寰		何增禄
	李丕济		李恒德
	陈椠生	校长	蒋南翔
	陈祖东		刘仙洲
	戴志昂①		陈舜瑶
	汪　坦		高　沂
	梁思成	教务处	陈士骅
	赵正之		张　维
体育部	马约翰	党委员②	刘　冰
	夏　翔	人事处	胡　健
物教组	谢毓章	行政处	史国衡
	王明贞	校医室	谢祖培
科学处	高景德		
数教组	赵访熊		何　礼
化学组	张子高		程耀椿
力学组	钱伟长		

清华大学档案，全宗号 2，目录号 校 5（干部科定期），案卷号 60018

---

① 编者注：原文如此。戴志昂、汪坦、梁思成、赵正之应属建筑系。

② 编者注：原文如此。

(6) 部分表彰名单

1953 年度职工先进工作者名单^{※①}

（1954 年 3 月 23 日）

牟思祥　关永利　朱荫章　宋毅夫　靳荣斌　张静亚
牛德林　徐铭昌　倪御琴　刘文昌

《新清华》第 37 期，1954 年 3 月 23 日

出席北京市工业、交通运输、基本建设、
财贸方面社会主义建设先进集体
和先进生产者代表大会代表名单

（1960 年 2 月 9 日）

（代表范围为生产单位和工厂职工）（共 9 人）

先进集体及代表
  电工厂　 翁　樟　 副厂长
  设备工厂　 阎天增　 技工
先进生产者
  综合机械厂　孙树林　 技工
  综合机械厂　王茂林　 技工

---

① 编者注：本文节选自《新清华》刊载的《向先进工作者学习》，简介略。

综合机械厂	艾 平（女）	徒工
设备工厂	冯宝玉	技工
动力机械系	蔡景泉	技工
水利系	薛振山	技工
基建工程科	杨德山	工长

《新清华》第 508 期，1960 年 2 月 16 日

出席北京市教育和文化、卫生、体育等方面
社会主义建设先进单位和先进工作者
代表大会代表名单

（1960 年 2 月 16 日）

（生产单位和工厂除外）（共 120 人）

先进单位及代表

水利系密云水库设计代表组	△吕应三	讲师
水利系青石岭水库设计组	△张宪宏	讲师
水利系电测仪器室	张训时	助教
土木系黏土水泥研究组	赵若鹏	助教
土木系建筑材料试验室	刘元鹤	讲师
土木系北京铸锻件厂结构设计组	△罗福午	讲师
建筑系中央科学技术馆建筑设计组	蔡君馥	讲师
建筑系建校建筑组	△徐伯安	助教
建筑系工会部门委员会	△王炜钰	讲师
机械制造系焊接教研组及焊接车间	袁凤隐	助教
机械制造系系工会体育代表队	△黄纯颖	助教

电机系电力系统工作组	△高景德	教授
自动控制系电子模拟计算机工作组	△王继中	助教
电机系自动控制系工会工作委员会	△杨津基	教授
无线电系 305 教研组	△陆大绘	讲师
无线电系电真空专业职工	△姚 季	实验室副主任
动力系微型汽车毕业设计工作组	△蔡祖安	助教
工程物理系打字室	赵恩贵	打字员
工程力学数学系量测实验室金工间	△戴尔珠	职员
程序控制机床工作组	△金希武	教授
物理实验室及附设工间	晏思贤	助教
哲学教研组	△黄寅宾	助教
体育教研组	△马约翰	教授
化学教研组	△张子高	教授
理论力学及材料力学教研组机械教学组	杨学忠	助教
俄文教研组语法辞汇教材科学研究组	△陆 慈	讲师
校卫队巡逻班	△王克政	校卫队队员
行政事务科汽车房	△李发祥	司机
出版科	△祖德祥	导工
出版科梭形字架研究组	△董永生	导工
幼儿园全托小一班	△刘 彬	保育员
膳食科学生第三食堂	△李文祥	炊事员
校医院护理二组	刘彬生	护士
科学生产处实验室科仓库组	△孙长山	职员
图书馆采编科	△唐绍贞	职员
校工会举重代表队	陆瑞新	助教
校工会服务队	△达松华	职员

（有"△"者为先进工作者）

先进工作者

水利系

    吕应三　　　讲师

    张　任　　　教授

    张光斗　　　教授

    张宪宏　　　讲师

    杨诗秀（女）助教

土木系

    孙祥泰　　　实验员

    陈君燕（女）助教

    陈逴匀　　　实验员

    吴增菲　　　讲师

    罗福午　　　讲师

    冯乃谦　　　助教

    顾夏声　　　副教授

建筑系

    王炜钰（女）讲师

    陆景炎　　　技术员

    郑国卿（女）图书馆管理员

    徐伯安　　　助教

    殷一和　　　助教

    黄报青　　　讲师

机械制造系

    任家烈　　　助教

    沈　钊　　　讲师

李酉山　　　教授

邹致圻　　　教授

金希武　　　教授

金德闻（女）助教

动力机械系

    宋玉芬（女）助教

    徐大宏　　　助教

    袁大宏　　　实验员

    董树屏　　　教授

    蔡祖安　　　助教

电机系　自动控制系

   *王长柏　　　职工

    王继中　　　助教

    张芳榴　　　助教

    吴正玉（女）保卫干事

    赵荣久　　　实验员

    高景德　　　教授

    陶　森（女）政治工作干部

    杨津基　　　教授

    钟士模　　　教授

无线电电子学系

    王　铭　　　实验员

    张克潜　　　助教

    陆大绘　　　讲师

姚　季（女）实验室副主任

*袁伏生　　　职员

工程力学数学系

　李庆扬　　　助教

　李德鲁（女）助教

*戴尔珠　　　职员

工程物理系

　王大中　　　助教

　吕应中　　　讲师

　李恒德　　　副教授

　张　玫（女）助教

　党广悦　　　实验员

　高绪之（女）职员

　许纯儒　　　助教

公共教研组　工程化学系

　王汉臣　　　服务员

　史斌星　　　助教

　刘绍唐　　　副教授

　李维梓（女）助教

　陆　慈（女）讲师

　张子高　　　教授

　张孟威（女）助教

　黄士增　　　助教

薛　华（女）讲师

体育教研组　文体、民兵积极
　　　　　　　分子

　王英杰　　　副教授

　刘先龙　　　助教

　朱亚尔　　　助教

　张　益　　　助教

　胡大炘　　　半脱产干部

　马约翰　　　教授

　曾　点（女）半脱产干部

　黄纯颖（女）助教

　顾廉楚　　　讲师

行政处

　于国成　　　清洁工

*王硕生　　　护士

　全绍志　　　大夫

　刘　彬（女）保育员

*刘文昌　　　清洁工

　李文祥　　　炊事员

　李发祥　　　司机

　李学荣　　　职员

　张　忠　　　采购

　张敬清　　　炊事员

　祖德祥　　　导工

梁淑珍 (女) 电话员　　　　　　　　　　何惠莲 (女)

焦　祥　　炊事员　　　教师

董永生　　导工　　　　　傅　眉 (女) 教师

薄德福　　采购

鲁嗣信 (女) 保育员　　党委会　团委会　半脱产干部

　　　　　　　　　　　　王文兰 (女) 半脱产干部

校长办公室　科学处　教务处　　王克政　　校卫队队员

人事处　图书馆　　　　　达松华　　职员

　王学惠 (女) 职员　　　陈圣信 (女) 助教

　孙长山　　职员　　　　周家懋　　助教

　陈舜琴 (女) 职员　　　谭浩强　　半脱产干部

＊吕春全　　职员

　劳一活　　职员　　　党委宣传部　宣传积极分子

　李辑祥　　教授　　　　万邦儒　　职员

　唐绍贞 (女) 职员　　　孙　都　　助教

　郭美英 (女) 职员　　　陈希哲　　助教

　　　　　　　　　　　　陈浩凯　　助教

附中　附小　　　　　　　唐绍明　　讲师

　田文蕙 (女) 副教导主任　黄寅宾　　助教

（有 ＊ 者为退役军人、复员军人）

《新清华》第 508 期，1960 年 2 月 16 日

校务委员会表扬 1960 年我校技术革新及科学研究的先进集体及积极分子名单①

（1960 年 5 月 1 日）

技术革新及科学研究先进集体

机械制造系：

铸造专业董存瑞突击队　　　　　晒图组

金 2 班　　　　　　　　　　　　仪器专业镀磨组

金 0 班　　　　　　　　　　　　参加前进钢锉厂技术革新突击队

机械制造专业自动线设计组　　　工具车间

铸工车间共产主义突击队　　　　近卫军美工组

铸 9 红专长工突击队　　　　　　关键器材突击队

电机工程系：

电工厂铸铝工段　　　　　　　　电工厂电工仪器车间穷棒子突击队

电工厂保尔冲剪突击队　　　　　高压工作队

电机工作队　　　　　　　　　　电网工作队

企 0 班　　　　　　　　　　　　企 1 班

高 4 班　　　　　　　　　　　　发 0 班

动力机械系：

动力机械厂　　　　　　　　　　微型汽车工作队

热电锅炉工作队　　　　　　　　燃汽轮工作队

---

　　① 编者注：1960 年 5 月 1 日全校师生员工"五一"国际劳动节庆祝大会上宣布该名单。

试验电厂第四值班组 热 5 新技术突击队
汽 0 班 热 4 班

无线电电子学系：
电真空专业红色巨流突击纵队 半导体第一突击联队
电视突击联队 无线电第一突击联队
红色突击联队 天线第一小组
金工车间车工工段 无 38 技术革命突击队
无 404 技术革新小组 无 502 微波元件设计小组
无 510 班

土木工程系：
暖 5 班 建筑材料教师团支部
职工给暖突击队 房 0 上甘岭突击队
暖 4 班 建筑材料基地水泥厂工地
材 5 班 给 1 班

水利工程系：
密云电站组 张坊地质组
水工仪器厂 王家园共产主义服务队
黄土陂设计组 水动 51 班
青石岭水力学冲刷小组 水电水动 2 班
水 1 密云生产劳动队 水 4 面食加工机械化小组

建筑系：
艺术模型工厂 建筑物理组
建 2 徐水工作组 建 4 电化教育小组

剧院建筑设计组　　　　　　　　新技术推广小组

职工青年突击队　　　　　　　　建 0 垂杨柳设计组

公共教研组：

俄文教研组电化教育小组　　　　物理教研组技术革新工作组

数学教研组青年突击队　　　　　基础课培训班

材料力学教研组电模拟小组　　　理论力学教研组振动小组

化学教研组 607 小组

工程物理系：

金工厂　　　　　　　　　　　　物 108、物 28 班（切菜机组）

物 2 同位素应用战斗队　　　　　基建准备队

物 104 班　　　　　　　　　　　物 9 班

工程化学系：

110 自动化突击队　　　　　　　140 第一突击队

化 2 下厂技术革命工作组　　　　140 第八突击队

130 建厂突击队　　　　　　　　120 设计组

化 4 行政处技术革命工作队

工程力学数学系：

数 5 班　　　　　　　　　　　　董存瑞突击队

先锋突击队　　　　　　　　　　410 共产主义服务队

数 0 班　　　　　　　　　　　　保尔突击队

自动控制系：

自 204 红旗战斗队　　　　　　　自 005 英雄战斗队

自 010 班　　　　　　　　　　　自 4 打虎战斗队
自动控制系车间电工工段　　　　自动控制系车间焊接工段
自 003 吴运铎突击队　　　　　　参加北京电子管厂技术革新战斗队

科学生产处：
科学生产处共产主义突击队　　　科学生产处第二团支部突击队
设备工厂电镀小组

行政处：
汽车房　　　　　　　　　　　　校医院病房服务组
工程科水暖金工间　　　　　　　膳食科面包炉小组
幼儿园全托中班　　　　　　　　出版科装订间
供应科木工一组

图书馆：
电化小组

《新清华》编辑组　　　　　　　华北无线电器材厂革新队支援永
技术革命办公室资料组　　　　　丰人民公社工作队

技术革新及科学研究积极分子

机械制造系（共 79 人）

教师（13 人）
　　金希武　　　教授　　　　　金国藩　　讲师
　　郭和德　　　讲师　　　　　晏世敦　　助教

徐端颐	助教	李学曾	助教
何方殿	助教	杨瑞林	助教
王福贞（女）	进修教师	张锡嘉	助教
侯虞铿	助教	王 睿	助教
左保华	研究生		

职工（29人）

陶美芝（女）	实验员	李德成	技工
刘兆德	工人（复员军人）	高崇长	技工
吴铁良	技工	张立福	徒工
张广均	工人（复员军人）	宋兴中	工人（复员军人）
韩瑞祯	技工	唐启宽	工人
刘先烈	工人（复员军人）	李 瑞	技工
秦凤增	技工	李 凤	徒工
艾 平（女）	徒工	周树森	工友
李廷贵	技工	吕继学	工人（复员军人）
司国欣	职员	魏光珠	职员（复员军人）
孙树林	技工	王锡文	复员军人
于学庸	复员军人	王福初	复员军人
王昌明	复员军人	陈惠芳（女）	实验员
李华国	复员军人	曹建明	复员军人
王盼田	实验员		

学生（37人）

王贵明	陈平祥	胡士骧	胡伯僖	汪传稷
李升凡	梅志立	金分年（女）	谢迪克	鹿安里
白丽华（女）	杨洪士	齐景贵	许祖泽	顾林生
贡子材	贾宝旺	张明泰	吴兴龙	杨顺玉
李福善	翁重庆	白永富	姚少麒	阚志雄

马守荣　　　王思得　　　李瑞菊 (女) 王怀顺　　　龚亚真 (女)
袁宝钗 (女) 范仰藩　　　徐建街　　　林衍生　　　王明芳
仲国治　　　古一强

电机工程系（共 50 人）

教师（10 人）

艾维超	教授	范崇武	教授
张仁豫	讲师	周荣光	讲师
孙树勤	讲师	杨钺	讲师
任守渠	助教	吴陆威	助教
郑思垣 (女)	助教	张良甫	研究生

职工（20 人）

王文禄	工人	孙鹤荣 (女)	工人
梁颖 (女)	实验员	吕凤娄	徒工
滕如香	工人（复员军人）	郑根法	工人（复员军人）
赵淑贤 (女)	职员	俞天珍 (女)	职员
顾敏 (女)	实验员	沈飞英 (女)	实验员
来水炳	工人（复员军人）	周延清	工人（复员军人）
董志发	工人（复员军人）	吴国樑	工人（复员军人）
李传余	工人（复员军人）	李泽培	工人
赵丕修	工人	崔静宜 (女)	徒工
阎纪芬	徒工	贾淑琴 (女)	清洁工

学生（20 人）

晁学贤	李湘洲	金娟 (女)	曹云甄	李金昌
杨瑜钦	丁俊美 (女)	陈雪青 (女)	于曰浩	朱育和
杨缦琳 (女)	丁道齐	郑国基	吴秋峰	陈钦萍
陈文福 (女)	武纪燕 (女)	刘毅	汪振中	刘金铭

动力机械系（共 44 人）

教师（10 人）

董树屏	教授	宋镜瀛	教授
蔡祖安	讲师	徐大宏	讲师
罗棣菴	讲师	朱志武	讲师
毛健雄	助教	李秀芙 (女)	助教
杨家本	助教	吕崇德	助教

职工（13 人）

张连仲	职员	袁大宏	实验员
李修曾	实验员	张雅明	技工
蔡景泉	技工	郭振东	技工
徐志毅	技工	窦玉洁	复员军人
尹光禹	复员军人	王焕芝	复员军人
戴哲庭	复员军人	刁发祥	复员军人
何雅斌 (女)	徒工		

学生（21 人）

李步云	施宗权	殷贤炎	张宏图	孙宽民
刘震涛	李洪波	高瓒章	马克金	吴荫芳
刘瑞阳 (女)	裘昌咏	杨茂芬 (女)	刘祖照 (女)	吴大成
盖铭豪	孙宝庆	李维勋	高芝臻	陈和煜
张瑞堃				

无线电电子学系（共 55 人）

教师（11 人）

张克潜	讲师	王天爵	讲师
刘耀琪	讲师	张建人	助教

查良镇	助教	唐鹏千	助教
吴中权	助教	尹达衡	助教
尤婉英 (女)	助教	高永泉	助教
王慧云	进修教师		

职工（18 人）

杨金宝	技工	郭存厚	技工
陶祖岩	青工	郭素英 (女)	徒工
杨珂莉 (女)	徒工	姚 季 (女)	实验员
袁宝珠 (女)	实验员	孙启先 (女)	实验员
顾妙生	练习生	黄筱联 (女)	职员
苑书仁	职员	任怀显	复员军人
王裕民	复员军人	杨景玉	复员军人
潘善明	复员军人	袁惠加	复员军人
池印峰	复员军人	杨国义	复员军人

学生（26 人）

黄家禄	周广元	徐葭生	顾鋆文 (女)	朱家庆
范家华 (女)	彭吉虎	刘世伟	戴崇礼	丁晓青 (女)
萨本庆	王振庭	张芳年	罗恒生	梁 莹 (女)
孙 适	苗风高	王志富	王 伟	王令誉
史秀珍 (女)	胡奎英 (女)	何伯华	张燕云 (女)	童勤义
翁甲辉				

土木工程系（共 39 人）

教师（11 人）

王继明	副教授	张良铎	讲师
韩守询	讲师	冯乃谦	助教
李龙土	助教	李兴焻	助教

桂治轮 (女)	助教	许大华 (女)	助教
阚永魁	助教	王 耀	助教
丁慧英 (女)	研究生		

职工（13人）

孙祥泰	实验员	陈逴刍	实验员
施泽元	实验员	唐绍华	技工
刘照广	职员	牛兰芝 (女)	工人
王固然 (女)	工人	邓大仪	复员军人
何永富	复员军人	陈昌续	复员军人
王裕卿	复员军人	王秉权	复员军人
罗茂芝	复员军人		

学生（15人）

巴图尔	吴香楣 (女)	翟世禄	徐培福
孙忠君	叶荣芬 (女)	孙仪琦 (女)	严慧俐 (女)
徐俊珠 (女)	林丙成	王宝华	肖曰嵘
俞崇尚	臧宣武 (女)	徐 群	

水利工程系（共 35 人）

教师（7人）

施嘉炀	教授	夏震寰	教授
赵敬亭	讲师	张训时	讲师
杨诗秀 (女)	助教	张楚汉	助教
姚汝祥	助教		

职工（13人）

窦奎森	技工（复员军人）	薛振山	技工
朱永美	技工（复员军人）	马树功	技工
马树忠	徒工	王 恩	技工

李登德　技工（复员军人）　　张兆和　　技工（复员军人）

王企荣　技工（复员军人）　　许　昀　(女)　实验员

王立祥　实验员　　　　　　　刘世秀　　　职员

范文成　职员

学生（15人）

陈式慧　(女)　尹大芳　(女)　高广淳　　李隆瑞　　冯国斌

陈世钦　　　王耀山　　　马　迁　(女)　秦惠承　　王家柱

王克明　　　杨予九　　　吉文儒　　　李祚谟　　王君宗

建筑系（共 23 人）

教师（5人）

吴良镛　　　副教授　　　车世光　　　讲师

李道增　　　讲师　　　　李晋奎　　　研究生

高玉瑾　　　助教

职工（11人）

贾殿文　　　技工　　　　唐武元　　　技工

卢贤丰　　　实验员　　　陆景炎　　　实验员

郑国卿　(女)　职员　　　　郑宗和　　　职员

林　洙　(女)　资料员　　　韩国志　　　工人（复员军人）

胡维香　　　职员（复员军人）

李元海　　　绘图员（复员军人）

丁㝩凯　　　工人（复员军人）

学生（7人）

方展和　　　王之芬　(女)　孟侣梅　(女)　陈　琦

盛承天　　　方启武　　　洪树声

工程力学数学系（共 31 人）

教师（7 人）

章光华	助教	陈　德	助教
周辛庚	助教	傅维鑪	助教
杨德元	助教	李庆扬	讲师
刘宝琛 (女)	研究生		

职工（6 人）

韩栋成	复员军人	王元举	复员军人
高威武	复员军人	孙仕发	复员军人
朱成瑜	复员军人	方守学	职员

学生（18 人）

袁克敏	徐占九	赵　成	杨　桐	张钰珍 (女)
陈敬平	刘富堂	赵会全	沈天耀	张秀明
王秀根	张大鸿	沈毓琪	张大洋	张坚群
何子键	郎需英	龚卫民 (女)		

工程物理系（共 30 人）

教师（4 人）

章开琏 (女)	助教	陈迎棠 (女)	助教
刘文雅	助教	王敬泉	助教

职工（12 人）

王维星	工人（复员军人）	姚海禄	实验员
邹文虎	实验员	廖国扬	工人（复员军人）
栗连登	工友	王振宇	技工
赵金璋	技工	张启祥	技工
谢开云	青工（复员军人）	张松林	青工（复员军人）

李石林　青工（复员军人）　李宝善　　青工（复员军人）

学生（14 人）

沈　刚	冯忠潜	陈　翔	周昌炽	黄厚坤
马承华（女）	王辉华	刘雅君（女）	严谷良	刘　吉
汪绍梅（女）	焦伯良	李祚珍	周传祯	

工程化学系（共 25 人）

教师（7 人）

程　行	助教	俞芷青（女）	助教
张武最	助教	王树铭	助教
李　松	助教	赵　镛	助教
雷良恒	助教		

职工（7 人）

杨光明	工人	宋士昭	职员
邵其福	工人	张志忠	工人
李安忠	工人	许民和	实验员
高华亭（女）	实验员		

学生（11 人）

陈冠耀	汪昆华（女）	李振华	李慎文	张国勤
张希春	吴福祥	胡鑫尧	张　明（女）	
鲍世铨	张殿升			

自动控制系（共 35 人）

教师（8 人）

李　烨	助教	袁曾任	助教
刘中仁	助教	高钟毓	助教
苗永蔚	助教	王儒评（女）	助教

耿文菊（女）　　助教　　　　吴企渊　　　　助教

职工（10 人）

徐承惠　工人（复员军人）　李显鼎　　　职员（复员军人）

宋茂仁　工人（复员军人）　韩新普（女）　工人

周法显　职员（复员军人）　张冠森　　　工人（复员军人）

杨玉清　工人（复员军人）　丁忠发　　　工人（复员军人）

雷万金　工人（复员军人）　王长柏　　　职员（复员军人）

学生（17 人）

李树青（女）　　栾毓敏（女）　　董天标　　　　苏怀吉

房景苏（女）　　孙燕璞　　　　李学谦　　　　熊可均

郭秉春　　　　赵浩春　　　　刘明杰　　　　温淑琴（女）

李桂芬（女）　　郝新文　　　　李树芬（女）　　李作人

江家全

公共教研组（共 29 人）

数学教研组（4 人）

栾汝书　　　　副教授　　　　居余马　　　　助教

张孟威　　　　培训班学员　　濮群　　　　　助教

俄文教研组（5 人）

王振武　　　　助教　　　　　赵静鹏　　　　助教

黄士增　　　　讲师　　　　　董义　　　　　转业军人

过澳芹（女）　　助教

物理教研组及基础课工间（共 10 人）

王文鉴　讲师　　　　　　　张培林　　　讲师

童寿生　讲师　　　　　　　金寿贵　　　（复员军人）

夏世威　工人（复员军人）　李修丹　　　工人（复员军人）

卞大华　（复员军人）　　　周铁英（女）　培训班学员

李志谦　技工　　　　　　赵静安　　　讲师

力学教研组（5 人）

陈光祖　　　　讲师　　　王　正　　　助教

李　萍（女）　助教　　　赵兴华　　　培训班学员

何桂荣（女）　徒工

化学教研组（3 人）

区耀华（女）　讲师　　　杨　根　　　助教

武增华（女）　培训班学员

体育教研组（2 人）

殷贡章　　　　讲师　　　王　琦　　　工　人

科学处（共 15 人）

科学处办公室（2 人）

赵玉恒　　　　采购员　　劳一活　　　职员

设备工厂（13 人）

丁彦松　　　　职员　　　马永庆　　　职员

韩占英　　　　技工　　　刘尚文　　　技工

张文信　　　　技工　　　王亥辰　　　技工

武书宽　　　　技工　　　冯宝玉　　　技工

刘万增　　　　技工　　　赵宝玉　　　技工

李景义　　　　徒工　　　郝文升（女）　徒工

梅文熹　　　　徒工

教务处（2 人）

郭美英（女）　职员　　　胡惠理（女）　职员

行政处（包括合作社共 46 人）

刘文昌	清洁工	于国成	清洁工
李发祥	司机	靳世卿	司机
马连福	马车工	傅长惠	放映员
刘永江	管理员	刘贵恒	炊事员
荣德利	炊事员	张万亮	炊事员
赵几林	炊事员	王 庆	炊事员
牛书田	炊事员	焦 祥	炊事员
郝文芳	技工	张良柱	技工
吕 全	工人	陈宝珍	技工
吉永禄	技工	郭西和	技工
戴允锁	技工	杨福来	技工
郭铁乐	技工	周玉山	技工
李天增	青工	李万聚	青工
白秀荣（女）	青工	朱光升	青工
傅金凯	工人	杨凤臣	工人
刘西恩	工人	薛玉芹（女）	徒工
刘连安	技工	贾之华	技工
尹彩珠	技工	任如玉	电话机务员
葛连生	职员	衡选举	饲养员
鲁嗣信（女）	教养员	赵玉珍（女）	教养员
李 岩（女）	大夫	杨臣悌	护士
肖海成	护士	陈瑞兴	合作社照澜院门市部经理
陈玉华（女）	合作社售货员	张康建	职员

党委宣传部		图书馆	
李兆汉	助教	张德全	技工
陈希哲	助教	刘家琦 （女）	职员
梁文骏	职员		

《清华公报》第 71 期，1960 年 6 月 10 日

校务委员会表扬的先进机关工作单位及先进机关工作者名单

——1963—1964 学年度第 10 次校务会议通过追认

（1964 年 7 月 18 日）

一、先进机关工作单位（共三个）：

　　教务处

　　土木建筑系系办公室

　　水利工程系总支办公室

二、先进机关工作者（共九人）：

教务处	丁海曙
《新清华》编辑室	黎诣远
党委组织部	杜文达
校卫队	刘德生
精密仪器及机械制造系	张安民
动力机械系	朱晓霞
土木建筑系	谢月芬

水利工程系	范文成
自动控制系	张　鹏

《清华公报》第 129 期，1964 年 7 月 25 日

校务委员会表扬的安全工作先进单位和安全工作积极分子名单

——1963—1964 学年度第 10 次校务会议通过追认

（1964 年 7 月 18 日）

一、安全工作先进单位名单：

动力机械系热工量测与自动控制实验室

电机工程系工业企业电气化实验室

无线电电子学系电真空实验室

工程物理系 210—3 实验室

综合机械厂机装车间

工程化学系高分子化学实验室

土木建筑系结构力学实验室

工程力学数学系 630 实验室

精密仪器及机械制造系 820 实验室

自动控制系 911 实验室

材料力学实验室

设备工厂维修组

行政处供应科火炉供暖小组

生活管理处生活科汽车房

印刷厂装订车间

精密仪器及机械制造系、冶金系及综合机械厂义务消防队

二、安全工作积极分子名单：

精密仪器及机械制造系：黄凯日

动力机械系：王永祥

电机工程系：梁任秋　李正球

无线电电子学系：龚　信　段修明

土木建筑系：唐绍华

水利工程系：王振华

工程化学系：范奎城

综合机械厂：杨广志　刘秀杰

设备工厂：张继田

印刷厂：王静贞

行政处生活管理处：顿惠增　李敬元　郝文芳　王耀山
岳　忠　陈广利　洪惠穆

《清华公报》第 129 期，1964 年 7 月 25 日

校务委员会表扬的五好单位
和五好工人名单
——1963—1964 学年度第 10 次校务会议
通过追认

（1964 年 7 月 18 日）

一、五好单位名单（共七个）：

行政处修缮科供暖队

科学生产处综合机械厂锻压车间

科学生产处设备工厂车工组

教务处印刷厂装订车间

动力机械系热工量测及自动控制实验室技工组

自动控制系附属车间电子焊接调整工段

精密仪器及机械制造系9003机修组

二、五好工人名单（14名）

综合机械厂：郭惠增

设备工厂：王亥辰 黄宗禄

印刷厂：白秀荣

修缮科水暖队：刘洪文 张怀忠

基建科：徐宝亭

水利工程系车间木工：薛振山

动力机械系热工实验室：张振清

电机工程系电工厂：吴国樑

试验化工厂焊工：张忠久

无线电电子学系实验室：梁培琥

自动控制系车间：赵荣久

工程力学数学系实验室：杨凤河

《清华公报》第129期，1964年7月25日

校务委员会表扬的五好食堂

及五好炊事员名单

——1963—1964 学年度第 10 次校务会议

通过追认

（1964 年 7 月 18 日）

一、五好食堂名单（共二个）：

  员工第二食堂

  清华附中食堂

二、五好炊事员名单（共五名）：

  试验化工厂炊事员：刘福栋

  员工第二食堂炊事员：牛书田

  第九饭厅炊事员：张岱兴

  第七饭厅炊事员：郭春财

  三八食堂炊事员：段淑珍

《清华公报》第 129 期，1964 年 7 月 25 日

荣获北京市工业交通基建财贸方面

"五好"集体和"五好"职工名单

（1964 年 9 月 2 日）

  九月二日到九月十二日，北京市召开了工业交通基建财贸方面的"五好"职工代表会议，我校生产职工有五个集体和十一位

职工获得"五好"集体和"五好"职工称号。名单如下：

"五好"集体：

印刷厂装订车间	自动控制系电子焊接调整工段
设备工厂车工小组	机械制造系 9003 车间机修组
综合机械厂锻压车间	

"五好"职工：

王亥辰（设备工厂）	吴国良（电机系）
薛振山（水利系）	赵荣久（自动控制系）
郭惠增（综合机械厂）	杨凤河（工程力学数学系）
黄宗禄（设备工厂）	张忠久（试验化工厂）
白秀荣（印刷厂）	张振清（动力系）
梁培琥（无线电系）	

《新清华》第 717 期，1964 年 11 月 4 日

(7) 清华大学四清领队干部名单

清华大学四清领队干部名单

（1964 年 5 月 13 日）

总领队：	艾知生		
副总领队：	任继世	承宪康	
办公室：	金毓宏	刘翠龄	赵玉明

情况联络组：　承宪康（组长）　　马文仲　吕百龄　王克明

宣传组：　　　余顺吾（组长）

医疗保健组：　谢文焕（组长）　　刘建中

安全保卫组：　徐心坦（组长）　　任凤坤

各系干部名单

公社	系别	队长	指导员	副队长	副指导员	联络
小汤山	自动控制系	唐美刚	唐美刚	程学义 王福松	杨 品 程学义	吴小岭 田培青
大东流	水利系	贺崇铃	隋汝明	府仁寿 尹玉生	阎林德 刘书雁 李永祥	孙宝荣 杨锡纯
崔村	工程力学数学系	王勖成	查明华	赵继英 邹淦泉	朱文灏 许宏庆 周彦煌	周辰福 张铸仁
上苑	工程化学系	刘述礼	黄志冲	陆信兮	徐志斌	杨承勋 居崇华 王木林
兴寿	电机工程系 教师研究生	王仲鸿	马文仲	杨学政 姚福喜 李大义	薛华成	龙腾锐 李天申
	电机系小队 教师、研究生小队 无线电器件研究 所小队	王仲鸿 杨学政 姚福喜	薛华成 马文仲	李大义	刘裕昭 宋宝瑞	朱东起 李天申

1964 年 5 月 13 日

清华大学档案，全宗号 2，目录号 校 1，案卷号 64012

二、图书、档案和文物调拨

1. 图书资料

校务委员会会议关于成立
图书评议委员会的议决事项※①
(1953 年 4 月 14 日)

时间：四月十四日下午三时

地点：工字厅

出席：蒋南翔　刘仙洲　钱伟长　陈士骅　陈舜瑶　史国衡
　　　张　微　何东昌　解沛基　周寿昌　余兴坤　李辑祥
　　　章名涛　孟昭英　张　维　张　任　梁思成（吴良镛代）
　　　邹致圻　庄前鼎　武　迟　魏景昌　魏景昆　王永兴
　　　李　欧（陈仲颐代）　　　金　涛　施嘉炀　张子高
　　　滕　藤

列席：萨多维奇　吴明武　丁桐华

主席：蒋南翔　记录：周寿昌

甲、报告事项：（编者略）

乙、讨论事项：

---

① 　编者注：本文节选自《清华大学校务委员会第三次会议纪录》。

一、讨论整顿学校纪律，处理严重违反学校纪律、学习成绩恶劣的学生问题。（编者略）

二、讨论一九五三年度预算草案。（编者略）

三、讨论总务工作计划草案。（编者略）

四、讨论图书馆工作计划草案。

议决：原则通过，为了加强图书工作，决定成立图书评议委员会，具体人选另定。

丙、散会。

清华大学档案，全宗号 2，目录号 校 1，案卷号 53004

院系调整后图书馆工作简况※①

（1954 年 11 月 6 日）

清华大学在院系调整前是综合性大学，书刊的购存各方面都有，没有重点，其中非科技性的书刊较多。院系调整后，为了培植全面发展人才，除原存理学院各系的一部分自然科学书刊随各系调出外，其余全部保留。到目前为止，图书馆共藏图书约四十八万册，其中中、日文书约三十四万册，俄文书约三万册，其他文字图书约九万册。院系调整，清华大学性质和任务改变。在采购书刊上亦须随同改变。根据配合教学研究，积极学习苏联的图书馆工作方针下，明确采购的方针是：加强专业，照顾一般；多购本国、苏联及人民民主国家的书刊，购买必须购买的资本主义国家科技书刊。今年预定了一九五五年苏联及人民民主国家期

---

① 编者注：本文节选自 1954 年 11 月 6 日清华大学致高教部的《清华大学工作检查汇报（草稿）》。

刊，共三三四种、六〇〇份，这是根据需要和可能订到而订的；资本主义国家期刊订了四五五种、四五五份；在中文期刊方面，过去对中文书、刊两方面都不够重视，种册都不多，现在亦大量采购中文书刊，这样大大改变了过去资本主义国家书刊占统治地位的现象。（见附表）

在图书工作其他方面，经两年来不断学习他校先进经验，进行改革，登录和编目速度上都比院系调整前增高一至二倍，但还远远不能满足师生教学的迫切要求，书刊的开源作得仍还不够，这两方面都需要以后继续改进和努力。在借书上，过去不够主动；借书人数及册数都不多，平均每周借出图书约八百册，自去年九月进行一次大改革，实行开架押证借书办法后，工作效率和流通量大大提高，现在每天平均借出四百五十册书，最高可达到一天八百册左右，既提高了图书利用率，加速了流通，又大大节省了师生因借书而花的时间。过去对于期刊工作极不重视，千种万卷的期刊却没有一套完整可靠的目录，读者利用期刊甚感困难，而期刊对于科学研究极端重要。为了迎接已在开始的科学研究工作，从去年十月开始，着手编制一套存藏期刊书名目录片，并将制定标题目录片，使读者根据目录，随时可查看，并建立索引工作，一是宣传与利用已出版的全国性大分类期刊索引，一是对各期刊所作索引给以加工。

本年暑期进行了一次为时月余的全面图书大清点，基本上掌握了图书存藏的确实情况，并使书和书目相符，便利了读者借阅，并从此发现许多平常不易发现的问题，尤其典藏制度，现在准备做清点工作总结，进行逐步改革，建立新制度。如新的阅览规则已于九月底公布施行，改变了过去久借不还现象，加速了图书流通，减少了失书的可能性；开架阅览书刊，经过开架方法的改革整理的加强；失书已大大减少。

但是工作上还存在着不少问题，兹提出下面几个主要问题：

（一）俄文书刊来源困难，妨碍学习苏联

俄文书刊来源只国际书店一个，统一是好的，可以实行计划分配，但使来源不畅不广。一，国际书店专业知识不够，和教育部门缺乏联系，不熟悉教学方面及需要，影响进口及书刊分配。二，俄文期刊进口范围过狭。就科技方面讲，苏联出版的种类很多，而我校根据国际书店订购目录，尽其可能只订到不到二百种，影响太大。三，过去期刊，无论俄、西文都不易补购。四，苏联各研究机关，大学出版的论文、报告、研究结果不易进口。因而建议，一，请政府和苏联交涉，扩大书刊进口范围。二，增设专门机构，加强影印旧苏联书刊及买不到的书刊。三，高教部在苏联设专门机构采购书刊，运回影印。本问题是今天各校在学习苏联上最感苦恼的问题，希能大力解决。

（二）统一图书分类法

图书编目最大问题是旧的分类法已不适用，新的统一分类法还没有。分类不正确影响读者利用图书很大。希能和出版总署联系，筹划编订。

（三）图书馆工作人员的补充和培养

图书馆工作不是一般事务性工作，工作人员需要较高文化、文字工具、和专业知识。苏联单是图书馆学院就有几十个，从长期考虑，如何培养这方面的专门人才，需要注意。

（四）书架不敷，影响藏书。

清华大学图书馆的大书库，原系三层钢制书架，沦陷时期为敌人搬去一层，在今天大量进书的情况下，书架日感不敷。如不解决，影响藏书的质量与次序，妨碍教师入库查书参考，可否准予明年添置。

一、已编图书分类统计表　1954 年 10 月

分类 种数 文别	科技	社会科学	文艺	小计
中文	5 272	9 712	12 636	27 620
俄文	6 200	500	350	7 050
西文	12 300	11 700	2 400	26 400
小计	23 772	21 912	15 386	61 070

注：文艺一书只包括文学，艺术在外。

二、院系调整后购进俄文图书统计表

期间	种	册
1952 年 10 月—1953 年底	5 100	11 774
1954 年 1 月—10 月	4 395	14 445
总计	9 495	26 219

注：院系调整前，基本上不买俄文书，只由苏联科学院赠送二千余册。现俄文书共约有三万册。

三、预订 1955 年期刊统计表

类别	中国	苏联	德国	其他 人民民主国家	日本	资本主义 国家	总计
种数	132	212	78	44	7	455	928
份数	467	478	78	44	7	455	1 529

四、存藏期刊统计表

文别 种 分类　别	中文		俄文		日文		西文		总计	
	种	部	种	部	种	部	种	部	种	部
科技	343	1 108	66	345	26	202	655	12 152	1 090	13 807

分类 \ 别 \ 种 \ 别文别	中文		俄文		日文		西文		总计	
	种	部	种	部	种	部	种	部	种	部
非科技	2 071	6 940	55	266	75	553	932	9 547	3 133	17 306
小计	2 414	8 048	121	611	101	755	1 587	21 699	4 223	31 113

注：本统计只限合订本，散本不在内。

清华大学档案，全宗号 2，目录号 校 1，案卷号 55002

清华大学图书馆图书采购

杂志预订标准及办法

——二月二十五日一九五四——一九五五年度

第十四次校务行政会议通过

（1955 年 2 月 25 日）

甲、图书采购标准及办法

一、大图书馆采购标准

1. 配合学校培养全面发展的专门工程技术人员的教学方针，图书馆在采购图书上，以注重专业、照顾全面为原则。

2. 图书馆采购图书，以种多册少，供教学及科学研究参考之用为标准。

3. 中、俄文图书每种采购部数，一般规定如下：

① 政治书一至三部，其他社会科学书一部，青年修养及时事政策小册可购三部以上。

② 科技书一至五部。

③ 文学、艺术书一至三部，中外名著可购三部以上。

④ 史地与文化书一至二部。

⑤ 文娱、体育书一至二部。

⑥ 同学用教科书由同学自备，图书馆得根据需要，每种配购五至十部。

各课主要参考书，原则上限定一种，按学生学习人数，每卅人购一部，最多购廿部，供同学参考。版本变动不大者，仍继续使用。参考书单须于每学期开学前，向图书馆采录股提出，一次购妥。

⑦ 教师用的课本、课程设计及毕业设计必要的参考资料，以及教学挂图等，应由教学资料费项目内开支，由各系、组填写资料请购单一式二份，各系主任盖章，向教务处请购核准后，图书馆采录股办理采购登记及分发工作，此种资料性的书刊及挂图，概由各系或公共教研组负责，资料室保管。

4. 资本主义国家图书以最多全校每种购一部为限。

二、各系及公共教研组请购参考图书标准及办法

1. 各系、组请购参考图书只限与本专业直接有关者，每种以一至二部为限，超过二部者，须提出充分理由，由图书馆根据经费情况斟酌决定。

2. 各系、组请购参考图书，务于每月月底以前，将下月请购书单交系、组图书管理员查重后，按中、西、俄文分别填列请购单一式二份，并经系、组主任签章及加盖公章后，送图书馆采录股采购，系、组主任未签章者，不予考虑。

3. 每月一至三日将各系组请购单由采录股分别查重整理后，交图书馆主任批示，四日至十一日为采购时间，十五日将各系、组请购单分别注明采购及处理结果，以一份送回各系、组，一份留股内存查。

4. 特殊急用书可填急购书单随时请购。

5. 各系、组请购图书，务须按照规定手续办理，否则不予办理或付款（例如未经图书馆同意而自购者）。

三、除课本及主要参考书外，每种图书全校购入总部数原则上不超过七部。

乙、杂志预订标准及办法

一、预订标准

1. 各系及公共教研组预订杂志，统由图书馆办理。

2. 各系及公共教研组只可预订与本系、组教学及科学研究有直接关系之专业杂志。

3. 各系预订中、俄文杂志，原则上每种不超过两份，公共教研组每种一份。

4. 资本主义国家杂志每种限订一份。

5. 全校所订中、俄文杂志，图书馆每种加订一份以上，作全校性参考用。

6. 国外期刊订购与补缺，由图书费支付；国内期刊订购与补缺，由教学费支付，大批补缺另请专款。

二、预订办法

1. 期刊股应随时注意新出版杂志，提供各系、组及图书馆选订。

2. 外文杂志每年一次订妥，不得中途增订或减订。

3. 预订资本主义国家杂志时，由期刊股将原订杂志在预订目录上圈出，送交教务长及各系、组主任选定后，由期刊股汇总填写委托预订单，送主任核转校长批准后预订。

4. 预订中、俄文杂志，由期刊股将下年度预订目录，分送各系、组选订，期刊股并提出图书馆预订草单，汇总送主任批准。

5. 各系及公共教研组预订杂志时，须加盖公章，并经系、组主任签字盖章方为有效。

6. 各系、组须按规定手续，填写期刊申请预订单，于规定日期内送期刊股。

7. 各系、组补缺及零购，概由图书馆办理，未经图书馆批准而自购者，不付款。

丙、附则

本办法经图书委员会研究同意，提请校务行政会议通过，校长批准公布后施行。修改时间。

《清华公报》第 8 期，1955 年 3 月 2 日

1956—1957 年度上学期图书馆工作简况[①]

（1956 年 12 月 28 日）

本学期由于图书馆的领导力量加强，补充了一些干部，调整了机构，工作同志们对图书馆工作的重要性有了认识，也明确了为教学和科学研究服务的工作方针，几个月来，各方面工作都有开展。

一、加强书刊采购工作

过去对西文书刊的订购工作重视不够，从 1956 年 5 月起即开始加强，截至 11 月份止，共购入西文科技书 1 541 种，1916 册，比上年增加二倍。兹将本年图书购入情况统计如下：

---

① 编者注：本文为陈士骅副校长在 1956 年 12 月 28 日校务行政会第五次扩大会议上的报告要点。

中文书	6 225 种	18 482 册	16 779.21 元
俄文书	4 499 种	10 703 册	20 564.19 元
西文书	1 541 种	1 916 册	36 162.69 元
合　计	12 261 种[①]	31 101 册	73 506.09 元

为了配合科学研究，1957 年预订的期刊，在种数与份数上都大大增加。计较 1956 年增加了 1 055 种，1 291 份。兹将预订情况统计如下：

中　　　文期刊	250 种	673 份	685.36 元
俄　　　文期刊	320 种	912 份	
人民民主国家期刊	139 种	143 份	7 531.47 元
资 本 主 义 期刊	1 541 种	1 614 份	45 365.09 元
合　　　　计	2 250 种	3 342 份	53 581.92 元

这学期也进行一些书刊开源工作，哈尔滨工业大学赠送我校旧版俄文科技书约百余册，近来又在中苏友好协会挑选了近 3 000 册的俄文书，该会尚存有一批书籍拟于最近接洽，赠送我校。

交换工作也是开源的重要方法之一，必须大力开展。我馆现已经完成国内外书刊交换的资料整理工作并编制了卡片。确定建立交换关系的，计国内有 32 个单位，国外有 16 个国家。今后随着工作的开展，交换范围将逐渐扩大，以便征集到非公开发行的科学研究资料。

二、开展参考阅览工作

参考阅览工作，是为全校师生的教学与科学研究服务的重要一环。图书馆为了开展对教师们的科学研究的服务工作，成立了参考科。但因经验不够，干部较少，工作尚在逐步摸索中。

---

① 　编者注，数据对不上，原文如此。

1. 充实教师阅览室：教师阅览室原在图书馆二楼，不够安静，现已移到三、四楼，有足够的座位，环境较好，室内陈列有成套外文期刊 70 余种，并备有工具书、字典及参考书等。为了教师们能及时看到全校新到图书，特将新到图书，于未编目前，先送教师阅览室展览一周，然后再收回编目。此外还拟于 1957 年起，将全校所订外文期刊，择其中主要的 500 种，陈列在教师阅览室内，先供教师阅览，一月后再分送各系组。

2. 组织期刊索引目录片。

从本年 7 月份起，我馆已长期订购了上海市报刊图书馆按月编印的中文期刊报纸论文索引目录片一套，现已排入目录柜，即将陈列。至于俄文期刊索引目录，现将苏联科学院出版的《力学》（1953 年的创刊号到现在），《物理》（1954 年的创刊号到现在），《电工与机械制造》（1956 年创刊）三种索引杂志，按题目剪贴，制成索引卡片，供教师查阅。计月出 2 万张，约共 12 万张，半年完成。其中《力学》部分已完成，近期即可排妥陈列。

3. 调查全校期刊存藏情况。

我馆外文期刊书本目录已编出，分发各系、组，但未注明什么期刊存放在哪一系、组，教师利用时甚感不便，现已将分藏情况调查清楚，并注在书本目录上。根据调查结果，期刊缺期甚多，拟有计划进行补缺，但因外汇关系，经国际书店通知暂缓补缺。也发现有一种期刊分藏数单位，拟调在一处。

4. 购置照相复制机、阅读机，进行复制工作，前者 1956 年缺货，订入 1957 年预算中，后者已付款预购。

5. 请专家作报告，如何使用书刊，现已征得钱伟长、张维二位同志同意，日期待订。

6. 设置专职干部，管理馆际借书，制订馆际借书优待办法，便利教师利用外校图书。

7. 根据教师要求，将期刊的借阅期限由一日改为两周。

8. 制订科学研究小组借书办法。

9. 改善阅览条件：

① 现学生阅览室灯光平均为 25 流明，距正常光度较远。决定于大考前增加灯数，并降低高度。

② 阅览室通风问题很严重，温度过高，空气污浊，现与各方面联系，并由土木系暖气通风教研组协助，定出办法，希望基建会能于 1957 年 3 月间设计并及时施工。

10. 我馆中、外文期刊书本目录各一册都已编印出版，并已分发到各系、组使用。

三、整理旧书刊

从 1953 年 9 月起，即开始期刊整旧工作，图书整旧也于 1955 年开始，本年度更将书刊整旧准备外调工作订为重点。现又整理出与我校专业有关的外文科技期刊 2105 卷，其中很多是我馆缺期的贵重期刊，现在继续整理装订。

几年来我馆已调出图书三万多册（期刊未计入），为了发掘图书潜力，准备外调，现雇用临时干部近二十人进行整理工作。未编书在整理中的，全部计约十二、三万册，现在根据 1956 年春按片挑选，初步拟送出的书片，将拟外调部分与留存部分，分别按顺次排架，我馆几次请有关单位来馆审核，近又发出通知，希于 1956 年底前确定调出部分，1957 年即可开始打出外调书单送高教部，另方面对大批线装书进行细致的整理、汇集、校对、装片工作，将来编出我馆未编图书目录，以供使用。计整出拟外调书统计如下：

西　文　书　　　　11 830 种　　　　12 996 册

中日文书	5 435 种	12 180 册
合　计	17 265 种	25 176 册

《清华公报》第 33 期，1957 年 1 月 26 日

清华大学党委关于书刊调拨情况致教育部党组并中央宣传部的报告※

（1960 年 7 月 12 日）

教育部党组并中央宣传部：

现将我校图书调拨情况报告如下：自 1952 年我校调整为工科大学后，我们遵照上级调拨书刊的指示，先后将大量书刊调拨给兄弟单位，到 1960 年为止，共调出书刊 16 万册（其中期刊 17 498 册都是合订本，每合订本算一册），占院系调整时我校图书馆藏书总数 38 万册的 42%。目前调拨工作已全部结束。

在调拨书刊工作中，我校认真地执行了全国图书调拨的指示和原则，根据我校藏书的情况，将不适于我校收藏使用的书刊大量地调出，使书刊对社会主义教育事业、兄弟院校和科学研究部门的教学、科学研究工作，发挥其应有的重要作用。这些书刊分别调到中国人民大学、农业大学、科学院国际关系研究所、法学研究所等二十个单位。如西文书刊的"社会学类""人口学类""劳工问题和工人运动类"全部调给中国人民大学，其中包括我校收藏的全部国际劳工局出版物（据说我国只有两套），全部美国人口统计调查报告，西文书刊的"政治类""哲学宗教类""经济类"和"文学小说类"亦调到人民大学（这四类我校留有一部分），"国际关系类""外交史"的西文书刊全部调给科学院国际关系研究所，其中有全套的 Foreign Relation of the U.S.A，有不易

得到的英国国会关于《中国问题》的蓝皮书（十卷），"法律类"西文书全部调到科学院法学研究所，西文"教育类""心理类"全部调到北京师范大学……调出的这些书刊接受单位是表示满意的，认为这些书刊的质量是高的。我校调出的书刊还包括未编目的（如刘半农藏书部分调出）。调出的这些书刊都是成套的成系统地调出的，不仅是中西文图书，而且是包括我校图书馆多年积藏的装订本期刊，不仅包括哲学社会科学部分，也包括自然科学工程技术部分、文学小说部分。在这些中外文书刊中有很多是较难搜罗，有很多是珍贵的书刊。

现在调拨工作结束了，最近我们初步做了检查，从调拨情况来看，我校图书调出得过多了，将我们很多需要的书刊调走了，影响到学校的工作。这一方面是由于贯彻党的教育方针，进行共产主义教育、全面培养新的青年一代，需要各类书刊（诸如哲学、历史、社会科学、文学艺术书刊等），只有工程科技书刊是不能适应共产主义教育的要求的。同时，由于我校现在有很大发展，建立了许多新的系科专业，需要许多参考书，但是这些书籍都已调走了。如"化学类"书刊过去全部调走了，现在又新建了工程化学系，需要的书刊没有了，感到很大的困难。就是社会科学、文学艺术书刊外调后，现在需要的书刊也无法解决。尽管如此，全国各地现在仍有一些单位要求调书，我们很难处理，希望领导上协助向这些兄弟单位加以解释。特此报告。

附：清华大学历年外调书刊统计表。

中共清华大学委员会
1960 年 7 月 12 日

抄送：中国人民大学　北京大学　北京师范大学　北京医学院　中国医学科学院　军事科学研究院　科学院法学研究所　科

学院国际关系研究所 农业大学 郑州大学 江西医学院 河南农学院 内蒙古大学 江西五个学院（交通方面）东北人民大学（现吉林大学） 外交学院 中共中央调查部干校 中医科学院 中国科学院哲学研究所 中央劳动部劳动干校 科学院语言研究所 山东大学 浙江大学 民族学院 外语学院

附件：

清华大学历年外调书刊统计表

分类 \ 年份册数	1952年	1953年	1954年	1955年	1958年	1959年	1960年	合计册数
科技	13 679				4 043	1 273		18 995
文艺				665	43 478		350	44 493
政法			203		13 599	255		14 057
哲学					5 271			5 271
史地					12 327	1 220		13 547
教育					2 332			2 332
经济					8 914	669		9 583
外交					418	794		1 212
军事					1 613	185		1 798
医药					1 058	401		1 459
教科书					347	178		525
中文古书		16 788			6 682			23 470
其他					1 922	3 666		5 588
期刊					14 256	3 242		17 498
合计册数	13 679	16 788	203	665	116 260	11 883	350	159 828

清华大学档案，全宗号 2，目录号 党 1，案卷号 60036

一年多来的图书馆工作

（1960 年）

一、基本情况

本馆成立于 1912 年，到现在已有 48 年历史。过去所收藏的图书，因在抗日战争期间遭受巨大的损失，因之解放初全部藏书只有 38 万余册，期刊约三万册。1952 年院系调整后，我校改为多科性工业大学，原文、法、理、农四学院并归他校，当时有一部分图书也随着学系被调走。

几年来随着党的教育事业的发展，图书馆也在党的关怀与重视下，有计划地补充了大量的书刊。采购方针是把重点放在大量补充技术科学与自然科学方面的图书，同时也添购了不少马克思列宁主义政治文艺书刊。1956 年党提出向科学进军的号召及 1957 年全国科学规划委员会指定我馆为全国第一中心图书馆成员之一，担负着科学技术中心图书馆的任务之后，又开始注意搜集补充各门科学专著及过期期刊并开展了复制工作。与此同时根据全国科学规划委员会关于图书协调方案所作的决定，我馆开始了大力支援新建兄弟院校及研究机关的工作，陆续向外调拨图书达十五、六万册，期刊一万二千余册（过期期刊合订本）。如仅在 1958 年大跃进期间开始至目前为止，一年之中已调拨给中国人民大学、北京师范大学、北京法律研究所、外交部国际关系研究所等十余单位的图书即达 8 万余册，期刊壹万余册。

目前我馆收藏的图书已发展到 70 万册，过期期刊 6 万余册，中外文现期期刊共有 2 100 余种。图书中以中文书籍较多，约占 65％；外文约占 35％。这些图书中以文史类、自然科学与技术科学藏书量较丰富。大跃进以后又订购了许多最新出版的尖端科学及基础理论科学的重要专著，从而为我校及有关单位的教学、科学研究、生产工作在利用国内外图书文献资料方面创造了更好的物质条件。

我馆现分别设有政治理论、科技、教师参考、期刊及报纸等五个阅览室，共有座位1100余个。全馆工作人员共计65人。

此外并在全校各系与公共教研组内附设有系图书室或组图书室，其中陈列有基础科学图书，以及与各系（组）有直接关系的图书，还有直接有关的大批各种文字的现期刊物与过期刊物，开架供教师、同学借阅。

二、大跃进以来的工作情况

十年来随着学校的飞跃发展，学校党委及时加强了对图书馆的领导，通过一系列的政治运动，特别是整风反右及双反运动，加强了政治思想工作，改变了工作人员的精神面貌，改变了工作态度，明确了办馆方针和工作任务，使图书馆工作得到了不断的发展与提高。1958年大跃进以来，在党的总路线光辉照耀下，在全国工农业大跃进形势的鼓舞与推动下，在积极贯彻党的教育方针的情况下，图书馆全体职工热情奋发，积极地投入了大跃进的浪潮，他们为贯彻开门办馆、勤俭办馆的方针，实现千方百计为读者服务的口号，想了许多办法，使得馆内各方面的工作均有了新的跃进：

（一）为读者服务工作：为了开门办馆，便利读者，在阅览工作方面实行日日开馆。各阅览室从早七点至夜晚十点全日开放，星期天亦全日开放，并大量补充了供同学阅览的开架图书便于读者自己随时取阅。今年初，当全校掀起了一个声势浩大的学习马克思列宁主义理论高潮时，为配合这一学习运动，对政治理论阅览室，加强了领导与管理工作，以便充分发挥其作用，补充了大量政治理论图书，陈列了省市委出版的理论刊物及文艺刊物70余种。还根据不同的课程，设立专门的参考书架，随着讲课的进度及时更换补充新的资料，颇受读者欢迎。

在出纳工作方面首先延长了出纳时间，由过去五小时延长到十一小时（目前改为九小时）将常用中文科技及指定参考书专设辅助书库实行半开架式借阅，既便利了读者选择图书，又节省了读者借书时间；为使读者少跑路采取送书上门的办法，创设了流动书车，每周定期到铁道东食堂及大饭厅等地进行出纳。在大炼钢铁的紧张劳动时期，在炼钢工地上设立了临时服务站，推荐生产所需要的科技资料。

为了及时全面地反映馆藏，加强了图书的宣传推广工作，采取宣传橱陈列新书、书刊推荐、专题展览等方式进行，如配合学校设置和平利用原子能课程时，曾举办和平利用原子能及同位素应用介绍的新书刊、资料及图片展览会，使读者直接看到图书，可以选择他们确实需要的资料。

大跃进中校内外来馆查找资料者日益增多，为适应工作发展的需要，进一步贯彻开门办馆方针，必须加强本市各图书馆之间的互助协作，我们配备了专职干部担任此项工作，因之馆际互借工作有很大开展。1957 年与我们的馆建立互借关系的单位为 60 余个，1958 年以来发展到 200 个左右。我们得到不少外力支援，同时我们也支援了很多校外单位。我们做到了对书刊文献的及时供应，或代为复制的工作，发扬了共产主义协作精神。

在党的教育下，工作人员的服务观点和工作态度大有改变，由只管被动取书到主动向读者推荐图书，做到了千方百计为读者服务，得到许多读者赞扬，经过这种种努力的结果，图书流通量大大提高了。1958 年出纳量比 1957 年增长了 41%，而 1959 年全年继续跃进，所借出图书已达 28 万余册，超过 1958 年同一时期。

（二）参考与书目工作：高等院校图书馆的参考咨询工作是图

书馆为教学、科研、生产工作服务的重要环节，1956年我们为了贯彻党的提高教学质量及向科学进军的号召，当时设立了参考科，为教师、研究生查找参考资料及阅览方面创造了条件，设立专供教师用的阅览室，开展了文献索引工作，并设置了显微阅读及照相复制等设备，大跃进以来在原有的基础上加强了这方面的工作，着重搜集与整理别人已编制的目录索引，供读者使用，并进行辅导，使读者学会利用。购入科技情报研究所所编印的专题文献索引240余册，做出了分类目录。配合学校设置原子能同位素课程的需要，在教师协助下，集中了有关这方面的书刊及文献索引，编出了1959年所订购的原子能同位素现期期刊目录。"五一"之前，并将1959年全校外文现期期刊目录编制好，作为献礼（附中文译名）。

自1958年开始，我们馆参加了北京地区全国第一中心图书馆编制全国书刊联合目录工作，除为全国有关专题的书刊目录提供馆藏目录资料外，我馆承担了全国西文机械制造图书联合目录的主编工作及其他有关学科的目录补充校订工作等，在有关系（组）教师热忱支援下，已完成的有中国现代革命史馆藏中文期刊联合目录校补（人大主编），还有西文物理、电机、数学、力学以及中日俄西文的地质、化学、化工、水利、航空等十余种专题联合目录的校补工作，还应上海历史文献图书馆的要求，参加了关于中国丛书综合目录的校补工作，还参加了科学情报研究所现刊标题卡片的翻译工作。西文机械制造图书联合目录系国庆十周年献礼礼物，已于"十一"前胜利完成。

文献复制工作自1958年扩充了照相暗室设备与配备了专职干部后，工作有很大的发展，一年来做出了显著成绩。如今年上半年为校内外各单位拍摄了书刊资料照片近8000张，与1958年同期比较提高了三倍以上，还学会掌握了放大技术，目前对校外服务单位达 50 余个，分散于 9 省 15 个大城市，这一工作的跃进对校内外科学研究及生产工作服务有很大的帮助。

书刊交换工作也有所开展，目前对国内交换单位由 1957 年的 60 余个发展到 137 个，国外交换 129 个单位，其中苏联占 52 个，东欧社会主义国家占 26 个，我们对外交换主要是学报，国外向我们进行交换以刊物较多。

在图书馆工作中，参考目录索引工作将随着教学、科学研究、生产工作的发展要求而更加显出它的重要作用。我们的馆藏经过几次向外调拨，尤其是 1958 年进行的大批图书的外调，使书刊变动很大，加上过去清点工作不够彻底，缺乏完整的书本式的馆藏目录。今年初即开展了全面清点工作，"五一"之前已完成了全部期刊清点工作。图书方面，在系（组）图书室和同学支持下，已完成俄文、西文图书的清点工作。

（三）采购与编目工作，1958 年在全校大闹技术革新，改进工作方法，提高工作效率的形势推动下，书刊采购、分类编目工作也在不断提高中。如采购工作，随着学校新系、新专业的设置，必须有计划地补充图书资料。我们认识到采购工作是直接影响藏书的质量、思想性、科学性与及时性。一年来，工作上打破了以往坐在办公室，依靠圈选目录订书的工作作风，采取了与有关专业图书出版社直接订立购书的合同，以便能及时购进新书，并加强与各系教师的联系，邀请他们参观有关单位所举办的新书展览会，帮助精选专业图书资料。同时组织各系（组）图书室干部定期亲自到书店或出版社选购新书，开展了呆滞书刊交换工作，因之保证了购进的图书资料的质量与数量，基本满足了要求。今年国外预订工作比较往年提前完成，因之到货亦较早，第一批图书预订订货于 5 月即到货。1960 年西文原版期刊预订工作于 6 月份提前完成。种类达 1 300 余种，比 1959 年增加 45%，并订购各种专业文献 500 余种（有关学术会议的纪录、报告以及论文等）。同时已进行补过刊 8 次，共补进 109 种，其中 52 种系与科学院、外文书店交换，或由他们赠送的，这是我们改变采购方法的结果。过去我们补过刊多限于从国外购买，价格既昂贵且又到货迟缓，今年我们的方针是首先从国内市场搜集和与兄弟馆进行交换，这样既节约了外汇，又能使被闲置的资料得到充分利用的机会。

过去新书到馆由于加工手续繁杂，工作效率不高，出书慢，积压现象较严重。大跃进中，大闹技术革新的结果，创造了分类编目的"一元化"工作方法，大大提高了工作效率，缩短新书加工过程，使新书在 3～4 天之内便能与读者见面，急编书当天可编出。这一工作方法实行的结果，不仅工作效率提高了，且节约了人力。今年春进一步贯彻了增产节约方针，进行了组织机构的调整，将采购与编目合并为一科，由于劳动组织的改变，使劳动力得到了合理使用，进一步挖掘了潜力，在未增加编制的情况下，工作不断向前跃进。如"五一"前平均每日编出新书 100 种左右，目前指标已跃进到 196 种。1958 年下半年我们还派出两名干部支持了北京图书馆、科学院图书馆与有关书店所组织的俄文、西文图书统一编目工作。今年春积极地参加了文化部、教育部所领导的全国大型图书馆图书分类法的编制工作，在负责承担编制的几类分类表——科技一般[①]、动力、机制、电工等，目前在各系教师热忱协助下已完成了初稿。

在进一步贯彻勤俭办馆、大闹技术革新之后所取得成就的另一方面，即装订车间的工作效率提高了四倍，改变了过去每年完不成期刊装订工作的任务，必须送出去 1 000 余册委托别人装订

---

① 编者注：原文如此。

的局面，现在是不仅能完成本馆日益增长着的期刊装订任务，还有余力接外活。目前已支援某系的资料室装订了若干份资料。该车间于今年曾被评为全校的先进工作单位。

这个时期中，各系（组）图书室的工作，同样有很大跃进，干部的干劲冲天。密切配合本系（组）的教学、科学研究、生产工作起着前哨阵地的作用。

（四）培养干部工作：一年来，我们对干部的培养认真地进行了一些工作，首先抓紧了政治思想工作，通过经常性的政治理论时事政策的学习，干部参加劳动锻炼，组织参观各种建设成就，不断地提高干部的觉悟，自觉地进行思想改造。在业务学习方面，选拔了少数干部参加第一中心图书馆所举办的红专夜大，绝大部分干部均系高等院校协作会所创办的红专大学学员。不过目前这一学习已陷于停顿情况，有待于我们努力改进。为满足工作上日益迫切的需要，必须迅速提高干部的外文水平。我们已开办俄文、英文、德文等业余学习班，对提高干部的外文水平获得了一定的成绩，今后将坚持这种提高培养干部的做法。

我们能在各项工作中取得一些成就，完全是由于党的领导和群众路线。但我们也认识到工作上还存在许多缺点，深感我们的工作是赶不上形势的发展。经过八届八中全会决议的学习之后，受到了深刻的教育，我们决心响应党的伟大号召，坚决反右倾、鼓干劲、继续大跃进，虚心学先进，赶先进，奋勇前进，有信心把为三联基地服务的工作质量提高一步，在建设共产主义清华大学的事业中贡献出我们的力量。

《清华大学一览 1959》，1960 年

图书委员会第一次会议纪要

（1963 年 2 月 6 日）

图书委员会第一次会议在 1963 年 2 月 6 日下午举行，由陈士骅同志主持，会上听取了 1962 年图书馆工作汇报，并讨论了 1963 年图书馆工作。

（一）1962 年工作情况

采购方面：根据满足读者需要，节约经费的原则，对书刊采购做了调整。1962 年购书总量为 46 700 多册（约为 1962 年的一半）。其中，中、西文图书与俄文图书各占一半左右。期刊订购，尽可能保存品种减少复份，共订有 2 221 种。

编目与旧刊整理方面：除新书编目经常进行外，已完成书本式的馆藏中文期刊目录（1880—1961），日文期刊目录，与每年一次的现期报刊目录，现在正编制西文技术科学图书目录。另外，西文图书目录卡片按书名、著者、分类、主题分别整理、排列的工作也接近完成。中文零散旧刊也进行了整理，以便于配套。

出纳、参考咨询方面：图书出纳总量达 284 685 册次，政治期刊阅览室每月平均 8 000 人次，参考阅览室（包括显微阅读）每月平均 3 000 人次，《读者手册》上册已出版发行，下册已完成初稿。

工作人员成长方面：政治时事学习，业务学习与外文学习都有一定的开展。最近刚做完个人年终思想总结，思想觉悟又有所提高。年长职工多勤勤恳恳，努力工作；新生力量正在成长、稳定之中。

但是，也存在一些缺点和问题，如选购图书幅度变动较多，有少数挑选不够恰当，在逐步纠正中。期刊管理上及装订上还不够细致、及时。编目工作也有一些缺点。在某些工作人员中，还有服务态度不够好，及不安心工作的情况。

（二）1963 年工作要点

采购方面：今年书刊购置经费，因学校经费较紧，初步定为 15 万元。在使用上，期刊、资料 9 万元，期刊装订 1 万元，是必不可少的，图书费只 5 万元，较去年还少，特别是外汇更少（仅合 1 000 美元）。因此，精选书刊，尤其是进口西文书刊特别重要。采购图书的具体措施是：

（1）修订采购规程。年来图书、期刊订数及品种波动较大，要经过合理审定，力求稳定下来。

（2）争取教师特别是图书委员协助各系组认真选购图书，审订期刊，以便图书馆更好集中汇总，提高采购书刊的质量。

目录方面：

（1）继续编制西文技术科学书本目录。

（2）编制俄文书本目录。

上述目录都附有中文译名，若有不妥，希及时提出，以便将来铅印出版时改正。

（3）抽出中文线装书卡片目录，单独排列。

参考咨询方面：鉴于学校科学研究工作发展很快，教学质量逐步提高，如何从图书资料方面做好参考咨询工作，是图书馆当前的重要职责。

（1）集中期刊：目前教师多认为期刊存放过于分散，对参考使用不便，但限于条件，还不能大量地集中，本年只拟进行重点集中。原则是：过看单份而且几个系都需用的期刊，集中在参考阅览室与现刊阅览室（有的期刊虽为单份，但只某系专用者不集中。对于所拟集中的期刊，其中有关电、自、无几个系都需用的，因将来要在铁路以东校区设图书据点，故尽量从其他系组图书室调出集中），预计集中之后，现刊从现有 700 种增至 1 200

种，过刊从现有 200 种增至 400 种。根据各种期刊使用情况，陈列年限也将有所不同：有的自创刊年起，有的是最近廿年，有的是最近十年。一俟集中工作完成，要编制陈列目录分送各系参考。

（2）为了加强参考阅览室管理，拟在入口地点设立书包存放处，专人管理。此外还要逐步开展宣传与新书报道工作。

在配合科研工作方面，希望各位教师，尤其是老教师多提意见，多予指导。

流通阅览方面：为了配合教学需要，拟将目前第二出纳台（中文自然科学图书）和第三出纳台（中文工程技术图书）的图书合并，改第二出纳台（在大阅览室内）为参考书出纳台，出纳每学期急需的参考书，第三出纳台（大书库前）出纳一般参考书。

（三）对图书委员的几点要求

（1）协助系主任做好新书选购的审查工作。

（2）协助系行政加强对系图书室的领导。

（3）推荐新书、好书：读完新书，写出简介；发现好书，提出书名，以便工作人员采购与向读者推荐宣传。同时还推荐有必要影印的图书，以便转交有关出版部门参考。

会议一致认为，在党的领导下，图书馆工作取得了很大成绩。大家都同意 1963 年工作计划要点，同时提出了一些补充意见。

（1）期刊集中问题：有些综合性的刊物，如西欧某些国家的工程学会会刊，至今仍包括各种学科内容，许多系都需用，应该集中；有的期刊因毕业班同学用得较多，不要集中，仍存原系；有的刊两系都用，传统上放在使用最多的那个系，读者已经习惯，就不一定要集中。

（2）科研资料供应问题：像我校这类性质的图书馆不仅需要教学参考书，而且需要这方面的科学技术资料，希反映给有关出版发行部门照顾到这一情况。同时要在节约外汇的原则下开辟资料来源，如资本主义国家的博士论文、研究机关的报告、资料，重要大学出版物，一般印刷份数少，发行范围小，希望用加强国际交换或委托复制的办法搞到手。国际会议论文集，我校图书馆不全，希望与兄弟馆建立联系，充分利用国内的资料。希望把研究生论文印出来，至少要印发论文提要存图书馆。

（3）图书影印问题：图书影印限制较严，常须很多人需用才影印，希建议有关部门改进，一些常用的国内稀有期刊，希望从早期开始影印，并做好旧刊补缺工作。

（4）其他：加强对系图书室工作人员的业务指导，统一并严格执行系图书室各种制度（如出纳制度、罚款制度等）。

清华大学档案，全宗号 2，目录号校 1，案卷号 63009

1963 年图书期刊统计※

（1963 年 5 月 18 日）

教育部物资供应局朱国璋同志电话（本校实验室科张代奎同志转告），据称部里正在进行"五反"，需要下列材料，除向实验室科要某些材料外，还需要我们反映下列有关图书期刊方面的材料，兹按其要求分项填报如下：

1. 图书期刊总数

（1）图书数　　　　　1 048 876 本

（2）合订本期刊数　　　106 659 本

共计　　　　　　　　1 155 535 本

2. 未编图书

（1）积压 5 000 本，新书及特刊从来馆到编出积压 1～3 个月不等（与编书人力及新书每次到馆数量有关）。

（2）1963 年前的过刊应装未装的尚有 3 500 本。

3. 因缺少书架不能上架的书约 138 300 本，此项书上架，共需要 375 个单面书架。

4. 三年来采购书刊情况：

年度	新书数	预订下年刊种数（中外文）
1960	146 748 本	1 975 种
1961	93 508 本	1 643 种
1962	46 708 本	1 266 种

图书馆
1963 年 5 月 18 日

清华大学档案，全宗号 2，目录号 党 1，案卷号 63075

关于向国外采购图书的通知

（1965 年 1 月 25 日）

根据高教部（64）高厅外密字第 1729 号《关于向国外采购图书的通知》精神，今后学校购买国外图书一般均应请外文书店等有关单位代办；少量工作上绝对必需，通过上述途径购买不到，必须通过私人关系代购的书籍，在找到稳妥可靠的途径后，可与校长办公室联络科及图书馆联系，请示有关领导部门作为特殊问题处理。

校长办公室
图 书 馆
1965 年 1 月 25 日

《校务工作简报》第 102 期，1965 年 1 月 28 日

清华大学档案，全宗号 2，目录号 校 1，案卷号 65004

大图书馆对学生出借图书的情况汇报

(1965 年 11 月 18 日)

　　大图书馆对全校学生出借图书，系按图书的内容和性质，分别由几个阅览室和出纳台开展流通阅览工作。现将图书馆对学生出借图书的工作情况及借阅情况汇报如下：

一、同学借阅图书的数量

　　1. 政治书刊阅览室。这个阅览室开架陈列图书，主要是马、恩、列、斯和毛主席著作，马列主义政党领袖著作，反帝反修文件，四史，青年修养，鲁迅全集等。此外有政治文艺期刊、中外科普性期刊、画报及时事剪报等。这些都较受同学欢迎。

　　阅览人数六、七月份均为 4 400 多人次；八、九月份均为 13 000 多人次；即平时每日入内阅览的约为 150～200 人次，假期及学校开展教育运动期间，每日约为 400～500 人次，最高也偶有达到七八百人次的。

　　2. 指定参考书出纳台（基础课参考书及外语读物）。这个出纳台设在大阅览室内，参考书系请教各门基础课的教师指定。阅览室每日分三个单元时间开放，按图书复本量分集体长期出借及馆内阅读。自开展参考书借阅业务后，大阅览室已部分用作参考书阅览。六至八月出借图书情况如下：

	外语	科技	合计
六月	1 034	1 595	2 629
七月	1 816	1 334	3 150

八月	859	324	1 183
	3 709	3 153[①]	6 852[②]

3. 中文科技图书出纳台（西铜门内）。除指定参考书外，我校同学所经常借阅的科技图书集中在此出纳台。一般是在考试前及考试期间出纳量较大。在出借的书中，数量较大的是物理、数学、力学等类的书。

出纳量：六月份 4 282 册；七月份 3 274 册；八月份 3 920 册。

4. 文艺小说出纳，六至八月出借量为 18 287 册；其中按国别及地区划分统计如下：中国 13 009 册；社会主义国家 3 296 册；亚非拉 287 册；资本主义国家 1 722 册。

5. 总出纳台，设在大书库前，出借以上三个台以外的图书（政治图书，在政治阅览室不出借，此台出借）。三个月出纳量如后：马恩列斯及主席著作 1 381 册；政法财经类 943 册；历史类 1 207 册；外语 1 841 册；文学艺术 1 261 册。

二、借阅情况分析

1. 从政治阅览室和四个出纳台的借阅情况看，学生课外借阅图书量最大的主要是政治书刊、文学艺术和外语读物。在政治书刊中借阅毛主席著作及学习心得的最多（主要在政治阅览室），文学艺术以小说类为最多，在中国文学方面，除新小说外，借阅较多的是鲁迅、郭沫若、茅盾、巴金等作家的著作。外语方面，高年级偏重在外文简易读物及外文科技读本，低年级借阅偏重在语法。

2. 从不同年级借阅情况看，二、三年级借阅课外读物的最多，约占借阅量的 51%；一、四年级借阅较少，约占 34%；

---

① 编者注：数据对不上，原文如此。

② 编者注：数据对不上，原文如此。

五、六年级借阅课外读物更少，约占 15％。这当然是由于一年级初来学校尚不适应学习环境；五、六年级专业课较重，又忙于课程设计及毕业设计，自更无暇多借阅课外读物。

3. 同学借阅图书也随着时间和学校中心活动而有所变化。如考试前及考试当中，科技图书出纳较多，考试后，小说出纳量就显著增长。学校开展政治思想教育或抓某项重点工作，也会反映在同学对图书的要求上。如学校进行社会主义教育，有关这一类的小册子出借量较多。这次同学大批下乡四清后，留校同学对于卫生保健图书及小说文艺书籍的要求就比较突出了。图书馆主动宣传配合也加强了这种阅读倾向。

4. 总的看来，大多数同学借阅课外图书的情况是正常的。他们在课外喜爱借阅红书好书，有益于身心修养的各种读物。图书馆根据党委、团委关心同学课外文化生活的精神，主动在有关书刊采选和宣传推荐上面做了一些工作，注意为同学提供共产主义道德教育和青年修养的精神食粮。并对有毒素的图书在有关方面的协助下做过一些清理。但在西方古典文艺小说中，仍有个别思想内容很不健康的，还需要清理。现在党委宣传部、团委和政治课教师正在协助做这项工作。

目前，大量同学下去四清，留校同学人数虽然减少很多，但平均各个人的借阅量反有增加，因为他们当中有些人自由支配的时间更多了。最近校医院及部分体弱同学与图书馆联系，要求多备一些卫生保健、体育医疗及防病知识等类的书。

另外，也有班上团干部要求我们多推荐多供应一些好的文艺小说及社会主义教育的书，他们希望复本量大一些，以便集体借，班上同时看，然后组织座谈，便于相互启发教育。图书馆正结合同学们的需要，考虑改进服务态度，调整复本量和出借办法等问题。

图书馆供稿

《校务工作简报》第 124 期，1965 年 11 月 18 日

清华大学档案，全宗号 2，目录号 校 1，案卷号 65004

图书馆关于出国代表团
在国外购买图书资料的通知[※]

（1965 年 12 月 9 日）

近接外文书店通知：按照科委规定，凡出国代表团需要在国外购买图书资料，均须由中央有关部门开具公函连同详细书单事先提交该店，经审查确为该店无法用贸易方式买到的，才同意拨相等价值的外汇去买。如事先既未与该店联系，又系一般出版物或该店已在外文《新书简报》报导，并已组织进口的，则不能支付外汇。

据此，希令后出国的学校负责同志及教师，如事先未经办理上述手续，而在国外发现需用的图书拟代学校采购时，请勿自行订购，而将书名、著者、出版处等开交我馆，即可经外文书店洽购，一般均可购到。

图书馆

1965 年 12 月 9 日

《校务工作简报》第 128 期，1965 年 12 月 24 日

清华大学档案，全宗号 2，目录号 校 1，案卷号 65004

我校以复本图书支援华侨大学

(1966 年 3 月)

去年我校原土木建筑系副系主任杨曾艺同志调任华侨大学教务长，行前曾向学校提出，到职后又曾来信，要求清华支援华侨大学一些复本图书，主要是土建方面的图书，以充实该校参考书的内容。学校领导同志同意这一要求，由图书馆提出一批复本图书目录，共 315 册，其中基础课方面的 165 册，土建方面的 127 册。这批选送的书籍，多为近年以前出版，并有相当一部分原版书（因新近出版的西文图书我校很少复本或无复本，而且一般尚可向外文书店订购），对基础课及技术基础课的教学参考，有一定的使用价值。

由于图书调拨关系到国家财产的转移，该批图书经图书馆领导及有关系主任审查，提交校务委员会通过，并报经高教部批复同意后，始由图书馆装箱托运。

现该批图书已经华侨大学照收无误，并来函志谢（谢函见 151 期清华公报）。

清华大学档案，全宗号 2，目录号 校 1，案卷号 65004

附：华侨大学函谢我校赠书

(1966 年 2 月 28 日)

清华大学：

承赠送有关土建类西文图书 315 本，经查收无误。你们对我校图书资料，给予大力支持，我们谨致谢意。

此致

敬礼

华侨大学（章）

一九六六年二月二十八日

《清华公报》第 151 期，1966 年 3 月 12 日

2. 档案

党委办公室关于建立文书档案工作
向党委的请示※

（1959 年 8 月 13 日）

一、情况

根据中央关于统一管理文书档案的指示和市委对零散档案文件整理归档的意见，在党委领导下，党委办公室从五月份开始进行了整理、建立文书档案的试点工作。在不影响办公室日常工作的前提下，我们专门组织了人力，先后学习了北大、师大等兄弟院校的档案工作的经验，参观了全国档案工作展览，结合我校具体情况，进行了业务学习。由于经验不足，我们先从清理党委办公室所属范围的文书档案着手，集中了积存在党委领导同志和有关单位手中的档案材料。在两个月的时间内，完成了一九四九年到一九五八年十年间全部文书档案的初步分类工作，同时一九五七年、一九五八年及整风运动专题的全部"细分"工作也已基本

完成。党委各部目前则正在收集资料，或进入"粗分"阶段。各总支、工会、团委会等单位由于缺乏指导力量和人手不足，还没有着手清理工作。

二、下一步工作计划

对党委各部、总支及有关单位清理文书档案工作的初步意见和要求：

1. 党委各部、总支和党委办公室的文书档案同属一个全宗，平时彼此文书来往很多，因此，要求同时进行清理工作，这样彼此可及时退还文件，加快档案"立卷"过程。

2. 各单位抽调 1～2 人担任本单位档案清理工作（工作人员要求是党员，有一定文化水平），并把这一工作列入经常工作，有专人负责，订出计划，防止时断时续，使清理拖拉很久。

3. 下学期开学以前，党委各部、各总支及有关单位应立刻着手资料的搜集集中工作，开学后即开始粗分工作。

拟于本周布置以上工作。

党委办公室今后档案工作的任务和要求。

1. 继续完成本单位"细分""立卷"工作；

2. 印发不定期的《档案工作简报》，以加强档案工作意义的宣传；报导各单位的工作情况；交流经验；介绍档案业务知识。

印发范围：党委各部、总支及有关单位和工作人员。

3. 暑假后党委办公室将抽出一定人力和时间参加一两个系总支的清理文书档案试点工作，以便随时总结经验，推广经验。

4. 再一次组织档案工作人员参观全国档案资料工作展览会。

以上意见是否妥当，请批示。

党委办公室

1959 年 8 月 13 日

清华大学档案，全宗号 2，目录号 党 1，案卷号 59030

清华大学党委关于
建立文书档案工作的批复[※]
(1959 年 8 月 14 日)

同意办公室整理、建立文书档案工作的报告，发各单位协助完成。

党委

1959 年 8 月 14 日

清华大学档案，全宗号 2，目录号 党 1，案卷号 59030

清华大学档案室呈北京市档案管理局
关于技术档案工作情况的汇报[※]
(1964 年 7 月 13 日)

一、几年来我校技术档案工作在市档案管理局和校党委的领导下，工作有了一定的开展：

1. 进一步加强了我校技术档案的收集、整理和管理工作：我校在科学研究、基本建设工作中形成了大量的技术文件和图纸。过去由于缺乏统一的归档和管理制度，绝大部分材料分散在科研项目、教研组或有关单位保存。

1963 年初，我校建立了基本建设档案室，配备了专职干部，收集、整理并集中保管了全校基建档案。其中 200 多个工程的 6 000 张图纸已全部按工程项目编制了目录，315 项的技术文件进行了分类立卷，为档案的提供利用创造了条件。

在科学技术档案工作方面，我校有些系的资料室对科学技术档案的收集、整理进行了不少工作，一部分已归至资料室集中保管，在教学、科学研究工作上发挥了一定作用。为了更好地加强我校科技档案的统一管理，我校科学生产处从去年起设专职干部负责这项工作。

今年市档案工作会以后，我校为了贯彻《中央、国务院3月3日批转〈国家档案局关于进一步加强技术档案工作的报告〉》和市档案工作会议精神，并结合我校情况对技术档案工作进行了具体研究和安排。从4月初开始，首先全面地对科技档案作了调查研究，了解了我校科技档案工作的情况和问题，同时找了几个技术文件、材料积累工作较好的科研项目作为试点，系统整理出几套比较完整、合乎归档要求的档案当样板，以便进一步提高案卷质量。并于6月份召开了全校科学研究技术档案工作会议，各系、科研项目及教研组负责技术档案工作的干部90余人参加。我校主管科学研究工作的副校长张维同志到会做了指示，要求大家努力，长期系统化搞好科技档案工作。科学生产处副处长徐一新同志在会上作了报告。强调了科学技术档案工作的重要性，并分析了我校科学技术档案工作的情况和问题，要求各系、各科研项目、教研组指定专人负责科技档案工作。制订计划，要求大家思想重视，做好文件材料的经常积累，切实地把这一工作做好。会上还展出了几套比较正规的科技档案供到会同志参考。

我校设备档案工作主要是从今年开始的，新的工作更缺乏经验，因此今年上半年主要抓试点工作。我校仪器设备试点建档工作是从三种不同类型的仪器设备进行的，6月份试点工作已经完成，并召开了小型的现场会进行推广。试点工作的体会是：(1)仪器设备建档工作要与进行技术考核结合进行，通过实际考核可验明档案中有关技术文件的正确性能。另一方面也为如何贯彻档案中的技术规定摸索经验，摸清管用人员现有技术水平，便于进一步加强技术管理；（2）仪器设备建档工作必须有领导有组织地进行。组织有经验的教师、技工、实验员三结合的管理组进行这项工作。这样可以把管用仪器的经验总结出来，探讨技术关键，订成规程，成为一套真正能指导工作的技术文件归档，同时在建档过程中技术也提高了。我校仪器设备档案工作刚刚开始，准备今年内将一部分贵重、稀缺、精密的仪器设备正式建档。

2. 我校技术档案目前实行校档案室统一领导，统一制度。制订了《清华大学科学技术档案归档暂行办法（草案）》和《清华大学基建档案工作暂行细则（草案）》，现已发至有关单位试行。目前基本建设档案工作由行政处具体负责，档案集中由基建档案室统一保管。科学技术档案工作由科学生产处具体负责，档案分别由系一级集中保管，设备档案各实验室自行保管。

3. 我校基本建设、科学技术、仪器设备制定了统一用纸、统一格式，为技术档案工作的开展创造了条件。

二、目前工作中存在的问题：

1. 我校自 1958 年科学研究工作大发展以来，积累了大量的技术文件材料，有一部分积存材料尚未系统整理归档，特别是有些项目的过程材料，还散存在科研项目或教研组。

2. 基建档案室已有的工程图纸绝大部分无竣工图。图纸与现状不符，直接给利用造成困难，今后绘制竣工图问题，有待从施工单位解决。

3. 档案柜子及复制等设备尚未解决。

北京市档案馆档案，全宗号 44，目录号 2，案卷号 64

档案室关于党政文书档案工作的
七项要求（讨论稿）

（1964 年）

一、适应学校工作的需要，迅速建立健全党政文书档案，为学校工作服务，是当前全校党政机关工作中的一项迫切的、重要的任务。全体机关工作人员必须提高对档案工作重要性的认识，克服游击习气和各种不重视档案工作的错误思想，并且结合典型事例向干部群众进行宣传教育。档案人员要加强责任感和事业心，努力学习党的方针政策，认真钻研业务，积累总结经验，提高政治思想水平和业务工作水平。各级党政组织要加强对档案工作的领导，落实和培养档案工作干部，作出工作规划，全校力争在 1965 年底使党政文书档案工作基本过关。具体要求是：

1. 将积存档案按照全校统一规格要求，全部整理完毕归档；

2. 推行落实文书处理部门立卷办法；

3. 建立一支初步掌握档案业务的文书档案人员队伍；

4. 总结经验，初步建立一套适合我校具体情况的文书档案管理制度。

二、我校党政文书档案实行校档案室集中领导统一管理的原则。各立卷单位的档案工作，由办公室主任全面负责，具体领导档案员进行日常工作。各部、处、各系，各总支及工会、团委主管机关工作的负责同志应该经常关心本单位的档案工作，加强督促检查。

各单位档案人员必须力求稳定，更换调动应事先经档案室同意，调离前必须将本单位档案情况交代清楚，办好交接手续。

三、整理党政文书档案的基本原则是以党的方针政策为纲，要求正确地、完整地反映学校贯彻党的各项方针政策的工作活动。各单位办公室主任必须经常帮助档案员全面了解本单位的工作情况，学习党的方针政策，参加中心工作，主动督促有关干部人员在工作过程中形成必要的文件、材料，及时收集整理，克服档案工作"来啥整啥"，只管公文、函件、不管活材料的被动现象，以便全面提供档案材料，作好利用工作，为学校贯彻党的方针政策服务。

四、整理党政文书档案的基本方法是严格实行文书处理部门承办人立卷的办法，这是保证案卷质量、提高立卷工作效率的基础。党政文书人员必须把立卷工作作为一项重要任务，抓紧平时收集文件材料，根据年初工作计划拟定案卷类目，及时分类、归卷，克服平时不归卷、年终突击、事倍功半的被动情况，做到不积压、不拖拉，按期立卷归档。

各立卷单位应将年终立卷任务列入工作计划，每年应该归档的文件立卷工作至迟在下年第一季度内完成。

五、清理积存档案是我校当前档案工作中的一项重要任务，必须坚持进行，并且在 1965 年 6 月底以前全部整理归档。各单位应该根据实际情况，拟定规划，采取平时整理、长期坚持和抽调人员、集中突击相结合的办法，妥善安排，认真清理，切实保证质量，如期完成。

六、文书立卷必须按照下列工作程序和案卷规格进行，严格保证质量，以免徒劳返工。

1. 鉴别文件价值。

2. 组卷。根据文件的保管期限（永久、长期、短期）、密级、文件的性质和自然形成规律，将平时按类目归在一起的文件进行调整组卷。

3. 按问题结合时间排列卷内文件，并逐页在右下角编序号。

4. 永久、长期案卷应编制卷内目录及填写备考表。目录纸及备考表由校档案室统一制发，一律使用钢笔填写，要求内容准确、字迹工整。

5. 拟定案卷标题，要求通顺、明确、能概括反映本卷内容。

6. 用毛笔逐项填写案卷封皮，卷皮统一由校档案室制发。

7. 装订。装订前应拆掉原有金属装订物，一律用线绳在左侧装订。

8. 本单位负责人对案卷质量进行检查，并在备考表上签字。

9. 排列案卷及编写案卷目录。

七、档案是党和国家的宝贵财富，必须妥善管理，严格执行移交、借阅和销毁办法。

1. 永久、长期保存的案卷，应在隔年第一季度内向档案室移交归档。移交单位应将移交案卷编制案卷目录一式三份，移交时交接双方在目录上签字，一份留存移交单位备查。

移交归档时凡属本单位仍须继续使用的案卷，可另行办理调卷手续。

2. 已归档的案卷按《文书档案借阅办法》调阅使用。

3. 凡工作中形成的文件材料，未经办公室主任批准一律不得擅自销毁。过期案卷需要销毁时，必须事先编造销毁清册，报经校档案室批准。

清华大学档案，全宗号 2，目录号 校 5（干部科资料），案卷号 64019

3. 文物调拨

清华大学、中央民族学院关于
清华大学文物交接呈教育部清单[※]

（1954 年 1 月 18 日）

事由：如文

主送机关：中央人民政府高等教育部

    一九五三年高等学校院系调整，清华大学社会系教职员及其所属文物馆的文物归并中央民族学院在案。查社会系文物馆的文物六十六项，共计捌千肆百贰拾伍件，已由清华大学移交中央民族学院接收，业经点交与接收清楚，造具清册三份；除清华大学和中央民族学院各存一份外，理合送上清册一份，呈请鉴核备查。

    附呈中央民族学院接收清华大学移交文物清册一份。

清华大学

中央民族学院

一九五四年元月十八日

文物件数统计表

类　　　别	件数	备　　注
扇类	203	团扇、羽毛扇、折扇等
烟具类	218	烟袋、鼻烟壶、鸦片烟具等
枕类	68	磁枕、漆枕、布枕等
手柔类	52	

类　　别	件数	备　　注
蟋蟀用具类	145	葫芦、罐、食水盆等
铜镜类	16	
饰物类	118	手饰、头饰等
日用品类	231	梳妆具、盒、茶具、食具等
赌具类	21	牌、色子、棋等物
如意类	29	厘、座在内
庆寿类	30	寿星像、账等
杂品类	89	诰封、钱柜、家具、模型等
礼单类	33	
灯类	16	铁丝灯、油灯等
武器类	41	刀、弓、箭等
乐器类	51	音乐、宗教、鼓柜等乐器
春宫类	8	
服装类	121	男、女、童子等服装
服装附品类	125	朝珠、刀箸、活计等物
刺绣类	70	
帽类	43	男、女、童帽
帽、附品类	64	顶子、花翎、帽花等
鞋类	73	男、女、童等鞋
节令类	698	北京、上海、昆明、河南等地神纸
佛教类	145	神相、经典、供具等
道教类	74	神相、经典、供具等
喇嘛教类	279	神相、经典、供具等
巫教类	58	绘神像、符等
伊斯兰教类	10	供具
祭祀类	34	遗像、主匣等
俑类	19	汉、隋、唐等朝
医药类	2	
契约类	40	卖房、买房等契约
公文类	78	执照、监照等

类　别	件数	备　注
少数民族文物		
日用品类	50	碗、盒、钱、铁印等物
衣服类	11	蒙古族
帽、鞋类	17	蒙、维、藏等族
刺绣类	25	
边，日用品类	92	刀箸、烟具等物
边，宗教类	91	神像、器物等
边，饰物类	12	铜镯、藤圈等
边，乐器类	25	
边，武器类	47	刀、箭、弓等
边，服装类	175	苗、彝等族
边，杂物类	4	令箭、印等
未编目多余文物	143	衣、模型、日用品等物
高山族文物	229	图腾板、日用品、武器、乐器等
高山族照片	141	大小两种
未编目文物	2 454	民族及民俗文物均有
石器类	121	模型、实物两种
化石人骨模型	45	石膏制作
陶片类	31	
骨器、贝器类	85	
钱币类	94	各朝代之铜币
铜器类	53	戈、镜、箭头等
书籍、报纸、画	453	
地图类	16	
拓片、图表类	19	
从猿到人图表	54	
仪器、模型类	53	相机、放大尺、显微镜等
清朝照片	58	
风俗照片	52	
蒙古族照片	19	

类　　别	件数	备　　注
藏族照片	17	
艺术照片	36	
未编目照片	401	

　　以上文物、图表、模型等共计 8 425 件

　　移交人：清华大学校长办公室　解沛基

　　清华大学社会系文物馆 经手人　刘冠英

　　接收人：中央民族学院代表，研究部文物室主任　杨成志

　　　　　　　　　　　　　1954 年 1 月 10 日

　　注：外有吴文藻存社会系书籍壹批（无详单）一并移交，如吴文藻索取，由民族学院归还。

　　　清华大学档案，全宗号 2，目录号 校 1，案卷号 54013

清华大学关于拨赠古文物
致北京历史博物馆的函※

（1959 年 6 月 26 日）

北京历史博物馆：

　　你馆（59）历博保字第 0332 号请调拨文物 56 件的函已悉。我校同意将上述古文物无价调拨，供你馆筹备中国通史陈列之用，希将交接清单盖章后持来我校清点运取。另大织锦佛像一件亦可一并移交，请在交接清单上列入。

　　又我校所藏古文物，因其中不乏稀有之件，向为各方面所关心，希望你馆能将接收情况及展出计划在人民日报上发布消息，向各界报导并在展出卡片上说明展品来源，这样还可以鼓励其他

单位踊跃捐献。

校章启

1959 年 6 月 26 日

附1：北京历史博物馆关于调拨 56 件文物
致清华大学的函※

（1959 年 6 月 24 日）

清华大学校长办公室：

我馆筹备中国通史陈列，急需有关历史文物，日前已从你校原藏古代文物中选出较重要者 56 件[1]，并附上清册 1 份，即希准予调拨，以便早日陈列。

北京历史博物馆（章）

1959 年 6 月 24 日

附2：清华大学拨交中国历史博物馆文物清单

（1959 年 10 月 5 日）

年代	名称	件数	使用目的	保管单位	备考
商	角纹铜簋	1件		清华大学	
周	蟠螭纹大鼎	1件		清华大学	
周	鲁司徒铜盨	1件		清华大学	
周	令狐君嗣子壶	1件		清华大学	
周	铜匜	1个		清华大学	
周	铜匕	1个		清华大学	
周	兽面纹铜钺	1个		清华大学	

---

[1]　编者注：原文如此，附件清单共 57 件。

年代	名称	件数	使用目的	保管单位	备考
商	铜矛	1个		清华大学	
周	有銎铜钺	1个		清华大学	
战	铜伞柄	1个		清华大学	
战	铜戈	1个		清华大学	
周	铅簋	1个		清华大学	
周	铅卣	1个		清华大学	
周	铅觚	1个		清华大学	
周	铅盉	1个		清华大学	
周	铅罩	1个		清华大学	
周	铅爵	1个		清华大学	
汉	马荣买地铅卷〈券〉	3件		清华大学	
清	铁盦	2个		清华大学	
商	白石雕兽角	2个		清华大学	
商	玉钺	1个		清华大学	
商	玉斧	1个		清华大学	
商	玉戚	1个		清华大学	
商	双孔玉斧	1个		清华大学	
商	单孔玉斧	1个		清华大学	
商	残白石簋	1个		清华大学	
商	残白石雕刻	3块		清华大学	
秦	海内皆臣十二字砖	1块		清华大学	
战	山纹镜范	1个		清华大学	
战	陶凿范	1个		清华大学	
汉	陶剑残范	1个		清华大学	
宋	苍首饰石范	2个		清华大学	
汉	圆形陶灶	1个		清华大学	
汉	透雕花陶器盖	1个		清华大学	
明	影塑仙女	2个		清华大学	
汉	彩绘陶案	1个		清华大学	

年代	名称	件数	使用目的	保管单位	备考
北魏	莲花纹瓦当	1个		清华大学	
清	蓝琉璃龙壁饰	2个		清华大学	
明	三彩琉璃佛背光	1个		清华大学	
宋	大木佛头	1个		清华大学	
战	木雕舞女	1个		清华大学	

共计文物伍拾件

接收单位　中国历史博物馆（章）

经手人　鲁琪

赵连城

1959 年 6 月 24 日

拨交单位　清华大学（章）

移交人　宋泽芳

（以上清单抄自中国历史博物馆保管组 抄录人 宋泽芳）

1963 年 10 月 5 日

附 3：清华大学拨交中国历史博物馆甲骨清单

（1959 年 10 月 5 日）

年代	名称	件数	使用目的	保管单位	备考
	戊第三匣半全甲骨	1块		清华大学	
	戊第四匣全甲骨	1块		清华大学	
	己第一匣全甲骨	1块		清华大学	
	己第二匣全甲骨	1块		清华大学	
	庚第一匣全甲骨	1块		清华大学	
	庚第二匣全甲骨	1块		清华大学	

年代	名称	件数	使用目的	保管单位	备考
	共计甲骨陆块 拨交单位　清华大学（章） 移交人　宋泽芳 接收单位　中国历史博物馆（章） 经手人　鲁琪　赵连城 1959 年 6 月 24 日				

（以上清单抄自中国历史博物馆保管组 抄录人 宋泽芳）

1963 年 10 月 5 日

附 4：清华大学拨交中国历史博物馆佛像清单※

（1959 年 10 月 5 日）

年代	名称	件数	使用目的	保管单位	备考
	大织锦佛像	1 件		清华大学	
	共壹件 拨交单位　清华大学 移交人　左森林（图书馆章） 接收单位　中国历史博物馆（章） 经手人　鲁琪 8/7/59 一九五九年七月一日				

（以上清单抄自中国历史博物馆保管组 抄录人 宋泽芳）

1963 年 10 月 5 日

清华大学档案，全宗号 2，目录号 校 1，案卷号 59014

三、校园建设和总务行政

1. 房地产

清华大学住宅数目统计表

（1952 年 12 月 19 日）

1952 年 12 月 19 日

住宅区别	甲级	乙级	丙级	丁级	小计	备注
北院	24 所	11 所			35 所	校内
新林院	61 所				61 所	校内
胜因院	55 所				55 所	校内
照澜院	26 所	5 所			31 所	校内
西院	19 所	19 所			38 所	校内
新西院		32 所			32 所	校内
普吉院		40 所			40 所	校内
乙级公寓		43 所			43 所	校内 新建未完工
喇嘛庙		9 所			9 所	校内①
一区			64 所		64 所	校内 新建
二区			104 所		104 所	校内 新建
三区				59 所	59 所	校内 新建

---

① 编者注：原文如此，应为"校外"。

住宅区别	甲级	乙级	丙级	丁级	小计	备注
四区				69 所	69 所	校内 新建
五区				102 所	102 所	校内 新建未完工
吉永庄	1 所	7 所			8 所	校外
薛家胡同		8 所			8 所	成府
赵家胡同		4 所			4 所	成府
吉祥胡同四号		6 所			6 所	成府
吉祥胡同五号		7 所			7 所	成府
老虎洞		8 所			8 所	海淀
军机处		9 所			9 所	海淀
泄水湖		6 所			6 所	海淀
大河庄		4 所			4 所	海淀
槐树街		4 所			4 所	成府
一亩园		4 所			4 所	西郊
西铁匠胡同		4 所			4 所	城内
南吉祥胡同		6 所			6 所	城内
总计	186 所	236 所	168 所	230 所	820 所	

清华大学档案，全宗号 2，目录号 校 6，案卷号 045

清华大学校内建筑物面积统计表[①]

（1953 年 11 月）

1953 年 11 月

建筑名称		基地面积	建筑面积	建筑名称		基地面积	建筑面积
系馆及工厂	一院	1 932.02	4 650.19	学生宿舍	平斋	919.74	2 759.22
	二院	5 113.12	5 113.12		善斋	707.03	2 121.09
	三院	1 264.15	1 264.15		明斋	1 472.61	4 417.83
	四院	277.15	277.15		新斋	1 350.04	4 050.1
	教室楼	830.16	2 607.48		静斋	703.04	2 109.12
	阶梯教室	395.98	395.98		强斋	303.81	607.62
	科学馆	1 183.21	3 549.63		诚斋	586.74	1 760.22
	化学馆	1 449.7	5 722.5		立斋	586.74	1 760.22
	生物馆	1 380.62	4 221.81		1-4 宿舍	1 712.52	3 425.04
	水利馆	974.59	2 892.95		5-13 宿舍	1 937.88	3 875.76
	金工间	131.62	131.62		14 宿舍	246.51	739.53
	水文试验机房	30.38	30.38		17 宿舍	246.51	739.53
	机械馆	1 095.5	2 223.94		15 宿舍	742.53	2 227.59
	土木馆	1 073.43	2 183.32		16 宿舍	742.53	2 227.59
	体育馆	3 633.9	4 592.15		共计	12 258.23	32 820.46
	电机馆	1 012.71	3 038.13	教职员工住宅	北院	3 420.25	3 484.09
	旧航空馆	256.3	512.6		照澜院	3 650.03	3 650.03
	新航空馆	412.94	825.88		西院	3 131.15	3 131.15
	航空工厂	414.37	414.37		新西院	2 312.62	2 312.62
	新航空馆工厂（三个）	312.55	312.55		新林院	6 588.02	6 588.02
					胜因院	5 263.53	6 183.06
	灰楼	696.78	1 393.56		普吉院	1 749.9	1 749.9
	汽车工厂	427.38	427.38		一区	2 251.9	2 251.9
	建筑系工作间	101.25	101.25		二区	3 918.13	3 918.13
					三区	1 502.92	1 502.92
	机械实习工厂	2 609.69	2 609.69		四区	1 755.88	1 755.88
					五区	2 601.03	2 601.03
					公寓楼	997.6	2 992.8
	共计	27 009.5	49 491.78		共计	39 142.96	42 121.53

---

① 编者注：原件未标注单位。

建筑名称		基地面积	建筑面积	建筑名称		基地面积	建筑面积
单身教职员工宿舍	古月堂	674.32	674.32	行政办公室	汽车房	222.61	222.61
	怡春院	367.21	367.21		花房	233.25	233.25
	教职员第一宿舍	501.28	1 002.56		钟亭	15.05	15.05
	教职员第二宿舍	577.6	1 732.8		平善之间工作室	79.07	79.07
	三十六所	1 647.24	1 647.24		路工室	136.22	136.22
	共计	3 767.65	5 424.13		全校大锅炉房	426.0	426.0
师生员工饭厅厨房	西大饭厅及厨房	2 644.21	2 775.41		机械馆前锅炉房工作室	53.48	53.48
	旧大饭厅	2 075.8	2 075.8		十五宿舍锅炉房	65.42	65.42
	北大饭厅	533.4	533.4		十六宿舍锅炉房	14.72	14.72
	员工食堂厨房，俱乐部	857.83	857.83		诚立斋锅炉房	56.52	56.52
	北饭厅厨房	439.72	439.72		科学馆锅炉房	58.48	58.48
	公寓食堂厨房	264.2	264.2		明斋锅炉房	45.81	45.81
	静斋厨房	139.09	139.09		共计	8 220.08	8 259.0
	共计	6 954.25	7 085.45	服务会所	大礼堂	1 180.46	1 843.36
图书馆	图书馆	3 182.38	7 366.84		校医室	1 110.79	1 110.79
	共计	3 182.38	7 366.84		邮局	294.05	294.05
行政办公室	工字厅	2 571.97	2 571.97		甲所	523.24	523.24
	物资供应管理科	1085.37	1085.37		乙所	307.56	307.56
	教学设备科	219.67	219.67		丙所	543.18	543.18
	膳食科办公室	387.73	387.73		丁所	361.24	361.24
	工程科（牧场）	1 389.67	1428.59		方亭	19.54	19.54
	水坝工地办公	254.09	254.09		照澜院合作社	66.25	66.25
	校卫队	279.65	279.65		工字厅合作社	154.34	154.34
	西校门	73.33	73.33		合作社蔬菜部（旧华友社）	81.22	81.22
	南校门	107.84	107.84				
	北校门	62.38	62.38				
	校车站	49.0	49.0				
	消防队	132.07	132.07				
	发电间	142.91	142.91				
	变压器室	57.77	57.77				

建筑名称	基地面积	建筑面积	建筑名称	基地面积	建筑面积
服务会所 新斋合作社	290.19	290.19	杂用 煤球库房	116.44	116.44
凯华皮鞋店	27.68	27.68	北院水泵房	54.26	54.26
工字厅浴室	131.25	131.25	储水罐房	51.41	51.41
工警浴室	162.02	162.02	胜因院水泵房	45.62	45.62
工会浴室	156.82	156.82	化学馆后小房二个	186.23	186.23
一至五区公共浴室	155.26	155.26	平斋茶炉	61.82	61.82
共计	5 565.09	6 227.99	旧裡工室	134.6	134.6
附中附小 附小（旧房）	379.0	379.0	牧场门外厨房工人用	48.64	48.64
附中、附小（新房）	1 618.06	2 313.91	花院	83.7	83.7
共计	1 997.06	2 692.91	三至五区公厕十个	237.6	237.6
杂用 西院仓库	326.42	326.42	共计	2 249.36	2 249.36
北院仓库	649.8	649.8	总计	110 346.56	163 739.45
北院小库房（18 号前）	31.38	31.38			
磅秤室	12.74	12.74			
体育馆南库房	208.7	208.7			

清华大学档案，全宗号 2，目录号 校 6，案卷号 027

校务行政会议关于北京清华同学会所赠会所的报告事项※①

（1955 年 4 月 12 日）

时间：四月十二日下午二时半

地点：工字厅会议室

---

① 编者注：本文节选自《一九五四——一九五五年度第十八次校务行政（扩大）会议记录》。

出席：刘仙洲　钱伟长　陈舜瑶　袁永熙　何东昌　史国衡

　　　俞时模　解沛基　周寿昌　李酉山（李麟谟代）

　　　庄前鼎　章名涛　张　维　孟昭英　吴良镛　金　涛

　　　周维垣　储钟瑞　何介人　吕应中　南德恒　常世民

主席：刘仙洲　　　　记录：周撷清

报告事项：

一、教务长报告（编者略）

二、总务长报告

① 召开财务工作会议情况（略）。

② 北京清华同学会决定将会所乙座连同所有财产赠予母校经管使用：经该会理监事会决定将骑河楼三十九号会所乙座连同家具财产等全部赠予学校经管使用，学校已同意。

③ 校车停办问题（编者略）

讨论事项：（编者略）

散会。

《清华公报》第 11 期，1955 年 5 月 20 日

1948 年至 1959 年学校建筑面积到达数
和校园土地面积※

（1960 年）

1948 年至 1959 年学校建筑面积到达数

（单位：平方公尺）

年	每年增加数	累计	教学用房	行政用房	生活福利用房	其他用房
解放前		105 511	45 455	4 701	47 907	6 860
1948	1 255	106 766	45 455	4 701	49 162	6 860
1949		106 766	45 455	4 701	49 162	6 860

年	每年增加数	累计	教学用房	行政用房	生活福利用房	其他用房
1950		106 766	45 455	4 701	49 162	6 860
1951	5 708	112 474	45 897	4 701	54 371	6 917
1952	43 011	155 485	51 726	4 701	91 499	6 971
1953	291	155 776	51 726	4 701	91 499	7 262
1954	30 957	186 733	54 994	5 521	118 150	7 480
1955	27 494	214 227	80 946	6 547	118 150	7 996
1956	45 107	259 334	108 904	6 547	134 902	8 393
1957	19 505	278 839	109 400	6 547	153 774	8 530
1958	19 108	297 947	123 162	6 547	158 498	9 152
1959	39 928	337 875	145 062	6 547	175 633	10 045

校园土地面积 （单位：平方公尺）

解放前	990 242	1958 年 12 月	1 504 304
1953 年	1 106 050	1959 年 8 月	1 645 946

清华大学档案，全宗号 2，目录号 干部科定期，案卷号 6023

清华大学 1963—1964 学年初
校园土地面积及建筑面积统计※①

（1963 年）

校园土地面积及建筑面积：

（一）土地面积：2 101 500 平方公尺

（二）建筑面积：366 186 平方公尺

清华大学档案，全宗号 2，目录号 校 1，案卷号 63009

---

① 编者注：本文节选自《清华大学 1963—1964 学年初基本情况统计》。

1952—1965 历年购地数量表
（1965 年 12 月）

批准购地日期	规划局批文号	批地范围	用途	批准购地数量 平方公尺	批准购地数量 亩	实购地数量 亩	购地文件 内容	购地文件 页数	存档编号
1952.3.26	（52）府都划35号	西郊保福寺一带，即现校址东南墙以东，铁路以西	建教职员宿舍		38+25.4=63.4		规划局购地批文	1	规划局档案室
1952.5.19	（52）府都地字63号	东端外、铁路以西南墙外、兰旗营以北	建教职员宿舍		22.8 32.5		规划局购地批文	1	规划局档案室
1952.8.8	（52）府都地字350号	西郊水磨村	运动场		24		规划局购地批文	1	规划局档案室 1970年6月到规划局补抄一份附图序号 T4，编土地征52-10
		西郊北小营 西郊兰旗	宿舍		33.6 23		规划局购地批文	1	规划局档案室
1953.4.22	府都地字435号	小营村	运动场		32		规划局购地批文	1	规划局档案室
1954.3.9	（54）建管地字883号	海淀区校围墙东北角	工人临时宿舍		4		规划局购地批文	1	规划局档案室

批准购地日期	规划局批文号	批地范围	用途	批准购地数量 平方公尺	批准购地数量 亩	实购地数量 亩	购地文件 内容	购地文件 页数	存档编号
1954.11.2	地字7221号	校北部大石桥	苗圃用地	25 700	40	29.322	1. 规划局购地批文		规划局档案室
							2. 征用土地计划书	1	技一图档室
							3. 征用土地被占户家庭情况调查表	2（内图1）	技一图档室
							4. 建筑占用房地结案表	1	技一图档室
							5. 建设征用土地、待领领款项暂存分户表	1	技一图档室
1954.12.25	（54）建管地字8243号	1，2公寓北面一带			20（约）		1. 钉桩座标点成果通知书	1	校档案室
							2. 规划局购地批文	1	校档案室
1954	（54）建管地字8370号	西柳村铁路东临时用地	临时施工用地	13 978	21（约）		规划局购地批文		校档案室
1955.2.1	（55）建管地字313号	3—8公寓一带	单教宿舍	18 275	18.275	18.275	1. 征用土地计划书	1	F56-10
							2. 征用国私有土地补助费表	2	F56-10

续表

批准购地日期	规划局批文号	批地范围	用途	批准购地数量 平方公尺	批准购地数量 亩	实购地数量 亩	购地文件 内容	购地文件 页数	存档编号
1955.6.30	(55) 城地字 2318号	海淀区西柳村	①土建基地 ②转压器一带	26 300 (约) 36 000	35.81 57.6	61.222 44.49	3. 征用土地地上附属物及搬家费评议表	36	56-10
							4. 钉桩座标成果通知单	1	56-10
							1. 规划局批购地附图	1	55-03
							2. 北京市房管局购地函	1	55-03
							3. 征用郊区土地计划表	1	55-03
							4. 钉桩座标成果通知单	1	55-03
							5. 建筑征用土地结案报表	共 2 份，每份 2 张	55-03
1955.10.26	(55) 城地字 3558号	海淀区前八家西柳村东	铺设上水管	252			市政建设用地批准书	1 (附图 1)	55-05
1955.11.24	(55) 城地字 3645号	西柳村转压器一带	建配电室	960	1.44		1. 建设用地许可证	1 (附图 1)	55-03

批准购地日期	规划局批文号	批地范围	用途	批准购地数量		实购地数量	购地文件		存档编号
				平方公尺	亩	亩	内容	页数	
1955.12.28	(55) 城地字 3975号	西柳村主楼一带	主楼施工用地，汽车试验室	79 512 21 640（临）	9（临） 142.728	163.772	1. 建设用地许可证	1（附图 1）	60-06
							2. 北京市房地产管理局购地函 (55) 房民字第 92号	1	60-06
							3. 建筑征用土地结案报表	2	60-06
1955.12.29	(55) 城地字 3616号	展览南门外道路	展览南门外道路				1. 规划局购地批文	1	规划局档案室
							2. 清华大学南校门外拟修新丘渣路示意图	1	技一图档室
							3. 征用土地中地上附属物及搬家费评议表	4	技一图档室
							4. 拆建民房协议书	1	技一图档室
							5. 征用土地被占户家庭人口、经济、土地、职业、分户表。	2份（每份2张）	技一图档室

批准购地日期	规划局批文号	批地范围	用途	批准购地数量 平方公尺	亩	实购地数量 亩	购地文件 内容	页数	存档编号
1956.1.5	(56)城地字10002号	(55)城地字3975号临时用地改为正式用地	修建道路	15 640			6. 结案表		海淀区建设局
							规划局文：关于西柳村临时用地改为永久用地文	1	60-06
1956.1.13	(56)城地字15号	海淀区前八家村	高压试验室	6 300 2 664（临时）	9.45 3.446	163.772	1. 建设用地许可证	1（附图1）	56-02
							2. 北京市房地产管理局购地文	1	56-02
							3. 征用郊区土地计划书	1	56-02
							4. 钉柱座标成果通知单	1	56-02
1956.2.23	(56)城地字512号	现数学研究所北树林带			1.2	1.293	1. 规划局地文		海淀区建设局（校一档案室）
							2. 各种款项领收凭证		海淀区建设局
1956.3.21	(56)城地字597号	(54)建管地字8390号延长至56年底							技一图档室
1956.4.12	(56)城地字1128号	海淀区西柳村	冷加工试验室	10 000 20 000（临）	15 30（临）	34.854	1. 建设用地许可证	1（附图1）	技一图档室

批准购地日期	规划局批文号	批地范围	用途	批准购地数量 平方公尺	批准购地数量 亩	实购地数量 亩	购地文件 内容	购地文件 页数	存档编号
							2. 北京市房地产管理局购地函		技一图档室
							3. 建筑征用土地结案表		技一图档室
							4. 各种款项领收凭证	7	技一图档室
1956.6.15	(56) 城地字1716号	西主楼一区	主楼南移、增地	8 280	12.42	11.722	1. 规划局购地批文	1（附图）	56-01
							2. 征用郊区土地计划书	1	56-01
							3. 建筑征用土地结案表	1	56-01
1956.7.21	(56) 建管地字2554号	海淀区成府街水磨村北	打靶场	5 200	7	7.8	1. 规划局购地批文		海淀区建设局
							2. 各种款项领收凭证		海淀区建设局
1956.8.2	(56) 城地字2385号	海淀区西柳村	土建基地西租地延期		15		1. 规划局购地批文	1（附图）	55-11
							2. 建筑租用土地结案报表	1	55-11
1956.8.22	(56) 城地字2675号	海淀区西柳村	架设电线				1. 建设用地批准书	1（附图1）	技一档案室

批准购地日期	规划局批文号	批地范围	用途	批准购地数量 平方公尺	批准购地数量 亩	实购地数量 亩	购地文件 内容	购地文件 页数	存档编号
1956.12.10	（56）城地字4376号	（56）城地字1128号及（54）建管地字8390号（56）城地字2385号临时用地改为正式用地	临时用地改为正式用地	20 000	21+15=36		2. 各种款项领收凭证		与（56）城地字1128号合在一袋内 海淀区建设局
1957.1.13	（57）城联字98号	海淀区五道口乡西柳村	高压锅炉房、工物馆及东区一部分	32 102.76		137.457	1. 建筑用地批准书	1（附图1）	58-02
							2. 征用郊区土地计划书	1	58-02
							3. 各种款项领收凭证	2	58-02
							4. 建筑征用土地结案表		海淀区建设局
1957.3.2	（57）城联字592号	海淀区西柳村北	5—7号楼宿舍东端一带	2 540	3.81		1. 建筑用地批准书	1（附图2）	57-02
							2. 征用郊区土地计划书（与57城联字98号合一）		58-02

批准购地日期	规划局批文号	批地范围	用途	批准购地数量 平方公尺	批准购地数量 亩	实购地数量 亩	购地文件 内容	购地文件 页数	存档编号
1957.3.5	(57)城联字386号	海淀区西柳村	9-10#楼宿舍增加用地 工程物理试验室	10 720 3 570			3. 建筑征用土地结案表（与57城联字98号合一）		海淀区建设局
							1. 建筑用地批准书	1（附图2）	57-01
							2. 征用郊区土地计划书，（57）城联字98号合一	1	58-02
							3. 建筑重用土地结案表，（57）城联字98号合一	1	海淀区建设局
1957.4.8	(57)城联字781号	关于自来水公司在9003南建补压井问题（抄文）					规划局抄测文一件	2	技一图档室
1957.6.6	(57)城联字984号	海淀区三旗营包衣正白旗	13 公寓丙级宿舍	2 000			1. 建筑用地批准书（作□以57城联字1678号代）	1（附图1）	58-03

批准购地日期	规划局批文号	批地范围	用途	批准购地数量 平方公尺	批准购地数量 亩	实购地数量 亩	购地文件 内容	页数	存档编号
1957.5.17	(57)城联字1077号	海淀西柳村	东主楼南及工物馆以东临时施工用地	4 000	5.818	5.818	1. 建筑用地批准书	1(附图1)	58-02
							2. 建筑租用土地结案表	1	58-02
1957.7.17	(57)城联字1678号	海淀区三旗营	13公寓住宅、锅炉房	1 727			1. 建筑用地批准书	1(附图1)	58-03
							2. 各种款项领收凭证	2	58-03
							3. 征用土地上树木评价表	3	58-03
							4. 征用土地青苗损失补偿评价表	1	58-03
							5. 地上物补偿费评议表	1	58-03
1957.5.12	(57)房地字第028号	五道口乡西柳村（土建基地东）	临时施工用地	750			海淀区人民委员会关于审报临时用地的批复	1(附图1)	55-11

批准购地日期	规划局批文号	批地范围	用途	批准购地数量		实购地数量	购地文件		存档编号
				平方公尺	亩	亩	内容	页数	
1957.7.20	（57）城联字1811号	西柳村及西柳村北	学生宿舍下水道及高压暖气管道	30 318.8	45.48	7.127	1. 建设用地批准书	1（附图1）	58-04
							2. 建筑征用土地结案表	2份（每份1张）	58-04
							3. 各种款项领收凭证	1	58-04
							4. 租地数量调查表	1	58-04
1958.7.16	（58）城联字1956号	海淀区西柳村北	9号楼东学生宿舍	2 380			建筑用地许可证	1（附图1）	58-04
1958.7.23	（58）城联字2039号	海淀区大石桥	利用旧庙改建水电站	3 480			1. 建筑用地许可证	1（附图1）	59-04（1）
							2. 征用土地结案表	2份（每份1张）	59-04（1）
							3. 各种款项领收凭证	2	59-04（1）
1958.7.28	（58）城联字3085号	海淀区厢白旗小营村	迁建小学教室	3 480.277			建筑用地许可证	1（附图1）	59-04（1）

批准购地日期	规划局批文号	批地范围	用途	批准购地数量 平方公尺	批准购地数量 亩	实购地数量 亩	购地文件 内容	购地文件 页数	存档编号
1958.8.27	(58)城联字3402号	海淀大石桥	电力站道路及回水路线	2 205			建筑用地许可证	1（附图1）	59-04（1）
1958.11.18	(58)城联字4049号	海淀大石桥	堆煤用地	1 3415			1. 临时用地许可证	1（附图2）	59-04（1）
							2. 临时用地登记表	1	59-04（1）
1958.11.24	(58)城联字4048号	海淀区西王庄西	程序控制机床车间	11 200	18.9		1. 建筑用地许可证	1.（附图1）	密59-02
							2. 征用房地案表	2份（每份1页）	密59-02
							3. 各种款项领收凭证	1	密59-02
1958.12.4	(58)城联字4140号	海淀区西王庄西	程序控制车间增扩地	3 960		24.84	1. 建筑用地许可证	1（附图1）	密59-02
							2. 征用房地结案表，与(58)城联字4048号合一	2份（每份1页）	密59-02
1958.8.20	(58)城联字3333号	土电厂→东区学生宿舍	东北区6KB输电线路				规划局批文		海淀区建设局

续表

批准购地日期	规划局批文号	批地范围	用途	批准购地数量 平方公尺	批准购地数量 亩	实购地数量 亩	购地文件 内容	购地文件 页数	存档编号
1958.4.7		东区旧小高炉附近				7.016	1.各种款项领收凭证		海淀区建设局
							2.征用土地结案表		海淀区建设局
1958.11.5	(58)城密字108号	后八家村北用地	806厂			104.505	1.规划局购地批文		海淀区建设局
							2.征用房地结案表	2份(每份1页)	技一图档室
							3.各种款项领收凭证	3	技一图档室
1958	(58)城密字111号		806高压输配电线			0.9	1.规划局购地批文		海淀区建设局
							2.征用房地结案表	2份(每份1页)	技一图档室
							3.各种款项领收凭证		技一图档室
1959.2.17	(59)城联字171号	三才堂北	堆放临时材料	11 200			1.规划局批文	1(附图1)	技一图档室
							2.征用房地结案表	2份(每份1页)	技一图档室

批准购地日期	规划局批文号	批地范围	用途	批准购地数量			实购地数量	购地文件		存档编号
				平方公尺	亩		亩	内容	页数	
1959.3.4	(59)城联字213号	海淀区三旗营	宿舍饭厅用地	17 600			26.40	1. 建筑用地许可证	1 (附图1)	60-01
								2. 征用房地结案表	2份(每份1页)	60-01
1959.3.4	(59)城联字214号	海淀区西柳村	学生宿舍及饭厅	8 100			14.219	1. 建筑用地许可证	1 (附图1)	59-09
								2. 征用房地结案表	2份(每份1页)	59-09
1959.3.19	(59)城联字382号	海淀区12号楼北	运动场		37 000		59.546	1. 建筑用地许可证	1 (附图1)	59-10
								2. 征用房地案表	2份(每份1页)	59-10
								3. 各种款项领收凭证	2	59-10
1959.3.20	海房10号	西门外煤厂用地	煤厂用地				8.5	1. 征用房地结案表		海淀区建设局
1959.4.30	海淀区人民委员会批准	15-17公寓以北	苗圃用地	9 256			13.155	1. 海淀区人民委员会批准图	1	60-01

批准购地日期	规划局批文号	批地范围	用途	批准购地数量 平方公尺	批准购地数量 亩	实购地数量 亩	购地文件 内容	购地文件 页数	存档编号
1959.9.28	(59)建字1661号	海淀区西王庄	9003 建筑用地	28 600		80.775	2. 征用房地结案表	2份（每份1页）	60-01
							3. 各种款项领收凭证	1	60-01
							1. 建筑用地许可证	1（附图1）	密 59-02
							2. 钉桩座标成果通知单	1	密 59-02
							3. 各种款项领收凭证	1	密 59-02
							4. 建设用地安置补偿情况调查处理计划表	2份（每份1页）	59-16
1959.10.8	(59)城联字1735号		氢气站	17 693	26.5395		1. 建筑用地许可证	1（附图1）	59-03
							2. 钉桩座标成果通知单	1	59-03
							3. 建设用地安置补偿情况调查处理计划表	2份（每份1页）	59-16

批准购地日期	规划局批文号	批地范围	用途	批准购地数量 平方公尺	亩	实购地数量 亩	购地文件 内容	页数	存档编号
1959.11.9	(59)城联字1956号	海淀区三旗营	住宅用地	21 000			1.建筑用地许可证	1（附图1）	60-01
							2.钉桩座标成果通知单	1	60-01
							3.建设用地安置补偿情况调查处理计划表	7	60-01
							4.各种款项领收凭证	4	海淀区建设局
1959.11.10	(59)城联字1955号	大石桥	绿地、主楼施工用地	58 700		387.074	1.建筑用地许可证	1（附图2页）	技一图档案征59-02
							2.各种款项领收凭证	14	技一图档案
							3.附中建洋灰库用的青苗补偿费清单	1	技一图档案
							4.建设用地安置补偿情况调查处理表	44	技一图档案
1959.10.23	(59)城密字79号	海淀区	80828号	8 100			1.建筑用地许可证	1（附图1）	59-16

续表

批准购地日期	规划局批文号	批地范围	用途	批准购地数量 平方公尺	批准购地数量 亩	实购地数量 亩	购地文件 内容	购地文件 页数	存档编号
1960.3.14	（60）城管字257号	清河永泰庄	陶粒及水泥车间用地	15 100		44.956	2. 建设用地安置补偿情况调查处理计划表	2份（每份1页）	59-16
							1. 规划局批文附图	1	60-10
							2. 征用土地结案表		海淀区建设局
							3. 各种款项领收凭证		海淀区建设局
1960.3.23	（60）城管字232号	增扩附中食堂用地	食堂	7 500			1. 规划局批文附图	1	61-02
							2. 征用土地结案表		海淀区建设局
	（60）城管字486号	大石桥电厂	电厂			8.942	1. 结案表		海淀区建设局
1965.3.24	（65）临地字8号	清河永泰庄东村	临时道路用地	330		0.55	1. 海淀区城市规划管理处临时用地许可证	1（附图1）	60-10
							2. 协议书	1	60-10
							3. 海淀区人民委员会通告	1	60-10

批准购地日期	规划局批文号	批地范围	用途	批准购地数量			实购地数量	购地文件		存档编号
				平方公尺	亩	亩	亩	内容	页数	
								4. 迁坟证明书	1	60-10
								5. 迁坟车费证明	1	60-10
								6. 路边围以后丝网保护证明	1	60-10
								7. 建设用地上物补偿费评议表	2	60-10
								8. 各项款项领收凭证	2	60-10
								9. 关于申请砍树的报告		
								10. 海淀区绿化办公室伐树许可证		
								11. 国家建设用地结案表		

1961—1963 年退地情况表

（1965 年 12 月）

（1965 年 12 月重新整理）

顺序号	退地日期	退地文号	退地范围	退地数量 平方公尺	退地数量 亩	存档编号	备注
1	1961.6.22	（61）城管字第10281号	西王庄三角地带	14 900		技一图档室	土地退 61-01 规划局退地通知（附图 1）①
2	1961.12.6	退地协议书	后八家		107.1	技一图档室	土地退 61-02 协议书 1（附图 1）
6	1962.5.31	清 2（62）校行密字第 50 号	后八家	10 940	16.4	技一图档室	土地退 62-02 清华大学文 1（附图 1）
4	1962.4.10	协议书	海淀区后营	24 651	37	60-07（1）	F60-07（1） 1. 协议书 1（附图 1） 2. 海淀大队收条 1 3. 海淀区公社收条 1
10	1962.6.8	清 2（62）校办字第 49 号	清河水泥庄水泥厂	9 180	13.6	60-10	F60-10 1. 退地协议书 1（附图 2） 2. 退地协议书附表 1 清华大学清河水泥庄水泥厂退地总图
7	1962.6.7	清 2（62）校办字第 50 号	校园东区	62 975	94.5	技一图档室	土地退 62-03 1. 退地协议书 2（附图 1） 2. 退地协议书附表 1

① 编者注：本文备注中的附图，原文均未附。

顺序号	退地日期	退地文号	退地范围	退地数量		存档编号	备注
				平方公尺	亩		
8	1962.6.7	清 2（62）校办字第52号	校园西侧水磨村小操场及三旗营处沿路三角地	11 600	17.4	技一图档室	土地退 62-04 1. 退地协议书 1（附图 2） 2. 退地协议书附表 1
9	1962.6.7	清 2（62）校办字第51号	后八家				土地退 62-02 1. 退地协议书 1（附图 1） 2. 退地协议书附表 1
12	1962.8.20	关于清华大学校外西北操场使用协议书	学校西北操场				土地退 62-06 1. 协议书 2 2. 协议书草稿 1
3	1961.12.23	协议书	尹家沟	110			土地退 61-03 1. 协议书 1 2. 海淀区建设局收条 1
13	1963.4.29	退地协议书	高压试□……□为东区九饭厅、□炉房一段		19.6		土地退 63-01 1. 退地协议书 1（附图 2 份，每份 1 页） 2. 退地协议书附件 2
11	1962.6.22	清 2（62）校行密字第 58 号	向高教部汇报我校1962 年退地情况	（全年）94 695	（全年）141.9		土地退 62-05 1. 清华□文 1
5	1962.5.15		向高教部汇报撤退退地文稿				土地退 62-01 1. 退地文稿 2

续表

顺序号	退地日期	退地文号	退地范围	退地数量		存档编号	备注
				平方公尺	亩		
14		清2（62）行群字61号	五道口中学（清华园中学）建房用地图（占用南门外煤厂部分土地）				土地退63-02 1.图（硫酸纸1） （兰图4）
15		清2（62）行群字61号	给北京日报读者来信组函复			技一图档室	土地退62-07
16	1958.5.5	清2（58）基建字第0325号	给教育部函报我校用地情况			技一图档室	土地退58-01
17	1963.3.19		中共海淀区委"关于主楼前后场地高压实验室以西退地事"			技一图档室	土地退63-03

清华大学档案，全宗号2，目录号校6，案卷号055

2. 规划

校务会议关于基建总体规划任务书案和
基建问题案的议决事项※①

(1954 年 11 月 22 日)

时间：十一月廿二日下午二时半

地点：工字厅会议室

出席：蒋南翔　刘仙洲　钱伟长　陈士骅　袁永熙　史国衡
　　　张　微　解沛基　周寿昌　金　涛　余兴坤　李酉山
　　　邹致圻　庄前鼎　张　维　张　任　章名涛　孟昭英
　　　吴良镛　张子高　马约翰　储钟瑞　李　欧　李恩元

列席：萨多维奇苏　庄（高教部）　　刘一凡（高教部）
　　　林　泰（陈世猷代）

主席：蒋南翔　　记录：周撷清

讨论事项：

一、讨论基建总体规划任务书案

议决：

1. 根据各方面要求及萨多维奇专家意见修正后，呈请高等教育部批准施行。

2. 铁路改道问题关系今后新区建筑轴线问题，应由学校即与铁道部联系，了解改道计划，以便肯定总体规划任务。

---

① 编者注：本文节选自《一九五四——一九五五年度第三次校务会议记录》。

3. 成立房屋调度小组，由校长指定人选，专管过渡时期新旧房屋的调配事宜。

4. 在不妨碍总体规划情况下，适当修建临时性房屋，备作过渡时期各系实验室之用。

二、明年基建问题案

议决：

1. 明年基建主要部分为：

① 单身教职员宿舍一万五千平方公尺。

② 二院迁建，盖水利工程系需用房屋。平面布置由基建会向各方征求意见后决定。

2. 原二院房屋拆除后增建平房五千平方公尺，解决实验室问题。

3. 余下基建面积修建宿舍抑或土建馆应再考虑。

三、讨论一九五五年事业计划草案。（编者略）

四、根据专家建议工程地质教研组因领导力量薄弱可与土力学及基础工程教研组合并案。（编者略）

散会。

《清华公报》第 4 期，1954 年 12 月 11 日

校务行政会议关于确定学校基本建设
发展总图方案原则的议决事项※①

（1955 年 1 月 11 日）

时间：一九五五年一月十一日下午二时半

------

① 编者注：本文节选自《一九五四——一九五五年度第十次校务行政（扩大）会议记录》。

地点：工字厅会议室

出席：蒋南翔　刘仙洲　钱伟长　陈士骅　陈舜瑶　史国衡
　　　张　慬　周寿昌　余兴坤　金　涛　何东昌　庄前鼎
　　　张　维　张　任　章名涛　孟昭英　李　欧　金希武
　　　夏震寰　董树屏　王兆霖　汪国瑜　汤纪敏　李卓宝
　　　郭德魁

主席：蒋南翔　　　记录：周撷清

讨论事项：

一、讨论水利工程系新建水利馆计划任务书案。（编者略）

二、讨论下学期各系实验室面积调配方案。（编者略）

三、确定学校基本建设发展总图方案中的几个原则：

议决：总图初步设计展览以后，根据各方面意见及领导机关指示，原则上确定将新区轴线西移，使与旧区密切联系。具体方案请基本建设委员会总图规划小组再行研究。

散会。

《清华公报》第 7 期，1955 年 2 月 1 日

校务委员会会议关于总图规划案
的议决事项※①

（1955 年 12 月 13 日）

时间：十二月十三日下午二时

地点：工字厅会议室

---

① 编者注：本文节选自《一九五四——一九五五年度校务委员会第三次会议记录》。

出席：蒋南翔　刘仙洲　陈士骅　袁永熙　何东昌　史国衡

　　　张　儆　金　涛　解沛基　周寿昌　周维垣　李西山

　　　庄前鼎　张　维（陶葆楷代）　　　章名涛

　　　张　任（张思敬代）　　　孟昭英　吴良镛　张子高

　　　马约翰（王维屏代）　　　李恩元　艾知生　李　欧

　　　滕　藤

列席：庞家驹　汤纪敏　潘霄鹏

主席：蒋南翔　　记录：周撷清

报告事项：（编者略）

讨论事项：

1. 讨论总图规划案：

议决：

① 经考虑使用、投资及路东、西关系问题后决定向路东发展，集中建设。将来土木、水利、建筑、动力系的热力发电专业以及为一、二年级服务的公共教研组留在路西；机制、电机、无线电及动力系的汽车拖拉机专业迁到路东，另建新楼。

② 成立路东、路西两个规划小组，请有关方面拟出名单，由基建会召集开会，提供资料。

③ 新区上下水道、电灯、电话、供暖等计划请有关的系协助。

2. 学生处分问题案：（编者略）

3. 部分教职工调整工资及新聘教师定职定级问题：（编者略）

4. 一九五五年职工评选问题案：（编者略）

5. 成立本校动力系筹建委员会案：（编者略）

6. 成立一九五六年科学研究讨论会筹备委员会案：（编者略）

散会。

清华大学总体规划（草稿）

（1959 年 10 月 18 日）

清华大学总体规划的任务，是为了全面贯彻党的教育方针创造良好的物质条件，建设一个教学、科学研究及生产相结合的联合基地。它应该具有先进的实验室和研究所，为国家培养更多高质量的建设人才及科学工作者。力争在三、五年内，将国家迫切需要的尖端科学部门的试验及研究基地和必要用房逐步建设起来，为高速度赶上世界先进科学水平创造条件。同时，规划还考虑到使全校师生员工能有一个比较优美的、合理的学习、工作和生活的环境。

一、发展规模的估计

清华大学现有十一个系，学生人数（包括本科生、研究生、进修教师、留学生等）目前已接近 12 000 人。最近，决定学制改为六年制及六年半制之后，学生人数不久即将超过 12 000 人，规划中即按此数作为基本根据，但考虑到我国工业建设和文化教育的发展趋势，根据国家的需要和清华大学本身的潜力，再更多培养一些学生是可能的，也是经济的（参考国外高等学校的情况，某些较有基础的大学学生超过一万五千人以上也是较常有的）。因此，在规划中还需要考虑到今后发展的可能，而在用地及建筑方面都留有余地。

根据目前可以估计到的情况，个别系的某些专业由于该类科学的发展迅速，将有设立系的必要，因此规划中亦考虑到设系的数字可能增加；同时，根据兄弟国家以及我们已初步摸索到的经验证明，在高等学校开展科学研究对提高教学质量及推动科学发展都是不可缺少而且有极有利的条件的，因而规划中应留有发展研究所的基地……（编者注：此处原文省略）不但服务于学校教学质量的提高，亦将成为推动首都科学技术水平提高的一支力量。

根据工业大学的特点，我们并计划建立少量的教学、科研与生产相结合的尖端技术工业基地，以便使教学、科研更直接联系生产，亦可为生产部门作新产品试制，如综合机械厂、原子反应堆等。

二、规划用地及分区（附图一）

1. 清华园：现已占用地为 164 公顷（包括河湖丘林等不可建筑用地），计划发展的边界见附图，作为全校的校本部区。园内设教学区、学生宿舍区、教职工居住区以及图书馆、礼堂及体育场等公用建筑设施。

2. 圆明园：清华园内教学区用地不能满足研究所基地及部分特殊实验室的需要，因此考虑将圆明园的一部分作为研究所及特殊实验建设区。按圆明园在国民党统治时期（1933 年 11 月）曾由当时伪中央政府拨归清华筹办农场，并曾于 1934 年 3 月由清华正式接管，目前从学校发展看，亦很有必要利用圆明园的地址。从城市建设规划看，作为研究所区亦将有利于保持圆明园的园林风景，因此，请求将圆明园仍拨归清华，除发展研究试验所外，还可协助城市绿化，种植果木园林。

3. 综合机械厂基地：利用清华园东北、清河以南地区。（位置见附图一）

4. 国防机要专业基地：在南口地区，建立原子能反应堆、喷气技术、流体力学（高速风洞等）与国防建设密切相关的试验基地，该区距市区较远，地质良好，四周环山，亦较隐蔽，作为机要专业基地极合适，请求及早批拨以便这些极为国家需要的尖端科学工作能迅速开展。

5. 土建工程试验基地：为适应土建工业发展新型建筑材料及工业化机械化施工的方向，土木建筑系联合建立建筑材料试验基地及机械化施工试验场。前者拟设在沙河地区（原规划局曾同意拨给沙河铁厂北面地，希望仍按原定地点拨给），机械化施工试验场拟设在综合机械厂基地之附近。

6. 绿化及休养区：设于八达岭（已经拨给，并已开始修筑临时道路）、十三陵及密云水库，除担负一部分城市绿化任务外，可作为校内师生员工暑期休息、患病休养、干部轮流脱产短期学习理论等之用。

7. 农、副、林、牧、渔生产区：请求给学校划进一至几个人民公社的生产队，由学校领导，农业为学校服务，学校为农村工业化服务。

三、建筑及公用设施的规划、布置（附图二）

1. 清华园内：以中央教学大楼为中心，前后建筑各系教学楼，除水利系以外，其他十几个系按其相关关系分布各楼内。

原清华礼堂周围为水利系馆、基础课教研组及低年级公用教室。

在 1962 年以前，计划分年完成中央教学大楼（其中包括电机系、自动控制系、无线电系、计算机中心、马列主义理论课程教研组及学校党政领导机构）、工程力学数学系教学楼、土木系教学楼及动力系部分教学建筑。在 1960 年至 1962 年三年内共计划建筑教学用房约 70 000 平方米。

2. 学生宿舍区：在清华园北部，现有学生宿舍为双层床，5 至 8 人一间，每人合居住面积只 2.2 至 2.4 平方米，卫生条件是很差的，计划在 1962 年时能将居住面积改善至每人 3 平方米，即 4 至 6 人一间（1954 年前的居住水平仍为双层床），因此三年内尚需建学生宿舍 18 000 平方米，长远规划中应考虑改为单层床，一、二年级按四人一间居住，合每人居住面积 4.5 平方米，三、四年级按三人一间居住，合每人居住面积 5 至 6 平方米，五、六年级及研究生按二人一间居住，合每人居住面积 6 平方米，因此学生宿舍今后还需增加，规划中考虑了留有用地。

教职工居住水平将决定于一般城市居住水平的发展速度，1962 年以前尚只能解决迫切需要的住房问题，居住水平基本上维持现状，三年内计划建筑 30 000 平方米。

食堂、托儿所、浴室服务性行业等建筑分布在学生宿舍区及教职工居住区内。

3. 圆明园区：湖面洼地较多，建设一些需要分散并较隐蔽的研究所，并且仍可保持圆明园的园林景色。

4. 综合机械厂区、南口机要专业基地、沙河土建材料实验基地、土建机械化试验场及绿化休养区等俟领导原则上批准后另行规划。

5. 公用建筑的规划：扩大图书馆，现有图书馆只 7 000 平方米，计划扩建至 20 000 平方米。

增加风雨操场及运动场地：全校风雨操场现有一处，只 4 600 平方米，计划再建一座，运动场现有 90 000 平方米，合每一学生只 8 平方米，计划发展至每一学生 12 平方米，在北部建一较大的运动场。

现有礼堂一座，1 800 平方米，可容一千人，由于学校发展，一般只能供一系开会之用，较大的系或干部集会已容纳不下，近期之内仍只能利用该礼堂，长远规划中考虑另建一礼堂的可能，以供集会及文艺演出之用。

四、室外系统之规划

1. 扩大水面，疏浚河流，清洁河水：

清华园西部有少量水面，东部却没有河流，计划将河流引至东部，并人工开辟东湖，以增加水面，改善环境。原有水系长期以来存在两大问题，一是河床淤塞，下游排水不畅，雨季常常水淹校园，因此必须疏浚河道，二是上游有毒性排水污染河水（学校河内鱼、鸭常被毒死），因此上游有毒性排水的工厂如清华西门外化学试剂厂，希望考虑迁走。

2. 道路桥梁系统：清华园内道路大部分是土路，应在三年内将主要干道修筑较好的路面，必需的桥梁有十座，与城市干道相联系的南北干道二条争取在 1961 年前完成。

3. 供电系统：目前电压低而不稳定，电量不足，已请求市电业局将清华电源接至三万五千伏系统。

4. 供热系统：校内现有大小烟囱廿余个，不仅有碍卫生，而且影响观瞻，规划中的供热系统方案有二，一是争取由北郊热电站供热，这是理想的方案，其次是建设高压集中供热系统以逐步代替低压分散供热。

5. 煤气系统：各教学楼内大部分须用煤气，目前校内用临时土煤气站解决了一部分需要，但远远不能满足要求，希望城市供应的煤气管道能在 1960 年内达到清华。

6. 绿化：清华园内仍保留较多的绿化面积，种植果木、经济林等，但东部地区原有树木极少，需要大量培苗，建议将圆明园及早拨归清华管理，即可作学校苗圃又可协助城市绿化。

五、1959 年至 1961 年建设计划概况及需要市委领导支持的问题

在今、明年内国家建设及生产计划进一步提高之后，文化科学的发展必将急速开展。因此，今、明年内须将教学、科学研究所必需的物质条件做好一定准备，以迎接将要面临的任务。同时，1961 年将是党的成立四十周年，而又值清华建校五十周年，为迎接党的四十周年及建校五十周年，清华全校将要努力掀起一个教学、科研跃进的热潮。并且，在社会主义兄弟国家及国外的教育和科学界内，逢有某些学校的重大节日常邀请国外院校参加（如苏联、捷克都曾邀请过清华前去参加大学的重要校庆节日）。清华五十周年时亦将考虑邀请某些国外院校及学者前来参加。因此在基本建设方面需要保证将教学、科研的最急切需用的建筑及学校规划的中心地区，力争在 1961 年校庆以前完成。为此，我们已准备在 1959 年底动工兴建中央教学大楼，计划 1960 年底完成，而大楼前后的中心区地带的广场、道路及绿化亦应相应完成，此外并有部分系的教学楼亦需要动工，时间已很短促，迫切需要市委支

持及早动工。几年来清华建校在市委及教育部领导支持下，一般是进展较好的，但近年来工业建设日益发展，学校一般是民用建筑，应按轻重缓急适当为工业让路，但我校各专业直接服务于工业建设，某些专业还是目前工业建设中尖端的科学技术，这些专业的成长将有利于国家缺少的尖端工业的发展，促进这些专业的建设亦是工业建设和国防建设的迫切需要。1959年底的工程进展情况将对1960年的建设有决定性的影响。因此，请市委考虑是否可将清华的基本建设任务不作为一般民用建筑看待而列入本年年底前工程排队的前列，以及在施工人力及材料方面给以大力支持。

中共清华大学委员会

1959 年 10 月 18 日

附图一：

附图二：

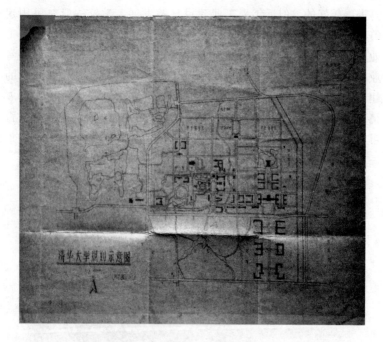

清华大学档案，全宗号 2，目录号 党 1，案卷号 59037

3. 基本建设

清华大学关于迁移清华园铁路
致高教部的函[※]

（1954 年 12 月 24 日）

事　　由：我校因明年基建任务扩大，清华园铁路对我校校

舍已有干扰，请将此线迁移以便确定我校一九五五年建筑地位，请即批示由

主送机关：中华人民共和国高等教育部

抄送机关：中华人民共和国铁道部 北京市铁路管理局

我校为满足国家对工业干部之需要，近年内学生人数增加极快，基本建设任务须相应扩大。根据你部对我校培养学生人数之决定及北京市建筑事务管理局指定之用地范围，我校正进行校址总体规划，规划中最主要的困难是清华园铁路问题，铁路南北纵贯全区，将原有校址及扩充用地分割两半，因而造成以下情况：

1. 新旧二区之联系不便，据我们目前估计，至少须要四个或四个以上的东西交通道，即须建造四个或四个以上天桥（或隧洞），车辆行走不便，对来往人们之安全亦不利。

2. 距铁路两侧三十公尺以内地区不能建造房屋，而精密仪器、科学研究、办公处室等不能受震受干扰，建筑物须距铁路更远，因此就使新区的教学中心不得不往东移，又加清华园车站正位于校区以南，新区主楼之南北轴线须在东躲过车站，否则主楼前之主要干路正对车站被堵塞不能与北京城联系，由于以上原因，主楼之中心距原有旧区中心（大礼堂）有八百公尺，师生来往甚为困难，如果铁路及车站不存在，则可使新区中心西移与旧区中心相距仅有五百二十公尺。

3. 目前铁路对就近之原有校舍已有干扰。

基于以上原因，我们要求部领导转请铁道部在北京市铁路线之规划中考虑将此线迁移，我校总体规划亟须确定，否则一九五五年建筑物地位不能决定。请铁道部研究后对"此铁路线是否可迁移""迁移年代之大约估计"作一指示，以便我校进一步规划。

附图一张①

一九五四年十二月廿四日

清华大学档案，全宗号 2，目录号 校 6，案卷号 031

校内有关基本建设及校景设施的管理制度

（1954 年）

为统一管理全校有关基本建设及校景的设施，以保证校园布置的完整与美观，凡在校内进行下列各项措施，均须事先报告总务长办公室；有关重大设施，并须由总务长办公室与基本建设委员会联系后决定。

一、地下各种管道（水管、水沟、暖气管、地缆线等）的铺设及改道。

二、路面新辟、改道或翻修成为永久性路面（洋灰路面、柏油路面等）。

三、挖土、填土、挖河、填河。

四、树木种植、移植及砍伐。

五、各种建筑物、结构物的新建、改建、扩建、迁建。

六、校园内各种固定性纪念物、装饰物的建造、迁移或除去（水池喷泉、碑、亭、柱、像、石凳、栏杆等）。

七、各种临时建筑、棚架的建造。

八、电线架杆的设立。

九、规模较大的房屋修缮。

---

① 编者注：原件无图。

十、其他足以影响校内基本建设或自然环境之设施。

《新清华》第 53 期，1954 年 8 月 5 日

校务行政（扩大）会议关于主楼设计方案与质量标准问题等的讨论事项^{※①}

（1956 年 7 月 4 日）

时间：七月四日下午二时半

地点：工字厅会议室

出席：蒋南翔　刘仙洲　陈士骅　史国衡　张　儆

李西山（金希武代）　庄前鼎　张　任（周定邦代）

章名涛　孟昭英　吴良镛　解沛基　周寿昌　周维垣

汤纪敏

主席：蒋南翔　纪录：王旭蕴

报告事项：土木系吴柳生教授报告出席国际冬季混凝土施工会议及参观苏联、捷克等国科学研究后之收获和观感（从略）。

讨论事项：

一、主楼设计方案与质量标准问题。

关于主楼立面设计讨论了层数及布置问题、角楼和过街楼的处理等问题，会上未作决议，有待于基建会设计组进一步研究。

关于质量标准根据"屋顶不漏水，地面不起灰，上下左右不传声，光线充足，冬暖夏凉，坚固耐久而美观大方"的原则进行设计。

---

① 编者注：本文节选自《一九五五—五六年度第十一次校务行政（扩大）会议记录》。

二、讨论五七年本校基建任务。

五七年施工的教学用房计有主楼之中部及西部，工程物理馆、土建馆，约六七万平方米。其中主楼西部之无线电系部分的二万平方米尽量提前于五六年施工。

五七年应新建的生活用房根据最低标准计算，需建学生宿舍、单身教职工宿舍、家属宿舍和食堂及其他建筑等，约六万三千多平方米。

三、处分问题。（编者略）

散会。

《清华公报》第 28 期，1956 年 7 月 16 日

我校基本建设中一些问题

（1957 年 4 月 9 日）

基建办公室秘书　汤纪敏

解放以来，学校的校舍建设有了极大的发展。建筑面积扩大了一倍多，现在全校建筑面积有 53% 是解放后建设的。

校舍建设发展情况

（已使用的建筑统计，单位：平方公尺）

	总面积	教学用房	生活用房	校行政用房	其他用房
解放前所建	111 880.78	45 519.04	49 640.74	4 701	12 020
解放后所建	126 179.18	38 970.42	81 816.76	1 846	3 546
总计	238 059.96	84 489.46	131 457.5	6 547	15 566
	（100%）	（35.4%）	（55.2%）	（2.8%）	（6.5%）

现有生活用房占总面积的 55.2%，全部生活用房 130 000 多平方公尺中有 80 000 多平方公尺是在解放后建筑的，占解放后

所建全部面积的 647％。生活用房中的主要部分是宿舍。解放后所建宿舍 73 000 平方公尺中 58％是学生宿舍，20％是单身教职员宿舍，22％是眷属宿舍。学生宿舍和单身宿舍比解放前扩大三倍左右。

教学用房和生活用房的比例问题

解放以来，基本建设中教学用房和生活用房的比例是否合适呢？有的同志感到教室实验室不够，应当多建教学用房；有的同志则认为生活用房的比例太低，甚至个别同志认为"基本建设的方针就是限制了人口发展的规律"。我们认为，基本建设的计划必须符合学校发展的规划，不能脱离需要和可能。教学用房在解放以来所建总面积中仅只 39 000 平方公尺（30.8％），比生活用房（80 000 多平方公尺）要少得多。目前在教室、实验室方面确实是极为不足的，但是在过去这几年再多建些教学用房却没有条件。教学用房的建设首先须要明确学校发展的方向、规模、专业设置等总的规划，另一方面还必须各专业教研组在教学改革过程中成熟到能够提出本专业的教学和实验室规划，而这些条件是逐步具备的。教学用房的建设基本上开始于 1955 年，由水利系及机制、土木系的个别专业，渐至 1956 年而开始了电机、无线电、工程物理等系的全系性的设计，1957 年才比较大规模的投入施工。教学用房的建设条件和使用要求经常是同时成熟的，但建设的完成还须要较长的设计、施工的时间，因此，目前在教学用房方面的建设已大大落后于需要，我们必须大力发展教学用房，力争在一二年内使教学用房初步稳定下来。但在这以前，还不可避免地会有紧张情况，这就需要采取各种措施合理经济的使用已有房屋，统一的调配新完成的建筑，以共同克服暂时的困难。

生活用房的比例占解放后新建面积的 64.7％。这一事实，已说明学校对生活上的要求是十分重视的。虽然目前生活用房仍是比较拥挤，但是在总的建设投资和面积有一定限度的情况下，要更多提高其比例势将影响教学。生活用房的要求也在逐步地变化。1952 年建设的生活用房包括各类宿舍，在此后一段时期内眷属宿舍还能够满足需要。同时，学校发展很快，每年学生人数急骤上升和新增大批青年教职员，使基本建设的主要力量必须放在学生宿舍和单身教职员宿舍方面。但是，青年教职员在近年来结婚的很多、生孩子的也很多，眷属住宅的情况就比较紧张。这种情况本来是可以预见一部分的，但在每年一定限度的计划中，首先必须保证当前急需的要求，没有可能为此早作准备。从 1956 年起，学校已逐渐开始建设眷属住宅了。在 1957 年学生宿舍完成后，学生人数已满万人，单身教职员宿舍也已基本解决。今后除少量添建外，在近几年内这二类宿舍维持现有水平已可满足，因而逐步增加些眷属宿舍是有必要也有可能的。

在解放以前，不带家属的和住在校外的较多，解放初期也还是这样，在校内结婚的人大多通过私人协商个别调整一下房间来解决。在资本主义国家中，当然不可能负责给予房屋，即使在苏联等社会主义国家中，一般的习惯也是住在校外，教师学生乘坐公共交通车上学是很平常的。我校在 1952 年院系调整以后，大批住在校外的迁入校内，以后就沿袭由行政上解决几乎是全部包下眷属住宅。因此，我们今天的居住条件应该说是比较优越的，和国内高等学校比也不相上下。我们都知道，生活水平必须在生产发展的基础上逐步提高，在学校来说，也必须在首先保证教学任务的前提下来逐步的改善。我们应该响应中央艰苦奋斗的号召，克服暂时的住房上的困难。

速度问题

能不能多增加些投资和面积呢？解放后八年来（实际上是 1952、1954、1955、1956 四年）的建设已超过了解放前 40 年的总和。只以 1954 年至 1957 年四年的数字看，批准计划面积近 143 000 平方公尺，投资约 14 000 000 万元。这是很大的数量。建设的速度不能凭主观的愿望，1956 年国家的基本建设计划中有主观偏大的现象，使材料供应上发生困难，我校的部分工程也曾短时期停工。这个问题在最近时期的报纸上已有很多文章谈到，这里就不再赘述了。

建筑的设计和施工速度是否慢了？在工作上的改进是可能使速度还快一些的，但是在一定技术水平下，速度仍有其客观限制。我们在设计方面采取了自己设计的措施，这在目前建设资料提出较晚而又迫切等待使用的条件下，能够紧密、灵活地与教学要求配合，是加快了进度的。施工的有关因素很多，从征购土地，安置转业的失地农民，迁移民房和坟墓，施工水源、电源的供应，运输道路等一系列的准备工作，以至施工时材料供应、设备和技术水平、自然气候条件等因素的综合结果，学校一般永久性教学用房的设计施工都经一年半至二年的时间，一般宿舍楼也在一年左右，若和解放前相比，今天的速度仍要快得多。单从施工的工期看，如面积 11 230 平方公尺的新水利馆比旧水利馆大了五倍多，可是旧水利馆花了 28 个月才盖成，而新水利馆只用了 10 个月。再如 26 500 平方公尺的学生宿舍 1—4 号楼，也比 4 309 平方公尺的静斋、善斋快了一倍。

基本建设还有其他方面如规划、设计、质量等，不在这里一一涉及。

1957 年是基本建设任务最大的一年，也是比较关键性的一年，为了更好地完成这些任务，还需要各方面的关心和支持，希望能够得到大家的批评和建议。

《新清华》第 177 期，1957 年 4 月 9 日

高教部关于迁移清华园铁路的批示[※]

（1957 年 10 月 15 日）

清华大学：

9 月 7 日蒋南翔校长给我部刘皑风副部长的来信已悉。关于你校校区内京包线铁路迁线问题，答复如下：

1. 同意将你校校区内的京包线铁路向东迁移至东距八大学院约 200 公尺地段。迁线所需投资在我部下达你校的 1958 年基建投资计划控制数 4 458 千元外，专案解决。

2. 望即与铁道部有关单位具体洽办迁线手续，并详细核算所需投资，如全部一年迁完需投资多少？如分两年迁完则明年及后年各需投资多少？将具体投资及完成日期另专案报部，以便我部在核定你校本年基建计划草案时，以追加列入年度计划。

中华人民共和国高等教育部

1957 年 10 月 15 日

抄送：铁道部、北京铁路管理局、北京市规划委员会

清华大学档案，全宗号 2，目录号 校 6，案卷号 031

1948 年至 1959 年学校基本建设项目[※]

（1960 年）

时间	基建项目	面　积
1948 年	附中附小	1 255 平方公尺
		共 1 255 平方公尺

时间	基建项目	面积
1951年	新航空馆	412平方公尺
	水文试验机房	30平方公尺
	强斋	607平方公尺
	诚斋、立斋	3 520平方公尺
	胜因院（十四所）	1 082平方公尺
	变压器室	57平方公尺
		共5 708平方公尺
1952年	第一教室楼	2 607平方公尺
	阶梯教室	395平方公尺
	水利馆	900平方公尺
	新航空馆	412平方公尺
	汽车工厂	413平方公尺
	机械实习工厂	971平方公尺
	水利系金工间	131平方公尺
	1—4宿舍	3 425平方公尺
	5—13宿舍	3 875平方公尺
	14—17宿舍	5 933平方公尺
	1—2区	6 169平方公尺
	1—2公寓	2 992平方公尺
	教职第一宿舍	1 002平方公尺
	教职第二宿舍	1 732平方公尺
	西大饭厅	2 773平方公尺
	北大饭厅	533平方公尺
	北饭厅厨房	439平方公尺
	员工食堂、俱乐部	857平方公尺
	员工浴室	263平方公尺
	3—5〔公〕区	5 838平方公尺
	3—5区厕所	237平方公尺
	附中附小	1 058平方公尺
	北院水泵房	54平方公尺
		共43 011平方公尺①

---

① 编者注：数据对不上，原文如此。

时间	基建项目	面　　积
1953 年	小锅炉房	291 平方公尺
		共 291 平方公尺
1954 年	第二教室楼	1 256 平方公尺
	机床实验室	824 平方公尺
	压力实验室	412 平方公尺
	汽车工厂	413 平方公尺
	木工实习工厂	321 平方公尺
	水力枢纽	42 平方公尺
	工程科	820 平方公尺
	一号楼	8 768 平方公尺
	二号楼	10 128 平方公尺
	三、四号楼	6 264 平方公尺
	东西厨房	680 平方公尺
	一至四号楼浴室锅炉房	611 平方公尺
	合作社	200 平方公尺
	汽车房	218 平方公尺
		共 30 957 平方公尺
1955 年	体育馆	45 平方公尺
	汽车工厂	413 平方公尺
	机床实验室	338 平方公尺
	压力加工实验室	64 平方公尺
	土木系实验室	1 028 平方公尺
	动力系实验室	1 414 平方公尺
	新水利馆	11 230 平方公尺
	土木实验基地	3 102 平方公尺
	焊接、金相实验室	5 326 平方公尺
	压力加工实验室	1 145 平方公尺
	铸工实验室	1 714 平方公尺
	乙炔室	44 平方公尺
	第二变电及压缩空气室	91 平方公尺

时 间	基 建 项 目	面 积
1955 年	缮印科	2 026 平方公尺
	1—4 号楼锅炉房	109 平方公尺
	大锅炉房	195 平方公尺
	焊、压、铸锅炉房	106 平方公尺
	土建基地锅炉房	106 平方公尺
		共 27 494 平方公尺①
1956 年	给排水实验室	1 149 平方公尺
	污水实验室	135 平方公尺
	高压实验室	1 615 平方公尺
	热力设备实验室	266 平方公尺
	水处理实验室	60 平方公尺
	汽车实验室	3 740 平方公尺
	木柴干燥间	35 平方公尺
	骨料仓库	83 平方公尺
	西主楼（西区）	20 875 平方公尺
	3—8 公寓	11 898 平方公尺
	9 公寓	2 068 平方公尺
	10—12 公寓	1 632 平方公尺
	单教食堂	684 平方公尺
	单教厨房	470 平方公尺
	单浴锅炉房	397 平方公尺
		共 45 107 平方公尺
1957 年	工程物理实验室	496 平方公尺
	5—8 号楼	16 636 平方公尺
	1—2 区	220 平方公尺
	3—5 区	240 平方公尺
	东区学生饭厅	1 515 平方公尺

① 编者注：数据对不上，原文如此。

时间	基 建 项 目	面　　积
1957 年	甲级锅炉房	317 平方公尺
	附小	261 平方公尺
		共 19 505 平方公尺 ①
1958 年②	主楼东 11 区	165 846 平方公尺
	工程物理馆	11 816 平方公尺
	工程物理馆五区	288 平方公尺
	9 号楼	2 870 平方公尺
	13 公寓	1 590 平方公尺
	附小	264 平方公尺
	高压锅炉房	622 平方公尺
1959 年	通用车间	2 600 平方公尺
	阶梯教室	760 平方公尺
	10 号楼	2 450 平方公尺
	11 号楼	3 500 平方公尺
	12 号楼	3 500 平方公尺
	13 号楼	6 142 平方公尺
	1 号食堂	1 230 平方公尺
	浴室锅炉房	893 平方公尺
	附小教室	313 平方公尺
	主楼东区	12 921 平方公尺
	主楼东区八、九区	5 619 平方公尺
		共 39 928 平方公尺

清华大学档案，全宗号 2，目录号 干部科定期，案卷号 6023

---

① 编者注：数据对不上，原文如此。
② 编者注：原文无本年度总计数据。

4. 总务行政

本学期总务工作计划

(1953 年 4 月 28 日)

总务工作的中心任务就是要密切配合教学工作需要，从教学与学习的物质条件方面去保证教学工作及其他各项有关工作计划的完成。

（一）总务处本学期的工作任务：

根据本学期教学工作、政治工作、健康工作的要求和学校发展的需要，和总务处已有的条件，计划在本学期内完成以下四方面的任务：

甲、继续改善直接有关教学工作的主要条件：

1. 进行学校发展地区初步的测量和钻探工作。

2. 改进和提高现有苏联专家的招待工作，并计划为人数较多的苏联专家来校准备物质条件。

3. 密切配合教务处，从经费开支、交通运输及其他有关方面去保证生产实习计划的顺利实施。

4. 完成去年新建的未完工程及进行今年的房屋修缮工程，去年新建工程的未完部分包括房屋及水电建筑和道路及场地部分分别在四、五、六月内完成，并进行必需的改进和修缮工程，今年修缮工程采取重点修缮与不塌不漏不修的原则分三期进行，分别在四、七、九月逐步完成。

5. 在已有的基础上提高和改善教材缮印工作，在已有产量基础上提高质量，争取能按计划及时供应，减少错误。计划增添小型的铅印设备，条件较成熟的大批提纲或讲义争取采用铅印。

6. 接受原由教学设备科担任的部分教学器材的经常采购工作，俾使教学设备科能集中力量做好教学设备逐年增设的计划，以及管理和大量采购工作。

7. 调查登记并调配教学部门所用器具设备，逐步改善室内教学条件，以及器具保管和日常的整洁工作。

8. 做好航空、钢铁、石油三学院本学期暑假迁出清华前后的各项工作。三校迁出的准备工作，应包括教学和一般器具设备的登记以及分配和清点工作，人员迁出时住宅和宿舍的交接工作等。三学院迁出后应即迅速进行校内有关的房屋的调整和使用、房屋内部必要的改建和修缮工作。

乙、配合全校健康工作计划，做好有关的总务工作：

1. 增辟和翻修新旧运动场地，增添体育设备，预计今年要翻修和新辟运动场地七万平方公尺，分别在四月初及四月底完工。

2. 改善卫生条件：

室外部分本学期内以下述三项措施为重点，逐步实施：

（1）疏浚校中部分天然水道及池塘，并开辟水源，使清水流畅。

（2）新建房屋地区开辟雨水沟，填平旧大饭厅后面的草塘以及其他坑洼减少积水。

（3）计划并辅助同学们进行义务劳动，以整理校园为主。

（4）加强清洁工作并改进对清洁工人的组织及管理工作，做好日常清洁工作。

室内部分有以下几项主要工作：

（1）宿舍、饭厅、厨房及厕所的纱门纱窗应迅速修整。

（2）逐步改善新旧饭厅的通风及其他卫生条件。

（3）二十八人间学生宿舍改为三小间，计划在暑假中进行。

（4）住宿科应加强和改进工人的管理工作，经常维持宿舍内的整洁。

3. 改进师生员工保健工作，在本学期重点工作应该是：

（1）膳食科应在已有基础上改进伙食管理工作，提高工人的积极性和创造性，逐步改善伙食及卫生条件。

（2）校医室应大力贯彻预防为主的工作方针，并在已有的基础上从改进领导和工作方法、提高工作效率以及健全制度入手，逐步改善预防保健和医疗工作的情况。

（3）改善个人卫生的有关条件，在可能情况下力求改善用水检查及饮水供应工作（包括宿舍、系馆和办公室），迅速完成去年新建浴室并计划在必要时增辟一部分临时性的淋浴设备。

丙、加强经费、物资、房舍的管理工作。这方面工作包括：

1. 财务工作应以合理使用经费，严格执行预算为原则，各有关方面也有责任保证国家预算的执行。建立校内经费分配制度并健全审核制度：一方面是全校经费应统一掌握，另一方面亦应根据各部门实际工作需要分配经费预算，层层负责，坚持预算计划，务使全部经费能按轻重缓急合理使用。

2. 物资供应和保管工作应在已有的工作基础上，从改善管理和建立制度入手，分别主要次要，逐步地正确掌握全校物资的数量和使用情况，改善仓库管理工作，防止损坏和积压，提高采购和供应工作的计划性，建立周密的收发和登记制度，克服严重的物资浪费现象。

3. 房舍设备的管理工作应有专人负责，特别是住宅和宿舍房屋设备的管理必须加强，逐步建立分配、出租、日常管理和修缮制度，对于损坏国家财产的，应订立赔偿制度，严格执行，并进一步做好财产保险工作。

丁、做好重大节日活动的后勤工作：

1．"五一"劳动节及校庆的筹备工作：在四月中即成立全校性的"五一"劳动节及校庆工作筹备委员会，在统一的筹备计划下做好总务方面的工作，包括游行的准备、校庆的筹备及招待来宾参观工作。

2．运动会筹备工作，五月中开始。

3．"五一"节前后外宾招待工作。

4．教学研究会预计在八月底举行，全国各有关部门可能来人参加，这方面总务筹备工作应在八月中开始。

（二）要完成以上的工作任务，我们应注意做好以下五方面的工作：

甲、订立工作计划，按计划办事，克服工作的盲目性。

乙、建立制度，按制度办事，克服工作中的混乱和无人负责的现象。总务处一级将首先重点制定以下三方面的制度：

1．全校房屋管理及修缮制度。

2．物资（不包括教学设备）供应、管理及修理制度。

3．会议及汇报制度。

并配合人事室制订职工请假制度、临时工管理办法。各科应有计划、有重点地建立有关工作的制度。

丙、厉行节约，克服浪费，改进工作方法，提高工作效率，发挥工作中的潜在力量。

丁、开展批评与自我批评，加强工作检查。

戊、工作中应重视培养干部，并加强对文化、政治和业务学习的领导。

《新清华》第 2 期，1953 年 4 月 18 日

总务工作一年来在三方面的改进

(1953 年 12 月 29 日)

总务长　史国衡

　　总务处的工作，随着国家建设的发展和学校的改进，并由于校长的正确领导，有关部门的支持配合，以及大多数职工同志们的积极努力，的确是取得了一定的成绩和进步的。这一年的进步，我们认为可以从下面三个方面来说明：（一）明确了总务工作的方向。（二）逐步建立了工作制度和工作计划。（三）改进了工作方法。

　　在明确工作方向上，首先要解决"总务处的工作是为什么的"这个问题。老实说，在去年这时候，我们不一定都能在口头上答得出来总务工作是为教学服务的。后来"为教学服务"虽逐渐变成了我们大家日常的口号，但对于这句话的意义，并不是都有真正的认识，所以有时接收了某项临时任务，思想上并未解决问题，因而工作有些被动，甚至对服务对象有不同的意见也不敢当面解释说明。通过各种学习和事实的教育，我们逐渐体会到学校培养干部的意义，认识到总务工作与教学的关联，正如蒋校长所指出的，是推动学校前进的两个轮子，大多数同志们的思想起了变化，于是大大加强了主人翁的感觉，一方面敢于仔细分析任务的轻重缓急，保证完成主要的工作；另一方面也更能自觉地勇于接受任务，例如在生产实习的后勤工作中，在迎接新生工作以及重大节日的筹备工作中，工作同志都表现了不怕事务的繁重和复杂，下定决心、不计日夜地去完成。

　　关于逐步建立工作制度和工作计划，半年多以来也取得了一定的成绩。记得去年这时候我们确实是比现在还忙，可是忙中又毫无打算，终日忙于招架，今天不知也不想明天将干些什么。自从今年四月份起订了计划，分别出工作的轻重缓急，编排了工作日程，就很快扭转了被动的局面。在未定工作计划之先，有人说，总务工作不像教学工作，既无计划可订，勉强订了也行不通。但事实表明了实行计划不到一个月，就有同志们反映，由于有了计划，克服了忙乱，提高了工作效率，并且可以使突击工作逐渐转为经常化了，同时建立了各种制度以后，工作也有规可循了，加强了主动性。

在工作方法方面，一年来也有相当大的转变。在总务处成立之初，各级的领导干部不是新调任的就是新提拔的，热情虽高，但缺乏经验，领导水平不高。在工作中大多陷于事务主义，不善于发挥群众的积极性和创造性，也不会了解情况，分析问题，抓住重点，做好思想领导工作。后来，由于总务处各级负责干部经过了一阶段的实际锻炼，又通过《实践论》和《矛盾论》的学习，逐渐能从工作中摸出了一些规律，又经过几次工作总结，并用干部会的形式交流经验，因而在工作方法和领导方法上也获得了一定改进。个别的科并已在思想工作和干部培养方面表现了初步成绩。

当然，上述所提到的总务处过去一年的改进还是初步的，我们在各方面的缺点还很多，对于为教学服务的思想不够深刻，计划的执行也不够严格，工作的发展还不平衡，因而远赶不上学校新的发展对于我们所提出的要求。今后我们更要拿出坚决奋斗的精神、艰苦朴实的作风，以主人翁的气概，在原有的基础上继续不断地提高工作。我们应该在国家总路线的灯塔照耀下，按照中央精简节约的号召，以"少花钱，多办事，办好事"的要求来迎接 1954 年。

《新清华》第 25 期，1953 年 12 月 29 日

一年来的总务工作

（1954 年）

一年来的总务工作，在党和行政的正确领导下，在保证教学任务的完成及贯彻精简节约中，获得了一定的成绩。

一年来总务工作的成绩，是在配合教学改革的实践中获得的。院系调整后，总务工作曾由于方针不明确、干部物质条件缺乏等原因，当时总务工作一时不能适应教学改革所提出的新的要求。努力使总务工作配合教学改革的过程，即是改进总务工作的过程，也就是深刻认识"为教学服务"的实践过程。

保证完成教学任务

教学工作是学校的中心工作，总务工作是为教学服务的。在旧型的高等学校里，总务工作的目的性是不明确的。从学校总的领导加强后，总务的工作同志们逐渐从思想上明确了总务工作应"面向教学"的方针，因而能主动地从实际工作中配合教学任务，如在过去一年中，在生产实习的后勤工作、教材缮印及发行工作、全校医疗保健工作及全校师生员工的生活服务等方面，都得到相当的成绩。

（一）生产实习后勤工作：一九五三年的生产实习是教学改革以后第一次的生产实习，参加实习的师生共一千七百余人，实习地点遍于全国各地，和厂矿机关都预先有联系安排，而且都订立实习计划。

为了做好这项工作，总务处与教务处生产实习科取得密切联系，事先作好计划，统一布置。校医室在实习前即进行实习师生的体格检查，预防接种，训练保健干事，印发《健康手册》，配备急救包等工作。会计科事先按开支标准做好预算，并加以训练从每班选出的财务干事。庶务科也根据实习计划，按期定购车票，或接洽铁路转车事宜，对各班选出的交通干事说明交通安全、交通规章等事项并印发《交通手册》。由于实习计划比较周密，事先有了充分准备，以及全体职工的努力，在配合一九五三年暑期的生产实习中，总务工作基本上做到了保护实习师生的健康，保证适当的和必要的财物供应，以及保证了实习师生按时出发，及时返校。

（二）教材缮印和发行工作：教学改革后教师积极学习苏联教学经验，大量地编译新讲义。每一学期总有两百种左右新编或改编的教材及提纲要求付印。在边学边教和边译边编的情况下，要求随时脱稿，随时印发，及时供应。由于缮写印刷力量不足，当时曾发生缮印脱期、差错多、发行混乱的现象。上学期加强了管理和发行，在可能条件下扩充了铅印设备，初步实行了成本核算，因而保证了专家讲义及校刊《新清华》的印刷，改善了教材的供应，提高了质量。一九五三年下半年，仅铅印讲义即达四万余份，《新清华》五万余份。由于各教学单位密切配合，加强了交印的计划性，使缮印工作效率提高。

同时上学期校务行政会议作出关于讲义收费的决定后，讲义费开支由上学年平均每月一亿一千万元降低至本学年每月平均五千万元，克服了经费上的困难，同时也促使学生更加爱护讲义。

（三）开展医疗保健工作：我校离城较远，无法进城就诊；在实行公费医疗制度以后，校医室逐步有了发展。

总务处根据校务行政会议，上学期贯彻了学校的医务工作更好地为保证教学，培养才德兼备、体魄强健的工程师的任务服务的。一年来校医室在执行校务行政会议的决定上获得了一定的成绩。首先是改善门诊制度，成立第二门诊部专看轻病，随到随诊随发药，并实行重病自动预约挂号制度，克服了门诊的拥挤现象，提高了医疗质量和工作效率，为体格检查创造了条件。

同时在保健卫生工作方面，积极开展大规模体格检查及防痨透视工作，并据以确定医疗工作的重点，指导学生的学习生活和体育锻炼。一九五三年下半年的六个月中，共检查体格四零三三人次，保证了留苏预备生及入学新生的体格检查。全年共透视肺部一八一七四次，进行口头防痨宣传八十二次，并对发展期之肺结核病人予以隔离及治疗，一九五三年上半年全校肺结核发病率为 4％（学生 1.4％），同年下半年降为 2.8％（学生为 0.6％），全年治愈肺结核五十六人。另一方面，开展医疗体育、卫生宣传和全校的预防接种。配合爱国卫生运动，宣传预防脑炎夏季传染病、伤风、感冒、煤气中毒等。帮助膳团改进卫生工作，检查合作社商品夏季冷食品。

由于全体医务工作人员觉悟提高，进一步改善了医疗态度；学习苏联先进治疗方法后，医疗工作的质量有显著的提高。

（四）改进膳食工作：本校膳团共有炊事员一百余人，供应着约六千位师生员工的膳食，办好伙食是广大师生员工的切身生活问题，对保证师生员工的工作、学习和健康有重大意义。总务处分析了当时的情况，要搞好伙食工作，关键是在于提高伙食工作人员的思想觉悟，改进劳动态度，因而于去年十一月召开了膳食工作者代表会议，在发扬民主的精神下，通过生活对比，启发了炊事员当家做主的觉悟，认识了膳食工作的意义，鼓舞了工作热情，积极改进工作，争取做到"营养好、味道好、卫生好"。在此基础上并调整了劳动组织，根据可能改进了某些劳动条件与设备，建立了四个分膳团作为基层组织，统一饭厅、饭房、菜房的工作；进一步提高了炊事员的责任感，加强了团结，显著地改进了伙食。现在粗粮细作花样达七十多种，厨工成立了访问小组，经常根据群众意见更换口味，使同学能吃到包子面条等，其他如节粮、节煤、节油、清洁卫生、菜饭保暖均有改进，因而受到了广大群众的热烈欢迎和表扬。

（五）修缮工程及设备供应：一九五三年完成的修屋任务计有：修建新运动场及整修积水难泄的旧操场，整修危险房屋一一〇〇〇平方公尺；为适应教学需要局部修隔教室和实验室；疏通和修补了全校地下水道，重点整修一院大楼。另外，重点整修了年久失修的工字厅，不仅解决办公室用房的需要，更保护了清华园内最古老的民族形式的建筑，保存了民族文化艺术。

学校接受了苏联专家的关于改进教学设备的建议，在水利部的技术协助下，总务处修缮工程处进行了水力枢纽工程的冬季施工，估计可按原订计划于一九五四年四月完工。同时为了使教学设备科能集中力量搞好教学设备工作，凡五金材料等虽属于教学用的，自上学期起亦由总务处物资供应管理科统一采购，这样也同时减少了在采购中工作重复和人力浪费的现象。

贯彻精简节约

本校在去年五月即提出了精简节约的号召。在去年十一月结合过渡时期总路线总任务的学习，校务委员会又通过了深入开展精简节约的决议及进行全校动员，这样精简节约工作有了进一步的开展。

贯彻精简节约是全校师生员工共同的任务，总务处在各部门以及党团工会等组织配合下进行。对教学人员要树立精打细算的精神，批判了不管财务、缺乏经济观点的思想。行政人员要发扬当家做主的思想，认识行政工作的重要意义，发挥积极性，改进工作方法，提高行政效率。学生要爱护国家财产，加强学习和生活中的组织性和纪律性。精简节约工作主要表现在下列四方面：

（一）调整劳动组织：一年来不断调整劳动组织，提高工作效率。临时工人约减少二百名，基本上克服了院系调整后以大量临时工担负工作的不正常现象。在原有编制中，如住宿科原有八十九人，去年六月调整工作后减少为五十七人。又如上学期改组校卫队，重点配备力量，加强保卫和消防工作，将其中校门的看守工作改为门房，属庶务科领导，这样即改变了外紧内松的局面，又精简了八人，帮助了新建的兄弟学校。

一九五四年校行政决定自营基本建设，在全校支持基本建设的号召下，各行政部门共抽调百余名职工输送去参加基本建设工作，进一步推动了各单位的精简节约工作。

一年来，教师与职工的比例逐渐增加，一九五二年度为·五八，一九五三年度上学期为·六六，下学期为·七。今后还将陆续提高。

（二）紧缩经费开支，节约物资消费：由于职工同志在工作中随时注意节约材料，提合理化建议，在合理用料、利用废料、利用旧料方面获得一定的成绩。仅工程科去年利用废料、旧料即达二亿九千五百万元，为国家节约了大批资金。

在基本建设工程方面，进行水力枢纽的修建工程时，由于同学义务劳动的大量洗石子的结果，节省了工资约四百万元。

本年度冬季曾展开安全供暖节煤竞赛，烧煤工人在"节约工业上的粮食"的口号鼓舞下，在降低耗煤、掌握天时及供暖时间方面找了很多窍门。本年度冬季，虽然增加了两座暖气炉子及一部分供暖时间延长，但比原有定额节省了九百八十吨煤。

（三）爱护国家财物，减少损坏现象：在上学期由于对同学加强了爱护国家财产的认识，在学生会的发动下，在同学中展开了爱护公共财产的竞赛。同时在行政上也初步建立了家具管理的责任制，家具损坏的情形大为减少，仅就住宿科统计，宿舍家具如木床、桌子、凳子，十月份修理共二四六件，十二月份展开竞赛后，已降至一二一件。在爱护图书及仪器方面，也有成绩，图书逾期不还的现象减少，仪器的损坏情况也好转了。

（四）加强工作的计划性，健全各项制度，加强劳动纪律：在健全制度方面，首先是加强了财务和物资的管理工作，认真地贯彻了预算计划，并进一步建立了财务制度，如全校教学设备费、教学经常费、图书购置费等，都订出了经费分配数额、采购计划和经费批准手续，加强了经费开支的责任制。

在各教学及行政单位的支持下，逐步加强了工作的计划性，工程科在未订计划时工作很忙乱，只瓦木工作室在六月份就积压了一百多件工作；在执行各单位按半月送申请修缮计划及实行检修和分区负责制后，完全克服了积压工作的现象。物资供应管理科订立采购计划后，每月的采购任务在半月内即可完成。

几 点 经 验

（一）总务工作必须明确"为教学服务"的方针：教学工作是学校的中心工作，总务工作的目的是为了从物质生活条件等各方面保证教学工作顺利地进行。教学工作不断地发展，总务工作也必须相适应地跟上去，正如蒋校长所提出的，提高教学质量和提高工作效率是推动学校的两个轮子。一年来的事实说明：凡是适应教学改革要求和群众要求的工作，就得到发展，也在工作中提高了职工的觉悟和工作能力。因此，总务工作必须主动面向教学，面向群众，不仅仅是配合目前的需要，而且领导思想上对由于学校发展所将产生的新情况应有足够的估计，才能逐步提高总务工作。总务工作越是作出成绩，便越能得到各方面的支持。

"为教学服务"的意义是积极的，总务工作是学校工作不可缺少的一个方面，在完成国家的任务中负有一定的责任。总务工作人员一方面要树立群众观点，另一方面要经常地在实际工作中注意节约，与片面强调完成任务，不管财务开支的现象作斗争，与损坏国家财产的现象作斗争；同时认真地做好财务、清洁、膳食等总务工作，也可以影响学生养成节约、爱清洁、爱劳动的优良品质。

（二）做好总务工作的关键是加强职工的政治思想教育：要做好总务工作，必须依靠党的领导、青年团和工会的配合，充分发动全体职工的积极性。"面向教学"方针的贯彻，不仅仅是一种行政任务的布置，也就是职工社会主义思想觉悟提高的具体表现。

由于旧社会人们轻视劳动，曾有一部分职工思想上轻视自己的工作，妨碍了他们的积极性的发挥。必须经常地与国家社会主义工业化的建设事业联系起来说明总务工作的意义，从他们的切身经验引导他们认识国家与个人利益之一致，因而树立热爱工作，钻研业务，发扬主人翁的劳动态度。对技术人员必须说明技术要为学校当前需要服务，提倡理论联系实际的作风。

总务工作的行政领导应主动与党、工会、青年团组织联系，取得步调一致，加强政治思想领导，工会并围绕当前的工作在职工中有重点地开展爱国主义劳动竞赛，经常以小组生活的批评自我批评来巩固劳动纪律。

一九五四年二月根据第十三次校务行政会议的决议，本着"总结成绩、发扬进步、加强团结、提高工作"的精神，在职工中进行了优良工作者的评选工作，并召开了优良工作者会议，推选了先进工作者。评选工作在树立榜样，鼓舞职工工作热情上起了良好的作用，校行政已决定将评选工作固定为一种制度，每年进行一次。

（三）加强计划性：一年来事实说明总务工作不但可以订计划，而且加强工作的计划性，建立制度，是提高工作效率的重要条件。领导上必须逐渐熟悉学校工作的规律，在群众积极性和创造性的基础上，才能制订适合于当前任务需要的工作计划。

《清华大学校庆纪念特刊》1954 年

清华大学经费管理暂行办法

——三月十八日一九五四—一九五五年度
第五次校务会议通过

（1955 年 3 月 18 日）

一、总　则

制订本办法的目的是为了进一步加强全校经费管理工作，使各项经费能够使用得更为恰当，在精简节约的原则下更好地为学校的教学工作、学校的发展和全校师生员工的生活服务。

要搞好全校经费管理工作，一方面必须集中加强管理，根据国家投资总额和学校任务的具体情况，按各项事业的需要，统一分配和调整各项经费预算，加强对各单位经费开支情况的检查和督促，同时还必须要求各单位能分层负责，认真贯彻精简节约的精神，对所经管的经费能通盘计划，合理使用。

本办法仅就当前全校经费预算中的主要问题作出一些必要的规定，今后还须要继续加以修订和补充，同时还要逐步做好以经费管理工作为基础的全校财产物资管理工作。各行政及教学单位今后务必认真改善经营管理，不断依靠全体师生员工的积极支持和监督来提高财务管理工作的水平。

二、全校总预算编制、批准、分配和调整程序的规定

1. 接到高教部总预算数控制数后由会计科在总务长领导下着手编制下年度预算草案，由总务长提交校务委员会讨论通过并经校长批准后呈报高教部。

2. 年度预算在高教部未批准以前，各项经费开支（高教部指示不能先行动用的经费除外）原则上按预算草案执行，经高等教育部批准后，按批准数调整后执行。

3. 在每年第一季度及第三季度中根据总预算及各项事业实际需要对各项经费开支情况进行检查，并由会计科会同有关部门拟订或调整各行政及教学单位所需经费预算分配数草案，经总务长审查同意提交校长批准后执行。

4. 在每年年终前根据高教部统一规定进行全年预算调整和经费流用工作，调整计划由总务长提交校务委员会讨论通过并经校长批准后执行。

三、各项经费开支系统及用途说明

直接掌握预算部门	开支经费类别	原负责分配预算部门	用途说明	备注
人事室	工资	人事室	编制内工作人员按标准发给的工资及高于标准的保留工资、病休、调出在职进修、准备精简人员的工资开支。	
	工资补助费	人事室	调出在职进修人员及借调来校工作人员的地区伙食差价补贴，冬季补贴，学有专长国内专家工资外补贴，代课代职人员工资的开支。	

直接掌握 预算部门	开支经费 类别	原负责分配 预算部门	用途说明	备注
人 事 室	职工福利费	人事室	① 在编人员的家属及个人困难补助、多子女困难补助、医药困难补助及出国人员家属困难补助等。②经学校批准的退休人员生活费。③工作人员死亡埋葬、抚恤费。	
供 管 科	定额公杂费	会计科	在定额公杂费规定范围内各项采购及零星开支如办公用文具纸张、清洁卫生用品、零星购置及零星修理公用钟表自行车洗台布窗帘、经常添购之炊具、油炭及交通用燃料油脂、牲畜饲料，教学办公用的一般家具杂项设备的零星修理所用工料费等开支。	控制数分配到各单位，由各单位提出计划统一购置。
	家具设备购置费	会计科	教学、办公、生活各部门所用桌、椅、床、凳、台、案、橱、柜、支架等设备的购置及搬运杂费属之。	
	杂项设备购置费	会计科	非教学用机件、器械、车辆、牲畜、器皿、陈设等除家具以外的一般设备及搬运杂费属之。	
	代制代修家具收入	会计科		目前暂不由各教学单位提出计划在其教学消耗费控制数内开支。办理此项业务。
	教学用纸张文具杂品	教学设备科	直接使用于教学及科学研究工作的文具纸张费用及杂品。	

直接掌握预算部门	开支经费类别	原负责分配预算部门	用途说明	备注
右列各项经费。（包括基建财务组）除统一管理全校各项开支外并直接掌握 会计科	公杂费中集中使用部分	会计科	邮电、汇兑、广告、水电、市内交通费、文娱活动、节日庆祝、行政用临时杂工工资等。	
	冬季烤火费	会计科	冬季烤火用煤、木柴加工费、运杂费及烤火用工具烟囱等，发给个人补助及烤火工工资。	
	旅差费	会计科	因公出差在六十华里以上或奉命调职所需车船费、旅途补助费、搬运杂费以及因公出国人员置装费属之。	
	工会经费	会计科	按规定由行政上拨给工会的经费（即按全校所发工资总额的百分之二拨给）	
	其他费用	会计科		
	基本建设资金	会计科基建财务组	包括新建房屋建筑费以及其他有关建设费用。	
	重点修缮费用	会计科基建财务组	经高教部批准重点修缮工程所需费用。	
工程房产科	经常房屋修缮费	工程房产科	经常房屋道路沟渠、围墙及水电卫生设备的零星修缮开支。	
	重点修缮工程科施工部分	会计科	由工程科施工的重点修缮工程（包括水电暖土建工程）的开支。	
	住宅房租收入	工程房产科	住宅房屋及水电卫生设备的经常修缮所用工料费。	
	住宅自费修理	工程房产科	按规定属于装饰、粉刷、炉灶拆装及应由住户自行负担的零星修缮所需的费用。	
	基本建设工程工料施工部分	基建委员会办公室	受基本建设工程委员会委托施工的工程工料杂费等开支。	

直接掌握预算部门	开支经费类别	原负责分配预算部门	用途说明	备注
工程房产科	经常教学费	教学设备科	各实验室教学设备所需零星土木、水电管道等安装及其维护修理工程所需的人工材料费。	
	专门事业工程费	各经管部门		费用由各委托部门掌握经费内开支。
1955年修建工程处（本年暂设单位）	1954年基建未完工程	修建工程处	1954年基建未了工程，如室内粉刷、室外水刷石、场地清理、道路绿化、下水道等工程。	
	重点修缮费修建处施工部分	会计科基建财务组		
	基本建设工程修建处施工部分	基本建设委员会	迁建工程所需工料杂费等。	
庶务科	公杂费一部分	会计科	汽车修理、行政书报、招待、绿化、会场布置、学生文娱等费。	
	经常教学费	教学设备科	学生学习用报纸费。	
	汽车出租收入	庶务科	汽车用燃料、润滑油、购置零件、工具及零星检修费用。	
	电影机出租收入	庶务科	零星修理、添购零件以及为演出所需的车费、伙食补助费等。	
	经办或委托代办事项	各经管或委托部门	生产实习、毕业实习、迎接新同学、分送毕业同学、节日庆祝或各单位委托代办事项所需费用。	
	临时工工资	会计科	除修缮工程外行政上所需的临时勤杂工人工资。	

直接掌握 预算部门	开支经费 类别	原负责分配 预算部门	用途说明	备注
教学设备科	经常教学费	教学设备科	凡属于实习实验、科学研究所用的低值易耗或消耗性的原材料，如工具、电工及机械的成品零件零星补充用品等及实验实习的水电费等开支。	
	教学设备购置	教学设备科	实习实验用的各种机器、仪器、电力设备、无线电设备、仪表、成套的标本模型、体育器械设备等，包括运输、安装费及其他具有固定资产性质的设备。	
	教学设备国外购置部分	教学设备科	向国外购置的固定资产性质的设备。	
生产实习科	生产实习费	生产实习科	属于年度计划内的本校师生员工进行生产实习、毕业实习、认识实习所需车船费、补助费、杂费等开支。	
	经常教学费	生产实习科	不属于生产实习规定内的一般实习、参观、调查、采集、交流教学经验等所需车船费、补助费、杂费等开支。	
图书馆	图书购置费	图书馆	中外图书、贵重图片、杂志期刊的购置及邮寄装运费属之。	
	经常教学费	教学设备科	1. 教学用一般性报刊、资料购置及图书资料的装订等费用。2. 教师用课本、课程设计及毕业设计必要的参考资料、学生用部分基础课课本的购置费用。	

直接掌握预算部门	开支经费类别	原负责分配预算部门	用途说明	备注
各系及各公共教研组（包括音乐室、附中、附小）	经常教学费控制数	教学设备科	各教学单位维持经常教学工作及科学研究工作进行所需要的经费，如低值易耗的工具、小型电工机械的成品、零件，体育用品，乐器，实习实验用的消耗原材料如五金电工、土建、化学药品、教学设备零星修理安装等所需工料以及直接用于教学、科研工作的文具纸张。	由各使用单位每月提出支出计划。
	定额公什费控制数	物资供应管理科	办公用文具纸张、清洁卫生用品、零星购置及零星修理，如公用钟表、自行车等修理费用和洗台布、窗帘等开支。	由各使用单位每月提出支出计划。
	赔偿费等什项收入	应全部缴会计科		可提出有关费用支出计划，根据需要拨交各该单位使用。
校长办公室（包括新清华出版社）	经常教学费	教学设备科	《新清华》《新清华月报》、公报、专家特刊及其他宣传资料印刷费。	
	公什费	会计科	校长特支费。	
助学金审议委员会	人民助学金	助学金审议委员会	研究生、大专、调干离职、产业工人、少数民族及资送国外留学的学生以及派遣来华留学生的生活学习费属之。	

直接掌握预算部门	开支经费类别	原负责分配预算部门	用途说明	备注
校医室	公费医疗	校医室	在编的教师、职工及学生因病所需的医药费、住院费（不包括伙食、车费）、手术费等，及经批准的小型医疗设备的开支。	
	眷属及附设单位医疗收入	校医室		并入卫生部开支。拨款内
缮印科	各项印刷品收费	各订货及购置单位	属于成本核算内的直接工资与补助工资、直接材料与间接材料、预备折旧和低值易耗品摊提费、职工生活福利与奖励品、管理费及其他一切开支。	按成本收费维持全部开支。
	代收清华月报、课本等费		由会计科视具体情况定期缴回。	
基本建设委员会	房屋建筑费	基本建设委员会	房屋新建、改建及其室内外附带工程（包括水、电、暖、卫生、煤气等）的建筑费属之。	
	其他建筑费	基本建设委员会	场地收购、建筑地基的收购及不属于房屋建筑的其他各项附属建筑工程开支属之。	
	勘测设计费	会计科	为基建需要而进行的地形测量、地质钻探、设计绘图等工作所用的开支。	

附注：1. 凡本表未列明之各行政及教学单位之其他收入和开支均应由会计科统一掌握。

2. 各行政及教学单位均订有定额公什费分配数，各教学单位并订有经常教学费分配数。

四、各项经费计划及申请款项审批制度

1. 工资、工资补助、福利费：

应按高等教育部批准的人员编制名额、标准规定及核定的预算数，由人事室掌握并决定各项津贴补助发放数额。如人员超出编制数或各项支出超出预算数时应由人事室签请校长批准。

2. 教学设备费：

各系（组）增添设备计划，应由各系主任及公共教研组主任亲自负责责成所属各教研组负责人按教学设备科规定的期限内制订，由系（组）主任集中进行初步审核，同意以后送教学设备科汇总，经教务长、总务长会同审查并提出初步意见送校长批准后执行。该计划并抄送会计科一份以备审核拨款。

3. 经常教学费：

① 各系（组）根据每月分配的控制数，在总数不超支的条件下，月份之间可以调整，每半年编制分月经费支出计划一次，并于每月二十日以前编制下月各项器材用品购置及教材资料等缮印计划，分别送交有关负责经办单位（教学设备科、物资供应管理科、缮印科及庶务料等）审核办理，并同时根据各负责经办单位的用款数编造分类支款计划（按经办单位分类）送会计科作为付款依据。自行负责购置部门，每月支出计划直接送会计科。

② 各负责经办单位，每月底向申请单位及会计科提出结算清单，以便核对实支数额（缮印科提出成本核算清单）。

③ 由教学经常费预算中提出一部分集中管理经费（不在各系组控制数内），并指定有关部门负责审查办理，各教学部门，如有需要应向下列有关部门申请。

（一）教学及科学研究工作的实习参观、调查研究、交流经验的旅差费，由生产实习科掌握批准。

（二）各厂矿企业发行的内部保密资料，由第一科掌握批准。

（三）经教务处核准购置之教师用课本、毕业设计及课程设计必要的参考资料以及学生用部分基础课课本等费用。以上费用均由图书馆经管使用。

（四）实验室零星土木、水电管道等安装工程及其维护修缮，由工程科掌握批准。

（五）毕业设计用纸张，由教学研究科掌握批准。

（六）教学经常机动费，是储备成立新的专业或其他临时追加特殊性教学任务之用，一般不得申请，申请部门用书面写明申请理由及金额，提交教学设备科，在五百元以下由教务长批准，五百元以上经教务长转校长批准。

④ 各系（组）每月用款总和超过分月支出计划中的当月控制数时即停止支款，如确因特殊需要提出书面说明理由作出修改计划送会计科，经审查同意后可在下月份预算内调整。

4. 定额公杂费：

① 定额公杂费由物资供应管理科统一办理，各申请单位在各该控制数内按定额公杂费分配使用暂行办法，报送支出计划，经物资供应管理科审核汇编，转送会计科一份，按计划执行（各系及公共教研组所掌握定额公杂费可与教学经常费统一汇编支出计划）。

② 各单位每月申请数不得超过其控制数，如确系特殊需要应提出书面意见，经物资供应管理科审查同意后在下月份控制数内调整。

5. 器具购置费：

由物资供应管理科统一办理，各申请单位凡需添置有永久性非教学用设备等，应由主管负责人亲自负责，按器具设备管理费暂行办法，向物资供应管理科提出申请计划，经过汇总审查后，经总务长审核转校长批准后执行。并送会计科一份以备审核拨款。

6. 旅差费：

各单位因公出差办理行政事务，在六十华里以上者，属于旅差费支出范围，出差前必须经过批准后方得报支旅费。

① 各行政部门人员出差，经所属处级领导核定后送总务长批准（采购人员出差由各科主管人批准）。

② 各系（组）教职员工出差，由系（组）主任（核定后送教务长）批准。

7. 重点修缮及经常修缮费（零星修理除外）：

每月廿五日以前由经办单位提出下月份施工计划，送请总务长批准后执行，每月底应编工程分项支出报告表送请总务长转会计科审查。

8. 申请各项临时性开支费用（如节日庆祝费、学生假日文娱活动补助费、大宗招待费及奖金等）及行政部分机动费时应提出书面申请说明理由，一百元至五百元总务长批准，在五百元以上经总务长转校长批准。

9. 属于预算外收入项下的支出，如房租、卡车、电影机、公费医疗等均须由各经办单位，于每月开始前十天提出支付计划，送请总务长批准。

10. 已经批准的购置及支付计划向会计科请款时，按下列规定批准手续办理：

① 教学设备费：单件设备价值在一万元以上请款时经教务长转校长批准。

② 器具设备费：单件或同件成批购置时其价值在五千元以上，请款时经总务长批准，在一万元以上经总务长转校长批准。

③ 其他开支可按批准计划向会计科请款，不再经过批准手续。

11. 各单位所提出各项购置及支付计划，经批准后应切实执行，如确因特殊情况必须修改计划时，须按原审批程序办理，经批准后执行。

12. 各行政及教学部门应接受会计科及经办预算单位在财务上的检查和监督。对提出要求事项或审查意见，应负责办理，及时答复。

五、成本核算单位财务管理暂行条例

1. 为适应学校发展要求，贯彻精简节约，在本校行政部门中具备一定条件，从事生产与加工的工作单位，实行成本核算的管理制度，以达到改善管理方法，提高生产，降低成本的目的。

（一九五五年暂指定缮印科、供管科木工场及设备科金工间按本条例规定实行成本核算。）

2. 成本核算单位（以后简称核算单位）系对内服务性质，主要为保证教学需要，原则上不接受校外委托，如上级机关指派或委交任务，及属于对外交流性质，经总务长批准后办理。

3. 根据生产需要，对新设立之核算单位经总务长批准后可给予定额周转金、基地、房屋、设备、机器设备等，以后视需要情况可予增减及收回，直接生产使用的物资应列为资金。

4. 核算单位的各项开支皆应摊入生产成本内进行核算，财务工作受本校会计科的领导与监督。

5. 核算单位的生产成本应包括下列各项：

① 直接工资与辅助工资。

② 直接材料与间接材料。

③ 设备折旧与低值易耗品摊提费。

④ 职工生活福利与奖励金。

⑤ 其他管理开支。

6. 核算单位所接受全部生产任务均按计划成本收费，收费

标准须经总务长批准施行，计划成本与实际成本的差异应定期检查和调整，决算差异交学校在预算内调剂使用。

7. 核算单位每月作计划一次，于下月五日前提出计算表，每年作决算一次，年度终了后四十五天应提出决算表及经营管理报告。以上计算及报告汇交会计科经初步审查后呈报总务长。

8. 本条例经校务行政会议通过校长批准后施行。核算单位应根据本条例基本精神、结合本单位业务性质及经营方式，拟订管理细则经总务长批准后执行。

六、附　则

1. 本办法由校务委员会讨论通过校长批准后实施。

2. 如本办法中各项规定与政府法令及上级机关规章制度有抵触之处，按政府法令及上级机关规章制度办理。

3. 凡在一九五五年三月以前本校所拟订之各项财务规定制度中有与本办法相抵触之处按本办法规定执行。

《清华公报》第 10 期，1955 年 4 月 14 日

校务委员会会议关于编制
一九五六年预算情况的报告事项※①
（1955 年 12 月 13 日）

时间：十二月十三日下午二时

地点：工字厅会议室

出席：蒋南翔　刘仙洲　陈士骅　袁永熙　何东昌　史国衡

---

① 编者注：本文节选自《一九五四——一九五五年度校务委员会第三次会议记录》。

张　傲　金　涛　解沛基　周寿昌　周维垣　李酉山

庄前鼎　张　维（陶葆楷代）　　章名涛

张　任（张思敬代）　　孟昭英　吴良镛　张子高

马约翰（王维屏代）　　李恩元　艾知生　李　欧

滕　藤

列席：庞家驹　汤纪敏　潘霄鹏

主席：蒋南翔　　记录：周撷清

报告事项：

1. 建筑系副主任吴良镛同志汇报该系建筑思想学习经过。（略）

2. 史国衡总务长报告编制一九五六年预算情况：高教部根据财政部要求，指示各校在精简节约、保证教学的原则下制订一九五六年度预算计划，特点为：①要全面、准确、实事求是、有定额、富于积极性，防止宽打窄用；②在定额方面要求各校按一九五五年度指标对教学行政费降低百分之二十～三十，对一般设备费降低百分之十五～二十，对教学设备费降低百分之十～十五，但对旧生可编补充设备的费用；③实行银行监督，二百元以上的开支要写明项目。高教部要求预算在十二月十五日以前上报，因布置较晚，材料尚未汇总，有关教学设备及科学研究的详细项目，部里已同意事后补报。此次编造预算说明了：①财务计划性一年年加强、严格，藉使国家财务纳入计划轨道，这个方法是完全正确的；②只有编好预算计划才能保证事业计划的更好完成；③今后编制预算要在部里布置以前早做准备。

3. 陈士骅副教务长关于下一阶段教学工作的几个问题的通知。（另行印发）

讨论事项：（编者略）

散会。

总务处一九五六年上半年工作计划要点

——一月二十四日一九五五——一九五六年度
第四次校务（扩大）会议通过

（1956 年 1 月 24 日）

（一）基本情况

（甲）有利条件存在于以下三方面：

1. 通过肃反运动以后全体工作人员的政治思想水平又普遍地提高了一步，同时还涌现了很多新的积极分子。

2. 几年来随着教学改革的推进，有关总务工作也大致地摸了一遍，取得了一些经验。

3. 采取了一些具体的节约措施，并通过制订和执行节约指标进一步改进了工作。

（乙）今后工作新的要求主要的有以下三点：

1. 要迎接学校新的发展：一九五六年度学生人数将继续增加，基建面积亦加多，新建和改建实验室将大力进行。在下半年开始有一批新学制五年级的学生。加以教学改革的进一步提高和科学研究新的开展，这必定会对总务行政工作提出更多新的任务。

2. 工作质量要求不断提高：今后在教学工作、科学研究工作和师生员工生活方面必然会要求质量更高、效率更快的服务工作，一切还应该完成得更好。

3. 精简节约的新要求：不论在经费和人员编制方面都要求能有显著的提高，也就是要以更省的人力和物力来完成任务。

（二）四项中心工作：根据一九五六年上半年的工作情况提出

以下四方面工作作为中心工作

（甲）调整机构，精简编制：

国家机关的精简是一项重要的政策，是厉行节约和积累建设资金的必要手段。而我处确有不少单位还有机构重叠、人浮于事的现象，既浪费了人力而工作又得不到有效的改进，干部中也有人反映工作量不够的，这些很明确地表明对于现有一部分机构及劳动组织应该进行调整。科与科之间的业务划分也有些问题，还待研究，个别的科可以考虑合并一下，对工作是有好处的。

（乙）继续贯彻节约工作：

一九五六年全校经费预算公务费部分按人数比例减少了20％，而工作上还要求能提高质量、保证发展，全体工作人员必须在原有的节约工作的基础上继续提高。在做法上，首先由各单位总结一九五五年下半年节约工作的情况，找出工作中的主要问题，制定新的节约工作计划和节约指标，然后采取具体措施来动员全体工作人员争取完成和超额完成。节约指标包括以下两方面：

1. 经费物资（包括粮食）的节约。

2. 工作要求的提高和服务态度的改进。

在财务管理方面，计划在三月份召开一九五六年全校财务人员第一次会议，贯彻新的财务制度和加强财产管理，继续提高全校财务工作的水平，在保证完成任务的条件下，更好的为国家节省资金。

（丙）改善生活服务，改进教学和工作环境：

为了配合如何进一步发挥高级知识分子的作用，须在总务处范围的生活服务工作方面加以研究，首先对教授、副教授的生活服务工作设法改进。着重在医疗保健、小灶食堂及有关生活服务工作方面，采取措施，创造更好条件，使教授、副教授及学校负责干部更能集中时间及精力从事于教学、科学研究及学校领导工作。

同时，为了保证全校教师及同学的教研及学习条件，应力求从各方面来继续改善生活服务工作，在尽可能的条件下改善住宿、膳食、医疗保健以及其他的生活服务工作。重视如何提供方便条件和如何节省服务对象的时间，使学校工作人员积极对我国社会主义建设事业作出更多的贡献是具有重大意义的。

在校园环境的整理工作方面应大力加强，以改进工作、学习和生活上的条件。计划在一九五六年上半年集中力量进行以下几方面的工作：

1. 整理校园：学校西区的基本建设工程已大致定局，有条件作进一步的整理，主要内容是栽种树木、整修道路、培植绿地及生活附属设施的整理（另行提出计划草案）。

2. 清洁卫生：饮食卫生及学生宿舍、饭厅、厨房一带的清洁卫生情况应该大力改善，其他如系馆、公共场所和室外地区的清洁也要努力提高，重点试行卫生监督制。

要努力消灭苍蝇、蚊子、耗子，防止传染病发生和蔓延，并提出具体斗争目标，发动群众起来搞好。

（以上 1、2 两项工作中有很大一部分是要靠学生的义务劳动和经常分片维护来解决的，行政提出具体要求并安排条件，由学生会订出计划，保证执行。）

3. 维持教学环境的安静：过去在这方面做得不够好，以后要采取具体措施来加以改善。

校外访客、门岗出入、校内户口和校园交通的管理工作应配合人事室一起研究改进。

（丁）配合学校发展，开展新的业务：

由于教学工作的不断提高和发展，各单位应主动的了解和配合新的要求，随时改进工作和即时开展新的业务。根据一九五六年上半年学校发展情况，有以下几方面新的任务和要求：

1. 新学制五年级学生学习的要求。

2. 开展科学研究、创办函授学校及夜校的总务服务工作（特别是教材、资料及文件等的印刷工作）。

3. 配合新实验室的建立，成立实验室安装队，做并做好有关供应等服务工作。

4. 实行二部制的准备工作。

5. 路东区学校新区的各项总务工作。

（戊）加强职工的政治思想教育：

在国家社会主义建设及社会主义改造的高潮之下，学校发展任务及教学质量的要求不断提高，全体职工必须大力加强政治及时事政策的学习，以提高政治觉悟、政策水平和领导方法及业务能力，以适应当前的发展。在总务处党组织领导下，一方面应加强全体职工的政治理论和时事教育；另一方面应通过行政和工会各基层组织坚持做好经常的思想教育工作。

为了保证以上任务的完成，全处各级领导必须首先大力改进领导方式和工作方法。"不求有功 但求无过"的雇佣观点固然是错误的，而辛辛苦苦忙忙乱乱的事务主义者，在工作中抓不住主要问题，看不见新的事物的情况，也必须有效地加以克服。应该从加强全面规划和安排工作入手，经常深入群众，深入实际工作，努力改进领导方法，反对保守思想，不然就要落后于工作的要求。

《清华公报》第 22 期，1956 年 2 月 24 日

行政处 1959 年工作计划提纲（草案）

（1959 年）

行政处[①] 1959 年工作计划是根据学校第二次党代会决议的精神，在 1958 年大跃进的基础上，从后勤工作方面为巩固和发展已经初步形成的三联基地服务，为师生员工的生活需要服务，和为建设共产主义清华大学的物质环境服务。为此，行政全体职工必须鼓足更大干劲，尽最大的努力来达到及完成以下的要求和任务。

（一）

一、做好生活服务工作

生活服务工作是要体会党一手抓生产一手抓生活的方针，尽可能创造条件，使群众吃好、住好、身体健康、精神愉快，必须不断改进服务态度，提高服务质量，做到群众满意。

1. 改进膳食工作

（1）提高主副食质量。主食粗粮细作，逐步实现粗粮面包化点心化，副食实现小锅细炒，并钻研做菜的操作技术和调味方法。组织有技术的老厨工交流经验及现场指导，改进各类菜的味道，定期总结一套做菜的经验。

（2）大力做好饮食卫生工作。注意从入库保管冷藏、操作过程直到成品分发到膳友各个环节的卫生工作，建立逐步检查的专责制。

需要继续提高炊事人员的卫生知识，严格要求炊事人员的个人卫生，严格检查并坚决消灭或解决其中带有不适于做饮食工作

---

① 编者注：1959 年 3 月，总务处改称"行政处"。

的暗病。

（3）重点分期实现厨房的机械化，以提高工作效率，减轻重体力劳动。计划在"七一"前在学生第二膳团实现机械化，"十一"前在第一员工食堂实现机械化，并学生第二膳团基本由女炊事员担任操作（配备必要的老师傅），改称"三八膳团"，这样既可为女炊事人员树立一个方向，也便于集中解决女工作人员中的某些问题。

（4）加强伙食管理。

科及食堂负责干部应经常深入食堂及工作间，加强饭厅开饭时的现场管理，应作为制度要求实现民主管理，干部参加劳动，炊事员及群众参加管理，与学生会及工会配合，在各膳团食堂成立伙委会，作为监督、检查及反映意见、联系服务对象的组织。

2. 改进医疗保健工作

（1）改进医疗态度，提高服务质量，加强病房管理，切实贯彻党的医疗保健方针，关心病人疾苦，改进门诊，实现早期发现早期治疗，定期举行业务会，检查医疗态度和医疗效果。

改进病房管理，加强对病人的护理，逐步改善病房的条件。病房衣被供应问题五月份可解决三分之一，其余争取逐步解决，定期征求病房病人意见，改进工作。

（2）改进对于疾病的预防工作，对经常发生的疾病要定期进行检查，并采取有效防治措施。据市卫生机关的要求订出切实可行的消灭痢疾、蛔虫病、梅毒等病的计划，并分期执行。配合学校爱国卫生委员会消灭蚊蝇孳生条件，防止痢疾及大脑炎的发生，协助监督检查饮食卫生，防食物中毒。

（3）提高医务人员工作水平，加强医疗队伍。有计划地培养护士以提高业务水平。鼓励西医学习中医，推广中医的有效疗法。开办学习护士班，招收并培训 40 到 50 名学习护士。

（4）健全在学生中和家属中已成立的保健组织，并计划在工会会员中推行。

3. 做好幼儿工作

（1）提高保教质量，制订教育儿童的计划，实行定期评比，养成儿童健康活泼、爱劳动、讲卫生、有礼貌的良好的品质。严格实行隔离制度，控制传染病，并在校医室协助下有计划地消灭儿童中的几种常见病。

（2）尽可能增加收容儿童的名额，照顾父母均参加工作的家庭。本年拟收全托从现在 90 名增到 130 名（需新林院住宅一栋，工作人员 12 到 14 人）。

（3）协助家属委员会主办的托儿站及全托班，协助膳食科试办简易托儿站，以为大量女炊事员解决严重的困难。协同女工儿童部进行带好幼儿的宣传教育。

4. 做好宿舍住宅的管理工作

（1）对于宿舍住宅分配调整要尽力做到主动合理及时。要把关于生活用房的清查工作作为一个工作重点，对于去年来校复员军人中居住过挤的情况，及住宅不合理的现象，须及早加以解决。

（2）宿舍管理要关心居住人的生活需要，保证水暖的正常供应。加强房舍、门窗、管道、地面的保护和维修。

（3）宿舍工作要确切及时掌握人口的流动，做好来时接待及去时的交待检收工作。

二、新建房屋及维修工程

新建及维修工作是保证学校发展，保证开学和生产科研的基本条件，由于建筑面积材料及施工力量问题，又必须分出缓急先后分期进行，本年的任务如下：

1. 秋季开学所必需的生活用房，即学生宿舍和食堂共计

18 460 平方米，新增教职工宿舍在其中调剂（预计开学前仅能完成 12 300 平方米）。

2. 本年内在建筑材料许可的条件下，力争完成的教学生产及生活用房为：锅炉房、氢气站油库、校医院病房、水泥厂。

3. 争取年底前主楼中央开工。

4. 本年内完成全校总体规划。

5. 维修工程。做好危险房屋、雨漏房屋及供水和暖气安装及修理工程、暑期开学房屋分隔工程。加强零星修缮，设立流动维修车。

三、建设物质环境，绿化美化校园

1. 物质环境建设是学校本年六大任务之一。在土木方面包括道路、桥梁、校门及河湖工程，要争取两年之内在物质环境上改变面貌，本年按照针对需要及可能进行以下工程：

（1）道路：争取本年完成东西大干道的东段（洋灰路面）、工字厅前道路、合作社前道路及南校门外道路修整（焦滓路面）。

（2）桥：修建东西干道大桥及扩大静斋桥。

（3）二校门修理暂告一段落，“十一”前修西便门及拆改西校门。

（4）河湖工程：六月份整理游泳池，争取今明两年内整理西湖及开挖南湖，全部工程约一万个工，分期完成。

2. 绿化工作：以加速绿化东区，重点整理西区为主。设计上将使学校既有混合林木区，又有重点突出一色林木区。

（1）加强对现有园林的管理工作，加强对果树及其他树木的经常维护修理，防止病虫害，保证新植树成活达百分之九十五。

（2）加强育苗工作。两年内育苗 21 万棵，其中果树一万棵，保证新建房屋道路完工后可以及时绿化。

（3）大量培植花卉。计划今年栽各种花卉约四万株，盆花六千盆，为"十一"国庆校园布置创造条件。

四、做好除四害讲卫生工作，力争卫生红旗

要把除四害讲卫生的工作做好，必须各单位和团体加强重视，充分贯彻专职人员积极负责与充分发动群众相结合的原则。

1. 在卫生工作制度上实行分区负责分片包干，每区每片并有人负责经常督促检查，每一单位应有固定的清洁卫生日。

2. 学校每月月底进行检查评比，公布结果，并通报表扬批评，发卫生流动红旗，连续三次得卫生红旗发固定红旗。经常卫生工作与重点节日突击相结合。（"五一""七一""十一"、新年）卫生大突击后由校务委员会进行检查。

3. 卫生要求：

（1）环境卫生做到道路、场地、草坪、房屋四周松墙旁经常清洁整齐，无纸片、果皮、杂蒿及破砖乱瓦，无积存垃圾。河湖水面及两岸清洁。

（2）室内卫生：教室的讲台、桌椅、墙面、地面整清，洁厕所无味，宿舍及办公室整齐清洁六面光。

（3）争取室内外无蚊蝇。应彻底消除蚊蝇孳生条件，清理河道，填坑补洼堵树洞，投射必要的药物。

五、提高印刷出版工作质量，扩充印刷力量

印刷出版工作是为学校科研及政治宣传教育直接服务的一项工作，根据当前已经提出的印刷任务要求，工作量约为去年工作量的两倍，同时对于质量要求亦相应提高，故须在质量和数量上大力提高。

1. 提高印刷质量：努力消灭检字排印及装订工作的差错，进一步使印刷达到字迹清楚，墨色均匀，照相制版网目层次突出，装订美观，向《毛选》看齐。

2. 提高工作效率，争取检字效率从现在的每小时平均1 800

字，在推广校形字架（"七一"前完成8架）和改进技术的基础上，年底以前达到平均每小时3000字，争取最高达到4000字。

3. 扩大业务，争取增添彩色版、纸型及精装设备。

4. 为了保证上述任务，必须适当增加设备、充实人力，必须加强管理，加强核算，提高效率，在各单位支持配合下，加强印刷出版的计划性，尽量避免有时过于忙乱紧张也有时窝工的现象。

六、加强财务、物资及家具管理工作

做好财务及财产的管理工作，是贯彻勤俭办学勤俭办生产的一个重要环节。针对学校发展三联基地的要求及教育部本年正式实行财权下放预算包干的办法，做好以下几个方面的工作：

1. 做好预算分配工作。根据各单位上年财务执行情况及本年业务发展要求，在学校党委的领导下，按保证重点需要、减少非生产性开支的原则，合理分配预算，体现勤俭办学的精神。

2. 加强对基层财务工作的检查联系和业务帮助，充分了解各单位的用款情况，节约不必要的开支，防止贪污浪费。对于试行经费定额管理的单位，定期进行全面总结，吸取经验教训。

3. 家具及物资供应：积极争取开学用的教学及生活用的必要家具，在八月底以前准备齐全。须积极争取必要的木材及其他材料。专人负责检查工作进度。

4. 加强家具及物品的管理，贯彻分层负责制，定期清点核对，进行必要的补充与合理抽调。加强家具经常维修工作与分期分区重点检修相结合。

七、发展农副业生产

发展农副业生产是增加国家物资及为学校积累生活福利资金的一个重要来源。农副业生产主要以满足学校直接需要为对象，同时考虑学校可以调用劳动力及有关条件制定生产规模。

1. 农林业方面：小麦试验田贯彻八字宪法，争取实际达亩产1 000斤（2.3亩），其他农产面积29.5亩，种花生白薯毛豆产量21 800斤。种好苗圃，除前述两年培21万株外，争取本年产葡萄二千斤。

2. 牧副渔业：以养猪养鱼为主，养猪300头，力争500头，养鱼4千条，产量5千斤。养鸡鸭3千只（有猪舍鸡舍问题）。做豆腐日产300～600斤（如人力原料允许可日产千余斤）。腌菜10万斤，窖菜100万斤。

（二）

为了保证胜利完成以上任务，需要进行以下几方面的工作：

1. 提高职工的政治觉悟。要做好全校后勤工作，必须把行政处一千余人的职工队伍带好。带好队伍的基本要求是提高全处职工的政治觉悟，因此一方面要加强政治理论及时事政策学习，要在党委宣传部及职工工作部的统一领导及计划下，职员学习概论课，工人学习社会主义与共产主义讲话，着重联系实际改进工作。另一方面要在业务工作中树立政治是统帅，政治是灵魂的精神，经常从业务工作中检查劳动态度、工作作风和办事效果，结合实际进行教育，主要破除雇佣观点和保守思想，树立全心全意为人民服务的劳动态度和敢想敢干的共产主义风格。

2. 改进工作方法：在本年内定期组织干部有重点地检查工作，发现问题，解决问题，交流经验，总结经验，以提高认识，改进工作方法。要求负责干部逐步做到经办事务工作而能免于事务主义。

组织负责干部参加劳动，以加强劳动锻炼，深入工作，联系群众。

3. 加强文化学习，提高技术水平：巩固1958年扫盲成果，针对新来职工作出扫盲计划。加强各单位对于文化学习的辅导、督促，保证学习时间，定期检查学习的进度和效果。

检查各科室红专学校学习班的进行情况，作出必要的整顿，提倡从业务工作中学习，采取师傅带徒弟的办法培养新生力量及多面手。

4. 需要补充人力：行政处各科室为了保证本年开学任务，适当解决当前人力不足问题及适应学校发展与开展业务的要求，需要增加 430 人，若暂不考虑开展新的业务及发展要求，约需增加 310 人（详见附件）[①]。

5. 技术革新：这是克服人力不足，减轻重体力劳动，提高效率，改进工作的一项重要措施。对于有关机器设备的革新工作将有重点的进行，本年以膳食科、出版科和基建工程科为重点，而各科则又有其重点，其中有器材及加工问题，需要兄弟单位支持。其他如工具改进，操作方法的改进，工作效率的提高，则需要普遍开展，鼓励人人献计。

6. 开展红旗竞赛：为了鼓起全处职工干劲，树立奋斗目标，互相观摩鼓舞，已召开全处跃进誓师大会，号召从 5 月份起即开展红旗竞赛，总的要求是三高、五比，三高是产量高、质量高、效率高，五比是比思想、比学习、比服务态度、比团结互助、比全面跃进。

竞赛以各科室为评比范围，各科室分别讨论指标，开展竞赛，按月评比、在"七一""十一"全处将各进行一次全面检查，并对竞赛工作加以小结，以期鼓励士气，调整工作。年终总结，进行奖励。

清华大学档案，全宗号 2，目录号 校 6，案卷号 035

---

① 编者注：原件无附件。

一年多来的行政处工作

（1960 年）

行政处的工作任务是：从后勤工作方面为已经初步形成的三联基地的巩固和发展服务，为全校师生员工的生活需要服务，和为建设共产主义清华大学的物质环境服务。一年来，尤其是在学校第二次党代表大会以后，学校加强了党对行政处的领导，组织机构也进行了局部的调整（例如将基建办公室与工程修缮机构合并成立基建工程科，使学校新建工程与现有房屋的维护工作更好地结合起来）。此外，对于处内干部和工作人员也做了一些调整和配备，使能更适应于学校发展的要求。

全处现有 8 个科室 1 021 名正式工作人员、328 名合同工和临时工。全部工作人员总数为 1 349 人，与全校学生人数（11 300）的比例为 1∶8.3。回溯 1949 年，后勤服务人员为 356 人（当时膳食工作尚由学生自办，行政无炊事人员编制，印刷出版工作亦付之缺如），而学生人数仅为 1 361 人，工作人员与学生人数之比则为 1∶3.8。可见解放十年来随着国家和学校的突飞猛进，行政职工的工作成效也是成倍地增长了。目前在正式工作人员中，一般行政职员 152 人，医务及保育人员 111 人，技工、普通工及各项服务员 758 人。其中编外人员 412 人，大部分集中在基建工程科、出版科和幼儿园。下面拟从四个方面分别说明一年来全处工作的主要情况和进展：

一、基建工程、印刷出版和一般设备制作

基建工程对保证学校发展担负了重要任务，为了保证学校三联基地的巩固和发展，对于教室、实验室、厂房以及各种附属设备的需要就大为增加了。

1958 年基本建设在设计施工相当紧张的条件下，共完成了 4 万多平方米。1959 年交工面积 2 万多平方米。东西主楼的及时完工，使电机工程系、自动控制系和无线电电子学系安定下来，并获得必要的发展。

在完成去今两年必要的生活用房之外，在有关单位的配合下，积极进行全校总体规划和主楼中央的设计，并计划在今年开工。此外还计划在两三年之内完成校内主要道路、桥梁、河湖工程和绿化规划，进一步改善学校物质环境的面貌。

随着学校教学、科学研究和生产工作的日益发展，印刷出版工作一年来也发生了相当大的变化。讲义教材的印刷任务比去年同期增加很多，如铅印一项在开学期间就有 2 580 版，比去年同期增加了一倍半。从 1958 年到现在共出版学报 14 期。专题小册子如《球墨铸铁》《焊接汇编》及 17 种综合利用电厂小册子等，每种印刷量均在 5 000 到 10 000 本以上。去年 10 月到今年 10 月出版《新清华》138 期，出版《清华画报》两期，并分别印成中文、俄文和英文三种文字说明的版本。

二、生活服务工作

行政处为贯彻党的"一手抓生产，一手抓生活"的方针，大力鼓舞工作人员发挥革命干劲，做好生活服务工作，使群众吃好、住好、身体健康、精神愉快，因而要求不断改进服务态度，提高服务质量。

在膳食方面要求大力提高主副食质量，主食实行多样化及粗粮细作，逐步实现粗粮面包化，一年来各膳团食堂都建立了烤面包炉或烙饼炉。在副食方面，实现小锅细炒，质量有了提高。在 1958 年生产上马、大炼钢铁期间，员工第一食堂曾每天 24 小时都开饭，学生二、三膳团也开了夜宵，对突击任务的完成起了保证作用。膳食科从本年年初起就开展膳食五好的红旗竞赛，要求做到质量好、味道好、卫生好、供应好、服务态度好。一年来，不断有所改进。为了更好地节约粮食改进伙食管理，所有学生膳团已于1959年11月份将包饭制改为食堂制。从初步情况看，是既达到了节约粮食的目的，又收到了提高伙食质量的效果。

在教职工住宅方面，解放后迅速改变了讲师、助教和职工基本上不能租住校内住宅的局面。解放以前校内外住宅可容257户，解放后经过新建、分隔、调整，住户逐渐增加，院系调整后增到813户，1957年达到913户，本年开学前已达1 000户，增加了将近三倍。

医疗保健工作一年来在开展预防和医疗方面取得了一定的成绩。如在去秋小孩麻疹大流行时，医务人员实行到家庭访视护理，使几百名病儿全部保证了安全。为了防治痢疾、沙眼，并成立了保健网。在进行除四害讲卫生的宣传以及消灭蚊蝇孳生条件的基础上，也做了不少工作。尤其今年以来，通过务虚，批判了医务人员当中某些较严重的资产阶级医疗观点和作风，并进行了"三查"运动（查医疗事故、查医疗效果、查医疗人员与病人的关系），树立了一切为病人的风气。"十一"以前又开展了"病人之家"运动，医务人员纷纷提出保证对病人要主动热情，并建立了分组分区负责制，熟悉病情，细心护理，做好救死扶伤工作，发挥革命的人道主义精神。

医疗卫生工作在保证生产安全方面，也做了不少工作。

除四害讲卫生运动，在党委重视和群众的积极努力下也取得了很大的成绩。本年卫生运动的主要收获，是表现在更好地把突击与经常工作相结合起来了。在突击工作上，除了几次重大节日之外，在夏季卫生运动中就组织了五次突击，最多一次动员到一万人次以上，群众斗志昂扬，在除杂草、灭蚊蝇、填坑洼，保证室内外清洁和整理校容方面都起了很好的效果。本年在全校各单位之间成立了九个互助评比小组，起了相互督促检查的作用。在大面积整洁方面，基本贯彻了分区负责、分片包干制，各系组各单位除了自己固有的范围，又负责校内一定地区的整洁，不过这还只是在突击运动中做到了。鉴于校园日见辽阔，清洁工人又很少，分区负责的清洁卫生制度还有待进一步贯彻到经常的工作中。

幼儿园工作为了适应学校大跃进的需要，去年恢复了已经停办的全日托儿班，并由原来的二十多名额增加到一百多。在园内用膳的儿童由四十多名增加到一百多名，幼儿园大小班容量已能满足需要。现整个幼儿园的儿童共 429 人，内三岁以下的全托 110 人，日托 42 人，三岁到七岁的 277 人。在幼儿教养的方法上一年来也有很大改进，纠正了过去偏重智育忽视德育的缺点。

三、增产节约

厉行增产节约是加速社会主义建设的一个长期方针。1958年年底学校即按照这个方针责成行政处和科学处为订好 1959 年的预算做好准备。学校对各系组所提计划一再核实，定案后呈请教育部审批，继又按批准预算定出节约百分之六的指标。党委并号召全校大力开展增产节约运动，人人提合理化建议，节省公杂费开支。如改进了学校的用电线路，每年可节约用电 29 万度，共 37 700 元。又如建筑煤气发生站时由于发动群众，节约工时和原料合人民币 95 000 元。1959 年展开了废品回收，全年为国家节约 12 360 元。还发动群众深入检查，揭发了某些积压浪费和不爱护国家财产的现象。各系组并将检查的结果分别展出，以教育群众。

行政处在科学生产处的配合下，重点进行检查分析，拟出

《关于全校财务工作的几项规定草案》，以便进一步贯彻统一领导、分级管理的原则。一年来在财务科的工作中加强了党的领导，明确了政治统帅业务的精神。在学校发展生产后，又为基层生产单位训练出了一批财务人员，并和各单位建立了一定的联系制度，对于督促检查和协助财物管理起了一定的作用。

全校各种家具约为121 800多件，价值2 155 000多元，是学校一笔相当大的财产。其中在今年一年增加的即占百分之十二。家具管理的主要问题是数量大、分散广、增加快，历年管理工作中存在有时紧有时松以及管理不严的现象，对于如何让群众爱护家具财产的宣传教育也做得不够。今年对于一般设备的使用管理也进一步做了规定，要贯彻集中管理与分层负责相结合的原则。行政处各科室还普遍发动群众进行增产节约的检查，并将检查结果作出一次"反对浪费、厉行节约"的展览会。在揭发浪费的同时，也发掘了在经济战线上的好人好事，在全处进行了广泛的宣传。

去年以来，行政处在党委的指示下积极发展农副业生产，发动群众利用零星空地，共播种蔬菜、花生、白薯、荞麦约七十多亩。在畜牧方面养猪一百二十头、鱼四千尾、鸡一千五百多只、兔二百多只。今年可交配的母猪将达五十头。在饲料及猪舍许可的条件下猪可发展到五百头以上。现正积极筹划生产基地，大力发展农林牧副渔五业，积极开展全校绿化工作，并为八达岭绿化任务的全面开展作好准备。

四、政治文化学习、技术革新与红旗竞赛

行政处全体职工几年来在整风反右及为谁劳动一系列的学习运动中，思想觉悟普遍有所提高。去年在党委宣传部及职工工作部的统一领导下，全处职员学习"社会主义和共产主义概论"课，工人学习"社会主义与共产主义讲话"，着重联系实际，改

进工作。同时要求从业务中经常检查劳动态度和工作作风，对于从工作中涌现出来的好人好事即进行表扬，对发现的缺点和错误及时加以批评和纠正。在重大突击任务告一段落时都组织座谈，交流经验，进行表扬。还组织负责干部到基层劳动一个月，以加强劳动锻炼，深入工作，联系群众。

在文化学习上去年全处在党委统一领导下进行了一次扫盲运动，共扫除文盲190人，基本上扫清了文盲。去年年底以来，由于新添了职工，文盲人数也随之增加了，今年除巩固扫盲成绩外，积极动员职工参加文化学习，并尽量保证他们的学习时间。本年上季参加文化学习的职工共为557人，这些人在解放前大部分是不识字或识字很少的，现在其中已有16人达到高中程度，其余约三分之一达到初中程度，三分之二达到高小程度。

技术革新是克服人力不足，减轻笨重体力劳动，提高效率，改进工作的一项措施。1958年行政处普遍号召开展技术革新运动，群众干劲十足，先后完成了一些工具改革，还提了不少合理化建议，如自制装煤机、砸煤机、折页机、土面包炉、电焊机等。今年更进一步重点地改进膳食方面的机械装备。在实验室科及机械制造系的支援下，基建工程科积极投入这项工作。在去年"七一"以前按计划完成了七台机器，重点装备了一个膳团。这个膳团在切菜、和面、淘米、洗碗、切馒头等方面节省了一批人力。现在正继续制作需要较大的四种机器，使每个膳团都能装备一套。出版科在供应科木工场的配合下制出了八台梭形字架，缩小了拣字盘的面积，拣字工人可以坐着工作。熟悉这一设备后，可以使拣字效率提高一倍。

开展社会主义红旗竞赛是为了鼓舞全处职工的更大干劲，树立奋斗目标，掀起学先进、比先进、赶先进、力争上游的新高潮。全处在去年大跃进的基础上开展了三高五比的红旗竞赛。三高是产量高、质量高、效率高。五比是比思想、比学习、比服务态度、比团结互助、比全面跃进。竞赛是以各科室为评比单位，各单位在全处统一领导下，分别制订指标，开展竞赛，按月评比。自本年 5 月份召开了全处跃进誓师大会以来，各科室的工作都有了很大的起色。例如基建工程科在开展竞赛以后，实行了工作任务书，全科出勤率大为提高，工作效率也显著上升，各组都平均超过国家定额。

所有科室这一年来无论是在完成学校建设任务，从事教学、科学研究、生产的后勤任务、保证暑期休息，迎接新生及开学任务以及在庆祝"五一""十一"重大节日种种活动中，都发挥了积极性、主动性，并加强了各单位之间的协作。尤其是通过学习八届八中全会决议，多数职工联系思想，检查了工作，批评了保守思想，鼓起了更大的干劲，都表示要继续跃进，做出更多更好的成绩来迎接新的一年。

《清华大学一览 1959》，1960 年

财务及物资供应管理制度改革纲要

（1960 年）

一、情况

目前学校的财务及物资供应管理制度，在不少环节上已不适应现有的工作情况，已经影响工作的开展。为了摸索上述制度改革的经验，1959 年我们在五个系试行财务及物资供应管理工作发动系管的工作，即按月根据系的用款计划将钱拨到系，由系来负责采购和经费的管理，每月末提交系用款表向学校汇报本月预算执行情况，学校经常组织力量下系协助工作，并作检查。经一

年多的试验，初步看来好处很大，也摸到了一些财务物资供应管理中的问题。

好处是：（一）充分发挥系的积极性，预算超额完成了，物资供应更为及时丰富，适应了去年的大跃进，甚至基本上满足了去年中途大量新增任务的需要。（二）简化了手续，提高了功效，财务物资供应工作能更密切地和系的中心工作配合，各级干部的事务性工作减少了，方针原则和干部思想等工作抓得多了，各级干部的工作责任心提高了。（三）锻炼和培养了干部，促使系的管理机构更健全了。

摸索到的问题是：（一）现有财务及物资供应管理制度中，学校在具体管理工作上集中得过多，交给系管的太少，学校在方针政策方面抓得反而少，□□□□而系的作用未充分发挥，在具体工作中层次多，手续多，功效低。（二）在系以下各级管理组织特别是战斗队的管理组织干部配备不健全，教研组（实验室）车间和兵团（战斗队）的管理关系不明确。兵团（战斗队）是目前系内最活跃的基层单位，兵团的要求是系内各项管理工作的主要依据，但由于战斗队的管理组织不健全，工作安排较乱，使生产计划调度、财务及物资供应管理工作很难适应，系内不少单位对管理不重视，管理干部调作它用，有些管理权限彻底下放，实际无人负责。（三）发动群众参加财务及物资管理不够，校一级没有把适当的工作交给系管，系一级没有充分协助战斗队等做好管理工作，而常常是代替了他们，群众有事直接找系，系一级陷于事务。战斗队的核心没有发动战斗队员分担各方面的管理工作，核心经常钉在主要战线上，后勤和计划管理工作经常无人安排，结果大家忙乱，而且使得全系全校被动。（四）校一级各科在财务物资供应管理上几个头，分工不明确，配合不好，缺乏全面观点，常在一些工作上扯皮，拖延工作进度，同时各科分散行动，力量不集中，对系的指导和帮助没有力，对工作中存在的问题抓得不透。（五）各系物资贮备不少，相互调剂不够，个别单位有严重本位主义，使全校物资潜力不能很好发挥。（六）现有的财会工作繁琐，报表复杂，利用三结合特点可以作不少简化。

二、财务及物资供应管理改革的初步设想

1. 加强系内各级管理特别是健全战斗队领导核心，加强实验室、战斗队及车间在管理上的配合。目前系内有三个工作系统：（1）科研方面的：大兵团——战斗队——战斗队小组系统；（2）生产方面的：厂部——车间——工段系统；（3）教学方面的：教研组——实验室系统。这三个系统的关系过去不明确，现在看来这三个系统中大兵团系统是最活跃的第一□系统，是龙头，其他系统应主动与之配合。

① 大兵团应建立核心，总抓全盘规划、工作计划和协调、平衡经费物资分配，定期将任务、经费物资分配到战斗队。兵团核心不办理具体的经费、物资、供应、管理工作，战斗队是大兵团的基层组织，战斗队应建立三人核心和所属的四人工作组，工作组根据兵团核心分配的任务及预算指标具体安排工作，排订具体的工作计划、加工计划、用款计划、物资供应计划，战斗队的财务及物资供应管理工作由系的财务组器材组归口领导，并协助管好。战斗队的设备器材由所在的车间实验室统一保管维护，大兵团如有永久性基地和管理机构，设备器材可自行管理。

战斗队的领导工作组至少应有下列成员：

（i）领导核心：队长，全面领导；第一副队长，着重于政治思想领导；第二副队长，着重于后勤管理领导。（ii）核心所领导的协作组：计划调度员、统计核算员、物资供应管理员、保安保健员（上述人员可以一人兼二职，视战斗队大小而定）。

上述管理组成员应由学生或工人兼任，由系专业组负责培训。

② 车间工段由厂部领导，教研组主要作业务方面指导，没有行政领导关系，车间下设工段，工段也必须有类似战斗队的领导核心和工作组，车间组织仍可沿用目前的组织。

③ 实验室的管理组织基本照旧，但如果实验室同时是车间，应该按车间的要求进行改组，应组织三人核心，正主任负责全面工作和科研教学工作，一个副主任负责生产，一个副主任负责思想及后勤工作，领导核心下设类似战斗队的工作组。

2. 发挥系一级管理作用，将部分财务物资供应管理工作交给系管。

目前大系一年使用的经费器材数量，相当于 1957 年全校的数量，实验室车间的数量规模也比 1952 年时全校的大，经济活动很多，因此有必要将管理工作下放一些，使管理工作与中心工做更好配合，也有利于全校管理的加强。这一年多来系在经济、管理上已经培养出一批干部，有了一定经验，因此也有条件下放更多的管理工作由系承担。初步设想管理工作按下述情况下交：

① 各系开设银行账户及物资储备仓库，成立系财务组、系设备器材组，学校定期将部分经费、器材下拨至系，由系全面负责下拨经费器材使用的掌握和管理工作，学校对下拨的经费器材着重于下述方面进行领导。

（i）全校预算和物资的分配和调剂，外援经费物资的使用安排和调剂，生产利润和其他收入的安排使用和调剂，生产任务及经济指标的下达。（ii）领导系及战斗队加强经费物资使用的安排，加强工作的计划性，加强计划执行情况的检查。（iii）加强贯彻执行党的方针政策，抓新生事物成长和新生问题的统一解决。（iv）抓群众运动，抓先进经验总结推广，抓典型教育，抓劳动竞赛。

② 校系在财务及物资供应管理工作中的若干具体关系：

（i）将物资分成校管及系管二类：校管物资指影响全校的关键物资，学校集中贮存，有计划地按任务进展情况直接分配给各重点科研项目使用。系管物资由学校根据各系需要情况定期分配至各系仓库贮存管理，由系掌握使用，但系仓库的物资首先要面向全校任务，服从学校的统一调剂。

校系采购员均可以直接对外采购，但中央和北京市委规定的归口供应物资由学校统一对外办理采购，出外采购的介绍信由实验室科掌握。

（ii）预算指标下放至系管理，每月各系编制详细计划（按战斗队的用款计划）经学校批准后经费一次拨至系银行存放，由系掌握使用，但单价 10 000 元以上设备购置的支出仍由学校批准。下拨经费的管理工作全部由系负责，并按月向学校汇报预算执行情况。

准备下放的经费有三项经费（教学设备费，科学研究费，专款）及一般设备费、业务费、公务费的一部分。

（iii）生产财务全部放至系管理，工厂作为一个经济核算单位开展经济活动，并在下列方面接受学校统一领导：（1）执行学校规定的财务制度和全校统一的财务标准，定期上报经济活动情况。（2）按期完成学校规定的经济指标。（3）执行学校规定的投资扩建计划和流动资金使用计划。

（iv）外援经费必须通过学校方得使用，一般均专款专用，具体管理办法与三项经费同。

（v）代管经费和学校预算是双重关系，一方面作为学校财务活动的一部分，其预算决算送出校外时须经过学校审查。另一方面作为预算外事业经费，应该向预算经费拨还一部分学校统一支出的折旧费及管理费。

（vi）特种资金收入一律上缴学校，动用特种资金须编制计划报学校批准。

3. 适应和利用教学科研生产三结合的特点，财务、物资供应归口管理，经费科目归并简化。

① 系的财务组和器材组统一管理教学、科研生产的有关业务。系的仓库及实验室（车间）统一管理教学、科研、生产设备器材，在统一管理的单位中，物资要保证重点使用或专款专用，在财务上要算清相互往来：（i）固定资产可以合记一本账，分别注明经费来源，分别统计上报，设备可以统一使用，所有设备被生产使用时，均需提取折旧，生产为教学科研加工时收回成本。（ii）仓库物资统一存放，记一本账。但对每项题目物资来往要进行核算，定期进行财务清理，仓库的耗损根据物资使用量分摊。（iii）车间（或实验室）为教学科研生产支出的公共费用记一本账，定期按工作量分摊付账。（iv）财务组要设立二本账，一本按项目核算预算执行情况，一本账按生产情况核算流动资金周转情况和生产经济指标完成情况。

② 预算内经费科目作如下归并：（i）教学设备费、科研设备费、建厂费归并为"技术设备费"。（ii）业务费、科研消耗费归并为"业务费"。（iii）从科研费及生产费中拨一部分经费到"一般设备费""房屋修缮费"及行政费用中，由上述经费包干解决全校所属业务范围内的教学科研生产的统一支出。

4. 发动群众管理

① 实行财务物资供应工作部分下放及建立战斗队，工段的群众管理组织是发动群众管理的基本措施，由于上述措施，校系大批专业管理干部力量将被解放出来，应引导到下战斗队或工段

协助开展管理工作。下工段、战斗队的时间应占全部工作时间的 1/3 以上。要实行校系工段专业干部上下轮换工作制度。

② 每年在适当时候搞二次全校的群众性经济工作检查和评比运动，树立标兵，总结推广经验。反浪费，反混乱，克服不良倾向。研究一些问题，修订管理制度，调整关系，健全组织。

③ 开展专业管理干部的劳动竞赛，按月按季或按战役评比红旗单位和红旗手。

④ 建立宣传教育制度；建立学生上马前对战斗队、工段管理组成员的培训；建立广泛的一般经济工作常识的宣传；建立典型用款教育制度。

附：

1. 处内各科在财务及物资供应管理上的配合关系：

① 科学研究科：确定研究项目及基地建设项目，排定重点项目，批准三项经费预算及关键物资分配方案，定期审查经费执行情况。

② 生产科：确定工厂扩建投资计划及生产管理的经济指标，批准预算及关键物资分配计划，定期检查经济指标完成情况，统一安排生产管理，组织财务科、实验室科协同搞好经济管理工作。

③ 实验室科：根据科学研究科、生产科确定的科研项目、基地及工厂建设项目，确定物资经费分配方案，每月审批物资经费使用计划，组织物资采购和具体财务管理工作。

2. 工作步骤和要求：

① 处内讨论方案。

② 校长办公室召集各处讨论方案。

③ 党委讨论方案。"五一"后搞一次整顿经济管理的运动，

健全各系管理机构，建立制度。

④ 财务科、实验室科编制具体实施办法。

⑤ 全校开干部会，明确要求，开展红旗评比。

3. 校内各科的关系如何改革尚未明确，初步了解到存在着下列主要矛盾：

① 财务方面：财务科没有将全校财务工作统一领导起来，现在是实验室科担负大部分财务工作，造成对系领导二个系统在工作制度、原则不统一，系感觉乱，校领导感到财务上抓不到总的情况。

② 物资供应方面：行政处对基建及维修要的物资、生活要的物资觉得我们支援不够，供应关系不明确，我们觉得他们在基建运输排队上保证科研生产不够，没有充分考虑科研生产需要。

清华大学档案，全宗号 2，目录号 财务（262），案卷号 65002

关于改进财务体制的建议（节选）

（1961 年 9 月 15 日）

为了适应当前财务工作，进一步提高工作效率，精简全校财务人员队伍，经向机制系、水利系、无线电系等调查研究，对改进财务体制作如下建议：

一、现行财务体制及存在问题

1. 我校现行财务管理体制基本上是两级制，即：学校设有财务科，各系设有财务组。

各系财务组，是为适应 1958 年以来学校各项事业大跃进、大发展的形势而产生的，三年多来在党及学校有关部门领导下对加强系一级的财务管理起了积极的作用，取得了很大成绩。

例如：大大促进了系一级管理经济工作的积极性，树立了当家做主的思想。

及时而有效的保证教学、科学研究、生产等事业的发展。

培养了干部。几年来各系一直指定总支和系行政负责干部联系财务工作，配备了较强的财务主管人员，曾经抽调了不少工作人员从事过财务工作，对今后贯彻财政方针、勤俭办学打下了有力的基础。

但另一方面，在几年工作的过程中也发生过一定的缺点和存在一些问题。

例如：1960年以前各系银行存款偏大，控制不够严格，在设备物资采购及使用中产生了一些积压浪费现象。

实验室科和财务科对全校财务和设备器材的管理职责不清，形成有些工作多头领导，布置重复，增加基层负担。诸如领一笔款要盖24个图章，至今各系尚分别向财务科和实验室科报送两套财务报表。但有些工作，两科又都管得不够，如：生产财务管理很差；账物不符；由于接触钱财物资的单位及人员过广，加之管理制度不健全，暂付款清理不及时，数字很大。

2. 由于贯彻中央以农业为基础及调整、巩固、充实、提高的八字方针，学校的科研项目及生产任务和基本建设投资均进行很大调减，加之国家紧缩财政开支，因此学校经费数额相应减少；另外，为了实行精兵简政、勤俭办学的原则。从目前来看，财务管理工作存在以下问题需要改进：

目前各系仍在银行开立账户单独存款，系及系以下各小单位仓库过多，不利于贯彻压缩集团购买力的决定及充分挖掘设备物资潜力、相互调剂有无。

由于科研任务和生产任务的缩减，各系采购任务及财务业务大量减少，为了精简机构，节约人力，一般的已没有继续保持财务组和设备器材组的必要。

有些系的财务组已不够健全，只有一至两个财务员，继续担负银行存款、现金收付、单据审核、记账报表、发放工资、助学金及生产等财务工作。从力量上很难胜任；另一方面也不符合管账不管钱，管钱不管账的原则。

改进意见：

1. 加强和充实财务科，撤销各系财务组和设备器材组。

① 学校财务科集中掌管各类经费资金，审批各单位用款计划，控制各单位各类经费开支。对预算内外经费、外援经费、基建经费等进行单据审查、保管、记账、报表，负责全校编内教职工工资发放及学生助学金发放。

② 现行各系财务组担负的工作进行以下调整：

1）取消银行存款户，结余存款上交学校财务科。

2）单据审查、保管、记账、报表等工作交由财务科办理（以前年度账表单据整理完整移交财务科）。

3）编内教职工工资及学生助学金发放交由财务科办理。

4）为继续保持系一级全面掌握财务状况，各系应指定专人（也可兼职）按学校规定编制用款计划，负责领款报销，掌握全系有关财务预算及开支效果等情况，按期向系领导汇报。

③ 建议科学处实验室科撤销各系及系以下小单位科研、教学设备器材仓库，集中到学校仓库管理。

2. 加强后财务科所需人员：（请见附图）

① 财务科现有人员 9 人，系财务组撤销后根据业务量需要16 人，主要分工如下：（附图）

② 财务科补充人员的来源，随着系财务组的撤销及工作上交财务科的同时，由系上调如下 7 人：

……

3. 系财务组撤销及工作移交日期截至 9 月底（第三季度末）。

行政处财务科

1961 年 9 月 15 日

附图：

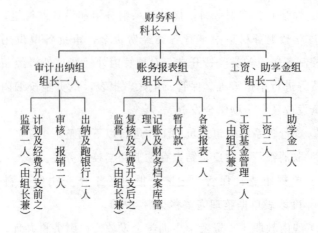

清华大学档案，全宗号 2，目录号 财务（262），案卷号 65002

行政后勤工作三年规划纲要（初稿）

（1962 年 1 月）

行政后勤工作的总原则是逐步改善学校的物资设备，加强生活管理工作，为教学和科学研究服务，为师生员工的生活服务。三年工作的基本要求是：在"填平补齐"的基础上，争取适当提高物资设备条件；努力搞好农副业生产，自力更生，提高伙食质量；改善管理工作，提高工作效率，节约劳动力；加强物资设备的保管维修，进一步挖掘物资潜力；大力加强职工队伍的建设工作，提高政治思想觉悟，充分调动全体职工的积极性。

一、队伍建设

为了做好行政后勤工作，三年队伍建设的主要任务是，必须带好干部、炊事员、服务员、医务人员、维修人员和经济管理人员等六支队伍，采取有效措施，提高职工的政治、业务和文化水平。

目前职工队伍的状况还不能适应学校工作的需要，存在不少问题，具体表现是：干部的政策思想水平不高，思想工作不够深入灵活，群众的基本政治觉悟需要进一步提高，青年职工在业务工作上成长较慢，工作效率不高，缺乏一个钻研业务、提高工作水平的良好风气；文化水平普遍较低，学习文化的自觉性很差。针对上述问题，提出以下指标和措施：

1. 提高政治思想觉悟，教育职工认清大好形势，热爱后勤工作，关心群众生活。具体措施是：

（1）结合职工的思想和工作，定期进行通俗的国际、国内形势教育（1～2月一次）。

（2）改进职工系统政治理论课的教学工作和组织工作，做到内容通俗易懂，课程安排得当。

2. 提高业务水平，培养更多的各行各业的熟练工作人员。

（1）炊事员：三年内培养具有较高水平的厨师70～80名，将1958年后来校炊事员的业务水平普遍提高到1956年前后来校炊事员水平。主要措施：

① 重点加强校医院食堂的技术力量，试办实验性食堂，有

计划地组织有培养前途的青年炊事员到该食堂学习烹调技艺（每期学习期限为 3～4 个月）。

② 1962 年内试订出等级炊事员的考级定级标准和方法并加以试行，以利于树立认真负责、钻研业务的风气。

③ 利用师傅带徒弟的办法，请有专长的老师傅传授技术，组织青年炊事员向老师傅学习。

（2）服务员：三年内服务员普遍应做到熟练地掌握服务业务，并且学会水、电、木等最普通的生活维修技术。主要措施：

① 举办服务工作训练班，提高服务员的业务水平。

② 1962 年编制出《服务员手册》，指导经常工作。

（3）医务人员：三年培养主治大夫 6～10 名，住院大夫 4～5 名，护士长 5 名，护士应普遍做到工作熟练，并受到一定的基本功训练。采取措施，加强化验、透视、司药等技术员的力量。主要措施：

① 每年选送 6～7 名主要骨干到大医院进修，以培养主治大夫和住院大夫。

② 组织护士系统学习病理知识，加强基本功训练，提高护理水平。

③ 一方面争取校外支援 3～4 名较有经验的技术员，另一方面要自力更生，校内自行重点培养，充实化验、透视、司药等方面的技术力量。

④ 建立医疗责任制度和病例讨论会制度，提高医务工作人员的政治责任心和医疗水平。

（4）维修人员：根据目前人力少、任务重的情况，三年内必须使维修工人向"多面手"方向发展，做到每个维修工人至少熟练地掌握两个工种的基本操作技术。

主要措施是通过实际工作提高技术水平，发挥老工人的作用，加强对青年工人的督促和指导。

（5）经济管理人员：三年内逐步建立一支政治上可靠，业务上熟练的财务、采购、保管人员队伍。主要措施：

① 调整经济管理人员队伍的成分，必须配备政治上可靠的干部担任这一工作（全校估计有 200 名左右经济管理工作干部）。

② 组织工作人员的业务学习，进行遵守财务制度和财政纪律的教育。

3. 提高文化水平：目前在行政处职工中尚有文盲及半文盲136 人，占职工总数的 11.3％；初小文化水平的 449 人，占职工总数的 37％。

三年内做到 40 岁以下的文盲、半文盲彻底摘掉文盲帽子，30 岁以下的青壮年职工从小学文化水平提高到初中水平。主要措施：

① 加强对职工业余文化学习的领导，各科室配备专人负责文化学习的组织、督促和检查工作。

② 将职工文化学习成绩列为职工考核、评级的条件之一。

4. 做好干部的培训工作，提高干部的政策思想水平。主要措施是：继续办好干部学习班，有计划地短期轮训基层干部，组织干部学习党的基本政策。

二、物质建设

三年物质建设的主要任务是，进一步严格财务、物资管理制度，合理调配，挖掘物资潜力；房屋设备以维修为主，适当增建和新建。

主要工作：

（1）修整和增建校舍：计划在三年内将原有校舍进行合理调配和粉刷检修，并曾建新校舍 60 000m²（包括中央主楼在内，不包括"9003")。主楼及"9003"建成后教学科研用房可达191 000m²，已可满足需要。学生宿舍现有64 000m²，按1964年学生人数11 000人计算，平均每人5.8m²，已达到教育部规定指标。今后三年主要是增建一些教职工住宅及食堂，另外，为了适当提高留学生的住宿条件，计划建造留学生宿舍一幢。60 000m²校舍包括：住宅20 000m²，留学生宿舍4 000m²，食堂3 000m²，中央主楼33 000m²。

（2）彻底解决冷水供应，改善热水条件：增建和改建泵房三个，改装部分给水管网，做到各楼各层冷水畅通；延长热水供应时间，保证热水需要。

（3）彻底改善宿舍及教学用房的供暖状况：增加和改善部分锅炉房和室内外暖气管路。

（4）提高电源及电话系统的运行质量：做到校内高压线路安全及电压稳定，力争自动电话交换机"五一"运行使用。

（5）根据实验室规划，有计划、有步骤地搞好实验室的清洁卫生，保证做到实验室的上下水、通风、气源等设备充实配套。

（6）适当提高教学和生活用家具配备标准：1962年内配齐饭桌、课桌椅和自习用桌椅。1964年前做到学生坐下用饭，学生每人有书架两层，教师每人有书架一个。

（7）建造校墙、修整礼堂：1964年前建成永久性与临时性工程相结合的校围墙，保证校园安全；改建礼堂舞台，适当改善礼堂使用条件。主要措施：

① 在做好调查研究的基础上，房屋的使用要做到合理调配。在一定时间内，教室及住房的分配使用应该适当固定，明确责任，以便加强管理和维护。

② 加强全校基建、修缮工程的规划和技术指导，配备专职

干部 8～10 人负责此项工作。

③ 在劳动力不足、材料缺乏的情况下，在物质建设工作中，必须集中兵力，组织专业队，突击重点任务。

④ 为解决劳动力不足，建议将学生公益劳动时间除保证完成全市的劳动任务外，主要用于校内物质建设工作的需要方面。

⑤ 集中、统一管理全校物资，挖掘物资潜力。

⑥ 摸清资财家底，建立制度，加强管理，严格纪律。

三、改善生活工作

三年生活工作的主要任务是，搞好农副业生产，自力更生，改善伙食；坚决贯彻预防为主的方针，做好保健工作；进一步改善校内环境卫生，增进师生员工健康。主要工作及措施：

（1）提高伙食质量：三年内力争做到每年自给 60 万斤粮食、10 万斤肉食，逐步做到减少、取消膳友的食堂劳动服务时间。主要措施是办好农场，提高炊事员、管理员的思想觉悟和业务水平，制定食堂工作细则，加强民主管理，有重点地推进几项炊具的机械化，提高工效，节约劳力。

（2）搞好医疗保健工作：三年内做到基本消灭肺结核，主动控制各种传染病的流行，逐步加强慢性病的研究和防治工作。主要措施是：

① 把紧学生和教职工的入校关，掌握学生和教职工入校前的病历材料。

② 抓紧各年级学生和教师外出生产实习期间的饮食及环境卫生监督和医疗保健工作，减少校内发病来源。

③ 各教学、生产、行政部门必须注意适当平衡师生员工的学习和工作负担，继续贯彻劳逸结合的方针。

④ 加强对保健站的领导，掌握健康动态，对传染病患者实

行分级集中管理。

⑤ 与体育教研组配合，加强对学生体育锻炼的指导，做到各按体力，锻炼适宜。

（3）不断提高全校的环境卫生水平，搞好环境卫生，会同有关部门加强宣传教育工作，争取在全校树立起爱清洁讲卫生的好风气。主要措施是：

① 组织专业队伍，建立清洁卫生工作的责任制度（计划成立类似原路工室的机构，专门负责道路的清洁和养护工作）。

② 增添必要的卫生工具设备，定人、定线、定点、定时固定运输工具清除垃圾（由于目前运输车辆较紧张，拟试用电瓶车拖运垃圾）。

③ 充分依靠群众，加强卫生工作的宣传教育和组织领导。

四、组织领导：

1. 建议成立专门机构将全校的教学、生产、科研、基建、行政生活等各方面的物资管理工作统一归口，权力集中。

2. 根据《教育部直属高等学校暂行工作条例（草案）》的规定，各系应设副系主任，领导生活管理工作。

3. 研究校、系两级生活管理工作的职责分工，争取尽快制定出总务工作细则。

附件：关于队伍和基本建设情况的几个资料

（一）队伍情况：

炊事员：学校共有 395 名（其中女炊事员 121 名），业务状况如下：

厨师：13 名　　徒工：38 名

一般厨工：136 名　临时工：（1958 年后来校）208 名。

服务员：115 名（不包括各系的服务员），配备情况如下：

正式工：35 名　　临时工：80 名

男：57 名　　女：58 名

50 岁以上的服务员：45 名　　文盲：30 名

医务人员：132 名，配备情况如下：

主治大夫：10 名　护士：64 名（其中经过科班训练的 17 名）

住院大夫：17 名

医师：20 名　　技术员：21 名（其中仅 1 名有较高的独立工作能力，其他 20 名仅达到助手水平）

维修人员：134 名（其中 10 名即将调任克山，5 名即将回乡），技术等级如下：

6、7 级工：29 名　　4、5 级工：36 名　　3 级工：35 名

壮工：34 名

（二）基本建设情况：

1. 现状：总面积 340 000m^2

教学、科研、生产用房 141 000m^2

学生宿舍 64 000m^2

教职工集体宿舍 37 000m^2

住宅 46 000m^2

食堂 14 000m^2

其他 38 000m^2

2. 教职工居住情况：

① 教师 2 000 名

集体宿舍：1 675 名（其中已婚住单间者 323 名）

住宅：325 名

职工 4 000 名（部分未住校内）

集体宿舍：1 420 名（其中已婚住单间者 190 名）

住宅：775 名

② 如满足需要，至 1964 年估计需要解决 800 户住宅，每套住宅如以使用面积 25m²（两小间）计算，共需 40 000m²（建筑面积）

③ 目前教职工每人平均 14m²，至 1964 年增建 20 000m² 住宅后可达每人 17m²。

3. 食堂情况：

① 全校现有食堂 14 000m²（学生 13 000 人，教职工 3 600 人用膳）平均每人 0.75m²。

② 1964 年如以学生 11 000 人、教职工 4 500 人用膳计算，按教育部每人 1m² 的规定，需要增建食堂 3 000m²。

清华大学档案，全宗号 2，目录号 202，案卷号 62051

财务管理几项规定

——1961—1962 年度第 15 次校务委员会通过[①]

（1962 年 5 月 18 日）

第一条：学校的经费财产系全民所有，由学校统一调度，各单位使用和保管。财务管理工作必须坚持政治挂帅，认真遵照党和国家的财政法令、经济政策办事。必须切实贯彻艰苦奋斗、勤俭办学的方针，精打细算，厉行节约，坚

---

① 编者注：1962 年 5 月 26 日《新清华》上《校委会通过〈财务管理的几项规定〉》一文记载，该会于当年 5 月 18 日举行。

决压缩财政开支，根据可能逐步改善学校物资、生活条件，切实为教学和科学研究服务。

第二条：学校的财务及财产管理工作必须贯彻"统一领导，集中管理，分层负责"的原则。切实避免分散和浪费现象。学校预算内外资金全部纳入全校收支计划。全校财产由学校统一调配。

第三条：学校财务工作最高负责人是主管校长。行政处长协助校长负责处理日常财务工作方面的重大问题。各处处长主管与本处业务有关的经费，各系应指定一位副主任负责领导本系财务工作。各级业务科室应协助处长和系主任控制经费指标执行和检查经费使用情况及效果。学校经常财务工作由财务科负责执行并严格监督国家经济政策和财政纪律在全校正确的贯彻，各系各单位应视业务繁简设置专职或兼职财务员，负责日常财务工作，在业务上直接受财务科领导。

第四条：学校的一切经费收支，均须按照学校制定的财务管理制度及各项实施细则进行，做到"收入按政策，支出按预算"，没有预算和用款计划或预算未经批准前一律不得自行开支。严禁"先斩后奏"，预算批准后应节约使用，不得超支。

第五条：学校不论预算内外经费（包括外援经费），必须纳入学校统一收支计划。收款及时上缴财务科，严禁自收自支。学校除财务科及批准单位以外，其他单位和个人一律不得自行在银行开立账户存储公款。根据工作需要由学校核定各系和行政单位小额备用周转金。

第六条：教育经费学校根据教育部下达的年度预算指标，由行政处会同有关部门提出初步分配平衡方案，经主管校长提请校务委员会讨论通过后执行，并上报教育部。外援经费由财务科专立科目存储，按"专款专用"原则使用，生产经费由科学生产处会同行政处财务科核定学校各工厂、车间的流动资金定额。各生产单位除学校核定的资金和特殊批准的经费外，其余资金全部由学校集中掌握。基建经费必须严格按照国家计委批准的基建计划使用。不准用预算内经费或自筹经费搞计划外基本建设。

预算外特种资金收入，应按资金性质分别抵冲预算内经费支出，或自行核算盈亏，严格划分预算内外经费开支界线，预算外开支不得挤入预算内开支。

第七条：全校采购设备及器材应首先充分发挥已有潜力，统一调剂，互通有无。各单位库存物资应按计划批准后才能使用。经常零星使用，每月核定一定金额指标由各单位自行掌握使用。

《清华公报》第 96 期，1962 年 7 月 6 日

1956—1962 年每年培养一个学生投资经费情况表

（1962 年 7 月 20 日）

年份	学生数（含研究生）①	费用核算												全部投资每生分摊数	备注
		工资（包括工资附加费）		人民助学金		设备费（一般设备包括教学设备）		教学行政费（包括业务费、公务费及其他费用）		基本建设费		科学研究费			
		全年支出数	每生分摊数	全年支出数	每生分摊数	全年支出数	每生分摊数	全年支出数	每生分摊数	全年支出数	每生分摊数	全年支出数	每生分摊数		
1956	7 360	2 237 101.16	303.95	971 108.76	131.94	2 081 171.87	282.75	2 101 809.65	285.57	5 819 428.72	789.42	40 591.19	5.51	1 799.14	1 793.63
1957	9 215	2 591 410.39	281.21	1 211 313.46	131.45	1 738 168.77	188.64	2 084 479.72	226.20	5 204 362.64	565	136 950.35	14.86	1 407.36	1 392.50
1958	10 345	2 471 220.55	238.88	1 129 388.51	109.17	1 478 760.07	142.75	1 668 179.28	161.25	2 716 078.01	262.55	1 478 673.63	142.93	1 057.53	914.60
1959	11 454	2 805 035.80	244.90	1 268 064.32	110.70	2 354 988.66	205.62	3 071 799.09	268.18	4 454 656.28	388.91	4 979 112.12	437.40	1 655.71	本年教学行政费内业务费占 1 867 011.96
1960	12 450	3 458 319.35	277.77	1 391 298.99	111.75	2 537 893.92	203.78	4 640 091.12	372.76	7 258 069.35	582.97	17 271 372.37	1 387.20	2 936.23	本年教学行政费内业务费占 3 293 585.62
1961	13 271	3 504 698.00	264.08	1 798 478.00	135.51	2 457 536.00	185.50	2 221 055.00	167.36	3 388 670.31	255.64	5 483 240.00	413.17	1 421.26	
1962	12 627	3 698 000.00	292.80	1 680 000.00	133.40	360 000.00	28.50	1 623 000.00	128.50	1 300 000.00	102.90	1 980 000.00	155.80	841.90	

① 编者注：经核对本表的多个分摊数不够精准。

清华大学档案，全宗号 2，目录号 党 1，案卷号 63054

财务科 1962 年 7 月 20 日

1961 年的行政后勤工作

（1962 年）

1961 年清华大学的行政后勤工作，在党的教育方针的指导下，继续深入地贯彻执行了为教学和科学研究服务、为师生员工的生活服务的方针。一年来，行政后勤战线上的全体职工，在党的领导下高举三面红旗，辛勤劳动，各项工作都继续获得了新的进展。

1961 年职工的政治思想觉悟进一步提高了，这一年在职工中着重进行了回忆对比和国内外形势教育。上半年，通过回忆对比教育运动，职工的阶级觉悟和工作积极性有了很大的提高；经过形势学习，对于党中央提出的"农业是国民经济的基础""全党全民大办农业大办粮食"的方针有了更深刻的认识，逐步认清了形势，初步树立了坚定乐观的革命精神和艰苦奋斗的优良作风。

在党委和校委会的领导下，1961 年的食堂工作取得了很大成绩。校系各级党政领导同志对于食堂工作给予了极大的关怀和重视，全体炊管人员在"生活为基础"和"足、热、快、净"的方针指导下，开展了五好食堂评比竞赛运动，伙食质量不断有所改进。主食基本上做到了量足、个匀、花样多，加强了副食的计划调配，在蔬菜旺季大力储存蔬菜，基本上保证了淡季的蔬菜供应。建立健全了各食堂的管理委员会，依靠管理员、炊事员和膳友三结合，发动群众，加强了食堂的民主管理，初步总结了一些食堂管理工作经验。

1961 年全校师生员工积极地响应了党提出的"全党全民大办农业大办粮食"的号召，在校内大搞农副业生产，全年校级经营的农业生产收获有蔬菜 445 000 余斤，粮食 19 700 余斤，白薯

61 000余斤。这些收获对于改善伙食、增进师生员工的健康起了一定的作用。

医疗保健工作继续大力贯彻了预防为主的方针。年初，在全校建立了13个保健站，通过保健站的工作，进一步摸清了全校师生员工的健康状况，及时掌握了主要疾病的发病动向。一年来，对4 700余人进行了体格检查，根据体格检查发现的问题，采取了措施，加强了管理。在传染病的防治工作方面，及时安排了预防注射，大大地降低了主要传染病的发病率。在门诊治疗中，增设了东区门诊部，便利了患者，加强了治疗工作。

1961年的生活管理工作进一步贯彻了"教学为中心，生活为基础"的方针。加强了校舍及环境卫生的分区管理，分区承担了小修业务；初步改进了物资供应工作，挖掘物资潜力，节约开支；此外，我们还对教学和生活用房进行了比较合理的调配，保证了教学、科学研究和生活的需要。1961年还建立了必要的生活管理工作制度，11月经校务委员会讨论通过了《教室管理暂行办法（草案）》《学生宿舍管理暂行办法（草案）》和《教职工集体宿舍管理暂行办法（草案）》。

为了使教职工更好地工作和学习，合作社在教职工住宅区开展了"送货上门"业务，这一措施深受教职工的欢迎。幼儿园通过改进劳动组织，挖掘潜力，在1961年暑假后共招收了新生150名，在工作中更深入地贯彻了以儿童健康为中心、德智体全面发展的方针，加强了幼儿的保健、教育和生活管理工作。一年来，全园760名幼儿的体质普遍有了增长。幼儿园的卫生工作也取得了很大进步，1961年被评为北京市和海淀区的卫生先进单位。

在1961年的财务工作中，进一步贯彻执行了"勤俭办学、集中掌握、重点使用"的原则和有关严格财政开支的各项政策，加强了全校资金的集中管理，实行了计划开支，严密了用款审批制度，坚决控制一切非生产性开支，保证了教学、科学研究和生活工作的必需。1961年教育经费总开支比1960年有较大幅度的降低。

在修缮工程方面，1961年主要进行了全校暖气设备的大检修和重点房屋的维修工程。对全校27个锅炉房普遍进行了检修，绝大多数锅炉房的设备能力都有了提高，供暖质量比往年有了改善。全校有2 600m² 左右的房屋进行了规模较大的修缮。在教室、实验室和食堂的物质设备条件的改善方面也做了很多工作。

学校的基本建设工作在"调整、巩固、充实、提高"的方针指导下，根据坚决缩短基本建设战线的原则，做了新的安排。1961年除完成了一些新建工程外，并且坚决停建了一部分工程项目，采取了多种技术和安全措施，以确保停建工程已建部分的质量和安全。此外，1961年还重点地进行了房屋安全检查，以保证教学和生活用房的正常使用。

1961年我校的行政后勤工作基本上保证了全校的教学、科学研究工作的正常进行，保证了师生员工的生活需要。我们将进一步在总结过去经验的基础上，满怀信心地迎接新的更大的胜利。

《清华大学一览1961》，1962年

校务委员会关于表扬克山农场的决定
——1962—1963年度第五次会议通过
（1963年1月12日）

为了响应党中央"全党全民大办农业"的号召，为了适当改进我校师生员工的生活条件，去年我校在黑龙江省克山县建立了一所农场，先后有 168 位同志参加了建场和生产工作。全场同志发扬了艰苦奋斗的优良传统，经过八个多月的辛勤劳动，战胜了各种困难，垦种了 5000 多亩土地，获得了粮食、蔬菜的丰收，为改善全校师生员工的生活提供了一定的物质条件。他们在艰苦环境中集体劳动、集体生活，也培养了集体主义思想，加强了组织性、纪律性和群众观点，树立了艰苦奋斗、勇于战胜困难和实事求是的优良作风，锻炼了干部，增强了体质，并为今后农场的工作奠定了基础。

为了表扬他们的成绩，特决定予以表扬，以资鼓励。希望他们永远保持艰苦奋斗的光荣传统，在今后的生产工作中，团结一致，努力改善经营管理，厉行节约，降低成本，逐步地开展多种经营，为提供更多的农副产品，改进全校师生员工的生活条件而奋斗。

《清华公报》第 104 期，1963 年 1 月 22 日

附 1：清华大学党委关于农场事宜致克山县委的函

（1961 年 12 月 18 日）

克山县委：

我校党委副书记高沂同志此次到你县商洽办农场问题，承蒙你们大力支持和帮助，拨给了我们约 700 余垧荒地，我们十分感谢。高沂同志回来后，我校党委就这个问题进行了讨论，决定成立办农场领导小组，立即动手准备明年的生产工作。不久，我们即将派出少数人员到你县进行工作。对明春播种 300 垧地所需的种子，尚请事先予以准备，我们当持粮食部的正式手续，办理转

账事宜。再一次感谢你们的支持和帮助。

　　此致

敬礼！

中共清华大学委员会

1961 年 12 月 18 日

清华大学档案，全宗号 2，目录号 党 1，案卷号 61027

附 2：清华大学党委致克山县河北公社党委的感谢函※

（1962 年 12 月 27 日）

克山县河北公社党委：

　　我校今年在你社开办农场，在县委领导下，并在你们的具体领导和帮助下，获得了较好的收成，并为今后工作打下了初步基础。现在大豆已经运回学校分配全体同志食用，这对进一步提高全校师生员工的健康水平，提高学校教学和工作效率，起了一定作用。现在新的 1963 年即将来临，我们代表全校同志向你们对我校农场的领导和帮助表示感谢，并向你们祝贺新年，祝你们在新的一年中，在党的领导下，更高地举起三面红旗，取得新的胜利。

　　此致

敬礼！

中共清华大学委员会

1962 年 12 月 27 日

清华大学档案，全宗号 2，目录号 党 1，案卷号 62034

1953—1962年几项专款开支情况表※

（1963年）

编制单位：清华大学（章）　　　　　　　　　　　　单位：万元

	1953—1957年合计	1958年	1959年	1960年	1961年	1962年①	备注
高等教育支出	3 490	815	1 335	1 992	1 554	974	
科学研究费	45.5	148	539	1 071	548	218	1953年、1955年科学研究费实际支出为0
占高等教育支出的％	1.3	18	40.4	53.8	35.3	22	1953年、1954年、1955年科研设备费实际支出为0
其中：用于设备性的科研支出	25.9	25	423	821	484	173	1953年、1955年科研消耗实际支出数为0
用于消耗性的科研支出	19.6	123	116	250	64	25	
专业设备费	990	121	159	166	152	35	
占高等教育支出的％	28.4	14.8	11.9	8.3	9.8		
补充资料							
其他部门拨的科学研究费	0	200	365	953	40	31	1962年外援经费系已收到各单位本年拨款数
其中：用于设备性支出							

---

① 编者注：该年度数据有涂改，且数据对不上。

	1953—1957 年合计	1958 年	1959 年	1960 年	1961 年	1962 年	备注
用于消耗性 支出							
使用外汇数							我校没有直接 使用过外汇

校长　　　　处长 庄前炤（印）　　科长 慕芳遥（印）　　制表 李学荣（印）

清华大学档案，全宗号 2，目录号 校 6，案卷号 043

四、工农速成中学和附属学校

1. 工农速成中学

中央人民政府教育部颁发关于工农速成中学附设于高等学校的决定[※]

（1952 年 11 月 20 日）

人大、北大、清华、师大、北京工业学院：

兹颁布《关于工农速成中学附设于高等学校的决定》，希遵照执行。

附：关于工农速成中学附设于高等学校的决定一份。

部长

中央人民政府教育部印

一九五二年十一月二十日

抄呈

政务院文化教育委员会

抄致

华北行政委员会文教局

关于工农速成中学附设于高等学校的决定

根据苏联创办工农速成中学的先进经验，以及我们二年来在北京大学及清华大学附设工农速成中学的试办经验，证明工农速成中学由高等学校附设，作为高等学校的预备学校，不但可以逐渐改变高等学校的学生成分，使高等学校确实面向工农开门，而且可使工农速成中学实施重点分类的教学计划，更容易与高等学校课程密切衔接，同时在设备及教学方面，亦可得到高等学校的具体帮助和指导，因而有利于学生集中精力，学好基础的科学知识，保证速成任务的完成。为此，特作如下的决定：

一、自一九五三年起，工农速成中学应有计划、有步骤地附设于各类高等学校，作为高等学校预备学校。学生毕业后，一般即直接升入本高等学校继续深造。

二、高等学校附设工农速成中学的学制、教学计划、教学大纲、学生入学条件及学生待遇等，均应遵照中央教育部的统一规定执行。

三、高等学校附设工农速成中学设校长一人，副校长一人至二人（或教导主任），在高等学校校长或院长直接领导之下，负责领导全校教学工作。校长及副校长由高等学校校长或院长遴员委任，并报请所属教育部备案。

四、高等学校附设工农速成中学所有财务、人事等工作，由高等学校有关处、科统一掌管，不再另设单独机构，经费预算应按统一预算科目另立一项，编入一个预算内。

五、高等学校应对所属工农速成中学的各科教学，加意领导。高等学校的系、科及研究室应经常注意辅导工农速成中学有关学科的教学，提高其质量，以保证速成任务的顺利完成。

清华大学档案，全宗号 2，目录号 工中，案卷号 002

校务行政会议关于工农速成中学
校长人选问题的议决事项^{※①}

(1953 年 10 月 22 日)

时间：十月二十二日下午二时半

地点：工字厅会议室

出席：蒋南翔　刘仙洲　钱伟长　陈舜瑶　何　礼　何东昌
　　　史国衡　张　微　解沛基　周寿昌　俞时模　刘世海
　　　李　欧

列席：张慕萍

主席：蒋南翔　　记录：周寿昌

甲、讨论事项：

一、关于加强校刊《新清华》的决定。(编者略)

二、关于处理群众来信办法草案。(编者略)

三、关于本校附设工农速成中学人选问题：

议决：由何礼同志担任工农速成中学校长，王永兴仍任第一
副校长，并任郭德魁、李卓宝为副校长，并报中央高等教育部
备案。

四、关于对外联系教学工作办法草案。(编者略)

五、关于重点调整工资问题。(编者略)

六、关于铅印管理试行办法草案。(编者略)

七、关于本年度预算流用方案。(编者略)

八、关于学期中插班问题。(编者略)

九、关于冬季作息时间问题。(编者略)

---

①　编者注：本文节选自《清华大学一九五三年第三次校务行政会议记录》。

乙、散会。

清华大学档案，全宗号 2，目录号 校 1，案卷号 53003

清华大学致教育部关于如何领导
所属工农速成中学的汇报[※]

（1954 年 6 月 17 日）

（按中央教育部发下调查提纲）

院系调整以后，清华大学对所属工农速成中学是重视的，就以下五方面进行了一些工作，并获得了一些成绩：

一、加强了工农速成中学的行政领导核心

一九五三年十月大学为了加强对工农速成中学的行政领导，选派了何礼同志到校兼任校长，并从大学调配了一位干部到校任副校长。为了加强学生党的工作，又从原来工农速成中学的退学学生中，选拔了三人作党团专职干部。过去工农速成中学的行政领导核心不够健全，党的政策不能很好的在实践中贯彻。因此除派去干部外，并帮助工农速成中学行政领导成立了党组，一再在干部中明确指示，为了搞好学校，首先一定要有一个思想上团结、行动上一致的领导核心，以领导与推动全校工作，这样就使新去的干部与原来的干部、行政工作干部与党团的工作干部团结一致、同心协力的把学校办好。目前工农速成中学的行政领导核心基本上是团结的、健全的。

二、加强了工农速成中学在方针政策方面的思想领导

大学对工农速成中学的办学思想与教学方针也是十分重视的：在检查工农速成中学过去教学工作的过程中，我们觉得在掌握招生工作与教学工作上，在若干程度上存在了"重量不重质，

求速不求成"的倾向，因此产生了教学上的混乱现象（详见今年五月送部的清华大学附设工农速成中学工作汇报）。学生知识质量不高，而学校行政领导与教师对学校的培养目标也不够明确，针对这一情况大学首先帮助工农速成中学的领导干部明确了学校的培养目标。为了使工农速成中学的学生毕业以后，考上高等工业大学并在学习上能适应大学的要求，必须要求重视学生的质量，那种"重量不重质""求速不求成"粗制滥造的办法，表面上是照顾工农学生，实质上是对他们不够认真负责，致使他们上了大学以后遭遇了很多困难，产生大量掉队调班的情况，这不但对工农干部本身在精神上是一个很大打击，而且在政治上造成不好的影响，给国家造成严重的浪费现象，是一个极大的损失。当然目前由于过去在招生工作上存在了一些问题，我们对办好工农速成中学还缺乏经验。教师教学质量提高，还需要一个一定的过程。因此急躁的要求全校百分之百的学生都达到这个要求是不符合实际的，正确的是应该想一切办法来使合乎规格的学生的百分比逐步增加。为此在具体掌握教学工作中，必须贯彻"实事求是，稳步前进"的方针。在这个思想指导下，工农速成中学检查了过去的教学工作，在全体教师中明确了培养目标，并在实际工作中反复贯彻"实事求是，稳步前进"的教学方针，目前学校初步克服了教学上的混乱现象。为了使学生质量符合高等工业大学的要求，工农速成中学已在大学教务处与公共教研组帮助下在教育部下发的教学大纲基础上，适当地补充了数理科上教学大纲的内容以适应大学的需要。

为了从根本上保证学生的质量，大学在一九五三年度秋季曾直接指导工农速成中学的招生工作，因为招收符合入学标准的学生，是培养合乎规格的学生的重要保证。从过去的工作看来，如果招生时不坚持入学标准，不但原订的教学计划难以完成，而且就在工农速成中学学习的三年或四年中，就产生大量的掉队、留级等浪费现象，表面上是照顾工农学生文化水平低，实质上是害了他们，使他们浪费了许多时间，仍旧完成不了学习任务，甚至把身体搞垮了。在大学明确的方针指导下，一九五三年招生工作是进行得比较正确的，因此一九五三年度入学的学生质量就比一九五二年、一九五一年好。这样就在实际上保证了一九五三年入学学生的学习，能够在比较顺利的情况下进行。

此外大学对工农速成中学应该正确贯彻党对知识分子的政策也是十分重视的。由于过去中学在这方面重视不够，因此未能很好发挥老教师的作用，致使新老教师之间形成隔阂，互相有意见，影响教学工作之顺利进行。这半年来，在大学党委会帮助下，有了很大的改进，目前全校教师基本上已是团结的，老教师的作用也得到了适当的发挥。

三、大学对工农速成中学在教学工作上尽可能的给予帮助

大学本身在教学上遇到的困难很大，各教研组任务很重，师资十分缺乏，因此对工农速成中学在教学中的困难不可能给予实际解决。目前工农速成中学在教学上之实际困难是师资缺乏，现有教师健康水平差，业务能力低，工作不能胜任，在课堂讲授时经常产生错误或讲不懂，目前五十六个教师有十二个有病，此外女同志的比例高，每学期平均有四人轮流请产假，因此实际工作人数不足，大学在这方面实在难以发挥潜力、给以帮助，目前只能挑选部分能担任轻微工作的肺病休学生分担一些任务，这当然不是长远之计，这个问题只有希望领导上来解决。此外大学在这种困难的条件下，仍然尽可能的在教学上给予工农速成中学帮助，例如：

1. 有关教研组帮助工农速成中学检查教学内容，并针对大学要求提出意见，以使工农速成中学的教学与大学的教学相

衔接。

2. 有关教研组在一学期末帮助工农速成中学检查学生知识质量,主要检查是否达到大学一年级学生的水平,并提出改进意见。

3. 工农中学教师在教学过程中,有时有些知识上的问题到大学教研组去问问。

4. 工农中学有个别教师为提高业务与了解大学要求,到大学听课,大学各教研组给予适当的协助。

5. 大学里有关教学方面的经验总结与资料,送工农速成中学参考。

四、大学对工农速成中学的基本建设、总务、人事等工作给予尽可能的帮助

大学在基本建设上,尽可能地照顾满足工农速成中学的需要。

工农速成中学有自己的总务处,管理学校的会计、总务、伙食等事宜,大学总务处与会计科尽可能的给予工农中学总务处在业务上与物质上的帮助。目前工农速成中学之家俱购置、房屋修缮、水电设置、冬季生火、医药卫生、师生膳食等方面,都取得大学各部门之指导帮助。

工农速成中学在大学校长办公室与人事室之帮助与指导下,决定教职工之任聘、调动、辞退及工资等问题。在具体工作上人事室帮助工农速成中学调配职工,工农速成中学对外接洽事宜一律通过校长办公室。

工农速成中学教师之政治理论学习与时事学习及职员之政治理论学习与文化学习,均在大学工会统一领导下进行。

五、除此以外,工农速成中学直接附设于大学,还可以利用大学各种有利的条件,如大学之教学设置有时还可以帮助解决中

学教学设置不足之困难，平日大学所举行的各种展览会、报告会、文艺晚会等，对开阔工农速成中学学生之知识领域，提高他们的文化修养起一定的作用。最后大学整个学校作风之熏陶，对工农速成中学也有一定的影响。

总的说来，目前大学与工农速成中学的关系，基本上是正常的。大学对工农速成中学的领导，不同于大学对各系科的领导方面，大学尊重他们自己有一套独立的组织机构与人员编制，以适应他们教学任务的特殊性。另一方面，则尽一切可能给予他们帮助。工农速成中学校长对高等学校负有办好工农速成中学，输送合乎规格的毕业生的责任，因此直接向大学校长汇报工作，并听取意见与指示。我校在如何领导工农速成中学的工作上，目前仅是初步的在进行，还缺乏系统的经验，今后还需要逐步肯定做法，并进一步地制度化起来，因此现在还提不出具体成熟的意见。

最后，我们认为，工农速成中学是新创办的学校，问题比较多，也比较复杂，大学固然是要尽一切可能给予帮助，但是大学的帮助仍然是有限的，有些问题大学也无法解决，最近中央决定由地方教育行政部门统一领导，我们认为是很好的。目前我校附设的工农速成中学存在两个最主要的问题，首先是师资质量低，缺乏骨干，加以健康情况不良，实际工作人员数量不够，本学期只有用合班上课形式来解决，长此下去，严重影响教学任务之顺利完成（详见今年五月送部的清华大学附设工农速成中学工作汇报），而大学本身任务很重，师资也感缺乏，本身已自顾不暇，对此问题实在也无能为力。其次是学生来源困难，产业工人比例低，质量也不高，今年招生中央教育部规定产业工人来源只限于山西、河北与北京等地，这些地方都不是全国的工业区，产业工人数量与质量都不如华东与东北，因此困难很大，像这些问题，大学也无力解决。今后地方教育行政部门统一领导，希望得到切实的解决。至于领导关系，大学在领导所属工农速成中学这一工作上，接受地方教育行政部门的领导也是十分必要的。

清华大学档案，全宗号 2，目录号 党 1，案卷号 54013

清华大学档案，全宗号 2，目录号 工中，案卷号 002

一九五四年暑期中国人民大学清华大学北京大学北京农业机械化学院附设工农速成中学、北京市工农速成中学五校联合招生简章

（1954 年 6 月）

一九五四年暑期中国人民大学、清华大学、北京大学、北京农业机械化学院附设工农速成中学，北京市工农速成中学五校联合招生简章。

一、宗旨：工农速成中学招收参加生产劳动或革命斗争有一定年限的优秀的产业工人和国家工作人员，在三年内学完相当于普通中学（初中和高中）的基本课程，毕业后继续升入高等学校深造，培养成为我国社会主义建设事业中的各种专业人材和领导骨干。

二、招生任务和培养目标：

（一）中国人民大学附设工农速成中学招收一年级新生六○○名，实行第一类教学计划，毕业后一般升入中国人民大学政治财经等科系，培养成为政治、财经、企业管理等高级专门人材。

（二）清华大学附设工农速成中学招收一年级新生四〇〇名，实行第二类教学计划，毕业后一般升入清华大学，培养成为掌握先进科学技术的各项工业建设人材。

（三）北京大学附设工农速成中学招收一年级新生三〇〇名，实行第一类和第二类教学计划，毕业后一般升入北京大学文、理科，培养成为社会科学和自然科学的各项科学研究工作人材。

（四）北京农业机械化学院附设工农速成中学招收一年级新生一五〇名，实行第三类教学计划，毕业后升入北京农业机械化学院农业机械化及社会主义农业企业经营管理等专业，培养成为我国社会主义农业集体化所必需的农业机械工程师及农业企业经营管理的高级干部。

（五）北京市工农速成中学招收一年级新生二〇〇名，实行第二类教学计划，毕业后升入高等工业学校，培养成为掌握先进科学技术的各项工业建设人材。

三、报考条件：凡年在十七周岁至二十八周岁，思想进步，工作积极，身体健康，具有相当于高小毕业的文化程度，志愿并能在工农速成中学毕业后升入高等学校坚持长期学习，并具有下列条件之一者，不分性别、民族及宗教信仰，经中央、华北或北京市一级机关介绍者均可报考（北京以外地区的人员，须经中央、华北有关部门通知抽调，始得报考）。

（一）工厂、矿山及铁道、水运、交通、邮电等企业部门的产业工人，公营建筑公司的固定工人，国营农场、拖拉机站、林场、盐场、渔场的固定工人，具有三年以上工龄者（生产劳动模范可不受工龄的限制）。

（二）人民政府机关、国营企业、人民团体的工农家庭出身或本人是工农成分参加实际工作三年以上的在职国家工作人员（非工农家庭出身、本人又非工农成分的在职国家工作人员须在中华人民共和国成立前参加革命工作者）。

（三）中国人民解放军、中国人民志愿军各种部队的工农家庭出身或本人是工农成分具有三年以上军龄的现役革命军人（非工农家庭出身、本人又非工农成分的革命军人须在中华人民共和国成立前参加革命斗争者；战斗英雄可不受家庭出身及军龄的限制）。

（四）参加集体农场、农业生产合作三年以上的劳动模范。

（工作年限、工龄等均以今年八月三十一日为计算标准时间）

四、报名方式：

（一）报名学员须持有下列证件，经招生委员会审查合格后，始准参加文化考试：

1. 正式介绍公函：

① 中央各业务部门直属在京厂矿的产业工人由中央有关业务部门或其指定之专业局负责介绍；北京市地方国营厂矿的产业工人由北京市有关业务部门负责介绍；公私合营、私营厂矿产业工人由市总工会负责介绍。

② 中央一级机关的国家工作人员由政务院各委，中央各部、会、院、署、行、委员会，中央组织部，中直党委办公室负责介绍（其他群众团体均由中直党委办公室负责介绍）；华北一级机关国家工作人员由华北局组织部或华北行政委员会人事局负责介绍；北京市一级机关国家工作人员由北京市委组织部和北京市人事局等单位负责介绍。

③ 军委系统的革命军人由军委总干部管理部指定之单位负责介绍（一九五四年转业军人，须先办妥转业手续后，由政府人事部门负责介绍）。

④ 农场工人和农业劳动模范由北京市农林局负责介绍。

2. 报考工农速成中学人员审查表：由招生委员会统一制发，报考学员须认真填写，并由各机关、厂矿在"选送单位证明"栏

加盖公章。（私营厂矿、企业并须加盖基层工会的印章）

3. 体格检查记录表：由招生委员会统一制发，由选送单位指定公立医院负责检查，并加盖医院公章。

4. 最近工作鉴定（原选送单位人事部门盖章）及最近一寸免冠半身照片二张。

（二）报考学员应在"报考工农速成中学人员审查表"上填明报考志愿（分第一志愿、第二志愿、第三志愿），并向第一志愿学校办理报名手续，参加第一志愿学校的考试；但如第一志愿学校已满额时，招生委员会可分配至第二志愿或第三志愿学校。

（三）报名日期、地点、电话：

1. 日期：自六月二十五日至七月十日每日上午八时至十一时，下午三时至六时。

2. 地点：五校均在北京沙滩红楼北大工农速成中学内。（电话：四、五〇〇六，四、四〇一六）

五、考试日期、地点：

（一）日期：七月十八日上午八时至十二时，下午三时至六时。

（二）地点：另行通知。

六、考试科目：语言、算术、政治史地常识、体格复查。

七、报考学员的来往路费、住宿费，招生委员会及学校概不负责；未被录取的学生，仍回原选送单位工作。

八、入学后的待遇：

（一）凡直接参加生产连续三年以上的产业工人或解放后由此类工人中提升在厂矿、企业担任工作的职员，录取入学后，由学校按其原工资百分之七十五发给人民助学金（经折合后低于三十二万元者亦按三十二万元发给）。其个人学习、生活及家庭生活、子女教养等费用均自行解决，学校不再负责（全国性的生产劳动模范经有关产业工会全国委员会或中华全国总工会证明者，其人民助学金按入学前原工资百分之百发给）。

（二）政府机关、国营企业、人民团体的国家工作人员，革命军人，农业劳动模范录取入学后均按工农干部学生人民助学金待遇，平均每人每月为三十二万元（其中大部分发给学生，小部分由学校统一掌握，解决学生临时性的特殊困难）。

九、选送单位及报考学员应注意事项：

（一）工农速成中学的性质是高等学校的预备学校，不是一般提高工农干部文化水平经短期学习后即分配工作的文化实习学校，凡考入工农速成中学的学员，不但要在工农速成中学学习三年，而且要在毕业后继续升入高等学校学习四年至五年，因此必须具有坚持长期学习七、八年之久的可能和决心者，才能介绍报考。

（二）各选送单位务请按照规定报考条件，选送品质优秀、思想进步、工作积极、身体健康，有培养前途者前来报考。凡思想意识不好，工作不积极，作风不正派，闹地位、闹情绪，或身体有病不宜学习（包括各种慢性病），文化程度过低者均请勿予介绍报考；除上述条件外，还请注意有无坚持长期学习的条件，如因子女过多，家庭负担过重，在学校现行制度范围内不能解决，而原选送单位又无适当解决办法，事实上难以坚持长期学习七、八年之久者，亦不宜报考工农速成中学。

（三）工农速成中学学生一律不准携带孩子、保姆住校，亦不解决子女教养费问题，因此凡有孩子者须自行安置妥当后始能入学。入学后所生子女，学校亦不解决子女教养费及住房问题。这些问题估计自己不能解决者，请不要报考工农速成中学，可参加机关业余文化学习，以提高政治、文化水平，以免给本人和学校增添困难。

（四）学员入学后如发现所填表格及证明材料不真实或因身

体有病短期内无法治愈或因其他原因不能继续学习应予退学，或不愿长期学习自愿退学者，均送回原介绍机关转至原选送单位负责处理。

五校联合招生委员会

一九五四年六月

清华大学档案，全宗号 2，目录号 工中，案卷号 003

工农速成中学关于学制问题致蒋南翔校长、刘仙洲副校长的请示※

（1955 年 4 月 28 日）

大学校长办公室转

蒋校长

刘副校长：

今年三月全国工农速成中学教育会议决议指示："自一九五五年起，工农速成中学学制一律改为四年，一九五五年以前入学学生，可根据具体情况或三年或四年毕业。"我校根据这一指示精神经与全体教师共同讨论研究，对一九五五年以前入学学生学制处理，提出以下意见，希大学校长批示。

一、原五三年、五四年入学，现在正执行三年制教学计划的班次，一律改为四年，自本学期十二周起按四年制教学计划进行教学。

二、原五三年、五四年入学，入学时由于文化程度太差，已经延长一年的班次，一律不再延长，仍按原订计划进行教学。

三、今年暑期毕业的班次，由于全部中学课程将于五月中旬结束，开始准备复习考试工作，因此决定不再延长年限，一律按期毕业。

　　以上意见是否恰当，请批示。

清华大学附设工农速成中学

一九五五年四月二十八日

　　附：最近三年我校毕业班情况统计表

最近三年我校毕业班情况统计

毕业年度	毕业班数	毕业人数	情况简单介绍
1955	10	360	五一年入学，三个班，共104人，其中有一个班质量较好，其他两个班质量低。 五二年入学，四个班，共140人，其中有一个班质量较好，三个班质量低。 五一年入学文科班，共43人，大多数不能达到毕业水平。 五四年从一机部送来的两个班，共73人，一个班质量较好，一个班质量中等。
1956	2	75	五二年入学两个班共75人，其中一个班质量较低，另一个班大多数人不能达到毕业水平。
1957	7	278	七个班都是五三年入学，其中四个班质量较好。三个班原来是补习班，其中一个班可达中等程度，另两个班大多数人不能达到毕业水平。
1958	7	302	七个班都是五四年入学，其中六个班质量较好，一个班原来是补习班，可以达中等程度。

校务行政会议关于工农速成中学前途问题的议决事项^{※①}

（1956 年 10 月 27 日）

时间：十月廿七日下午二时半

地点：工字厅会议室

出席：蒋南翔　刘仙洲　刘　冰　胡　健　陈士骅　张　维
　　　陈舜瑶　何东昌　史国衡　高景德　张　微　解沛基
　　　周寿昌　艾知生

主席：蒋南翔　记录：周撷清

一、刘仙洲副校长报告赴意大利参加第八届国际科学史会议经过（原文略）。

二、讨论事项：

1. 成立工程物理系问题。（编者略）

2. 七孔桥翻车失事通报及处分问题。（编者略）

3. 工农中学前途问题：

议决：与清华附中合并成为一所完全中学，建议市府接办，在原附中迤南建校。

4. ×××撤销处分问题。（编者略）

散会。

《清华公报》第 31 期，1956 年 11 月 27 日

---

① 编者注：本文节选自《1956—1957 年度校务行政会第二次会议记录》。

校务行政会议关于工农速成中学毕业生保送入本校学习问题的议决事项^{※①}

（1957 年 5 月 17 日）

时间：5 月 17 日上午 10 时

地点：工字厅会议室

出席：蒋南翔　陈士骅　张　维　陈舜瑶　何东昌（于兴坤代）

　　　史国衡　高景德　张　傲　周寿昌　李　欧　李卓宝

主席：蒋南翔　记录：周撷清

一、讨论及报告事项：

1. 俄语学院停止出国留苏预备生分配来我校学习问题。（编者略）

2. 讨论动力机械系关于改装铁路东主楼及宿舍等供暖锅炉进行科学研究问题。（编者略）

3. 本校附设工农速成中学毕业生保送入本校学习问题：

说明：本校前订保送办法要求连续两年获得优秀成绩未免失之过严。

议决：参照其他各校办法，议决规定数理 5 分，其他 4 分，并参考平时学习及政治情况酌情保送。全 5 分的可以自己选择志愿。

4. 审查各系、组申请提升为教授、副教授的名单。（编者略）

5. ……处分问题案。（编者略）

6. 撤销处分问题。（编者略）

---

① 编者注：本文节选自《1956—1957 年度第八次校务行政会议纪录》。

散会。

《清华公报》第 38 期，1957 年 9 月 14 日

关于停办我校附设工农速成中学的报告

（1958 年 6 月 21 日）

教育部：

我校为了研究附设工农速成中学今后招生的学生来源问题，最近曾派人到北京、天津、唐山、东北等地各厂矿了解职工学习文化情况，研究抽调学生的可能性，发现各厂矿在目前大跃进中生产任务都十分繁重，优秀职工难于抽调，各厂矿又多自办了半工半读学校，解决职工文化学习问题，因而很多职工也不愿长期脱产学习。因此，工农中学今后的学生来源问题，困难很大，质量也不能保证，根据这种情况，我校决定从 1958 年暑假起，停办附设工农速成中学，并对现有工农速成中学的教职工和设备问题提出下列处理意见：

1. 我校附设工农速成中学自 1955 年停止招生后，已先后调出教师职工六十余人支援北京市各中等学校，并于去年暑假调出骨干力量创办成立北京市一〇四中学。目前留校教师已只有十八人，职工人数更少，考虑到我校今年将扩大招生，基础课师资缺乏，今后还将继续招收老干部班，需要学习高中课程，这些课程过去都是由工农速成中学教师担任的，故拟请同意在工农速成中学现有教师中酌留一部分，以适应今后工作的需要，其余教职工由北京市教育局分配工作，同时拟请准予在工农速成中学现有高中部分图书仪器中酌留一部分，供今后教学之用。

2. 由于我校今年新生任务较多，家具添置极感困难，因此

拟请准予在工农速成中学原有家具中调用一部分，或请准予折价调拨以解决供应困难。

以上意见是否恰当请速批示。

清华大学

1958 年 6 月 21 日

抄致：北京市教育局

清华大学档案，全宗号 2，目录号 工中，案卷号 002

清华大学附设工农速成中学
历年毕业、肄业人数
（1958 年）

1954 年毕业（1954 年暑期）	1 班	30 人	其中女生 4 人
1955 年毕业（1955 年暑期）	8 班	253 人	其中女生 60 人
1955 年肄业（1955 年暑期）		25 人	其中女生 10 人
1956 年毕业（1956 年暑期）	3 班	118 人	其中女生 37 人
1956 年肄业（1956 年暑期）		4 人	其中女生 2 人
1957 年毕业（1957 年暑期）	5 班	148 人	其中女生 15 人
1957 年肄业（1957 年暑期）		11 人	其中女生 3 人
1958 年毕业（1958 年暑期）	10 班	354 人	其中女生 68 人
1958 年肄业（1958 年暑期）		12 人	其中女生 5 人
共计		毕业 903 人	肄业 52 人
		其中女生毕业 184 人	肄业 20 人

清华大学档案，全宗号 2，目录号 工中，案卷号 024

2. 附属中学、附属小学

校务行政会议关于清华附中附小
划归市教育局领导问题的议决事项※①

（1953 年 2 月 18 日）

时间：二月十八日下午三时

地点：工字厅

出席：蒋南翔　刘仙洲　钱伟长　史国衡　张　僦　何东昌
　　　解沛基　周寿昌　俞时模

列席：马约翰　滕　藤　孔祥瑛　顾蔚云

主席：蒋南翔　记录：周寿昌

甲、讨论事项：

一、关于成立政治辅导处问题。（编者略）

二、关于改进师生健康，拟成立保健委员会问题。（编者略）

三、关于修订教学计划及教学大纲问题。（编者略）

四、关于检查总务工作中的浪费现象及提高工作效率问题。
（编者略）

五、关于清华附中附小划归市教育局领导问题。

说明：中央高等教育部决定将清华附中附小划归市教育局领导，但清华附中附小本系大学附设子弟学校，在房屋设备、编制、员工福利等等各方面和大学关联甚多，如扩充为市立郊区学

---

① 　编者注：本文节选自《清华大学第四次校务行政会议记录》。

校，在清华校址内发展有相当困难。

议决：市教育局加强领导是合理的，但如仍在清华校址内办，应基本上仍作为清华员工的子弟学校。同时建议市教育局在郊区另办市立中小学，以便容纳郊区各校教职员的子弟及市民的子弟。

乙、散会。

清华大学档案，全宗号 2，目录号 校 1，案卷号 53003

教育部复本校附中暑期增设
高中班问题的指示[※]

（1959 年 4 月 29 日）

清华大学：

你校 4 月 20 日清工（59）校办字第 224 号函悉。关于你校附中拟于暑期增设高中班的问题，经与北京市教育局联系，市教育局同意增设，并称：除所需师资由你校负责配备外，其经费、设备等均由市教育局负责解决。为此，有关你校附中增设高中班的具体问题，请径与北京市教育局联系解决。

中华人民共和国教育部
1959 年 4 月 29 日

抄致
北京市教育局

清华大学档案，全宗号 2，目录号 校 5，案卷号 59023

校长办公室关于附中、附小
干部任命的布告※

（1960 年 7 月 9 日）

兹将 1959—1960 年度第 29 次校务会议决定任命的附中、附小干部名单公布如下：

万邦儒　为附属中学校长；

韩家鳌　为附属中学副校长；

吴裕良　为附属中学教导主任；

许　忠　为附属中学总务主任；

张秀真　为附属中学办公室主任；

安孟林　为附属小学副校长。

校长办公室

1960 年 7 月 9 日

《清华公报》第 73 期，1960 年 8 月 23 日

清华大学党委关于本校附属中学学制
问题致市委教育部的请示※

（1960 年 7 月 12 日）

市委教育部：

为了提高我校新建附中的教育质量，经过我们初步研究，准备采用中学五年一贯制（高中二年、初中三年）。原有附中

初二和本年度招收的高一新生实行过渡性教育计划，特请示如下：

一、今年入学的初一新生采用中学五年一贯制（初中三年、高中二年）。教材采用北京市为十年制中小学新编的初一教材。

二、今年入学的高一新生采用过渡性教育计划，高中学习期限仍为三年，但程度应相应提高，原有附中初二学生基本上采用五年一贯制。因北京市新编十年制教材只编出了小学一年级和初一班的教材，其他教材均未编写，故高一和初二教材拟采用师大编的九年一贯制相应年级的教材。

如同意上述意见，请即批拨相应的教材。以上意见是否妥当请指示。

中共清华大学委员会

1960 年 7 月 12 日

清华大学档案，全宗号 2，目录号 党 1，案卷号 60028

清华大学党委关于本校附属小学学制问题致市委教育部的报告※

（1960 年 7 月 23 日）

关于清华大学附设小学拟办五年一贯制的报告

市委教育部：

为了更好地贯彻党的总路线和党的教育方针，根据陆定一同志提出的"四个适当"，我校拟在暑假后的一年级新生中推行五年一贯制。

暑假后的一年级新生，两班是幼儿园直升小学，语文已学完汉语拼音及汉字三百多个，算术学完 20 以内加减法后又继续学习百以内加减法，另一班在家属托儿站学过汉语拼音，其余三班是家庭中来的，没有学过文化。我们拟在一年级中推行五年一贯制，采用十年一贯制教材，并设置俄语课。将来与附中五年制衔接，使清华大学大中小学成为一条龙。

暑假后的二年级拟加快一些速度，实行过渡性教学，计划再用四年时间毕业，希望市里供应教材，如果没有现成新教材，我们拟参考师大实小过渡班教材自行编选。

五、六年级下学期都要增加俄语课，需要市里供应俄语教材（本学期四月份起五年级已开始学习俄语，采用九年一贯制俄语教材第一册）。

特此报告，请批示，并调拨给教材。

中共清华大学委员会

1960 年 7 月 23 日

清华大学档案，全宗号 2，目录号 党 1，案卷号 60028

附属中学、附属小学简介（节选）

（1960 年）

清华附中、附小原来是设在清华大学内部的初级中学和完全小学。她的前身是成志学校，成立于 1946 年，是清华大学的教职工的子弟学校，设有初中一个班，小学四个班，共有学生 90 多人。1952 年高等院校院系调整时，大学的变化较大，成志学校也随着学校发展的要求而进行了调整，初中部分与燕大附中合并命名为清华附中，至此成为清华、北大两校教职工的子弟学校。1957年暑假以后，为了提高质量，始扩大对外招生。小学部分命名为清华附小。

清 华 附 中

1958年暑假，清华大学为加强附中工作，特将行政领导机构做了适当的调整，增加了一些党员干部和教师。

现有10个初中班，学生533人，教职工34人，比之解放前大为发展，学生人数增长8倍。学校建筑面积为两千三百余平方公尺，是在原工农中学旧址扩建的，位于清华园南部，和附小连成一片。建校十三年来共培养毕业生885人，学业成绩是比较优良的。

一年来，附中在大学党委和海淀区委的直接领导下，贯彻了党的教育方针，首先加强了班主任工作和政治课教育，同学的集体主义思想逐渐成长起来，每个年级都出现了一个较好的班集体，其中三年级乙班被评为全校的优秀班集体。期末操行评定的时候，同学总结了自己的优缺点，互相鼓励，互相提意见，要求进步形成一种风气，有16个同学被评为区五好积极分子。一年来学校还开展了爱护公共财物、整顿课堂纪律等运动，收到良好效果。团、队、学生会用各种形式加强宣传好人好事、批评不良现象，提高了同学的思想觉悟，要求入团和申请听团课的同学大量增加，三年级就有90％的同学申请听团课。

通过下乡、炼钢、农业园地、木工、培植小麦试验田、养猪等劳动，培养了学生的劳动观点，收获很大，特别是下乡劳动和农民同吃同住，对同学教育更大。通过这些，他们对劳动果实爱护了，怕脏怕苦的现象大为减少了，和农民建立了感情，思想变化很大，并且创造了一百多首内容充实、思想健康的诗歌和几十个反映大跃进和学校各方面生活的文娱表演节目，内容和形式生动、优美。体育方面除有病体弱的同学外，基本上通过了少年级和一级劳卫制，取得了很大成绩。

在学习方面，认真读书的风气在逐渐养成，今年暑假在128名毕业生中，有33名学生因品学兼优被保送到各个高中学习。

贯彻党的教育方针的第一年，成绩是巨大的，但也有很多缺点，主要的是教学工作的质量还不够高，应积极提高，于是在1959年下半年校行政订出具体工作计划，号召全校教师"鼓足干劲，提高质量，全面、深入地贯彻党的教育方针"，又向学生提出"坚决贯彻三认真（认真听课，认真读书、复习，认真完成作业），力争学习、思想、劳动全面丰收"的具体要求，全校师生干劲很大，特别是学习了党的八届八中全会决议以后，掀起了全校教师努力教好、学生努力学好的热潮，使期末各科考试成绩比1958年都有很大提高。初一年级的成绩更为显著，算术、语文参加全市统考，成绩均为全区上游。俄语考试，消灭了不及格现象。中共北京市委、北京市教育局已决定清华大学创办包括初、高中的完整的清华附中，面对全市招生、学生全部住校，从中学起，就要注意培养学生适应工科大学要求。现大学党委已指定专人负责筹建，目前教学大楼正在施工中，已决定1960年暑假开始招生。

清 华 附 小

清华附小位于清华园南部与附中连成一片，现有18个班，865名学生，其中有少先队员511人，占适龄儿童90%以上，并有三个红领巾班（五一、五三、六一），教职工26人。从1952

年至 1959 年共毕业 660 人，今年暑假高小毕业 95 人，招收一年级新生 150 人。由于每年新生增长的多，校舍扩建了几次，现有建筑面积 1 217 平方公尺，最近三年就添建了 838 平方公尺，操场宽大，环境优美。

整风"反右"以后在大学党委和海淀区委的领导下，贯彻党的教育方针，教师们明确了为祖国培养具有社会主义觉悟的有文化的劳动者，课内课外向学生进行劳动观点、群众观点、阶级观点与辩证唯物主义观点四个观点的教育，学校的面貌焕然一新，教师改变了教书不教人的做法，教学质量不断提高。去年暑假语文期考全校平均成绩为 85 分，算术 83 分，而今年暑期语文为 89 分，算术为 86 分。五年级两班被评为纪律优秀班集体及五好中队，还有几个班分别达到四好、三好中队。上学期团支部批准少先队员 14 名参加海淀青少年积极分子代表大会，大队获得了奖状。体育运动开展得较普及活跃，今年海淀区中心学区 15 校小学生田径运动会上获得了总分第一名。个人项目、女子甲、乙、丙三组及男子丙组获得第一名。

三年级以上的学生各周有三、四个小时参加力所能及的劳动……

通过以上各种活动，培养孩子们热爱祖国，热爱劳动，探求科学知识的愿望，成为共产主义的接班人。一年来贯彻党的教育方针，成绩很大，但仍有很多缺点，主要是教育工作不够全面深入，备课不够细致，今后还要进一步提高，为首都文教事业争取全国第一而努力。

《清华大学一览 1959》，1960 年

1964—1965 学年度附属中学、
附属小学人数统计

（1965 年）

附 属 中 学

在校学生人数 1 264 人。

其中：女生 584 人，占 46.2%。

共青团员 258 人，占适龄青年 33%。

少先队员 611 人，占适龄少年 100%。

附 属 小 学

在校学生人数 1 356 人。

其中：女生 636 人，占 45.4%。

少先队员 695 人，占适龄少年 94%。

《清华大学一览 1964—1965》，1965 年

3. 附属技工学校

本校附属技工学校举行开学典礼（节选）

（1964 年 10 月 20 日）

本校新办附属技工学校十月七日举行开学典礼。党委第一副

书记刘冰，副书记高沂、胡健等同志出席。

高沂同志在会上讲了话。他说，我们的技工学校是一所半工半读的新型学校。其所以是新型的学校，是因为我们的办学目的，是为了培养具有社会主义觉悟的、有文化有技术的、体力劳动与脑力劳动相结合的新型劳动者。他们有文化，这是和旧社会过来的、多数人无文化或文化程度很低的老一辈工人不同；他们能劳动，又与脱离劳动的旧的知识分子不同。我们国家现在建设社会主义，将来要过渡到共产主义，必须培养千千万万的新型劳动者，他们同时又是新型的知识分子，以便为消灭城乡之间、工农之间、脑力劳动与体力劳动之间的差别创造条件。高沂同志说，半工半读的学校制度，必将促进我国社会主义建设事业的大发展，必将促进我国教育事业的极大兴旺和繁荣。因此，我们一定要把我们的这一项新兴事业办好。

……

附属技工学校校长庄前焰也在会上讲了话。他说，学校党委十分重视开办这所半工半读学校，从各方面抽调人力来支援，为大家安排了很好的学习和生活条件，我们一定要珍惜这些条件，希望同学们在劳动和学习过程中，努力提高社会主义觉悟，热爱劳动，刻苦钻研，尊重教师，注意健康，做到思想好、身体好、劳动好、学习好。

在开学典礼上讲话的，还有老技工代表郝文芳、学生代表刘学贤。

本校附属技工学校，设有水暖通风、电工、设备器材供应管理三个专业，学习期限为三年。今年招收一百二十多名新同学，九月二十一日报到后，随即自己动手粉刷了住房，清理了教室、食堂和宿舍周围的环境卫生，平整了操场，并且参加了修整马路等公益劳动。在这期间，技工学校还对他们进行了阶级教育，组织他们参观了一些实验室，进行了专业教育和纪律教育。同学们已于十月四日正式上课。

《新清华》第716期，1964年10月20日

"技工学校"改名为"中等技术学校"※①

（1965年6月26日）

根据国家培养干部的需要及中央关于积极试行半工半读教育制度的方针，由北京市半工半读委员会建议，并经我校党委同意、校委会通过，将"技工学校"改名为"中等技术学校"，扩充专业规模，学制四年，招收初中毕业生。

技校学生的培养目标是具有社会主义觉悟、身体健康、掌握中等文化技术知识和相当于二级工水平操作技能的，既能从事体力劳动又能从事脑力劳动的，又红又专、能文能武的新型技术工人。毕业以后，可担任技术工人或实验员等工作。

技校设立以下专业：

1. 精密机械制造工艺专业

2. 电子技术专业

3. 工业企业供电专业

4. 供暖通风专业

5. 设备仪器供应及管理专业

学生的劳动场所都在校内有关工厂、车间或实验室安排。例如，电子技术专业学生就是以参加电子计算机生产车间的劳动为主。

技校由北京市教育局与我校党委双重领导。市教育局可提供部分人员编制及物质条件，参加市统一招生。

---

① 编者注：本文节选自《清华大学附属半工半读中等技术学校情况简报》。

5月5日，高沂同志与何东昌同志召集校内各有关单位讨论了技校工作，进一步明确技校要办得"少而精"，应当从大学的需要及可能条件来考虑规模，学生人数长远稳定在500名左右；应当由全校各有关单位付出力量，拧成一股绳，加强对学生的培养观点，把技校办好，使它定型下来，形成体系，为半工半读新型学校创造经验。

今年暑假，技校计划招生110名，"机制""电子技术"及"暖通"专业共招四班新生，"供电"及"设备"专业暂停招生。

（技校供稿）

清华大学档案，全宗号2，目录号校1，案卷号65004

附属中等技术学校人数统计※

（1965 年）

在校学生人数119人。

其中：女生41人 占34.5%。

共青团员17人 占14.3%。

《清华大学一览 1964—1965》，1965 年